架构基础

从需求到架构

尹洪亮◎编著

北京大学出版社
PEKING UNIVERSITY PRESS

内 容 提 要

本书根据各种企业级真实场景总结，提出合理的设计思路和解决方案，从需求、问题、解决方案、原理、设计方法、落地方案多个角度，给出架构设计方法。

本书主要内容包括大型互联网架构设计的四大原则、分布式微服务架构设计、登录功能架构设计、用户安全架构设计、系统日志架构设计、系统攻防架构设计、系统消息架构设计、监控预警架构设计、关系型大数据架构设计、批处理调度架构设计、系统配置架构设计、企业级核心架构设计实战等，详细讲解了各种场景的架构方案。

本书与任何编程语言无关，目的是提升读者的设计思维、培养读者的设计能力、开启读者的架构思维。同时，本书也是一本设计方案指南，开发人员、设计人员、架构人员均可参考本书，针对遇到的场景进行参考性设计。

图书在版编目（CIP）数据

架构基础：从需求到架构 / 尹洪亮编著 . — 北京：北京大学出版社，2022.1
ISBN 978-7-301-32721-0

Ⅰ. ①架… Ⅱ. ①尹… Ⅲ. ①企业管理 – 计算机管理系统 Ⅳ. ① F272.7

中国版本图书馆 CIP 数据核字 (2021) 第 236759 号

书　　　名	架构基础：从需求到架构
	JIAGOU JICHU：CONG XUQIU DAO JIAGOU
著作责任者	尹洪亮　编著
责任编辑	王继伟
标准书号	ISBN 978-7-301-32721-0
出版发行	北京大学出版社
地　　址	北京市海淀区成府路 205 号　100871
网　　址	http://www.pup.cn　新浪微博：@ 北京大学出版社
电子信箱	pup7@pup.cn
电　　话	邮购部 010-62752015　发行部 010-62750672　编辑部 010-62570390
印刷者	天津中印联印务有限公司
经销者	新华书店
	787 毫米 ×1092 毫米　16 开本　24 印张　545 千字
	2022 年 1 月第 1 版　2022 年 9 月第 2 次印刷
印　　数	4001-6000 册
定　　价	89.00 元

未经许可，不得以任何方式复制或抄袭本书之部分或全部内容。
版权所有，侵权必究
举报电话：010-62752024　电子信箱：fd@pup.pku.edu.cn
图书如有印装质量问题，请与出版部联系，电话：010-62756370

序 PREFACE

从业务能力上来说，IT 从业者要在需求管理能力和技术架构能力上形成突破。很显然，需求管理能力是基本功，而技术架构能力则是真正意义上的门槛，因此架构是 IT 从业者的高级语言。

关于作者

这是一个不多见的从代码工程师快速成长起来的优秀架构师，对技术有着天然的领悟力。工作踏实、用功，技术全面，在底层技术支持、代码编写、数据库、运维、需求、架构、信息安全和灾备等方面都有深入研究。干活从不叫苦，并乐在其中，精益求精，孜孜不倦地"打磨架构力"。这在当前从事几年 IT 工作就自称"架构师"的 IT 行业实属难得。没有深厚的"坐功"和"架构力"，这本书是绝对写不出来的。

关于架构

架构之难，在于其抽象，更在于其具象。好的架构同时蕴含了静态结构和动态逻辑。静态结构是对各维度和知识域的精细梳理，如企业架构中的业务架构、数据架构是相对静态的输出。而动态逻辑则是针对各维度和知识域产生的有限集合的过程域。过程域是基于企业的战略目标，通过 AS-IS 和 TO-BE 的差距分析所得出来的一系列架构视图，但搞清楚架构视图的关联关系、协同关系、父子集合、衍生和迭代关系才是动态逻辑的核心内容。从系统思维的角度来看，架构的核心是输入、处理和价值输出，涉及方法、工具、技能、流程、标准和模板。所以，好的架构一定来源于好的思维模型，即从逻辑化到结构化，从结构化到系统化。

关于本书

我拿到初稿，迫不及待地通读了几遍，便欣然应允为其写序。一方面该书作者是我眼见着成长起来的架构师，另一方面该书确实干货满满，没有任何废话，与作者干练的工作风格相符，对中、高级架构师极具参考价值。

架构是一门实践的学问，讲究的是"知行合一"，本书架构均来自保险科技领域的实战案例。从横向上看，其几乎涉及负债端全部的架构领域模型；从纵向上看，其涵盖了从低层到高层的全部架构，是真正意义上的全架构参考书。本书的架构脉络清晰、分类全面，很多架构已在实战中运行多年，成熟度和可用性较高。

最后，我为本书作者感到骄傲，其"架构力"一直在成长，是新生代架构师的优秀代表；同时我也为本书内容感到自豪，实践出真知，本书必不会辜负读者。

君康人寿保险股份有限公司首席信息官　杜鹏飞

互联网近20年得到突飞猛进的发展，在改变人们生活习惯的同时，互联网营销场景的丰富化对信息技术的要求越来越高。在互联网企业发展壮大的同时，传统行业必须紧跟时代要求，利用互联网技术沉淀，全面开展数字化转型，建立端到端的全流程线上营销和运营体系。

从用户视角来看，日常使用各大互联网平台产品的用户，已经习惯性地用"沉浸式体验"的高标准要求每款新产品。从企业数字化转型角度来看，传统企业在从手工或半手工作业到业务全流程线上化和移动化的数字化转型的过程中，亟待解决业务场景终端多样化、业务规则复杂度高、特定场景并发交易高、数据存储一致性差等问题。面对这些问题，必须跳出原有模式，采用新思路和新技术去解决。作者从架构师角度出发，从互联网架构在传统企业落地的理论探究和应用实践两个角度，总结出了一系列信息系统建设需要关注的关键要点和具体方法。这些要点和方法的掌握对于想要从程序员转型成为架构师，以及初中级架构师向更高段位成长，无疑是非常必要的！

一个优秀的信息系统必须具备以下基本特点：操作简单、功能全面、响应迅速、计算准确、运行稳定和信息安全。系统建设能够完整地实现以上特点，这本身就是一件难度非常高的事情，需求解读、产品设计、模型架构、技术架构、编码品质、安全防护等各项工作有序、高品质地执行是以上目标达成的基础，各项单独拿出来都是一个领域，包含专业性极强的领域知识，而架构师处于承上启下的位置，在其中发挥着尤为重要的作用。一名优秀的架构师必须最大范围、最大程度地扩充自己的视野和知识体系。阅读完本书，读者将充分认识到架构师的工作要求及如何成长为一名架构师，掌握架构师底层思想逻辑（高可用、高伸缩、高并发和安全性）的抽象和具象，提高阅读者全局视角下通用模块建设的关键能力。

作者不只是互联网架构在金融企业应用的探索者，更是实践者，本书正是在无数次"踩坑"经历中总结得来，尤为珍贵，相关的架构实践目前正在应用落地，大大提升了信息系统的各项评价指标，丰富了企业数字化转型成果。希望读者能够从本书中汲取能量，在学习和工作中成长进步。

九安汇金数据科技有限公司解决方案事业部经理　**左书利**

前言
INTRODUCTION

为什么要写这本书？

在长时间的管理和培训工作中，笔者发现越来越多的开发人员技术能力很强，但是设计能力不足，往往面对一个需求无从下手，更多地要依靠设计人员的设计才能比较清晰地进行开发，或者过多地专注于技术细节而忽略了整体设计。

有些开发人员长时间从事重复的增删改查工作，对整个系统的架构设计并不熟悉，个人的成长更多地在技术的深入及编码的熟练程度上，没有养成思考的习惯，缺乏设计思维和架构思维，个人能力缺少多维度的发展。

笔者一直想找一本专门讲解系统架构设计、场景设计，提升个人架构思维和设计能力的书，然而市面上大多是纯技术类书籍，笔者苦苦搜寻却没有找到，因此决定自己写一本，以自己的项目经验、设计经验作为基础，以各种场景设计为切入点，让每一个开发人员都能了解架构设计、学会架构设计、培养设计思维和架构思维，不再做一个只会重复劳动的开发者。

每一个程序员都具有成为架构师的潜质，但是需要自我规划、自我学习。希望这本书能帮助每一个读者找到架构设计的感觉，在工作中不断实践，成为一名真正合格的系统架构师。

本书特色

（1）本书不涉及任何具体的编程语言。

（2）本书采用大量的架构图、流程图、状态图、时序图等来图解企业级架构，更加清晰直观。

（3）每个章节都以场景化案例进行剖析，从需求、问题、解决方案、原理、设计方法、落地方案等多个角度，给出架构设计方法。

（4）本书以大型互联网架构设计的原则为切入点，对高可用、高伸缩、高并发、安全性的架构方案、原理、技术进行讲解；对单体架构、集群架构、SOA架构、微服务架构的特点进行对比分析。

（5）本书内容涵盖登录功能架构设计、用户安全架构设计、系统日志架构设计、系统攻防架构设计、系统消息架构设计、监控预警架构设计、关系型大数据架构设计、批处理调度架构设计、系统配置架构设计，共九大章节，详细讲解各种场景的架构设计方案。

（6）可以根据本书目录查找对应的场景设计，参考应用在企业系统建设中。

（7）以阿里云/腾讯云消息系统、支付宝/微信支付系统、鹰眼业务监控系统、监管批量信息报送系统作为实战案例，详细讲解架构设计过程，对核心功能、设计、数据结构加以分析，巩固读者的架构思维和设计能力。

读者对象

（1）没有做过系统设计、架构设计的零基础开发人员。

（2）具有一定开发基础、项目经验的开发人员。

（3）系统设计师、分析师、架构师、项目经理、产品经理、Team Leader。

（4）需要系统化提升自己的设计思维、设计能力的开发人员。

（5）希望转型设计师、项目经理、架构师的开发人员。

读者交流

对于架构设计而言，100个人会有100种设计方法，架构设计并不存在绝对的正确，而只存在相对的合理性。

由于笔者能力有限，书中难免存在疏漏之处，欢迎读者批评指正，读者可以添加笔者个人微信（xitongjiagoushi）进行交流，也可以添加笔者微信公众号（yhl-kevin）获取更多学习资源。

目录 CONTENTS

第1章 如何规划自己的架构师职业生涯 001

1.1 架构师与程序员的区别 002
1.2 如何打磨自己的架构能力 003
1.3 架构师的12项必备技能 005
1.4 写给在校的大学生 007
1.5 写给程序员同行 008

第2章 大型互联网架构设计的四大原则 010

2.1 大型互联网架构高可用设计 011
   2.1.1 高可用指标 011
   2.1.2 冗余设计 012
   2.1.3 负载均衡架构设计 013
   2.1.4 DNS轮询负载设计 017
   2.1.5 两地三中心容灾设计 019
   2.1.6 异地多活架构设计 020
   2.1.7 MongoDB高可用架构 023
   2.1.8 Redis高可用架构 028
   2.1.9 Kafka高可用架构 037
   2.1.10 数据库高可用架构 039
   2.1.11 高并发访问限流设计 043
2.2 大型互联网架构高伸缩设计 050
   2.2.1 文件存储伸缩设计 053
   2.2.2 数据库伸缩设计 058
2.3 大型互联网架构高并发设计 063
   2.3.1 多级缓存策略 063
   2.3.2 异步化策略 073
   2.3.3 读写分离策略 079
2.4 大型互联网架构安全性设计 080
   2.4.1 安全控制的整体性 081
   2.4.2 应用系统安全性设计 081
   2.4.3 数据安全性设计 084
2.5 章节练习 086
2.6 案例设计 090

第3章 分布式微服务架构设计 092

3.1 单体架构 093
3.2 SOA架构 095
3.3 微服务架构 096
3.4 服务注册与发现 099
3.5 客户端负载均衡 104
3.6 熔断机制 106
3.7 微服务网关 107
   3.7.1 网关的原理 107
   3.7.2 网关的功能 109
   3.7.3 微服务网关与Nginx对比 109

3.7.4	正确的网关架构	110	3.11	大型互联网微服务架构 120
3.8	配置中心	111	3.12	微服务改造的六大原则 122
3.9	微服务监控	113	3.13	章节练习 123
3.10	分布式链路追踪	116	3.14	案例设计 125

第 4 章 登录功能架构设计 127

- 4.1 登录设计的复杂性 128
- 4.2 多类型账号密码登录设计 130
- 4.3 三类验证码登录设计 133
  - 4.3.1 手机验证码登录注册设计 133
  - 4.3.2 动态令牌登录设计 135
  - 4.3.3 语音验证码登录注册设计 137
- 4.4 本机号码一键登录注册设计 139
- 4.5 人脸 / 语音 / 指纹识别登录设计 ... 143
- 4.6 多端登录设计 144
  - 4.6.1 多端应用的开发模式 144
  - 4.6.2 多端应用的会话保持 147
- 4.7 多设备登录设计 148
- 4.8 集群 / 分布式架构基于 Session 的登录设计 152
  - 4.8.1 Session 的工作原理 152
  - 4.8.2 集群 / 分布式架构下的 Session 设计 154
- 4.9 企业级单点登录设计 158
  - 4.9.1 认识单点登录 158
  - 4.9.2 简单绑定单点登录设计 159
  - 4.9.3 授权绑定单点登录设计 160
- 4.10 OAuth 2.0 认证授权设计 162
- 4.11 用户扫码登录设计 167
- 4.12 章节练习 170
- 4.13 案例设计 172

第 5 章 用户安全架构设计 174

- 5.1 安全设计无小事 175
- 5.2 主动与被动登录踢出设计 176
- 5.3 5 种密码安全性设计 180
  - 5.3.1 密码复杂度设计 180
  - 5.3.2 密码安全检查设计 181
  - 5.3.3 密码失效设计 182
  - 5.3.4 账户锁定设计 183
  - 5.3.5 密码传输和存储设计 183
- 5.4 5 种密码找回设计 184
- 5.5 密码修改设计 189
- 5.6 5 种用户注册设计 191
  - 5.6.1 开放式注册、封闭式注册和半封闭式注册 191
  - 5.6.2 手机验证码注册 193
  - 5.6.3 邮箱激活注册 194
- 5.7 RBAC 用户权限设计 195
  - 5.7.1 RBAC 权限模型 195
  - 5.7.2 RBAC 权限继承 199
  - 5.7.3 RBAC 权限模型演进 202
- 5.8 互联网权限架构设计 204
  - 5.8.1 基于 Token 的访问控制 204
  - 5.8.2 SecretID 和 SecretKey 模式 206

	5.8.3	JWT 模式 207
	5.8.4	微服务模式下的 Token 权限设计 209
	5.8.5	Token 的延时与刷新 211
5.9	章节练习 212	
5.10	案例设计 213	

第6章　系统日志架构设计 216

6.1	日志的分类和用途 217
6.2	3 种登录日志设计 217
	6.2.1　利用登录日志进行安全检测 218
	6.2.2　利用登录日志刻画用户 220
	6.2.3　登录日志客户化 220
6.3	退出日志设计 221
6.4	4 种操作轨迹设计 222
	6.4.1　菜单操作日志设计 223
	6.4.2　功能操作日志设计 223
	6.4.3　流程操作日志设计 224
	6.4.4　业务操作日志设计 226
6.5	接口日志设计 227
6.6	程序日志设计 230
6.7	日志存储设计 235
6.8	日志收集架构 237
	6.8.1　日志收集架构的设计 237
	6.8.2　Elastic Stack 架构组件介绍 239
	6.8.3　Elastic Stack 架构模式 243
6.9	章节练习 245
6.10	案例设计 246

第7章　系统攻防架构设计 248

7.1	系统攻击的种类和特点 249
7.2	短信 / 邮件防攻击设计 250
7.3	两种字符图形验证码设计 251
7.4	提问式图片验证码设计 254
7.5	行为交互验证码设计 255
	7.5.1　拖曳式验证码 255
	7.5.2　点选式验证码 256
	7.5.3　行为交互验证码设计流程 257
7.6	分布式验证码设计 258
7.7	防接口重放攻击设计 260
7.8	防暴力穷举攻击设计 261
7.9	防篡改攻击设计 262
7.10	章节练习 265
7.11	案例设计 267

第8章　系统消息架构设计 268

8.1	4 种短信通知设计 269
	8.1.1　实时短信通知设计 271
	8.1.2　准实时短信通知设计 271
	8.1.3　批量短信通知设计 272
	8.1.4　定时短信通知设计 273
8.2	邮件通知设计 274
8.3	站内信设计 275
8.4	App 消息推送设计 280
8.5	章节练习 285
8.6	案例设计 286

第 9 章　监控预警架构设计 288

9.1	服务器监控设计 289	9.5	被动扫描监控设计 295
9.2	业务监控设计 291	9.6	章节练习 297
9.3	程序日志监控设计 292	9.7	案例设计 298
9.4	主动上报监控设计 293		

第 10 章　关系型大数据架构设计 299

10.1	海量数据处理的核心思想 300	10.4	大数据导出设计 306
10.2	大数据查询设计 303	10.5	章节练习 307
10.3	大数据导入设计 304	10.6	案例设计 308

第 11 章　批处理调度架构设计 309

11.1	批处理调度并不是简单的循环 310	11.4	分布式批处理架构设计 320
11.2	单机批处理架构设计 312	11.5	流水线批处理架构设计 325
	11.2.1　调度与执行分离设计 313	11.6	章节练习 327
	11.2.2　串行与并行设计 316	11.7	案例设计 328
11.3	集群批处理架构设计 316		

第 12 章　系统配置架构设计 329

12.1	配置存储和加载策略设计 330	12.5	SaaS 化多租户多应用配置化设计 342
12.2	配置信息多级缓存设计 334	12.6	章节练习 343
12.3	分布式架构参数配置设计 336	12.7	案例设计 343
12.4	字典配置中心设计 339		

第 13 章　企业级核心架构设计实战 345

13.1	阿里云 / 腾讯云消息系统核心设计实战 346	13.3	鹰眼业务监控系统整体设计实战 364
13.2	支付宝 / 微信支付系统核心设计实战 354	13.4	监管批量信息报送系统核心设计实战 370

第 1 章

如何规划自己的架构师职业生涯

要想成为一名架构师，要懂得规划自己的职业生涯。首先要能够明确区分架构师与程序员的区别，其次要高效地打磨架构设计能力，注重培养专业技能。有规划的工作与漫无目的的随意发展，结果是截然不同的。无论是在校大学生还是已经参加工作的程序员，都应该尽早地进行职业规划。

1.1 架构师与程序员的区别

笔者常会在抖音上录制一些小视频，分享一些架构知识，有很多程序员同行留言："你混淆了架构师和程序员的职责""这是架构师应该考虑的问题，程序员写好代码就行了""程序员不需要考虑系统规模、高并发、高可用这都是架构师该考虑的问题""实现系统功能就可以了，考虑那么多东西干吗"。都说"不想当将军的士兵不是好士兵"，那么不想当架构师的程序员同样不会是一名优秀的程序员，其实每一个架构师都是一个"笨鸟先飞"的程序员。

技术人员首先要做的是改变自己的思维方式，仔细思考"程序员和架构师的本质区别到底是什么？架构师为什么有那么高的现实价值？"。一个程序员就算编码能力再强也只是一个人，一个大型的企业级项目往往需要多个团队的大量人员协作完成。架构师的职责是怎样做好顶层抽象、系统功能架构、服务关系架构、服务部署架构、服务拆分、系统分层设计、划定边界、核心框架、技术选型等。架构师必须要做出精准的顶层架构设计，让一个抽象的需求落地成为一个具体的系统。

因此，架构师的重要之处在于，将抽象的东西具体化，让复杂的事情简单化，让众多部门、人员清楚自己的职责，有序地实现各自部分的系统功能，最终形成一个大而完整的系统。架构师是一个人驱动众人，而一个编程强人，往往只能自己驱动自己或少数人，为企业带来的价值是有巨大差别的，这也是架构师属于高级职位的原因。

架构师是需求与开发之间的桥梁，它并不是一个纯技术岗位，表面上离技术更近一些，因为架构师都是从一名普通的开发人员成长起来的。架构师往往需要具有深厚的技术功底，对于技术有一定的深度和广度，更加注重底层原理，并且能够融会贯通，具有自己的一套知识体系，如果只是照搬理论，就成了死记硬背。

架构师的职责除进行业务分析、系统架构、分层设计外，很大一部分职责在于双向传播，向上汇报系统的构建方案，向下传达系统建设方法，也就是清晰准确地让公司上层领导和下层员工了解自己的思想和意图。向上汇报更多的是站在宏观视角，在非技术层面、合理性层面、成本层面考虑，让公司上层领导清晰直观地了解团队要做一个什么东西、打算怎么做、需要投入多少资源、能够带来什么效果。在公司内，任何工作能够得以顺利执行，都必须得到公司上层领导的支持和认同。

架构师往往需要协调多个团队、多个部门的开发人员相互协作来进行系统实施，涉及任务的分配、设计的评审、人员的管理等。可以说，架构设计能力、系统研发能力只是技术技能。此外，组织协调能力、汇报能力、管理能力也十分重要。毕竟架构师不可能凭借一己之力，实现一个庞大的企业级系统。

有时也存在架构设计上的取舍，并不会进行过度设计。例如，一个 100 人使用的系统，与一个 100 万人使用的系统的设计是绝对不同的。在系统建设初期有很多问题都没有办法暴露出来，公司资源的投入也是有限的，而随着企业的发展、用户量的上升、需求的完善才会不断地加大投入。架构设计也是一个迭代的过程，要结合市场、资源、时间、政策等方面来做决定。

架构师与程序员的区别有很多，大家各司其职。高级开发工程师也同样具有巨大的价值，因此架构师与程序员没有绝对的高低优劣之分，只是发展方向和成长路径不同而已，架构师要求综合能力更强一些，而高级开发工程师要求专项技能更突出一些。

1.2 如何打磨自己的架构能力

与编程技能一样，设计能力、架构能力也是可以经过不断地学习、锻炼而打磨出来的。首先不要把架构师定位太高，认为那不是自己应该考虑的事情，或者架构师距离自己还太遥远，等以后时机成熟了、技术达到了一定的水平自然而然地水到渠成。

其实人人都是架构师，只是级别不同而已，就好比程序员还要分为入门级、初级、中级、高级。架构师同样如此，当自己还没有任何架构知识储备时，先将自己定位为入门级架构师，又有何不可呢？只有自己有了定位，才会进行刻意的积累和练习，才能逐步走进这个领域，了解这个领域要做什么，应该学习什么。

软件行业的特点就是知识的更迭速度太快，每天都有层出不穷的新技术、新理论、新名词产生。今天还在学习的东西可能很快就会被淘汰，所以无论想要成为一名资深程序员，还是一名资深架构师，都需要保持终身学习的心态，这是最重要的一点。

没有人能够保持百分之百的精力、持续的自律，总会有懈怠，想放松，想放弃，这都是很正常的，没有必要因为这些而失去信心。终身学习的技巧是追求平均值，可以在状态好时多学习一些，达到一个峰值，在状态不佳时适当休息，或者完全不做任何事情，达到一个谷值，但是只要不彻底放弃，总会找到一种平衡，让所有的投入达到一种均衡稳定的状态。

系统架构和技术开发的区别就在于，前者很难通过学习技术书籍、视频资料、代码编写而得来，因为架构具有一定的抽象性，越抽象的东西适用性越广，价值也往往越大，学习抽象性的东西，更多依靠的是思维能力、想象能力，简单来说就是要多动脑。

程序员如何提高自己的架构能力，主要有 8 种方法，如图 1-1 所示。

```
1. 反复认真地看系统原型          5. 养成刨根问底的习惯
2. 反复认真地看需求文档          6. 练习文档写作能力
3. 反复认真地看设计文档   如何提高架构能力   7. 抓住每一个验证自己能力的机会
4. 扩大自己的视角              8. 锻炼总结能力
```

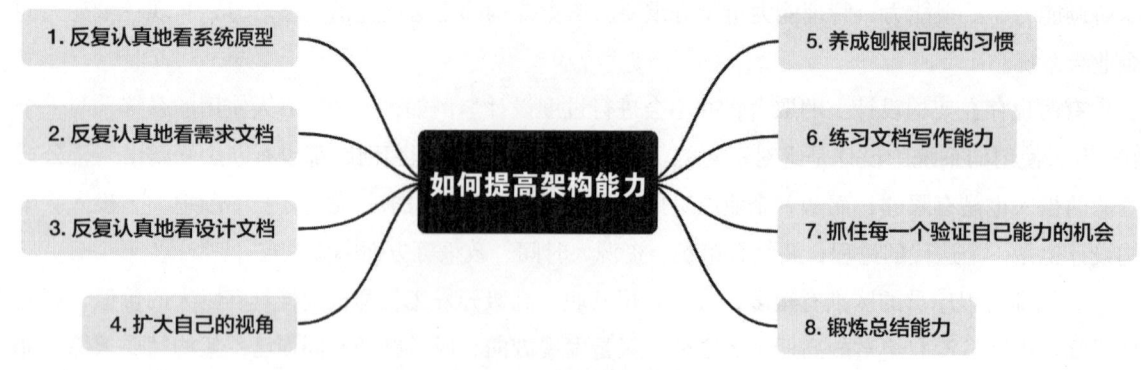

图 1-1　如何提高架构能力

（1）反复认真地看系统原型。系统原型是一个经过了论证、仔细推敲的系统设计文档，它的特点是直观、便于理解。通过原型图可以清晰地知道系统中都包含哪些页面、功能、交互方式、操作流程。很多程序开发人员，有一个不太好的习惯就是不仔细地看文档说明，感觉了解得差不多了就开始动手敲代码。往往开发完的程序，这里少个逻辑，那里少个校验。养成仔细看原型的习惯，能够锻炼自己对细节的把控能力，使自己具有更强的洞察力，架构师经常需要在一些细微之处做一些灵活而复杂的设计。

（2）反复认真地看需求文档。需求文档详尽地描述了用户想要什么，希望达到什么效果，以及应该怎样做。对需求一知半解就进行开发，后果是可想而知的。一个好的架构师一定是一个好的需求分析师。架构师并不是靠凭空想象去做事情。所有的架构设计都是为了完成需求，脱离需求的设计是没有任何意义的。因此，想要成为一名优秀的架构师，一定要养成深入理解需求的习惯。

（3）反复认真地看设计文档。设计文档是架构师、设计师、Team Leader 对具体功能的设计，包含了系统整体架构设计、交互方式设计、数据库设计、流程设计、模块设计、代码结构设计等。当自己还没有足够的能力独立做系统设计时，就需要不断地去学习和模仿别人的设计，理解别人的设计。

（4）扩大自己的视角。很多程序员只负责自己开发的系统，交给自己什么就只做什么。工作了一两年，甚至还不知道自己所开发的系统处于整个业务流程的哪个环节，不知道自己实现的功能和其他功能有什么关联关系，不知道自己开发的接口处于整个调用链路的哪个环节。在阅读任何原型、需求和设计文档时，都要养成一个全局视角，先了解整体，再了解局部，知道整个系统要干什么、包含什么功能、自己在做什么。不懂就问，一定要清楚自己处于一个庞大系统的哪个环节。

（5）养成刨根问底的习惯。多去阅读别人的需求分析文档、设计文档、数据库结构设计、接口设计等，思考别人为什么要这样设计，有哪些精妙之处，有哪些不足。当有不理解的地方就多提问、多探讨，这样自己才能进步。

（6）练习文档写作能力。很多开发人员最痛苦的事情就是写文档，他们对于写文档有一种强烈的抵触情绪。其实原因很简单，打开 Word 就不知道应该写什么、怎么写，不知道怎么把一件抽象的事情描述清楚，不知道怎么把自己的想法变成文字，不知道以什么样的形式能让别人理解自己的想法。可以尝试自己画一画原型、写一写设计文档、做一做需求分析，只有真正动手了才能体会出这项工作的特点是什么、难点是什么、自己还欠缺什么。有时认为自己已经想得很清楚了，当真的要落实到文档上时，才发现有那么多的问题。写文档的过程就是把思想具体化的过程，当写不出来时，根本原因是思路还不够清晰。

（7）抓住每一个验证自己能力的机会。有时自己也想去做设计，但是作为一个普通的开发人员，似乎并没有那么多机会去施展才华，毕竟自己还不是 Team Leader、项目经理，自己说话根本没有分量，并且设计的事情已经有资深人员承担了。但是，反向来思考一下，有哪个项目经理、设计师、架构师不是从程序员做起的呢？一个公司有那么多员工，为什么有些年轻人能够快速被提拔，为什么有些人年纪轻轻就可以做项目经理、架构师，而大多数的同龄人却不行呢？这就是对机会的把握能力的区别，除不断地学习和努力，去储备自己的能力外，还要主动地去寻找机会，抓住机会。工作中主动申请去做那些更复杂、更有挑战性的工作，能够迅速地得到公司的认可。如果永远和别人做相同难度的增删改查，那么怎么能体现出自己比别人更强呢。主动地去申请做一些小模块的设计，不但锻炼了自己的设计能力，还能让公司感受到自己能主动担当，敢于挑战自己，有何不可呢？

没做过小的功能设计，就不会有机会去做模块设计；没做过模块设计，就不会有机会去做子系统设计；没做过子系统设计，更不会有机会去做多个系统相互协作的系统群设计；没做过系统群设计，又怎么成为一名高级架构师呢。

（8）锻炼总结能力。有时并不是自己的知识储备不够，而是因为自己掌握的东西没有形成体系。它们分散在各处，当需要使用时，就需要到各处去查找，再拼凑在一起。对于一个系统的架构方式、部署方式、数据库设计、核心流程等都是可以整理总结的内容。如果能够对自己参与的所有系统都达到十分清晰的状态，那么一定会引起公司足够的重视。养成总结的习惯，形成知识体系，会让自己很快成为一个有"干货"的人。

总之，要有一颗终身学习的心，一双善于发现细节的眼睛，一个善于总结提炼的大脑，一双勤于练习的手；主动地去创造机会并抓住机会，那么自己很快就会成为一名合格的架构师。

1.3 架构师的 12 项必备技能

每个开发人员都具有成为架构师的先天优势，因为开发人员每天都在编写各种各样的功能代码，接触各种各样的场景，阅读各种各样的文档，使用各种各样的数据库，研究各种各样的中间件。区别在于是否有人能够用心观察和总结，将这些琐碎的经验融会贯通。将不同的场景组合在一起、设计清楚、讲解明白就是架构师所要做的工作。

图 1-2 所示为架构师的 12 项必备技能。

架构师的 12 项必备技能：
1. 深入掌握一门面向对象的编程语言
2. 熟练掌握各种设计模式
3. 熟练掌握一种关系型数据库
4. 能够熟练绘制各种 UML 图
5. 至少掌握一种缓存型数据库
6. 至少掌握一种文档型数据库
7. 至少掌握一种消息中间件
8. 对于线程池、连接池、对象池有深入的理解和掌握
9. 对于各种数据结构和算法具有较为全面的掌握
10. 对于并发编程具有深入的理解
11. 掌握一种容器化技术
12. 熟悉 Linux 服务器的使用

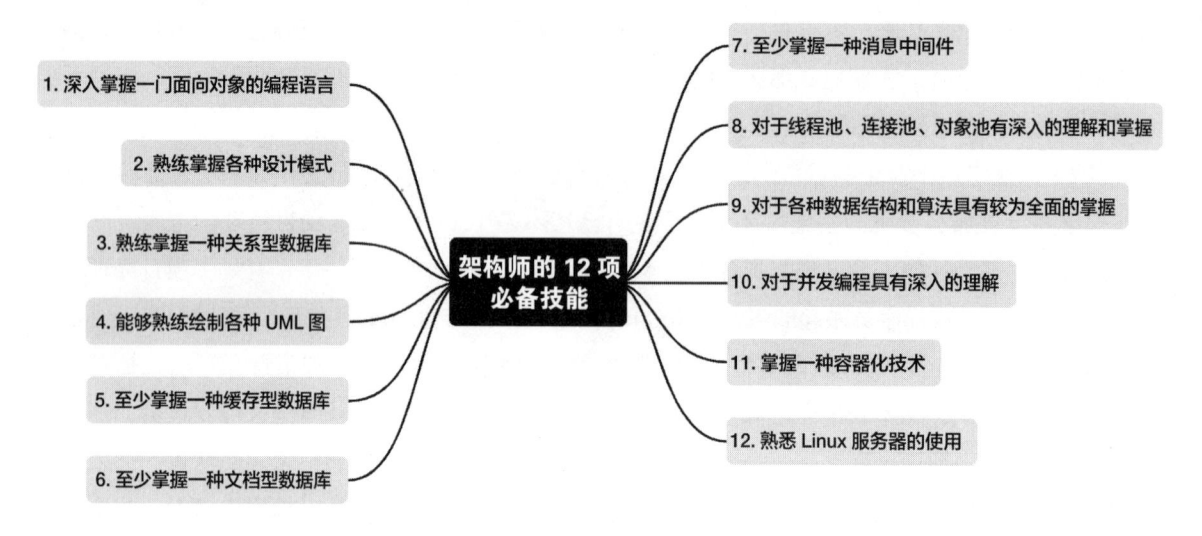

图 1-2 架构师的 12 项必备技能

（1）深入掌握一门面向对象的编程语言。越精通越好，对底层越了解越好。架构师的重要工作是进行抽象，而面向对象的编程语言是将现实世界抽象为具体的对象。这是进行领域划分、领域识别的重要手段，而结构化语言很难培养这种思维。

（2）熟练掌握各种设计模式。常用的设计模式共有 23 种，这些设计模式是程序开发人员经过长时间的试错和总结而得来的，也是在开发过程中面临各种常见问题的解决方案。掌握设计模式可以给自己带来很多的设计灵感和思路，能够更加合理地解决各种问题。

（3）熟练掌握一种关系型数据库。关系型数据库因为其良好的结构性、事务性特征，到目前为止依然是所有系统的核心存储结构，要会画 ER 图（实体关系图），能够分析出表的结构和它们之间的关系。数据库设计的合理性，直接决定了功能实现的合理性，以及开发的难易程度。

（4）能够熟练绘制各种 UML 图。UML（Unified Modeling Language，统一建模语言）是架构师进行系统设计的重要工具，包含用例图、类图、对象图、活动图、状态图、时序图、组件图、配置图等。使用 UML 图可以将头脑中的东西清晰地表示出来，能够用于自己的思路整理，也可以让别人清晰地了解自己的设计意图。

（5）至少掌握一种缓存型数据库。缓存是应对高并发、提高系统响应速度的重要手段，因此至少对一种缓存数据库具有深入研究，推荐对目前比较主流的 Redis 数据库进行学习。

（6）至少掌握一种文档型数据库。文档型数据库具有海量数据存储和查询能力，在互联网领域的系统中有较多的应用场景，推荐对 MongoDB 数据库进行深入学习。

（7）至少掌握一种消息中间件。消息中间件是在系统架构中经常使用的解耦方式，提高系统

的吞吐量，无论是 RabbitMQ、RocketMQ、Kafka 还是 ActiveMQ，它们的原理基本都是相同的，都是基于生产者和消费者模式，选择其中一种进行学习即可。

（8）对于线程池、连接池、对象池有深入的理解和掌握。池化处理能够有效地提高程序性功能，是系统设计中采用较多的一种手段，也可以将其理解为一种应用内存缓存设计。

（9）对于各种数据结构和算法具有较为全面的掌握。程序的实现最终要将数据存储在某种数据结构中，再以特定的算法进行处理。对于一些核心的功能，数据结构和算法的选择往往至关重要。

（10）对于并发编程具有深入的理解。并发编程是提高程序并发能力，充分利用多 CPU 服务器的手段，因此对于并发编程的要求也越来越高。

（11）掌握一种容器化技术。Docker 和 K8s 是当下的主流，无论是对于大型的微服务分布式架构，还是日常的工作和学习，都可以极大地提高效率。

（12）熟悉 Linux 服务器的使用。应用程序大多数部署在 Linux 环境下运行，不是专业的服务器运维人员，不要求十分精通，但是对于常用命令、安装软件、编写简单的 Shell 脚本掌握得越多越好，越深入越好。

当然，以上列举的依然不够，不同的领域还有很多知识需要学习，如云计算、大数据、数据挖掘、物联网、人工智能等，各个领域都有各自重要的知识体系。架构师本身就是一个软硬技能的结合体，对于技术的掌握不仅要全面，而且要更加深入。往往底层的核心架构，重大问题攻关也是需要架构师来解决的。根据自己的行业特点，有策略、有选择性地学习，寻找自己的技术短板并不断补齐，是一种更加高效的学习策略。

1.4 写给在校的大学生

刚刚毕业参加工作的大学生往往有两种：一种是一张白纸，一切都要从头学习，需要付出大量的时间和精力去自我学习，以及从工作中和其他同事、领导的身上吸取经验；另一种是毕业就已经是专业的开发者和职场人，他们的能力有时并不逊色于工作了两三年的"老员工"。

这两种人的学习成绩可能都不错，甚至可能第二种人的成绩还要更差一些。那是什么造成这种现状呢？往往是因为第二种人是更懂得提前规划，更明确自己发展目标的人。两种人同样都在努力，只是努力的方向不同而已。

有的人是为了拿高分、拿奖学金，一切为了优异的成绩，但是并没有思考过自己毕业后要如何发展，要怎样才能在社会上也拿高分。然而，有的人在考虑企业需要什么样的人才、需要什么能力、自己还欠缺什么，应该去学习什么能够让自己在毕业之后快速脱颖而出。他们的视野更宽，野心更大，学校课本上的知识不会束缚住他们。

如果决定毕业后进入软件行业，那么应该尽早地做好自己的职业发展规划，这绝对可以让自己占得先机，走上个人发展的快车道。工作后个人学习的时间会极大地缩短，所以在校的学习时间非常宝贵。

随着现代科技的进步、互联网的普及，当代大学生的学习资源极其丰富。可以通过视频、讲座、直播、书籍等各种方式去学习当下主流的编程技术。学校的教学更多的是让学生懂底层、懂原理、懂方法，培养学生成为一个有深厚基本功的人，这很有利于大学生的长远发展。但这也会造成学生缺乏与实际工作的过渡和接轨，缺乏各种符合实际的项目开发的磨炼。

多去了解现在的企业都在做什么项目，使用什么样的主流技术，需要什么样的理论基础，需要多强的编程能力。去招聘网站上找一找哪个岗位、具有什么样的能力的人可以拿到更高的工资，然后再去规划自己应该学习什么。

在校期间一定要多动手、勤于编码，尝试自己去设计一些产品和系统；甚至自己去做一些开源项目，建设一个自己的网站。如果从一毕业开始就已经具备了企业所需要的技能，那么就能站在比别人更高的起点，会比别人节省3~5年的时间。

1.5 写给程序员同行

作为一个已经工作了10年的"老程序员"，截至2021年已经34岁了，虽然依然混迹在IT行业这个圈子中，但是内心还是有很多的压力。这些压力来自多个方面，有工作、有家庭、有孩子、有父母。

都说软件行业有35岁的天花板，当然这不是全部事实，但是确实与个人能力息息相关。统计一下阿里巴巴、腾讯、今日头条、百度、美团等各大互联网公司的员工年龄，平均年龄都在26岁左右，很多35岁以上的老员工，由于个人能力原因、公司成本原因，都被所谓的"公司结构优化"给"优化"了。当然，这与国内整个行业的发展水平有关，短时间内是很难改变的，需要很长一段时间去优化。

作为这个行业的一分子都应该有一些危机感，要尽早规划自己的职业生涯，提升多维度竞争力，增加抵御风险的能力。除了编程能力，还要具有架构设计能力，一步步地走向系统架构师这个更高的目标。

技术的本质是工具，使用的各种编程语言、各种编程框架、软件工具都是解决问题的手段而已。工具本身并不重要，解决问题的思想才更加重要。只有想到才能做到，这是有必然的因果关系的。

一个大型企业级互联网分布式系统，往往需要几百、上千人的研发团队。数十个、几百个子系统或微服务相互协作，面对这样一个庞然大物，我们确实就好像一个"搬砖"的"码农"，很多人认为自己不需要了解整个系统架构，也不关心整个系统能做什么，以及为什么要这样做，把分配给自己的功能做好就足够了。面向需求文档开发、面向设计文档开发、面向百度开发，这些工作方式会对个人的长远发展造成极大的负面影响。

很多程序员就像工厂里流水线上的工人一样，每天做着增删改查，用着相似的框架，写着相似的代码，做着相似的需求，成为一个 CRUD BOY。熟练度不断增加，工资也在不断增长，但是自己心里十分清楚，任何一个应届毕业生，工作一年完全可以替代自己的工作。如此下去，2~3 年就会面临瓶颈。

为了让自己拿到更高的薪资，往往会选择学习大量的新技术，然而苦恼的是这些新技术在工作中缺乏应用场景，学完了也会很快忘记。很多人大量学习新技术，都是为了临时突击，搞定一些大公司的笔试面试，为跳槽加薪做准备，因为大家都知道"面试造火箭，工作拧螺丝"这个现象。

无论自己技术能力有多强，只要还是一个普通"搬砖"的程序员，都无法摆脱被替代的可能性。始终处于整个食物链的最底层，那时自己可以时时刻刻地感受到那种危机感，工资增长的瓶颈也会很快到来，总会发出一种长江后浪推前浪的感叹。

互联网行业的新人都是站在巨人的肩膀上，后浪拍前浪是必然的结果。例如，10 年前还没有这么火爆的人工智能，没有大数据，没有云计算，没有分布式，没有微服务，没有物联网。10 年前自己还在写着 JSP，用着 jQuery 和 Servlet，安卓（Android）系统版本才 1.0，最好的开源手机操作系统还是塞班。

现在的大学生、高中生就可以在互联网上轻松地接触到这些最前沿的技术，学习这些技术，站在一个更高的起点走向社会。虽然自己已经工作了 10 年，但是在这些新兴技术面前，可能还不如这些学生。

无论是"80"后、"90"后，还是"00"后，每一代程序员都会面临这个问题，技术在不断地进步，后人总会站在前人的肩膀上。随着年龄的增长，不得不面对精力不足、时间不够的尴尬局面，会发现和年轻人拼体力越来越力不从心，每个程序员都应该重视自己的职业规划。增长的不能只是年龄，还应该有多维度的能力。每个人要做的都不是去抢年轻人的饭碗，而是凭借自己的经验，去做更多符合自己年龄和经验的事情。

第2章

大型互联网架构设计的四大原则

第 2 章
大型互联网架构设计的四大原则

在大数据和互联网时代,对于系统架构的先进性要求也越来越高,系统要能够承载海量的数据存储、超高并发的用户请求、各式各样的系统攻击,同时还要具有丰富的功能和极佳的用户体验。

大型互联网架构设计要遵循四大原则:高可用原则、高伸缩原则、高并发原则、安全性原则,如图 2-1 所示。

图 2-1 大型互联网架构设计的四大原则

(1)高可用原则:系统应该最大程度地保证服务可用性,缩短服务因为各种故障而不可用的时间,具有极高的稳定性和容错性。

(2)高伸缩原则:系统的服务能力应该可以随时根据需要进行伸缩,具有较强的水平扩展能力。当服务压力较大时,能够提高计算能力、存储能力、传输能力等;当服务压力较小时,能够减小服务规模,减少资源的投入。

(3)高并发原则:系统应该具有承载超高并发请求的能力,在保证系统可用性的同时,具有更快的响应速度和更好的用户体验。

(4)安全性原则:系统要具有足够的安全防护能力,网络、服务器、存储、数据都要进行相应的安全设计,以应对各式各样的安全威胁。

下面将针对大型互联网架构设计的四大原则进行详细解析。

2.1 大型互联网架构高可用设计

高可用(High Availability,HA)是指不间断提供服务的能力,无论是因为服务器宕机、网络异常,还是程序 bug(漏洞)等任何原因所导致的故障,都应该尽量地将服务不可用的时间缩短到最小,将损失降到最低,这就是高可用设计的目的。

例如,一个系统一年只有一次宕机和一个系统每月宕机一次,在可用性上是存在巨大差异的。想要达到高可用也是有模式可循的,核心思想就是冗余、容错、故障转移和系统监控。

2.1.1 高可用指标

如何评价一个系统的可用性是高还是低呢?一般使用年度可用性指标来衡量,计算公式为

(1－年度不可用小时/年度总小时)×100%=年度可用性指标。一年按365天，即8760小时计算。

例如，某系统一年内总停机时间53分钟［即53/60≈0.883(小时)］，则可用性指标＝(1－0.883/8760)×100%≈99.99%，这就是所谓的可用性达到4个9。

同理，根据可用性指标，就能推算出每年的最短停机时长。例如，某系统的可用性达到4个9，也就是说，可用性达到99.99%。一年365天，每天24小时，因此服务不可用时间不能超过365×24×(1－99.99%)=0.876(小时)，即系统一年内不可用时长不能超过53分钟。这代表系统具有自我恢复能力，已经是较高的可用级别了。如果某系统的可用性达到5个9，则系统一年内不可用时长不能超过5分钟。这代表系统具有极高的可用性了。

业界一般使用9的个数来进行快速的可用性划分，如表2-1所示。

表2-1 可用性指标划分

指标简称	年度可用性指标	最大不可用时长	可用性级别
2个9	99%	88小时（3.7天）	及格（基本可用）
3个9	99.9%	9小时	中等（可用性较高）
4个9	99.99%	53分钟	优秀（可用性很高）
5个9	99.999%	5分钟	极佳（可用性极高）

一般的2B（To Business的简称，代表面向企业）系统或企业内部管理系统达到2个9即可；对于2C（To Customer的简称，代表面向个人）系统，一般至少要达到3个9。

2.1.2 冗余设计

系统中某个单节点故障可能会引起级联故障。如图2-2所示，当D服务因故障宕机时，就会造成B和C服务出现大量的交易失败和请求积压，问题会很快传遍所有依赖节点，造成大量业务功能无法使用甚至全面宕机。

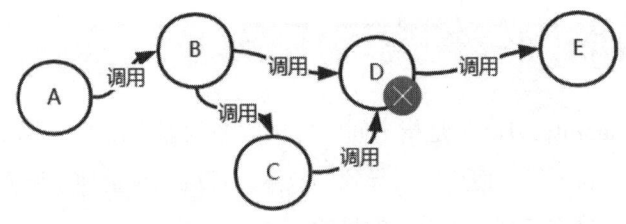

图2-2 单节点级联调用故障

如图2-3所示，服务A使用了MQ、Redis、MongoDB、MySQL多种中间件，都是单节点部署，当MongoDB节点因故障宕机后，就可能会导致服务A无法正常启动、核心功能丧失、失去服务能力。

第 2 章
大型互联网架构设计的四大原则

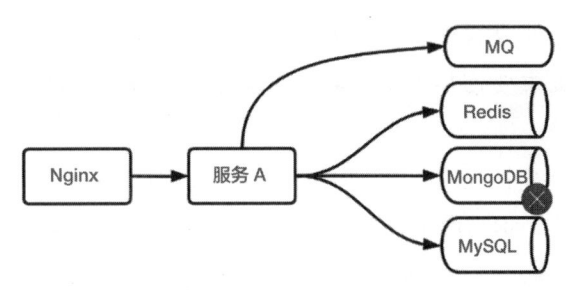

图 2-3　单节点中间件故障

由此可见，如果每个服务节点都只有一台服务器，那么任意节点发生故障，都会导致整个系统不可用，这就是所谓的单节点故障，对系统的可用性具有极高的威胁。

冗余是高可用的核心思想，坚决避免服务出现单节点故障，做法就是增加备用节点，方案主要有两种：主备高可用和多活高可用。

（1）主备高可用方案：例如，某系统只有一台服务器 A，如果宕机了就会引起服务不可用，那么就再准备一台服务器 B，硬件配置、环境信息、应用部署都完全与服务器 A 保持一致。如果服务器 A 发生了故障，就立即把服务器 B 启动起来，顶替服务器 A 对外提供服务；看似简单，然而这也是一种高可用方案，同样是缩短了服务的不可用时长。

（2）多活高可用方案：为了避免单节点故障，可以部署多个同样的服务节点，同时提供服务。例如，使用的双卡双待的手机，一个电话卡欠费了，另一个还可用，两张卡是同时工作的。

做任何架构设计都不要拘泥于理论和技术，达到目标才最重要。

2.1.3　负载均衡架构设计

负载均衡架构是一种应用较为广泛的高可用手段，可以快速地为其他服务提供水平扩展能力。

1. 什么是负载均衡架构？

如图 2-4 所示，无冗余结构服务端发生故障时，会直接导致系统无法访问；而使用负载均衡冗余结构，一个服务端发生故障后，依然有一个节点可以对外提供服务。如果服务端的压力过大，则可以通过增加多个服务节点来分担系统压力，这也是提高系统并发能力的直接手段。

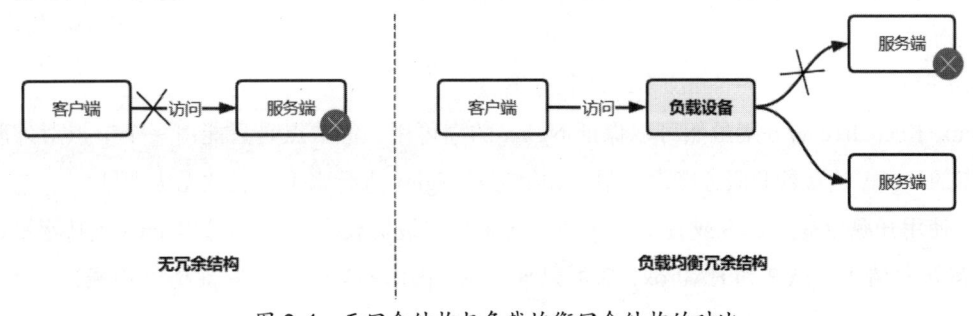

图 2-4　无冗余结构与负载均衡冗余结构的对比

负载设备可以使用硬件或软件实现，因此负载均衡可以分为硬负载（硬件设备）和软负载（软件）两种。硬负载主要使用F5、Radware等硬件设备，软负载主要使用Nginx、LVS、HAProxy等软件。

硬负载具有性能高、稳定性强的特点，但是价格昂贵，而且不利于开发人员维护。软负载具有灵活性强，易于配置的特点，但是由于软负载工具运行在操作系统之上，所以性能和稳定性受操作系统限制，相较于硬负载要略差一些。

2. 负载均衡高可用方案

这种架构方式虽然解决了服务端的单节点风险，但是负载设备本身又变为了单节点。下面介绍几种常用的负载均衡高可用方案。

（1）Nginx+Keepalive 双机主备方案。

如图2-5所示，部署主备两台Nginx服务器，它们各自都有自己的IP地址（10.1.8.3和10.1.8.4），在两台服务器上分别安装Keepalive服务，并绑定同一个虚拟IP（Virtual IP，VIP）地址（10.1.8.8），此IP地址要求没有被占用，客户端访问时通过VIP进行访问。

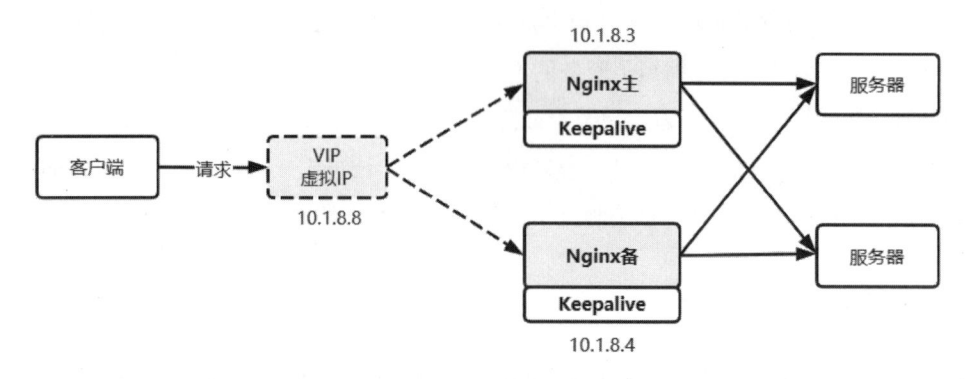

图2-5　Nginx+Keepalive双机主备架构

当主节点存活时，请求将发送至主节点处理。当主节点宕机后，VIP会自动漂移到备份节点，由备机接管负载服务，成为新的主机，从而达到主备自动切换，具备自动故障转移的能力。当故障节点恢复后，这个新的主机自动变为备机使用。

双机主备需要注意时刻保持主备Nginx的配置完全相同，避免发生系统切换后，服务无法正常使用的情况。

（2）F5+LVS/HAProxy+Nginx 多级负载方案。

Nginx+Keepalive的方案虽然可以保证Nginx的高可用，但缺点是只能由一个节点对外服务，单个节点的Nginx连接数和服务能力有限，如果想对Nginx进行水平扩展就无法满足。

可以使用开源免费的LVS或HAProxy+Nginx形成二级负载结构，从而让Nginx支持水平扩展，支持超高并发请求。LVS和HAProxy都可以使用Keepalive搭建双机主备高可用模式，如图2-6所示。

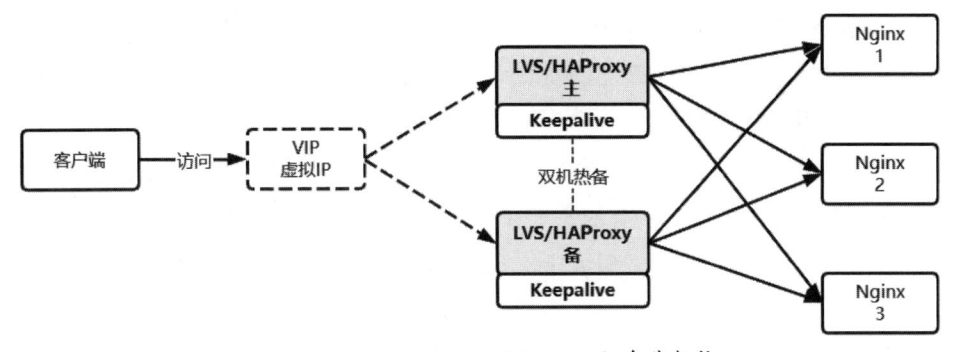

图 2-6 LVS/HAProxy+Nginx 二级负载架构

也可以使用硬负载+LVS/HAProxy+Nginx 形成三级负载结构，从而让 LVS/HAProxy 也支持水平扩展，并发能力将再上升一个数量级。F5 和 Radware 可以搭建双机主备模式，保证高可用，如图 2-7 所示。

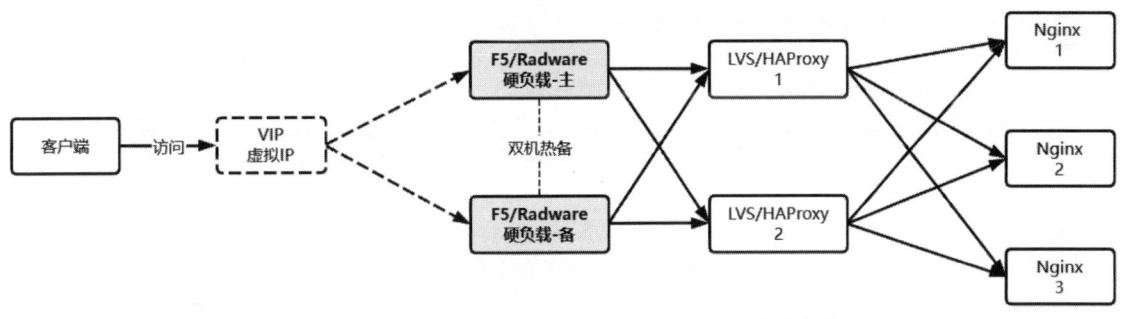

图 2-7 硬负载+LVS/HAProxy+Nginx 三级负载架构

3. 四层与七层负载

LVS 和 HAProxy 的性能比 Nginx 强很多，因为 LVS 和 HAProxy 专门用于四层负载，而 Nginx 多用于七层负载（新版本 Nginx 可以通过添加 Stream 模块，支持四层负载）。

LVS 和 HAProxy 工作在第 4 层，而 Nginx 可以工作在第 4 层和第 7 层，如图 2-8 所示。

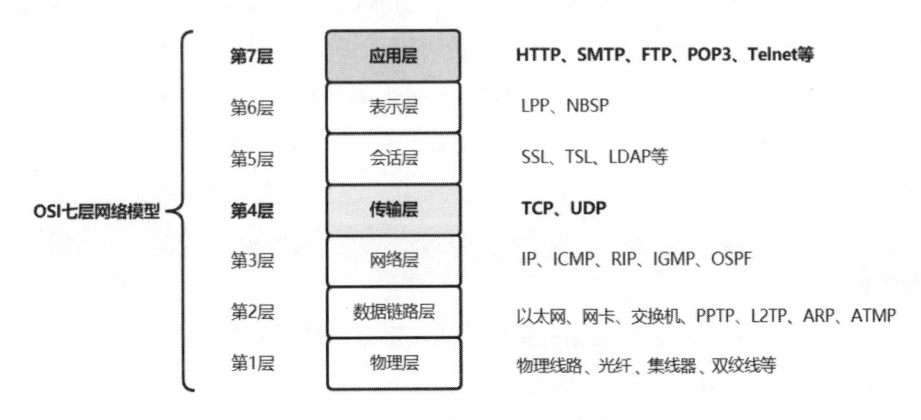

图 2-8 OSI 七层网络模型

LVS 和 HAProxy 更接近于操作系统底层，使用 IP 加端口的方式进行路由负载，让客户端和上游服务器直接建立通信，通过 TCP、UDP 的请求报文头中的 IP 地址或 MAC 地址，来达到转发的目的，对网络性能几乎无损耗。

使用 Nginx 的七层负载时，当客户端要与服务器建立连接时，必须先和 Nginx 建立连接，然后 Nginx 再和上游服务器建立连接，所有的请求和应答都由 Nginx 先接收再转发出去，所以存在一定的网络和性能损耗，对 CPU 和内存资源损耗较大，如图 2-9 所示。

图 2-9　七层负载请求转发

LVS 和 HAProxy 可以工作在四层网络之上，当客户端发起请求后，LVS/HAProxy 会将请求报文的 IP 和端口直接修改为上游服务器的 IP 和端口，让客户端和服务器直接建立连接，因此几乎不占用流量，对 CPU 和内存的消耗微乎其微，从而才具有更高的性能，如图 2-10 所示。

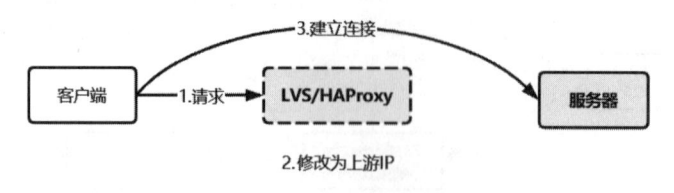

图 2-10　四层负载请求转发

4. 既然 LVS 和 HAProxy 这么强大，为什么还要使用 Nginx 呢？

由于 LVS 和 HAProxy 工作在四层网络之上，功能也比较单一，只负责请求分发，因此流量本身并不穿过它们。不支持 URL 路径匹配，不能做动静分离，可配置性不强。由于更接近于操作系统和网络层面，所以一般开发人员难以配置，需要专门的运维人员负责。

Nginx 工作在七层网络之上，可以作为静态资源服务器、文件服务器，支持 POP、SMTP 协议，支持 HTTP 缓存、URL 路径匹配，在服务器配置较好的情况下，也能够承载单机 2 万以上的并发，稳定性很好，配置文件简单、语法友好，开发人员可以直接配置。同时，插件众多，社区活跃度较高，通过插件可支持 TCP 反向代理、访问限流等功能。基于以上原因，Nginx 具有极高的市场覆盖率。当然，LVS、HAProxy、Nginx 都在不断地发展，未来功能差异可能会进一步缩小。

F5、Radware 等硬负载设备，也是工作在四层网络之上，借助独立硬件的能力，性能最为出众，但是价格也十分高昂。

5. 负载策略

客户端请求到达负载设备，需要根据一定的算法决定分发给哪一个上游服务器，这个分发算法就是负载策略，如图 2-11 所示。

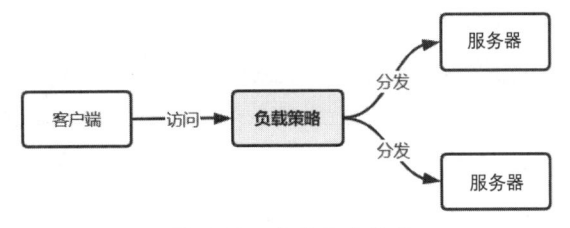

图 2-11 负载分发原理

对于不同的负载软件,支持的负载策略稍有差异,但是大体相同,有如下 10 种。

(1)轮询策略:请求被依次循环分发给上游服务器,一般属于默认策略,最常用。

(2)权重轮询策略:可以设置权重,权重越大,分发的请求越多,配置高的服务器权重应该大一些,配置低的服务器权重应该小一些。例如,如果设置 4:1 的权重,则配置高的服务器会收到 4 次请求,配置低的服务器会收到 1 次请求。

(3)动态权重策略:请求分发交由系统控制,负载均衡器会收集每个上游服务器的状态,如 CPU、内存、磁盘 I/O、繁忙程度等各项指标,从而计算出权重,给相对空闲的服务器分发更多请求,给繁忙的服务器分发少量请求。

(4)最小连接数策略:由于所有的连接都经过负载设备,所以它可以统计出每个上游服务器的连接数情况,每次都将请求转发给连接数最小的服务器。

(5)最短响应时长策略:将请求分发给响应时间最短的服务器。

(6)IP 哈希策略:将相同来源 IP 的请求转发到同一个上游服务器,可用于 Session 保持等场景。

(7)URL 哈希策略:与 IP 哈希策略类似,使用请求 URL 进行哈希计算,将相同哈希值的请求转发到相同的上游服务器。

(8)最小会话策略:根据当前的 Session 保持情况,将请求分发给会话最小的服务器。

(9)趋势分析策略:根据一段时间内的请求分发情况、连接数、会话、服务器状态等信息判断出每个上游服务器未来的流量上升和下降趋势,将请求转发给趋势上升的服务器。

(10)随机策略:将请求随机分发给某一个上游服务器。

2.1.4 DNS 轮询负载设计

DNS(Domain Name System,域名系统)是互联网的一种服务,它将域名和 IP 地址进行映射存储,当用户访问某个域名时能够快速找到对应的 IP 地址,使用户更加方便地访问互联网。

互联网应用访问流程包括以下 3 个步骤,如图 2-12 所示。

(1)客户端使用域名(yinhongliang.com)请求服务器时,需先请求 DNS 服务进行域名解析。

(2)DNS 服务通过查找域名注册表,找到域名所对应的 IP 地址(10.3.1.33),返回给客户端。

(3)客户端使用 IP 地址(10.3.1.33)再去访问服务器的应用。

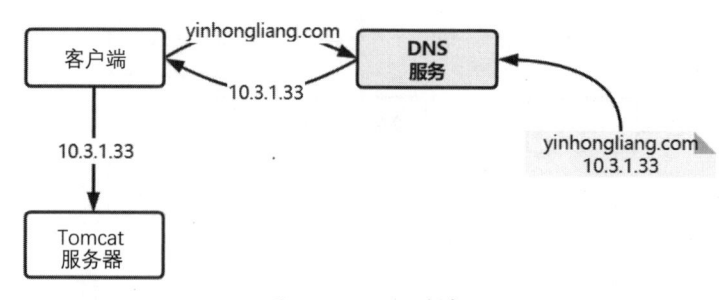

图 2-12　DNS 解析

然而，单个服务器节点不但存在单节点风险，而且能够支撑的最大并发连接数十分有限，可以借助 DNS 进行负载，从而使服务支持水平扩展。

将域名与多个 IP 地址进行绑定（例如，yinhongliang.com 这个域名与 10.3.1.33、10.3.1.34、10.3.1.35 三个域名绑定），用户每次发起请求时 DNS 服务都按照顺序依次返回域名所对应的 IP 地址，从而达到了服务轮询负载的目的，如图 2-13 所示。

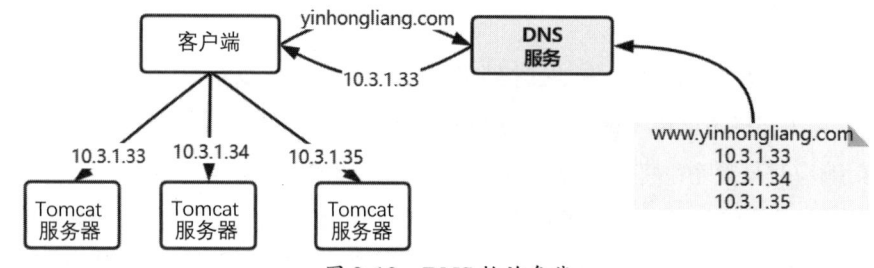

图 2-13　DNS 轮询负载

也可以针对不同的地区、运营商绑定不同的 IP 地址。这样，全国各地的用户进行访问时，可以尽量将用户的请求解析到距离最近的服务器，从而加快响应速度。

这种架构虽然解决了水平扩展问题，却将服务器直接暴露在互联网上，并且吞吐量依然不足，可以采用 DNS+ 多级负载的方式架构。

可以将域名绑定在负载均衡器 LVS 的 IP 地址上，这样通过 DNS 解析后，用户的请求就会通过 LVS 和 Nginx 的多级负载，无须暴露真正的后端服务，极大地提高了系统的安全性、可用性和并发能力，如图 2-14 所示。

DNS 解析负载的最大问题是，没有自动监测能力，无法帮助应用自动完成故障转移。例如，某个服务节点宕机，由于 DNS 没有主动探测机制，不会自动将无法访问的服务节点 IP 从 DNS 列表中移除，所以用户依然会请求到宕机的服务。

当系统发生故障时，需要手动修改域名解析配置，由于 DNS 存在缓存，并不能立即生效，所以还会有一段时间服务不可用。

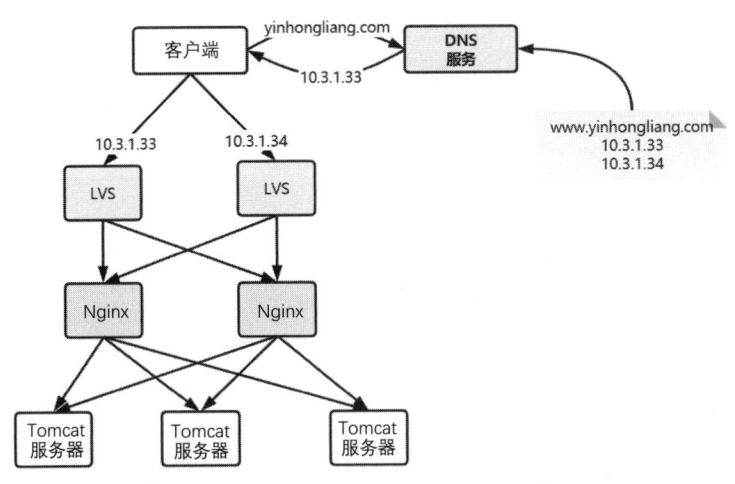

图 2-14　DNS+ 多级负载架构

2.1.5　两地三中心容灾设计

两地三中心是一种容灾方案。在同一个城市或邻近的城市（如北京、天津）建立两个数据中心（Data Center，DC），由于距离较近，网络延迟低，因此数据几乎可以达到实时同步。当其中一个数据中心发生故障，如火灾、地震等毁灭性事故时，可以快速将服务切换到另外一个数据中心，保证服务可以短时间内恢复。

由于两个数据中心在邻近的城市，对于一些地震、洪水等不可抗力因素，可能会导致两个数据中心都不可用，因此可以在更远的位置再部署一个数据中心，只进行数据同步备份。例如，当北京、天津的数据中心都不可用时，可以使用上海的数据进行应用重建，如图 2-15 所示。

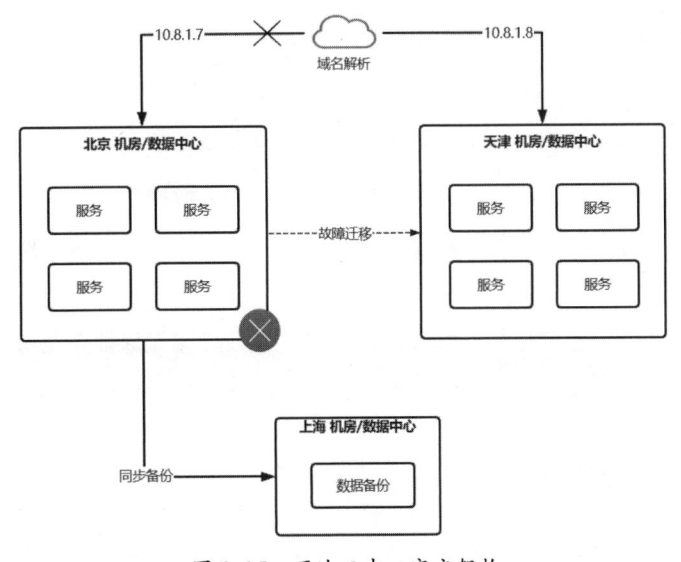

图 2-15　两地三中心容灾架构

两地三中心容灾架构的特点是同一时间只有一个数据中心对外提供服务。如图 2-16 所示，北京和天津的两个数据中心内的服务保持完全相同，同时处于运行状态，但是只有主数据中心（北京）对外提供服务，而从数据中心（天津）只是空跑而已。

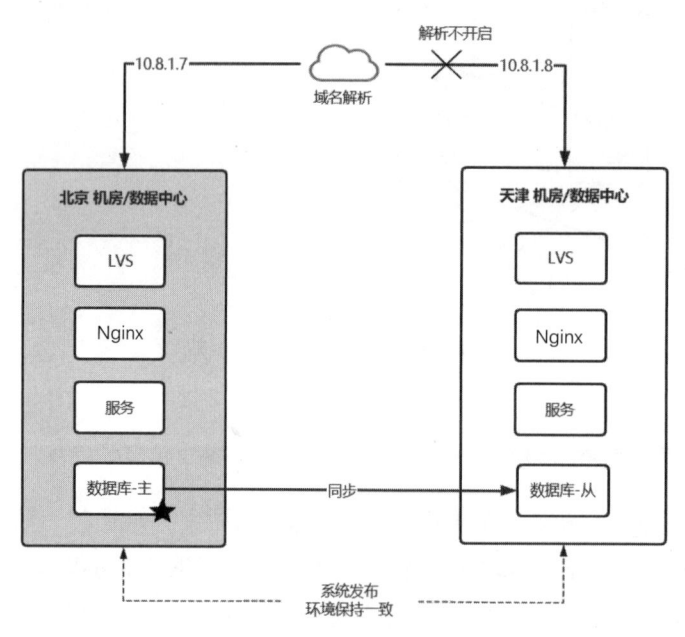

图 2-16　双中心灾备

在日常工作中，任何的系统发布（代码发布、数据库 DDL、服务器环境配置等）都需要在两个数据中心执行，目的是确保环境完全一致。

数据库采用主从模式进行数据同步，保证双方数据一致，但是跨地区的数据同步会出现较大延迟，可以增加专线降低延迟程度。

将域名解析到北京机房，只让主数据中心对外提供服务。当主数据中心发生灾难不可用时，先将天津机房的从库升级为主库，然后将 DNS 解析到天津机房即可。

两地三中心模式，相当于做了一个数据中心级别的热备份；因为始终有一个数据中心处于闲置状态，无法充分利用，所以对成本存在极大的浪费。由于一个数据中心始终处于冷却状态（没有任何真实业务发生），当真正发生灾备切换时，并不一定能够正常运转起来，所以两地三中心只是看起来美好而已。

为了节省成本，可以只将核心业务做灾备，当发生灾难时优先保证企业或政府机构的核心业务可以正常运转。

2.1.6　异地多活架构设计

两地三中心容灾设计带来极大的浪费，并且没有解决访问效率问题。两个可用的数据中心都部署在同一个城市或相邻的城市，例如，服务器部署在北京，则只有华北、华中等周边地区访问速度较快，而华南地区、海外地区访问速度较慢。

因此，最好的架构应该是异地多活架构，就是全国乃至全球部署数据中心，这些数据中心同时对外提供服务，让不同地区的用户访问距离他们最近的数据中心。但是，部署成本极高，并且技术复杂，资金和人员投入巨大。

例如，分别设立北京、上海、香港数据中心，通过域名解析将不同地区的用户请求分发到不同的数据中心，如图 2-17 所示。

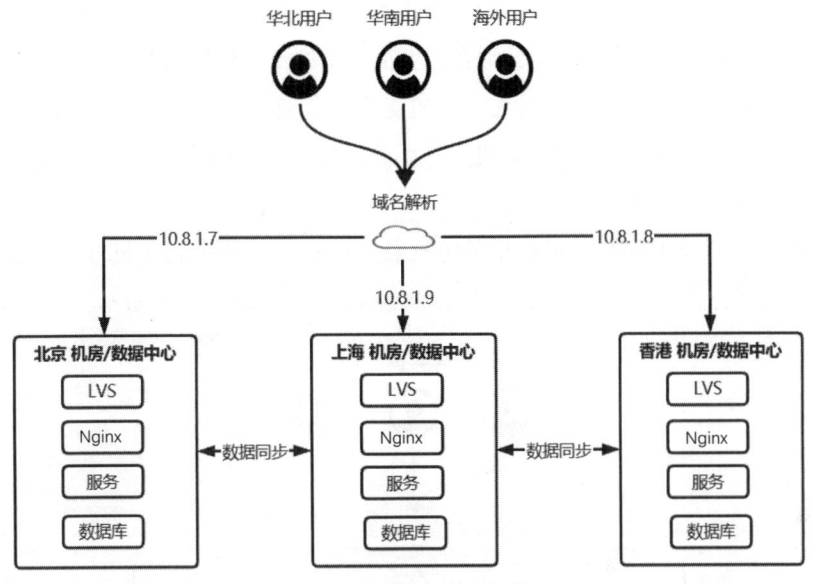

图 2-17 异地多活架构

异地双活是异地多活的特例，是指在两个距离较远的城市建立 IDC（Internet Data Center，互联网数据中心），同时对外提供服务。

异地多活架构主要存在以下两个问题。

（1）跨数据中心访问，导致处理速度慢。用户的一次请求，对于分布式系统，可能在服务器发生数十次的调用，如果这些调用不能发生在同一个 IDC 内，延迟就会较高。

例如，某北京用户的一次购买行为，服务器需要 200 个服务调用完成，如果这 200 次调用全部在北京 IDC 内完成，每次调用耗时 2 毫秒，则全部串行化总计需要 200×2=400(毫秒) 给用户应答。如果这 200 次调用中有 100 次发生在北京 IDC 内，每次调用耗时 2 毫秒，另外有 100 次发生在上海 IDC 内（发生跨 IDC 调用），每次调用耗时 20 毫秒，则全部串行化总计需要 (100×2+100×20)/1000=2.2(秒) 给用户应答，会造成极差的用户体验，甚至有些页面直接超时，如图 2-18 所示。

所以，异地多活的第一个要求就是尽量让所有的交易发生在同一个 IDC 内，避免出现跨区访问。

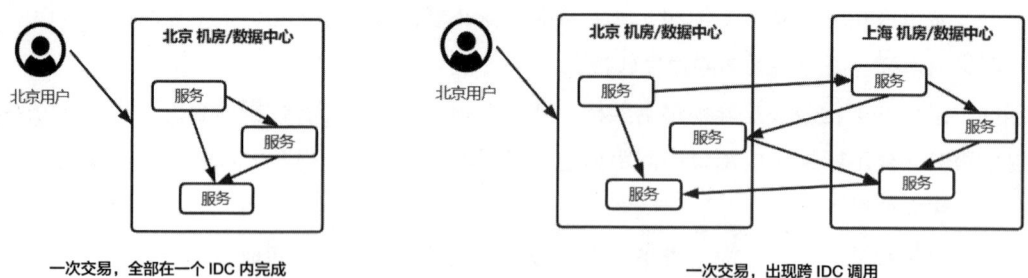

图 2-18　一个 IDC 内完成与跨 IDC 调用的对比

（2）数据无法实时同步。由于各个 IDC 的距离较远，网络延迟是无法避免的，因此数据无法达到实时复制。如果不进行特殊的控制，则会产生很严重的不一致性问题。

例如，某用户购买商品时，交易是在北京机房完成，订单数据也存储在北京机房内。紧接着用户去查看订单信息，这时请求到了上海机房，而此时数据还未同步过来，就会导致用户无法看到订单，这是用户无法容忍的错误。

为了解决数据同步延迟问题，最简单的方式就是数据库不拆分也不同步，都集中在一个 IDC 中，多个 IDC 中的服务共享一套数据源，即伪异地多活架构，如图 2-19 所示。

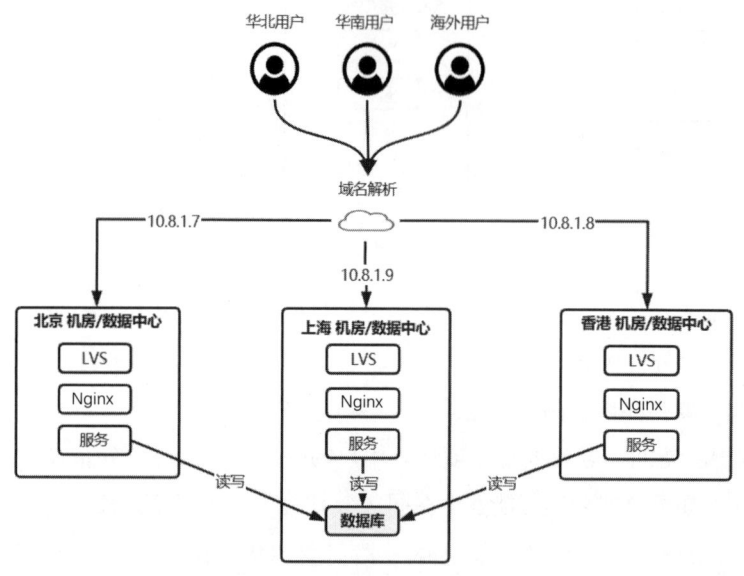

图 2-19　伪异地多活架构

每个 IDC 中除数据库外均正常部署，所有服务都对一个数据源（并非一个数据库）进行读写。这样就保证了数据的一致性。这种方式部署实现相对简单，但是数据库压力过大，并且跨区访问时由于数据库远程访问，依然会造成交易效率很低。这种方案依然只适合多个 IDC 同城或邻城部署，因此通常作为异地多活的一种过渡方案。

真正的异地多活架构则是数据库都是完全独立拆分部署的，通过同步的方式进行数据同步，但是复制延迟是无法避免的，因此这个问题无须纠结（因为现代的通信技术还无法彻底解决长距离数据传输的延迟问题）。所以，异地多活架构并不是将所有业务都进行异地部署，对于一些账户余额、转账等一致性、实时性要求极高的业务并不适合，而且对于一些非常用的交易也没有必要进行异地多活设计。例如，登录操作是使用极其频繁的，用户可能一天要登录 10 次，而用户信息修改可能一个月才修改 1 次，并且用户登录十分重要，是一切业务的起点，而用户信息修改并不重要。

用户的位置几乎是固定的，不会出现现在在北京登录，而 10 分钟之后在上海登录。所以，对于登录业务、用户注册、产品订单等数据只需要异步复制到其他 IDC 即可，达到最终的数据一致性。

所以，将同一个地区的用户交易控制在一个 IDC 内，数据存储在一个 IDC 内，再将数据异步复制到其他 IDC 是一种较好的方案。

2.1.7 MongoDB 高可用架构

如果读者对 MongoDB 不了解，则可以先阅读以下基础知识内容。

1. MongoDB 基础知识

（1）MongoDB 的概念。

MongoDB 是一个基于分布式文件存储的数据库，由 C++ 语言编写，旨在为 Web 应用提供可扩展的高性能数据存储解决方案。MongoDB 是一个介于关系型数据库和非关系型数据库之间的产品，是非关系型数据库中功能最丰富、最像关系型数据库的产品。

MongoDB 并不是按照表（Table）存储的，而是按照文档（Document）存储的，将数据以 JSON 形式存储在数据库中，因此 MongoDB 也是一种 NoSQL 数据库，或者称之为文档型数据库。

（2）MongoDB 的优势。

MongoDB 的优势在于使用 JSON 文档结构，适合整合复杂数据、整体查询的场景；自带主从模式、副本集模式和分片模式，可以很方便地进行读写分离、高可用和负载均衡，其他关系型数据库往往需要借助其他中间件才能做到，同时支持海量数据的存储和查询。

2. MongoDB 的 3 种高可用架构

为保证 MongoDB 的高可用，官方提供了 3 种模式，分别为主从模式、副本集模式和分片模式。其中主从模式官方不推荐使用，并且在 MongoDB 3.6 中彻底废弃。

（1）主从模式。

主从模式的第一种用法是用作备份，主库提供读写能力，从库不可以进行读写，数据实时地从主库备份到从库，从库只作为单纯的备份使用。从库无法分担主库的压力，只是避免了数据丢失的风险。

主从模式的第二种用法是实现读写分离，主库提供读写能力，从库只提供查询能力。从库除了可以起到数据备份的作用，还可以分担部分主库的压力。另外，也可以部署多个从节点，形成一主多从的架构，进一步分担查询压力。

主从模式被废弃的原因是没有自动故障转移能力，当主库发生故障后，必须手动操作将从库切换为主库，应用程序也要修改连接信息，如图 2-20 所示。

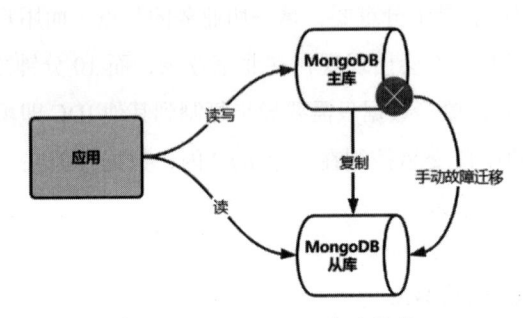

图 2-20　MongoDB 主从模式

（2）副本集模式。

副本集模式是采用选举算法，在多个 MongoDB 节点中选举出一个主节点（也叫作 Master 节点），负责数据的读写操作，其余节点作为副本节点，从主节点同步数据，起到数据冗余、备份、服务高可用的目的，从节点也可以承担读操作进而减轻主库压力。

当主节点宕机或网络故障时，集群会根据选举算法重新推举出新的主节点，承担数据的读写操作，其他从节点将从该节点继续复制数据。当故障节点修复后，将重新作为整个集群中的从节点继续工作，以这种方式达到了故障自动转移的目的，如图 2-21 所示。

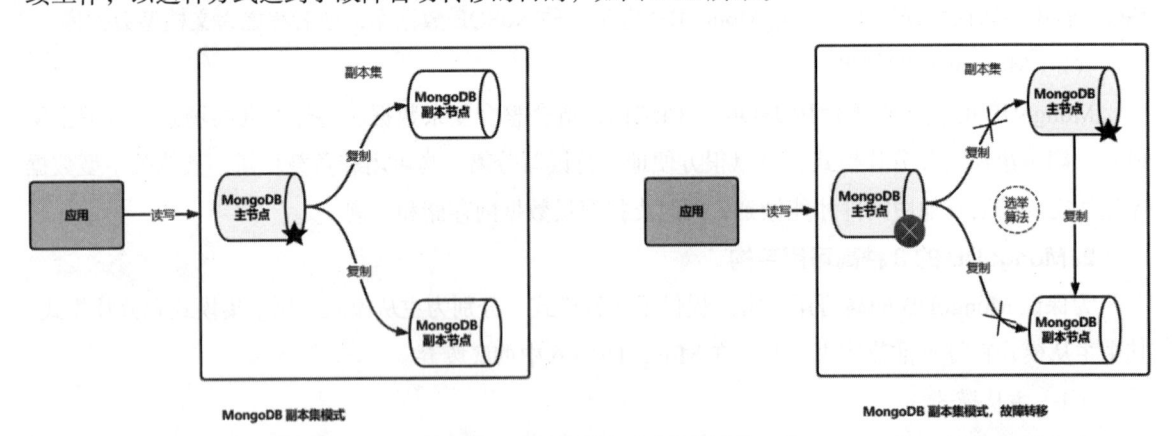

图 2-21　MongoDB 副本集模式

MongoDB 集群的各个节点之间通过心跳机制进行检查，从而来判定节点是否可用，是否需要进行重新选举，如图 2-22 所示。

值得注意的是，在副本集模式下，每个节点都具有数据库的全量数据。由于副本集需要大量的存储空间，对性能也有较高要求，因此如果只是为了保证 MongoDB 的高可用，为了可以正常地选举，则可以只部署仲裁节点，而不部署数据副本节点。仲裁节点只负责投票，选举出主节点，而不存储业务数据，如图 2-23 所示。

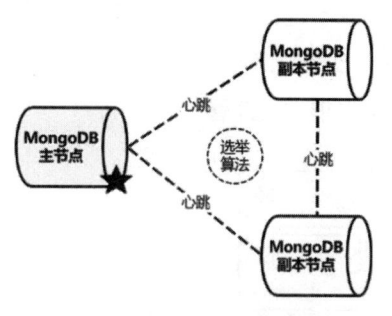

图 2-22　MongoDB 检查机制 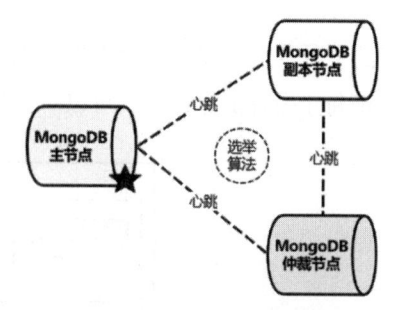　　　　图 2-23　MongoDB 仲裁节点

（3）分片模式。

主从模式、副本集模式中每个节点存储的依然是全量数据，存储量存在上限，随着数据量的增长，读写操作性能会急剧下降，因此主从模式、副本集模式更适用于中小型系统、数据量增长缓慢的系统，单个集合数据不超过千万条，可以不考虑分片。切记不要过度设计，此乃设计师的大忌。

MongoDB 的分片模式，能够保证数据存储量可以无限增长，同时保证读写操作的性能，当然系统的复杂度也会进一步提升。

分片的目的是将数据切分存储。例如，1000 万条数据如果拆分存储在 5 个分片节点中，则每个节点只需要存储 200 万条数据，每个分片节点都同时对外提供读写服务，从而提高了 MongoDB 的存储能力和服务性能，这与分库分表的理念是相同的。

分片集群架构中存在 3 个重要的角色，分别为分片（Shard）、路由器（Router）、配置服务（Config Servers），图 2-24 所示为 MongoDB 分片集群架构。

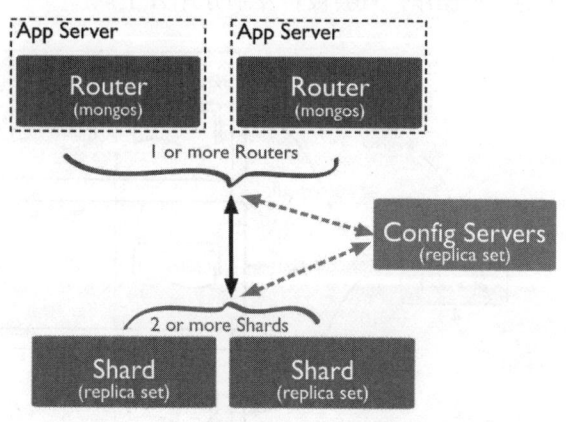

图 2-24　MongoDB 分片集群架构

① MongoDB 分片存储原理。

分片节点：并不需要把数据库中所有的集合都进行分片，可以只针对部分数据量较大，需要水平扩展的集合进行分片。如图 2-25 所示，将 Collection1 分为 3 片，分布在分片 A、B、C 中，每一部分都是 Collection1 的子集，而对 Collection2、Collection3 不进行分片。不进行分片的集合必须存储在数据库的主分片上（图 2-25 中标星的分片 A），每个数据库都包含一个主分片。

为了保证每个分片的高可用，可以对分片节点采用副本集方式部署。

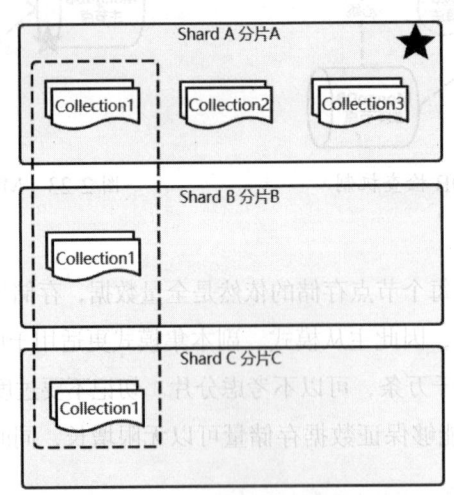

图 2-25　MongoDB Collection 分片

② MongoDB 分片路由原理。

路由节点：作为应用程序与分片节点之间的路由器，起到代理和桥梁的作用。对于客户端发送的请求，按照一定的算法，将请求转发到特定的分片集合执行读写操作。如图 2-26 所示，由于 Collection1 已经分片，因此对于 Collection1 的读写操作，可能会被转发到分片 A、B、C 上，而对于 Collection2、Collection3 的读写操作，只会被转发到分片 A 上。

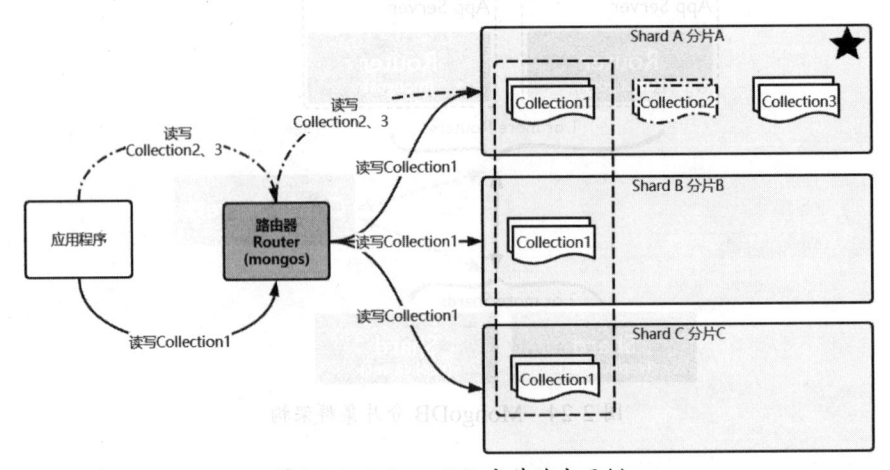

图 2-26　MongoDB 分片路由示例

配置节点：用于存储路由节点、分片节点的元数据信息及集群的配置信息，配置节点必须以高可用方式部署（Config Server Replica Set，简称 CSRS，配置服务副本集）。

③ MongoDB 数据分片算法。

分片集群的部署并不难，参照官方手册即可，难点是如何进行合理的分片。分片就要选择分片键（Shard Key），需要选择被分片集合的某一个字段，或者某几个字段的组合。一个集合只能有一个分片键，分片后分片键不可更改，所以创建时一定要慎重。

MongoDB 提供两种分片算法，一种是 Hash（哈希）算法，另一种是 Range 算法。

a. Hash 算法。Hash 算法就是将分片键进行哈希计算，从而将数据分配到不同的分片上。

如图 2-27 所示，用户 ID 等于 1、3、5 的数据存储在分片 A 上，ID 等于 2、23、55 的数据存储在分片 B 上。根据用户 ID 可以快速查询某一条数据，如果查询 ID 大于等于 3 小于等于 60 的数据，则由于无法确定这些数据都存储在哪个分片上，因此需要将查询请求广播到所有节点上，找到符合条件的数据，再将各个分片节点的结果集汇总在一起。

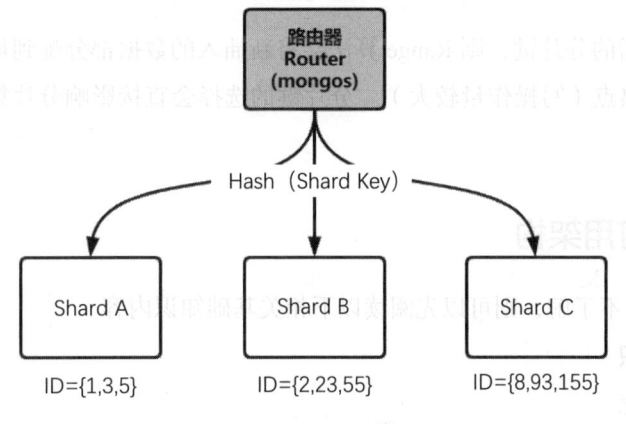

图 2-27 Hash 算法

Hash 算法的优点是数据分布比较均匀，缺点是数据不连续。对于按照键值查询的数据可以快速定位，但是对于区间查询的数据，则需要广播到所有节点，效率降低。

b. Range 算法。Range 算法就是将分片键分为不同的连续区间，从而将数据存储在不同的分片上。

如图 2-28 所示，用户 ID 在 0~100（不含 100）之间的数据存储在 A 分片节点上，100~200（不含 200）之间的数据存储在 B 分片节点上，200~300（不含 300）之间的数据存储在 C 分片节点上。如果 ID 等于 50，则存入分片 A；如果 ID 等于 220，则存入分片 C。如果需要查询 ID 在 20~80 的区间数据，则只需要查询分片 A 即可；就算存在跨分片的查询，也可以快速定位这些数据在哪些分片中。例如，查询 ID 在 20~150 的区间数据，通知分片 A、B 即可，不需要广播到所有分片节点。

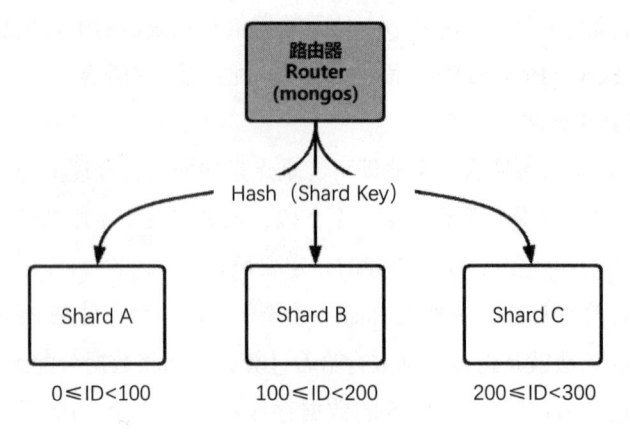

```
                    ┌─────────┐
                    │ 路由器   │
                    │ Router  │
                    │(mongos) │
                    └─────────┘
                  Hash (Shard Key)
         ┌───────────┼───────────┐
         ▼           ▼           ▼
    ┌────────┐  ┌────────┐  ┌────────┐
    │Shard A │  │Shard B │  │Shard C │
    └────────┘  └────────┘  └────────┘
   0≤ID<100   100≤ID<200   200≤ID<300
```

图 2-28　Range 算法

Range 算法的优点是数据分布连续，对于区间查询友好；缺点是使用不当会造成数据分布不均匀，比较适合单调递增的主键设计。Range 算法包含下边界，不包含上边界，也就是大于等于最小值，小于最大值。

如果使用单调递增的分片键，则 Range 算法会将新插入的数据都分配到最后的分片节点上，造成最后的分片成为写热点（写操作量较大）。分片键的选择会直接影响分片集群的性能、效率和可伸缩性。

2.1.8　Redis 高可用架构

如果读者对 Redis 不了解，则可以先阅读以下相关基础知识内容。

1. Redis 基础知识

（1）Redis 的概念。

Redis（Remote Dictionary Server，远程字典服务器）是一个开源的、使用 C 语言编写、遵守 BSD 协议、支持网络、可基于内存、可持久化的 Key-Value（键 - 值）数据库，并提供多种语言的 API。由于 Redis 不使用 SQL 语句，因此它也被称为 NoSQL 数据库，与之类似的产品还有 Memcached。

Redis 支持丰富的数据类型，如 string、list、set、zset（sorted set）、hash。

（2）Redis 的作用。

由于 Redis 属于内存型数据库，所有数据都在内存中存储（也可以持久化磁盘中）和查询，因此其具有极高的存储和查询性能，远远超过关系型数据库。

Redis 通常作为缓存中间件使用，减少对数据库的访问次数，从而减少磁盘的读写次数，提高服务性能。

（3）Redis 的基本使用流程。

当系统服务需要从数据库中查询数据时，并不是直接到数据库中查询数据，而是先到 Redis 中查询。Redis 中查询不到，才到数据库中查询。Redis 的使用流程如图 2-29 所示。

① 第 1.1~1.2 步：系统服务向 Redis 发起查询数据的请求，Redis 中没有查询到对应数据。
② 第 1.3~1.4 步：由于 Redis 中没有对应数据，所以请求数据库查询数据，并返回了结果。
③ 第 1.5 步：系统服务在得到数据库返回的结果后，将结果数据存储到 Redis 中。
④ 第 2.1~2.2 步：当系统服务再次要查询这个数据时，可以直接从 Redis 中获取到结果，不需要访问数据库了。Redis 为内存型数据库，查询速度更快，从而减轻了数据库的访问压力，同时提高了系统性能。

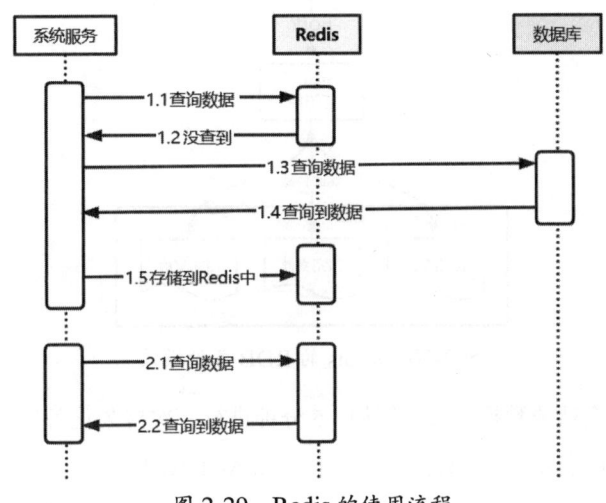

图 2-29 Redis 的使用流程

（4）Redis 是否可以完全替代关系型数据库？

首先，Redis 基于内存存储和查询，虽然速度快，但是内存资源有限，无法像磁盘一样存储海量数据；其次，Redis 使用 Key-Value 形式存储，无法表达复杂的数据关系，所以 Redis 无法完全替代关系型数据库。

2. 持久化

Redis 是一个内存型数据库，存储空间有限，同时数据容易丢失（重启丢失）。因此，Redis 提供了持久化功能，将内存数据写入磁盘，在 Redis 启动时可以从磁盘加载，提供备份和恢复能力，这也属于高可用范畴。

Redis 的持久化是异步进行的，主进程不阻塞并实时对外提供服务，同时异步写入磁盘，保证服务不间断的同时，达到了数据备份的效果。Redis 的持久化有两种模式：RDB 模式和 AOF 模式。

（1）RDB 模式。

RDB 模式是一种周期性备份模式，与定时批处理的原理相同，每隔一段时间备份一份快照文件，因此会产生多个备份文件，每个备份文件都代表某一时间点的数据。可以将 RDB 文件存储到外部设备或远程存储设备中，以保证数据的安全性，同时方便转移和存储。

RDB 模式是在 Redis 的主进程上 Fork（分叉）出一个子进程专门用于持久化，因此对于 Redis

的性能影响较低，使用 RDB 文件进行恢复和重启速度更快，如图 2-30 所示。

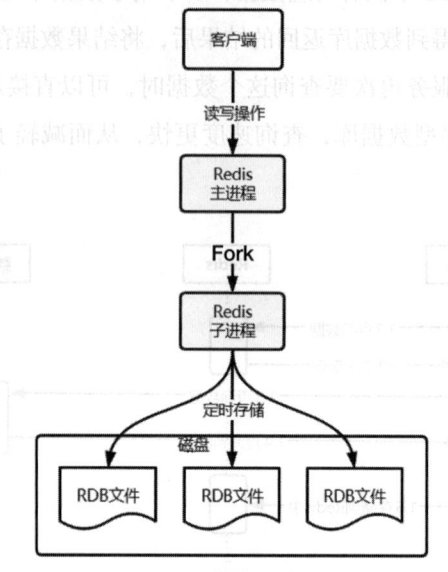

图 2-30　Redis 的 RDB 备份模式

RDB 模式的缺点是会造成数据丢失。例如，5 分钟进行一次持久化备份，当发生服务器宕机后，就会丢失上次备份到停机时间之间的数据，这一点不如 AOF 模式。

（2）AOF 模式。

AOF 模式是一种日志模式，对于每一条命令都以操作日志的形式记录。当 Redis 重启时，通过日志回放的方式进行数据恢复，因此 AOF 可以更好地降低数据丢失情况，工作模式如图 2-31 所示。

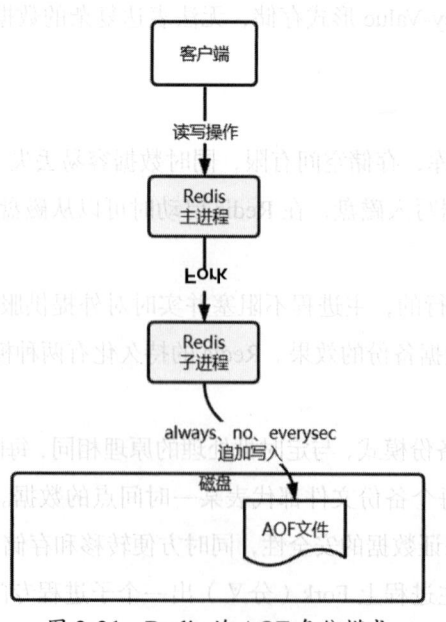

图 2-31　Redis 的 AOF 备份模式

可以利用 AOF 文件做更灵活的数据恢复。例如，由于误操作对某些数据进行了删除或清空，可以修改 AOF 文件，将删除和清空指令删去，再使用修改后的 AOF 文件进行恢复。

AOF 文件的写入有 3 种策略，可以在 redis.conf 配置文件中使用 appendfysnc 参数进行配置。

① always：代表每次写入操作完毕后，立即执行 fsync 操作，进行 AOF 文件写入。这种方式可以保证数据基本不丢失，但是对 Redis 的性能有较大影响，一般不采用。

② no：代表每次写入操作完毕后，不会执行 fsync 操作，而是由操作系统进行调度，性能最好，但是数据丢失风险最高，具有不可控性，一般不采用。

③ everysec：每秒执行一次 fsync 操作，对性能影响不大，同时能够保证即使数据丢失也只丢失最近 1 秒的数据，推荐采用。

由于 AOF 采用操作日志的形式存储，因此相同数据量的 AOF 文件会比 RDB 文件大。为了解决 AOF 文件过大的问题，Redis 提供了重写操作。例如，有连续 100 个重复的 set 操作，则可以合并为一条日志存储，从而减小 AOF 文件的体积。AOF 采用日志回放的方式恢复，而 RDB 采用一次性整体恢复的方式，所以 RDB 的恢复速度会更快一些。

RDB 和 AOF 模式各有优缺点，又相互补足。Redis 支持同时开启两种持久化模式，所以推荐同时开启两种模式，用 AOF 保证数据完整性，用 RDB 作为冷备份补足。在恢复时优先采用 AOF 进行恢复，当 AOF 文件损坏无法使用时，再使用 RDB 文件恢复。

3. Redis 的 3 种高可用架构

缓存数据库是提高程序性能和承压能力的重要工具，如果缓存服务器宕机，则很容易引起雪崩问题，导致系统级联故障，甚至大面积宕机。因此，缓存服务器的可用性也是至关重要的。下面对企业中常用的 Redis 高可用架构进行分析讲解。

Redis 的高可用也有 3 种模式：主从模式、哨兵模式和集群模式，原理与 MongoDB 基本相同，只是名称不同而已，对应关系如表 2-2 所示。

表 2-2 Redis 与 MongoDB 高可用架构的对比

Redis	MongoDB
主从模式	主从模式
哨兵模式	副本集模式
集群模式	分片模式

（1）主从模式。

持久化虽然解决了内存数据不丢失的问题，但是当 Redis 服务器因为故障宕机而无法重启时，需要手动复制 RDB 或 AOF 文件到新服务器，然后再进行数据恢复，不仅延长了服务不可用时间，一旦备份文件丢失或损坏，还可能无法恢复，如图 2-32 所示。

图 2-32　Redis 主备模式数据恢复

Redis 的主从模式与 MongoDB 的主从模式基本相同，主库对外提供读写服务，从库可以只用于备份，而不对外提供服务，这就是主备模式（热备份）。如果从库对外提供查询服务，减轻主库的压力，则为读写分离模式。

主从模式主要有 3 种架构方式，如图 2-33 所示。一个主库一个从库为一主一从模式，最为简单，但是读写分离，承压能力有限。一个主库多个从库，所有从库均从主库同步数据，为一主多从模式，从库的节点越多，读压力就能够进一步减轻，但是所有从节点均从主节点同步数据，势必会对主节点造成一定的影响。因此，可以不让所有从节点与主节点保持同步，而是与主节点的从节点保持同步即可，为主从从模式。

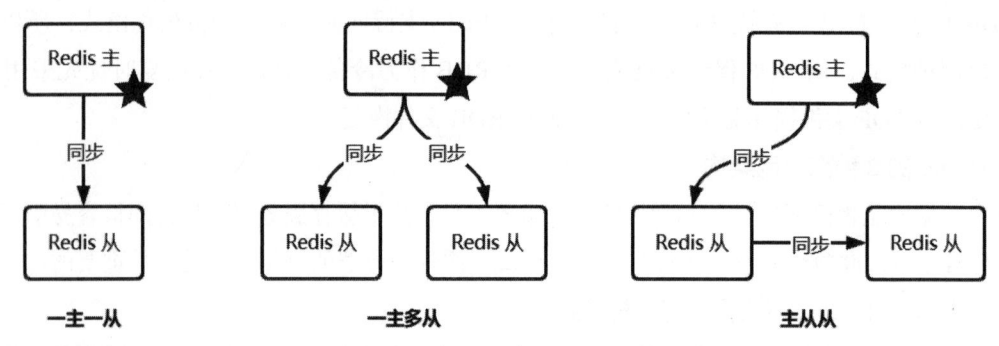

图 2-33　Redis 的 3 种主从架构

无论采用哪种部署模式，主从模式的核心是如何将数据从主节点高效、准确地复制到从节点。主从同步主要分为全量同步、增量同步和部分同步 3 种方式，同步流程如图 2-34 所示。

① 全量同步。

第 1~2 步：从节点启动后，与主节点建立连接，并主动发送 SYNC 指令给主节点，请求全量数据同步。

第 3~4 步：主节点收到 SYNC 指令后，单独 Fork 出一个进程生成 RDB 文件，在文件生成期间，如果有新的写请求，则主进程会将这些命令先缓存起来。RDB 文件生成后，会发送给从服务器。

第 5 步：从节点接收快照文件后，加载快照进行全量初始化操作。

② 增量同步。

第 6~7 步：在全量同步之后，只需要将主节点缓存的写指令发送给从节点即可，从节点接收指令后执行指令，即可与主节点保持同步。后续主节点会将写指令异步实时地同步给从节点。

③ 部分同步。

第 8~10 步：如果主节点与从节点之间因为某些原因断线重连，就需要重新执行 SYNC 指令，做全部数据的复制和初始化，这显然效率太低了，因此 Redis 引入了部分同步 PSYNC 指令。在从节点断线重连后，只需要从上次已经同步到的位置继续同步即可。因此，主节点需要记录每一个从节点已经同步到了哪个位置，记录和更新偏移量。

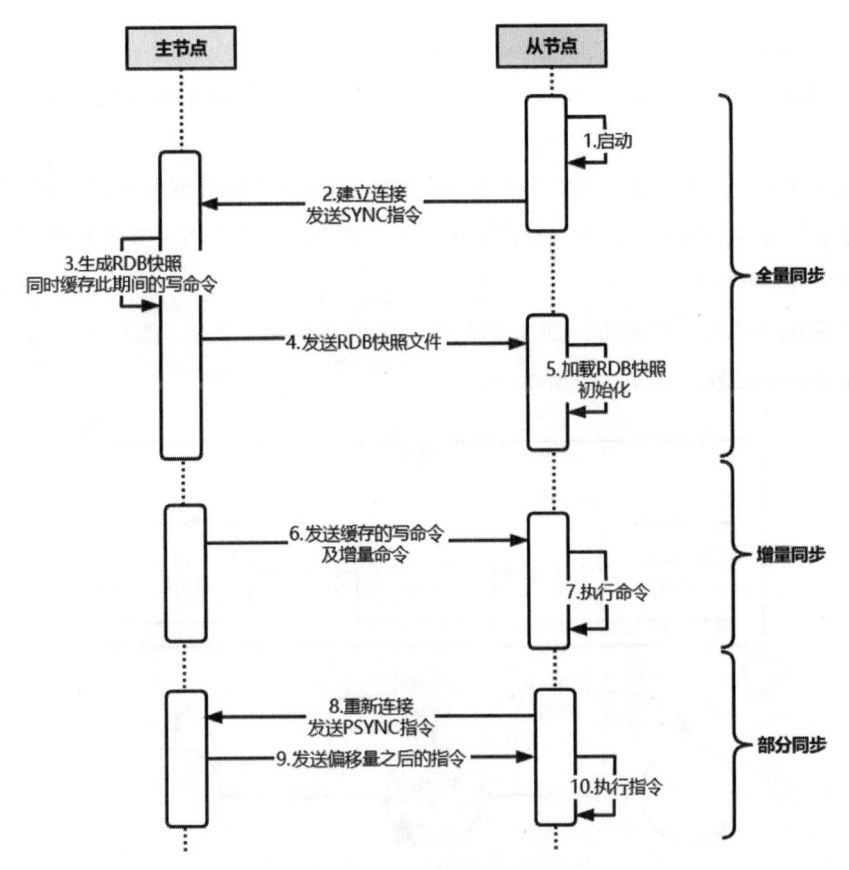

图 2-34 Reids 主从同步流程

Redis 采用异步复制的方式，主从节点在数据同步的过程中依然可以对外提供服务。如果从节点正在进行数据同步，这时有查询请求，则从节点会以旧数据作为查询依据返回给客户端。如果担心用户查询到脏数据，则也可以配置为数据正在同步时给客户端返回错误。

在一主多从的模式下，如果数据量较大，则全量同步对主节点性能消耗极其严重。因此，如果有多个从节点，则应该逐一启动，间隔时间要长一些。

与 MongoDB 相同，Redis 的主从模式最大的问题是无法自动故障转移，当主节点宕机后，必须手动设置从节点为主节点，才可以对外提供读写服务。虽然这个过程比复制 RDB 和 AOF 文件要快，但是依然不够理想，Redis 主从切换过程如图 2-35 所示。

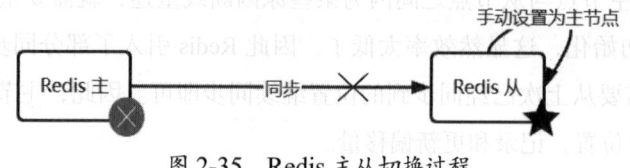

图 2-35　Redis 主从切换过程

（2）哨兵模式。

哨兵模式通过主动监控、主观下线、客观下线、Master 选举保证了故障的自动转移，达到服务的高可用目的。

哨兵模式是在主从模式的基础上增加了额外的哨兵节点，多个哨兵节点组成一个"仲裁委员会"，它们负责监控主从节点的状态，从而判定其是否存活，进而决定是否将主节点下线，再通过选举算法决定将哪个从节点升级为主节点。

推荐至少采用 3+3 的结构部署，即 3 个哨兵节点 +3 个 Redis 节点。需要注意的是，哨兵节点并不存储实际的业务数据，如图 2-36 所示。

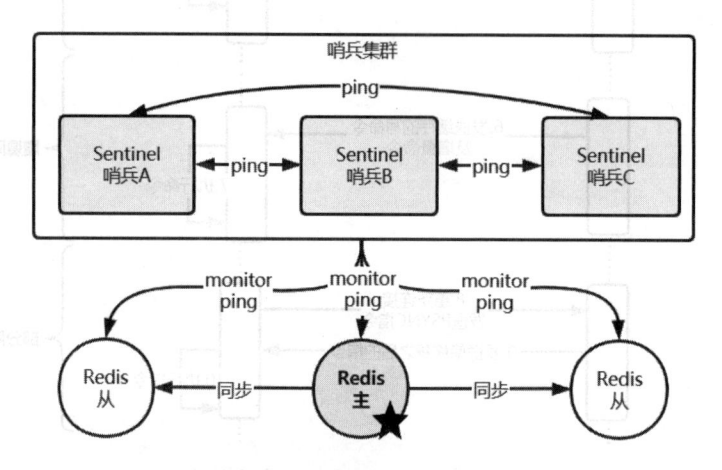

图 2-36　Redis 哨兵集群架构

因为主节点知道哪些节点是从节点，所以哨兵节点每隔 10 秒向主节点发送一次 info 指令，用于获取 Redis 的网络拓扑图。使用 info 指令可以获得所有节点的 IP 地址、端口、状态等信息。

哨兵节点每隔 1 秒向主节点、从节点、其他哨兵节点发送一次 ping 命令，来判断各个节点的存活状态，如果在指定的时间内被 ping 节点没有应答，则认为此节点已经下线。这种被称为主观下线（Subjective Down，SDOWN），如图 2-37 所示。

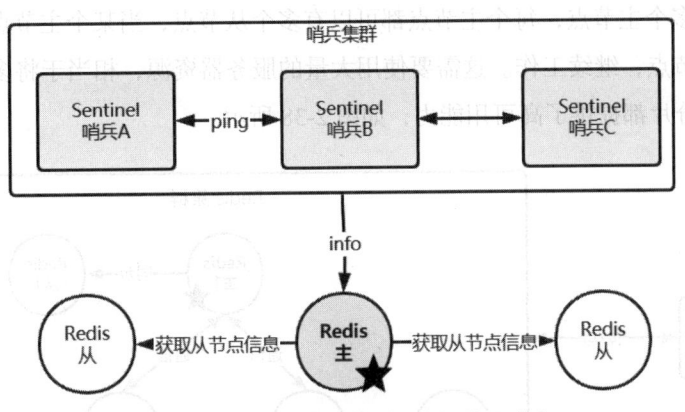

图 2-37 Redis 哨兵集群信息同步和监控

主观下线是指单独某一个哨兵节点做出的判断，无法代表真实情况。例如，哨兵 A 无法 ping 通主节点，则主观地认为主节点已经下线，但可能主节点并没有下线，而是哨兵 A 到主节点之间的网络出现故障所导致的，故障转移流程如下。

① 哨兵 A 探测到主节点不通，则将其标记为主观下线。但是，哨兵 A 判断的不一定准确，也不算数。

② 哨兵 A 将此消息通知给哨兵 B 和 C："我发现主节点不可用了，你们也去看看是不是真的。"

③ 哨兵 B 和 C 收到消息后就去探测主节点状态，探测之后沟通一下，如果超过半数（可配置）的哨兵节点都认为主节点已经不可用，则标记为客观下线（Objective Down，ODOWN）。

④ 哨兵 A 发出消息，告知哨兵 B、C，其要作为哨兵的头领，主持本次的故障转移。如果超过半数的哨兵节点同意，则哨兵 A 可以成为仲裁委员会的主节点，负责本次的故障转移工作。当然，其他哨兵节点也可以不同意，如果不同意，则再次投票进行选举。

⑤ 将其中一个 Redis 从节点（ID 较小的）脱离，并升级为主节点。将另外一个从节点指向新的主节点。然后通知客户端，主节点已经更换完毕。

⑥ 如果原来的主节点恢复后重新启动，则将自动变为从节点，指向新的主节点。哨兵节点通过 info 指令就可以感知到新的拓扑结构。

哨兵模式中每个 Redis 节点都存储着全量的业务数据，本质是在主从模式的基础上增加了高可用策略。因此，依然只有主节点能够对外提供读写服务，从节点只提供读服务，可以认为哨兵模式是一种高可用的读写分离架构。

（3）集群模式。

Redis 集群模式是一个分布式系统，与 MongoDB 的分片模式类似，每个节点中都存储着部分数据，当部分节点不可用时，依然可以对外提供服务。

集群模式主要用在海量数据存储、高并发、高可用的场景，如果数据量不大，只有几吉字节，那么就没必要使用集群模式。

集群模式中有多个主节点，每个主节点都可以有多个从节点，当某个主节点发生故障时，从节点可以被选举为主节点，继续工作。这需要使用大量的服务器资源，相当于将多个主从集群连接在一起，为每个数据分片都提供了高可用能力，如图 2-38 所示。

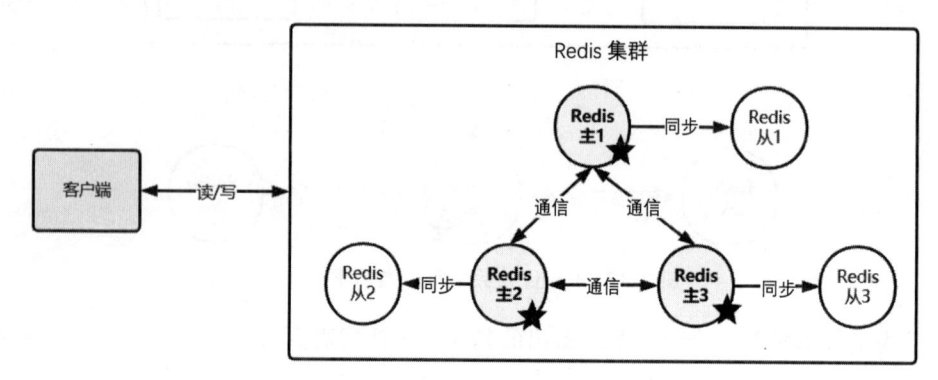

图 2-38　Redis 集群模式架构

如何将客户端写入的数据分配到不同的 Redis 节点上，既要数据分布均匀，又要保证数据查询时可以快速准确地找到数据存储节点？对比 MongoDB 分片集群，只要有合适的分片算法就可以了。

在 Redis 提供集群模式之前，都是采用 Twemproxy、Codis 这种代理中间件来实现数据分片存储的，如图 2-39 所示。原理很简单，这些中间件负责将客户端请求的数据 Key，经过哈希算法、一致性哈希算法、取模等算法进行计算，再将数据分配到不同的节点上。由于官方提供了 Redis 集群，因此这种方式也慢慢地被弃用了，但是分片的原理依然万变不离其宗。

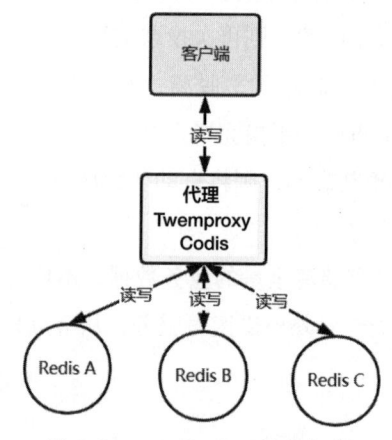

图 2-39　Redis 代理模式架构

Redis 集群使用哈希槽（Hash Slot）的方式来实现数据分片存储，值得在其他设计场景中借鉴。Redis 集群有固定的 16384 个哈希槽，每个 Redis 节点负责管理一部分哈希槽。

如图 2-40 所示，如果有 3 个节点，则节点 1 负责 0~5500 的槽位，节点 2 负责 5501~11000 的槽位，节点 3 负责 11001~16384 的槽位。

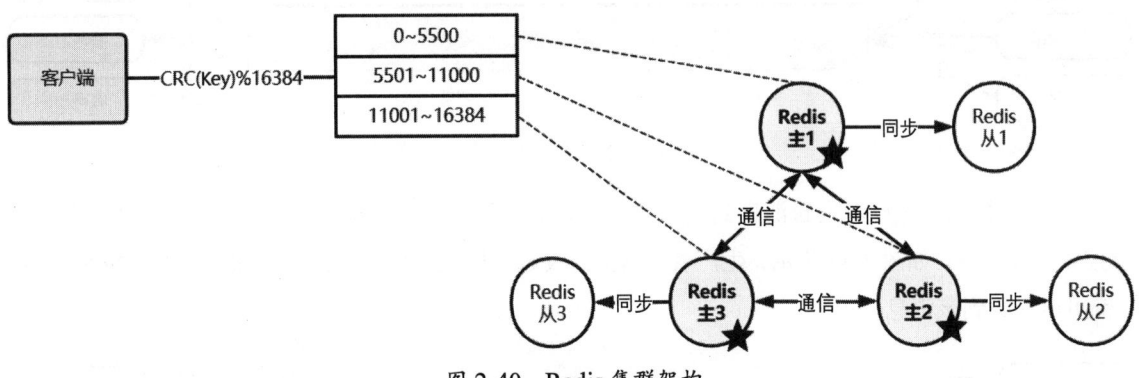

图 2-40 Redis 集群架构

当客户端发出读写请求时，Redis 集群根据 Key 进行计算，计算出 Key 对应的槽位值是多少，计算公式为 CRC16(Key)%16384。例如，某个 Key 经过计算后得到的槽位值为 6000，由于在 5501~11000 区间内，因此可以确认请求应该交由节点 2 处理。

2.1.9 Kafka 高可用架构

如果读者对消息队列和 Kafka 不了解，则可以先阅读以下基础知识内容。

1. 消息队列和 Kafka 基础知识

（1）消息队列。

消息队列（Message Queue，MQ）采用队列结构，用于在多个系统之间传递消息，可以支持点对点模式和订阅模式。

如图 2-41 所示，消息队列中有生产者和消费者两个角色。生产者负责生产消息，并将消息发送到消息队列中。消费者负责从消息队列中接收并处理消息，以这样的方式完成了系统之间的解耦。

图 2-41 消息队列

① 点对点模式。生产者发布消息到消息队列中，多个监听该队列的消费者中只有一个消费者可以消费该消息，这种模式就是点对点模式。如图 2-42 所示，生产者 1 发布消息，只有消费者 3 消费了该消息。

图 2-42 点对点模式

② 订阅模式。生产者发布消息到消息队列的某个主题中，只要是订阅了这个主题的消费者都可以接收到该消息。如图 2-43 所示，生产者 1 将消息发送至队列主题中，订阅了该主题的消费者 1、2、3 都可以接收到该消息。

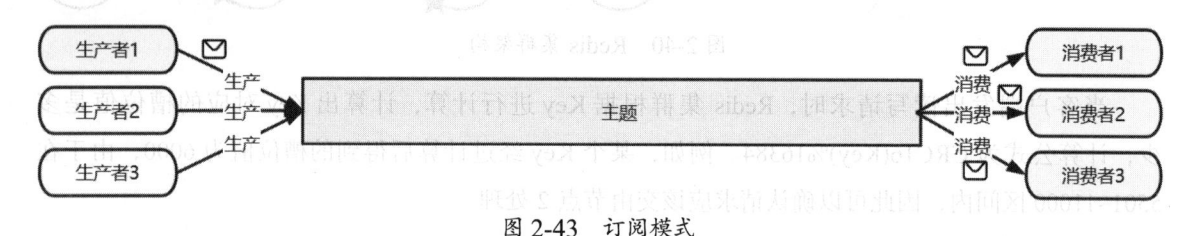

图 2-43 订阅模式

（2）Kafka 基础知识。

与 ActiveMQ、RabbitMQ、RocketMQ 一样，Kafka 是一款高性能的消息队列中间件，主要提供以下 3 个功能：发布和订阅消息；以容错的方式记录消息流；可以在消息发布时进行处理。

① Kafka 的使用场景。在系统或应用程序之间构建可靠的、用于传输实时数据的管道，提供消息队列功能。构建实时的流数据处理程序来变换或处理数据流，在大数据流式计算场景下应用比较广泛。

② Kafka 的优势。

a. 高吞吐量、低延迟：Kafka 每秒可以处理数十万条消息，延迟最低只有几毫秒，所以它是大型高并发互联网架构的首选消息中间件。

b. 可用性、扩展性：Kafka 支持集群高可用模式，支持热扩展（不停机扩展）。

c. 持久性、可靠性：消息可被持久化到本地磁盘上，并且支持数据备份。

d. 容错性：集群中可以有部分节点故障，而不影响使用。

e. 高并发：支持数千个客户端同时读写。

2. Kafka 集群高可用设计

Kafka 集群搭建要借助于 Zookeeper 来存储节点的元数据信息，从而达到消息代理（Broker）的高可用。

每个 Kafka 主题都可以设定指定数量的分区，消息会根据算法分配到不同的分区中，如果分区不可用，则会导致数据丢失。Kafka 通过分区副本来保证分区的高可用。

如图 2-44 所示，设置分区的数量为 3，则每个主题都会有 3 个分区。同时，设置分区副本数也为 3，则每个分区都会有 3 个副本。其中一个为 Leader 副本（主副本），另外两个为 Follower 副本（从副本）。

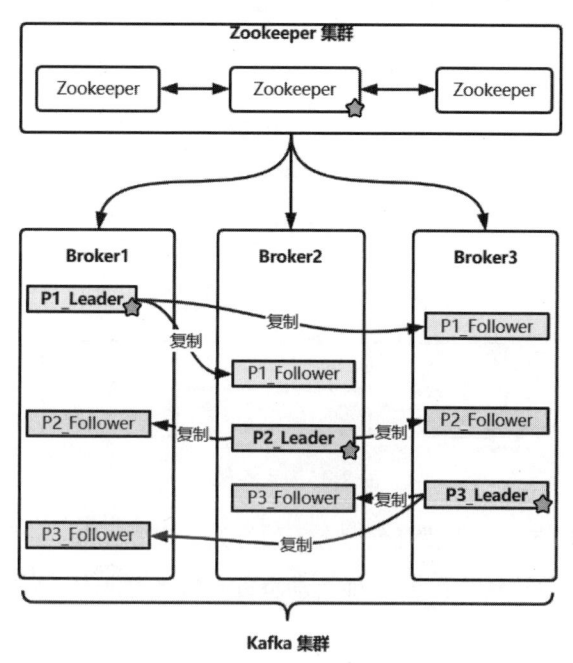

图 2-44　Kafka 集群高可用架构

例如，P1 分区有 3 个副本，分别是 1 个主分区 P1_Leader、2 个从分区 P1_Follower。同理，P2、P3 分区也有 3 个副本。

如果将 P1 分区的 3 个副本都放在 Broker1 中，当 Broker1 发生宕机时，则整个 P1 分区消息全部丢失。因此，Kafka 会尽量均匀地将副本分散到各个 Broker 中，防止 Broker 不可用导致分区消息全部丢失。其中一个 Broker 宕机，其他 Broker 中的副本依然可用。

生产者发送的消息都会写入 Leader 副本中，再由 Leader 同步复制给其他 Follower 副本。当 Leader 副本发生故障时，会通过选举算法将其中一个 Follower 副本升级为 Leader 副本来提供服务。

例如，P1 分区的 3 个副本，P1_Leader 副本位于 Broker1 中，2 个 P1_Follower 副本分别位于 Broker1 和 Broker2 中，Leader 副本实时将消息复制给 2 个 Follower 副本，当 Leader 副本发生故障时，会从其他的 Follower 副本中重新选举出新的 Leader 副本作为主分区。

2.1.10　数据库高可用架构

这里主要是指关系型数据库的高可用架构，主要采用的思想还是冗余和故障转移的设计思路。

1. 数据库的 3 种高可用架构

关系型数据库一般都支持 3 种高可用架构：主备架构、主从架构和互为主从架构。

（1）主备架构。

一个主库一个备库，主库实时将数据同步到备库中。主备架构主要是为了实时备份数据，防止数据丢失，解决了冷备份导致的备份数据不全和不及时的问题。主备架构可以同城部署，也可以异地部署，以达到容灾的目的，如图2-45所示。

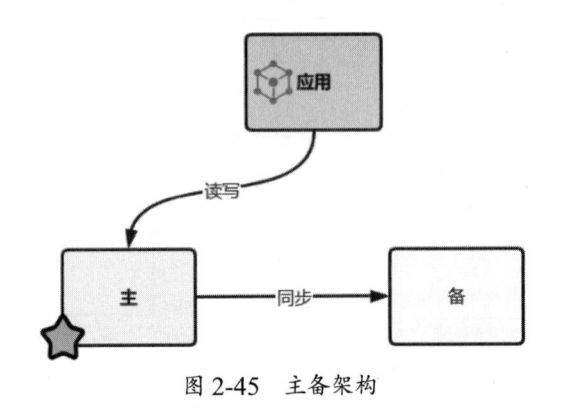

图 2-45　主备架构

主备架构的缺点：① 备库不提供任何服务，始终处于闲置状态，对资源是一种浪费；② 当主库发生故障时，无法自动故障转移；③ 不能自动将备库切换为主库，需由 DBA（数据库管理员）手动处理。

（2）主从架构。

主从架构可以细分为一主一从架构、一主多从架构和主从从架构。

① 一主一从架构。一个主库一个从库，主库提供读写，从库只提供读，主库实时将数据同步给从库，如图2-46所示。

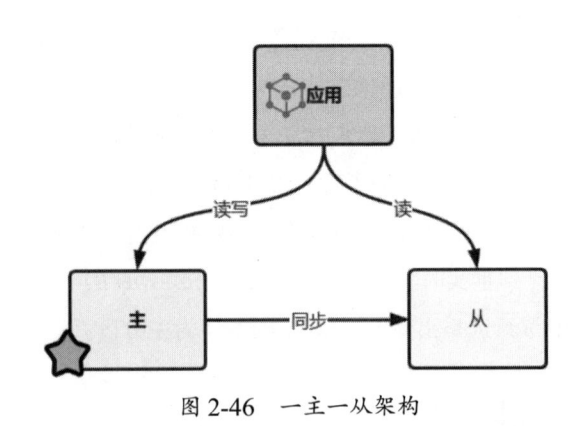

图 2-46　一主一从架构

主从架构是一种读写分离架构，与主备架构不同的是，从库依然可以对外提供服务，但是只提供读服务，不提供写服务。对于读多写少的情况，可以大大减轻主库的压力。主库一般只用于写，对于实时性要求较高的业务，也可以强制从主库读取。

② 一主多从架构。一个从库虽然能够分担主库压力，但是当查询量过大时从库也会成为瓶颈。

如图 2-47 所示，一个主库多个从库，每个从库都可以支持读操作，均从主库同步数据，从而进一步分担数据库压力，解决单个从库的压力问题。

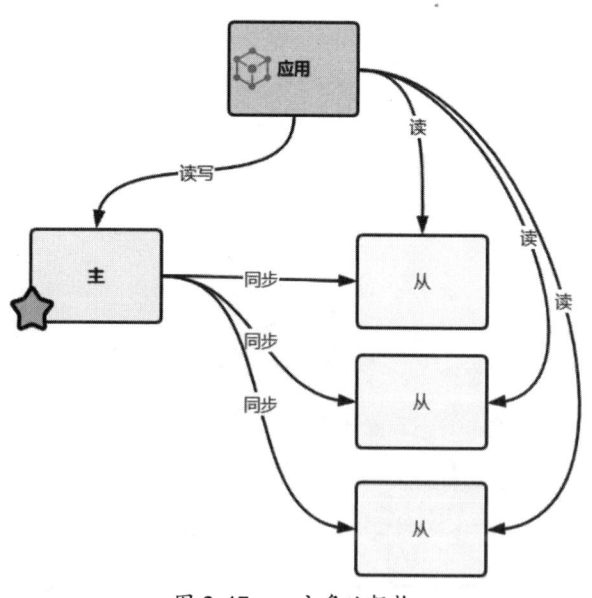

图 2-47　一主多从架构

③ 主从从架构。对于一主多从架构，由于所有从库都从主库同步数据，因此会对主库造成较大压力，可以使用主从从架构来解决这个问题。

如图 2-48 所示，一个主库多个从库，但并不是所有从库都从主库同步数据，而是一个从库 A 从主库同步数据，而其他从库都从这个从库 A 继续同步数据。这样做的目的是减轻主库同步的压力，同时也提供多个从库的读能力来分担系统压力。

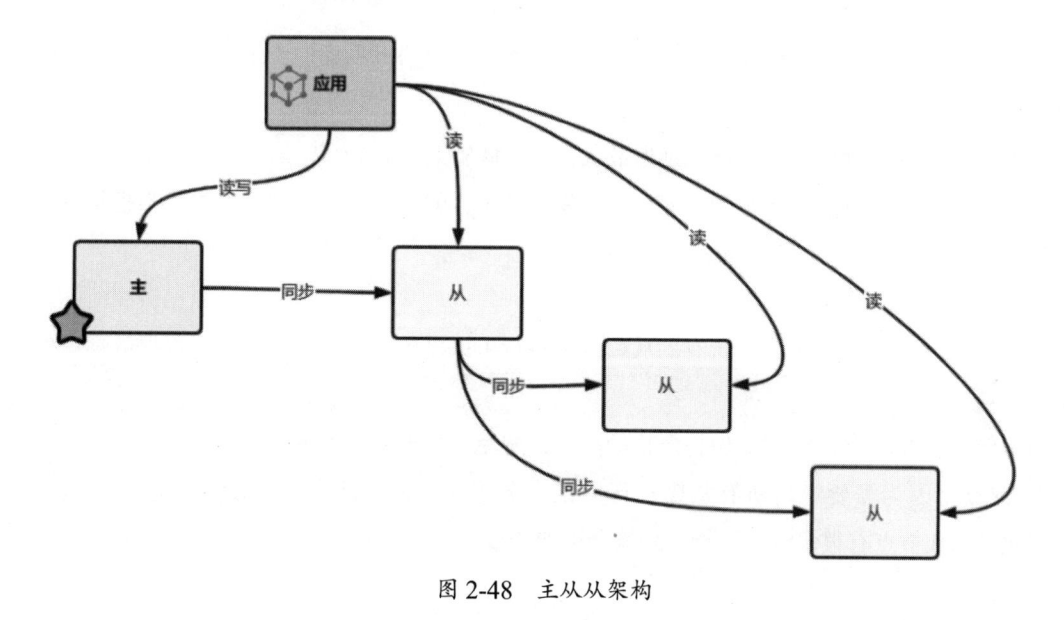

图 2-48　主从从架构

虽然看似完美，但是主从从架构的延迟一定比一主一从、一主多从架构高。对于实时性要求较高的业务，就会不适用。

（3）互为主从架构。

主从架构分担了数据库的读压力，但是对于主库的写入压力并没有减轻。如图2-49所示，两个数据库服务器互为主从架构，两个数据库节点都支持数据的读写操作，两个主节点的数据相互同步，从而同时提高了数据库的读写能力。难点是两个节点数据的主键不能够冲突，一旦出现数据不一致将很难恢复。

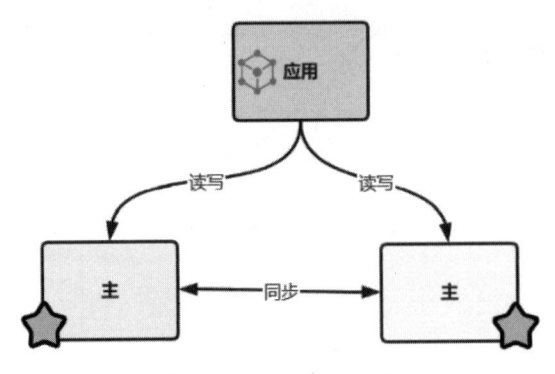

图 2-49 互为主从架构

2. 数据同步策略

数据库的高可用架构主要依靠数据的同步机制，以 MySQL 数据库为例，同步策略主要有 3 种，即异步复制策略、全同步复制策略和半同步复制策略。

（1）异步复制策略。

① MySQL 默认的数据同步策略就是异步复制策略。

② 主库在执行完客户端提交的事务后会立即将结果返回给客户端，并不关心从库是否已经完成了同步。

③ 优点是响应速度最快，客户端延迟最低，用户体验最好。

④ 缺点是一旦数据还未同步到从库，而主库宕机了，就会导致从库数据丢失。当把从库切换为主库时，就会存在数据缺失。

（2）全同步复制策略。

① 当主库执行完一个事务，所有的从库也都执行了该事务才返回给客户端，确保数据已经同步成功。

② 优点是主库与从库的数据保持严格的一致，避免了数据不一致的问题。

③ 缺点是因为需要等待所有从库执行完该事务才能返回，所以客户端响应速度变慢，性能下降，尤其当从节点有很多时，性能下降就会更加严重。

(3）半同步复制策略。

① 半同步复制策略是介于异步复制与全同步复制之间的一种策略，主库只需要等待至少一个从库节点成功接收了要同步的数据，就可以立即给客户端应答，不需要等待所有从库给主库反馈。

② 同时，这里只是一个从库收到数据的反馈，而不是从库已经完全完成数据持久化的反馈，因此节省了很多时间。

③ 半同步复制策略比较适合于主从从架构使用。

2.1.11 高并发访问限流设计

淘宝、京东等大型的互联网电商系统，在春节、"618""双 11"等促销节点，系统访问量会出现暴增，导致服务器压力过大。如果发生大面积服务器宕机，导致用户无法完成购买，就会带来巨大的经济损失。

限流的目的是保证系统的可用性，虽然有些用户会遇到"系统繁忙，请稍后再试"的情况，但是最重要的是保证系统不宕机，让系统中的大多数核心功能是可用的，降低一些用户体验，以此来顾全大局。就像玩游戏一样，将游戏的画质调低，来保障操作的流畅性是一样的道理。

需要限流的场景有：系统资源有限，承载能力有限；大量并发访问导致系统性能下降甚至宕机，避免引起雪崩问题；系统某些接口遭受攻击导致整个系统无法访问。

访问限流需要在客户端、服务端、负载设备、网关、应用系统等多个服务节点做处理，涉及漏桶和令牌桶两种算法，目标就是减轻后端服务和数据库的访问压力，保证系统的可用性。

1. 倒金字塔限流原则

一次完整的客户端请求是，用户通过客户端发送请求到负载服务，负载服务将请求分发到网关服务集群，网关再将请求路由到某一个后端服务，后端服务再操作数据库，最终把操作结果原路返回给客户端，如图 2-50 所示。

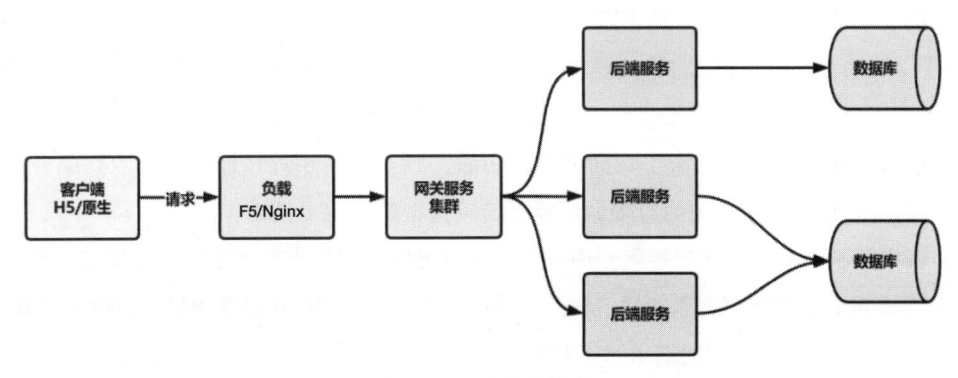

图 2-50 客户端请求

限流的最终目的是保证后端服务、数据库不被压垮，因此流量应该从左到右逐层递减。遵循倒金字塔限流原则，可将一个完整的系统分为四层，分别是客户端层、负载层、服务层和数据层。越靠近上层事务处理压力越小，反而应对高并发能力越强；越靠近底层处理事务的能力越强，反而应对高并发能力越弱，如图 2-51 所示。

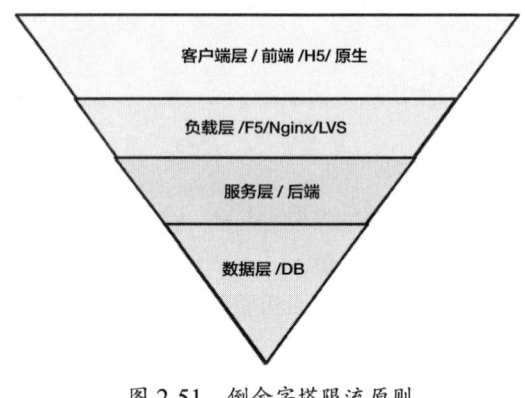

```
客户端层 / 前端 /H5/ 原生
负载层 /F5/Nginx/LVS
服务层 / 后端
数据层 /DB
```

图 2-51　倒金字塔限流原则

上层限流的目的是保护下层服务安全，使到达下层的请求不超过其处理能力范围，电商大促、秒杀等场景所使用的各种限流、熔断、降级、缓存、排队等手段，都是为了减轻后端服务和数据库的访问压力，避免系统崩溃。

根据倒金字塔限流原则，越在上层的服务限流效果越好，控制范围越大。

2. 客户端限流设计

客户端限流主要针对两种请求，一种来自真实用户的正常请求，另一种是攻击性请求。用户正常请求量突增，这种情况一般是由特殊的时间节点和事件导致的，如节假日、活动大促造成的请求量突增。99% 的系统用户是不懂技术的，更不懂得如何进行服务攻击，而客户端限流主要针对的就是这个群体，因此具有投入低、效果好的特点。

客户端限流主要采用如下 4 种手段：纯前端验证码、禁用按钮、调用限制和假排队。

（1）纯前端验证码：如果某个用户的请求过于频繁，则自动弹出图片验证码，要求用户完成验证，如图 2-52 所示。这样做的目的是打断用户操作，验证当前属于人为操作还是机器操作，这个验证码可以完全由前端页面生成（如 JavaScript 生成），不需要考虑安全性问题。

（2）禁用按钮：当用户点击了页面内的按钮后，则立即禁用此按钮，直到收到服务端应答为止。这样做的目的是防止用户因为急躁而反复点击按钮，造成重复请求。

（3）调用限制：可以在客户端限制用户在 1 秒内可以发起请求的次数，从而限定用户的操作频率，减轻服务端压力。如果用户点击过于频繁，则可以提示"您的操作过于频繁，请您少安毋躁"。

（4）假排队：当用户发起的请求过于频繁时，弹出提示"当前业务繁忙，正在排队中 ...1/10 人"或"当前业务繁忙，预计等待 5 秒 ..."，如图 2-53 所示。排队的人数及等待的秒数都是随机的，目的就是让请求不要过于集中在一个时间点，减少并发请求量。

图 2-52 人机验证　　　　图 2-53 排队

客户端限流的特点是不会真正向服务端发起请求，而是完全由客户端进行自我控制。客户端限流的缺点是会降低用户体验，所以怎样在保证用户体验的同时，减轻服务端压力，这是对产品设计的一种考验。

3. 漏桶算法

漏桶算法的原理如图 2-54 所示，将服务器想象成一个大木桶，上方有一个水龙头，水（令牌 Token）会以固定速度流入木桶中。那么，木桶的容量就是服务器的最大可处理能力。在木桶下方有一个漏孔，水（令牌 Token）以固定速度流出，当流入速度大于流出速度时，木桶中的水就有可能被加满，这时再有水（令牌 Token）流进来，水就会溢出（超出服务器处理能力）。

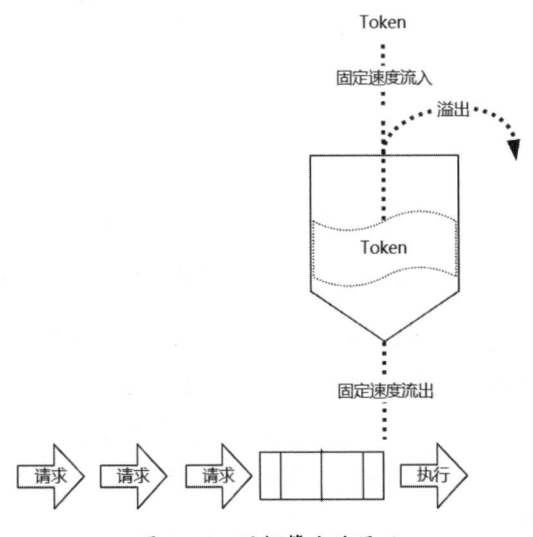

图 2-54 漏桶算法的原理

在桶的下方就是接收到的客户端请求，当请求到达后先进入请求队列中，客户端请求获取到桶中流出的令牌，则可以执行。如果获取不到，则无法出队列，即无法执行。

当请求量很小时，每个请求都可以得到令牌，都可以处理；当请求量巨大时，请求被阻塞到队列中等待执行。

如果队列被放满了，则拒绝执行，客户端得到"系统繁忙，请稍后再试"的应答消息。因此，通过这种方式达到了限流的目的。

漏桶算法的缺点是无法处理突发请求。一般系统的请求量在白天会大于晚上，当白天有大量的请求到达时，也只能以固定速度处理，就算桶中还有大量的水（令牌 Token），也依然只能以固定速度获得。为了应对突发请求，衍生出了令牌桶算法，这也是目前绝大多数限流技术所采用的算法。

4. 令牌桶算法

令牌桶算法的原理如图 2-55 所示，依然将服务器想象成一个大木桶，同样桶上方的水龙头以固定速度向桶中流入令牌，当桶满了（超出服务器处理能力）之后依然溢出。桶下方依然有一个漏孔可以流出令牌，但区别是此令牌并不是以固定速度流出，而是只要桶中还有足够的剩余令牌就可以取出来，不需要以固定速度流出。

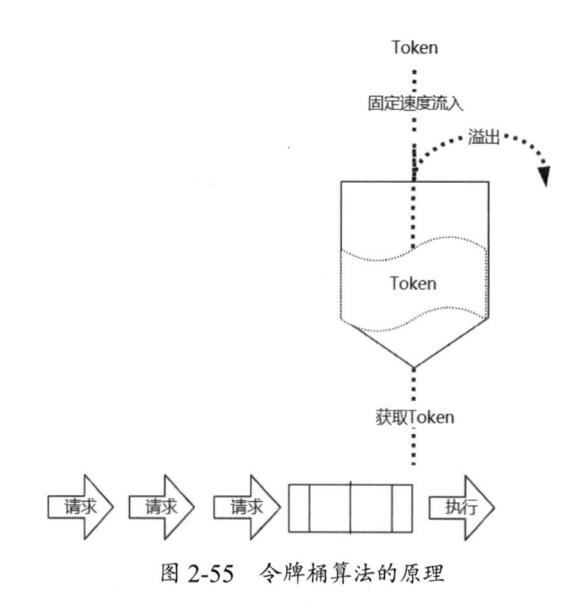

图 2-55　令牌桶算法的原理

与漏桶算法相同，在桶的下方就是接收到的客户端请求，当请求到达后先进入请求队列中，客户端请求获取到桶中流出的令牌，则可以执行。如果获取不到，则无法出队列，即无法执行。

在夜间服务器并没有什么请求，因此可以积累大量的令牌在桶中，例如，已经积累了 5 万个令牌。在早上 9 点时突发了 3 万个请求，当任务到达后就可以直接从令牌桶中获得 3 万个令牌，然后再去执行任务。

客户端的请求永远是曲线的，总会有高有低，而不是直线。因此，令牌桶算法可以在请求量少时积累令牌，在请求量大时快速释放令牌，从而达到了动态限流的目的。

> **注意**
> 限流的目的是保证服务器的可用性，使请求压力不超过服务器的处理能力。当然，同时客户端请求的处理速度要越快越好，因此令牌桶算法的适用性更好。

第 2 章 大型互联网架构设计的四大原则

5. 服务端负载限流

服务端负载限流是指负载设备的限流，一般会采用 F5 进行硬负载，使用 Nginx、LVS、HAProxy 做软负载，这些负载设备既然是流量的入口，那么就可以对流量做限制，下面以 Nginx 的访问限流为例进行说明。

Nginx 提供了 ngx_http_limit_req_module 和 ngx_http_limit_conn_module 两个模块来支持限流配置，如图 2-56 所示。

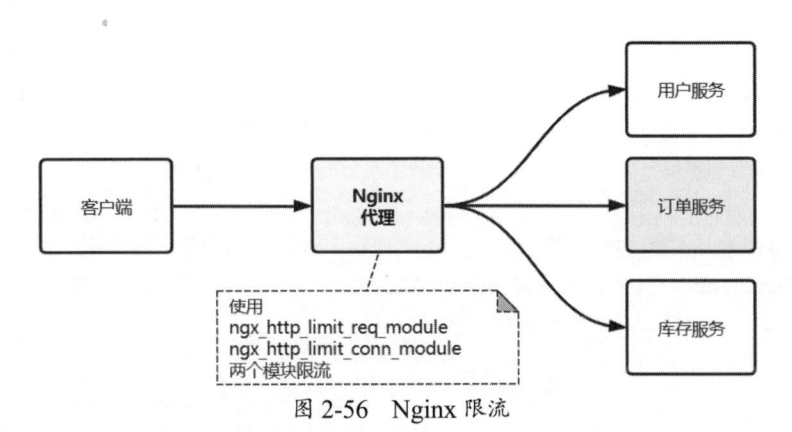

图 2-56　Nginx 限流

（1）使用 ngx_http_limit_req_module 模块可以对请求速率进行控制，从而达到限流的目的。

```
http{
    #设置根据请求地址限流，每秒处理10个请求，共享内存大小10MB
    limit_req_zone $binary_remote_addr zone=rateZone:10m rate=10r/s;
    server {
        location / {
            #设置请求限流使用的共享内存区的名称
            limit_req zone=rateZone;
            proxy_pass http://rateUpstream;
        }
    }
}
```

例如，上面的配置中，在 http 模块下配置 "limit_req_zone $binary_remote_addr zone=rateZone:10m rate=10r/s;"，详细含义如表 2-3 所示。

表 2-3　限流参数说明（1）

参数	详细解释
limit_req_zone	请求限流模块指定的关键字，不可更改
$binary_remote_addr	定义限流对象，binary_remote_addr 是一种 Key，表示基于 remote_addr（客户端 IP）来做限流，binary_ 的目的是压缩内存占用量。也可以更换为任何需要限流的 Key，如 $request_uri、$uri 等以请求路径限流
zone	zone 用来定义共享内存区，存储访问信息
rateZone:10m	rateZone 代表共享内存区的名称，10m 代表共享内存区的大小为 10MB。1MB 的内存空间可以存储大约 16000 个地址信息，所以 10MB 能够存储 16 万个地址信息，可以根据客户端请求量来进行设置

[047]

参数	详细解释
rate=10r/s	定义请求速率,代表每秒最多处理 10 个请求,也就是每 100 毫秒处理 1 个请求,如果 100 毫秒内多于 1 个请求,则将直接被拒绝

在 server 模块下配置"limit_req zone=rateZone;",详细含义如表 2-4 所示。

表 2-4 限流参数说明(2)

参数	详细解释
limit_req	请求限流模块指定的关键字,不可更改
rateZone	代表该 HTTP 请求的限流使用名称为 rateZone 的共享内存区

对于以上的配置,虽然能够起到限制请求速率的目的,但是却无法处理突发请求,当请求速率突然大于每 100 毫秒 1 个请求时则无法处理,这种方式过于死板。

```
server {
    location / {
        #设定100个突发量
        limit_req zone=rateZone burst=100;
        proxy_pass http://rateUpstream;
    }
}
```

如上所示,可以增加 burst=100 这样一个配置,相当于增加了一个队列,当有 101 个请求瞬间到达时,Nginx 会先处理第一个请求,然后将 100 个请求放入队列中,再按照 100 毫秒处理 1 个请求的速度进行处理,但是如果同时收到 102 个请求,则第 102 个请求到达时,就会直接拒绝,并返回 503 错误(Service Unavailable,服务不可用)。

这样只是接收了突发请求,而没有立即处理,因此排队越靠后的请求处理速度越慢,用户等待时间越长。例如,队列中第 100 个请求,需要等待 100×100 毫秒,也就是 10 秒之后才能处理,这样会极大地降低用户体验。

```
server {
    location / {
        #设定100个突发量,无延迟处理
        limit_req zone=rateZone burst=100 nodelay;
        proxy_pass http://my_upstream;
    }
}
```

因此,burst 参数一般与 nodelay 参数结合使用(如上),代表 Nginx 收到 100 个突发请求时立即处理,不会再排队处理。但是,即使这些请求都被处理了,等待队列却不会被立即释放,而是每 100 毫秒释放一个。这样就达到了限制请求速率的同时,也能够处理突发请求。

(2)使用 ngx_http_limit_conn_module 模块可以对连接数进行限制,从而达到限流的目的。

```
http{
    #根据请求地址控制连接数,共享内存大小 10MB
    limit_conn_zone $binary_remote_addr zone=connZone:10m;
    server {
```

```
            #一个客户端最大 20 个连接数
            limit_conn connZone 20;
            location / {
                #同一个客户端最大 10 个连接数
                limit_conn connZone 10;
                proxy_pass http://connUpstream;
            }
        }
    }
```

例如，上面的配置中，"limit_conn_zone $binary_remote_addr zone=connZone:10m；"的含义与 limit_req_zone 完全相同，只是比 limit_req_zone 缺少了 rate 参数来控制速率。limit_conn 参数可以配置在 http、server、location 中，用来限制最大连接数。

上例中 limit_conn connZone 10，代表的是使用 connZone 共享内存空间，限制同一个客户端最大同时与服务端保持 10 个连接。

```
http{
    limit_conn_zone $server_name zone=connZone:10m;
    server {
        limit_conn connZone 20;
    }
}
```

如上所示，将 $binary_remote_addr 改为 $server_name，就可以根据服务端来限制连接数，代表同一个服务端最多允许 20 个连接，无论这些连接是否来源于同一个 IP。

不同的负载均衡器都有不同的限流配置方式，但是原理都大体相同。

6. 微服务网关限流

此处所说的网关是指微服务的网关（参见 3.7 节），如 Zuul、Spring Cloud Gateway、自定义网关应用等。网关限流需要进行自定义开发，这是一种应用级别的限流。

如图 2-57 所示，用户微服务、订单微服务、库存微服务面临的压力可能是不同的，因此可以根据自己的业务需要进行限流。例如，只针对订单微服务做限流，甚至可以只针对订单微服务中的某一个接口做限流，也可以针对某一个用户、IP、时间段做限流，灵活度非常高。

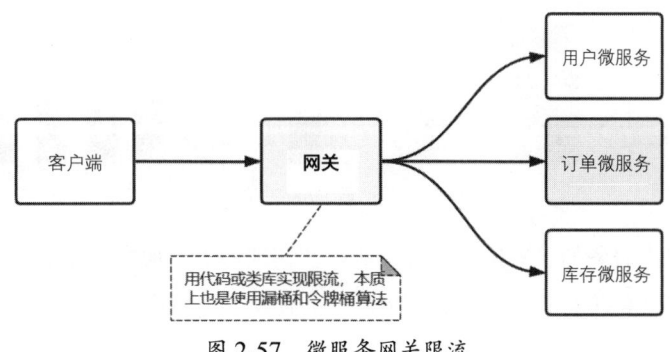

图 2-57　微服务网关限流

例如，某一个接口受到攻击，或者某一个接口响应十分缓慢、长时间占用资源而不释放，就可以单独针对这个接口做限流。对单独接口进行限流是十分必要的，服务器宕机大多数情况是由于某一个接口的执行性能不够、存在 bug 而导致整个服务受到影响，因为在一个服务内 CPU、硬盘、内存等资源都是共享的，还无法做到接口级别的隔离。

Zuul 是 Spring Cloud 框架支持的第一代网关，推荐使用 spring-cloud-zuul-ratelimit 进行限流集成，其优点是集成简单方便，通过配置就可以实现限流功能。对于复杂的限流要求，只需要继承 DefaultRateLimitKeyGenerator，实现自己的 KeyGenerator 即可。

Spring Cloud Gateway 是 Spring Cloud 出品的第二代网关，具有限流功能，与 Redis 集成后通过简单的配置就可以支持访问限流。

当然，无论是自定义网关，还是 Zuul、Spring Cloud Gateway 等第三方网关，都可以自己按照漏桶算法、令牌桶算法去实现限流。避免重复造轮子，也可以使用 Google Guava RateLimiter 工具类进行开发实现。

2.2 大型互联网架构高伸缩设计

要学习伸缩性架构，就必须先掌握垂直扩展和水平扩展两个概念。

垂直扩展是指通过增加服务器的配置来满足业务要求，可以增加 CPU 核数、内存大小、磁盘容量，或者更换读写更快的内存、网卡、固态硬盘。

水平扩展是指通过增加服务器的数量来满足业务要求，服务器的配置可以不高，1 台不够用 2 台，2 台不够用 4 台。

垂直扩展和水平扩展就好像人搬桌子一样，垂直扩展是一个人搬不动则找一个更强壮的人来搬，甚至换成机器来搬；水平扩展是一个人搬不动则找两个人来搬，如果还搬不动则找十个人来搬。垂直扩展和水平扩展的对比如图 2-58 所示。

图 2-58 垂直扩展与水平扩展的对比

高伸缩性主要是指服务的水平扩展能力，能够快速地通过增加服务器的数量提高系统性能和存储能力，从而能够支撑高并发请求，或者海量数据的存储。具有高伸缩性能够达到按需扩容和弹性伸缩的目的，对服务器资源的利用更加合理。

例如，电商系统在"双 11""618"等大型促销活动之前，对活动期间的用户访问量、订单量进行预测，对登录服务、订单服务、产品服务进行重点扩容，水平扩展几百个甚至几千个节点来应对即将到来的亿级高并发访问。等活动结束后，交易高峰逐渐消退，就可以释放这些临时扩展的节点，从而达到按需伸缩的目的，极大地节约成本。

水平扩展需要借助负载均衡技术（参见 2.1.3 小节），然而应用想要支持水平扩展，最好提供无状态服务，有状态服务是难以水平扩展的。

无状态服务与有状态服务是相互对应的，主要看用户的多次请求是否存在上下文关系和依赖关系。

在图 2-59 所示的架构下，用户服务水平部署 2 个节点，通过 Nginx 进行负载。（1）当用户上传头像时，请求被分发到用户服务 A 节点，并且将头像文件存储在 A 节点的本地磁盘中；（2）当用户查看头像时，请求被负载到用户服务 B 节点，B 节点从本地磁盘的相同目录中无法查找到用户头像文件，因此头像无法加载；（3）用户反复刷新加载头像，就会出现一次有头像，一次没有头像的现象。这就是一种有状态服务在负载均衡架构下所引发的问题。

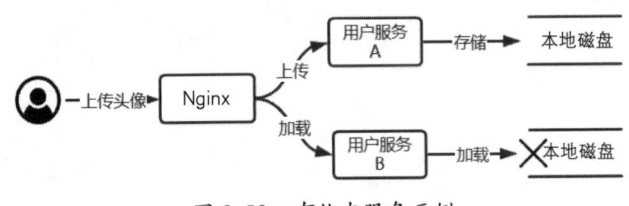

图 2-59 有状态服务示例

对于一些借助于本地内存、本地磁盘的服务都属于有状态服务，它们无法进行水平扩展。典型的场景有借助于 Cookie 和 Session 的登录机制（在 4.8 节中有详细讲解），借助于 Session 的购物车、图片验证码功能，文件上传、导出、导入功能，批处理等功能。

有状态服务修改为无状态服务主要有两种方案：数据同步和数据共享。

1. 数据同步

对于本地磁盘可以采用数据同步的方式。例如，在头像上传和加载的例子中，只需要将用户服务 A 节点中上传的头像文件同步给用户服务 B 节点即可，这样无论用户访问到哪台服务器上都可以获取到头像文件，如图 2-60 所示。

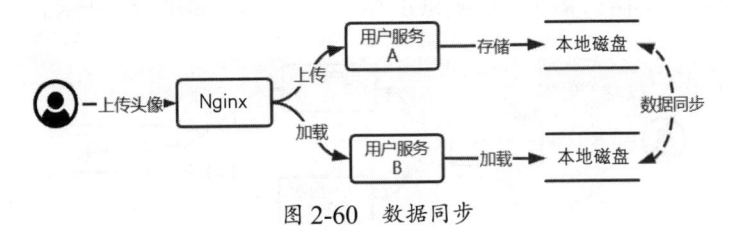

图 2-60 数据同步

对于 Session 可以采用 Session 同步的方式，保证多个服务节点的存储一致，如图 2-61 所示。这种方式只适合节点较少（一般不大于 5 个）的情况，否则会出现同步延迟，以及同步风暴问题。

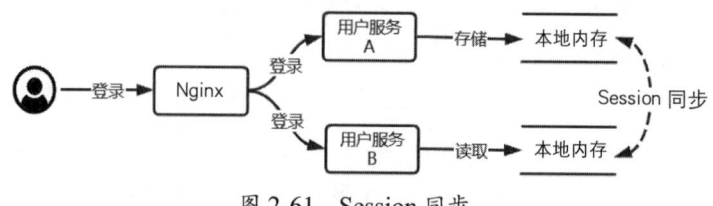

图 2-61　Session 同步

在图 2-62 所示的场景下，将某个服务扩展为 6 个节点，其中任何一个节点发生数据变化，就要通知其他 5 个节点，并将数据也同步到其他 5 个节点。如果在高并发场景下，每个节点并发数为 1000，则同一时间就要发生 30000 次的数据同步，性能会急剧下降，数据同步延迟加剧。

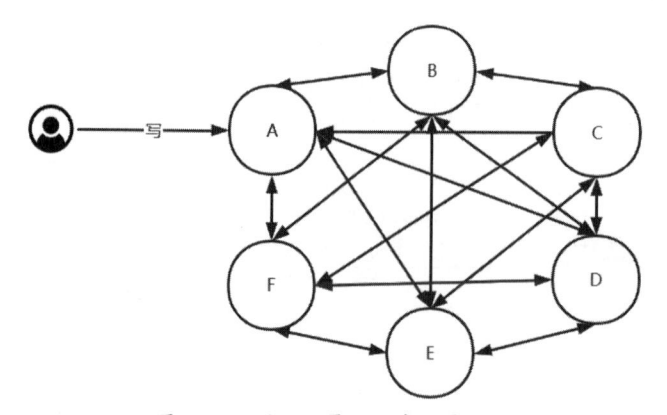

图 2-62　通知风暴、同步风暴问题

> **注意**
> 某个服务一共有 N 个节点，每个节点数据发生变化都要同步到其他 $N-1$ 个节点，节点数量越大，通知风暴效应越大，因此对于任何同步策略都需要考虑同步节点数量和数据传输量问题。

2. 数据共享

多个服务节点将有状态数据存储到共享介质中，不会产生任何的延迟和不一致问题，是当前使用最多的一种架构方式。例如，可以将 Session、图片验证码、购物车等数据存储到 Redis 中，将 Token、JWT 等认证信息存储到 Redis 或 MySQL 中，如图 2-63 和图 2-64 所示。

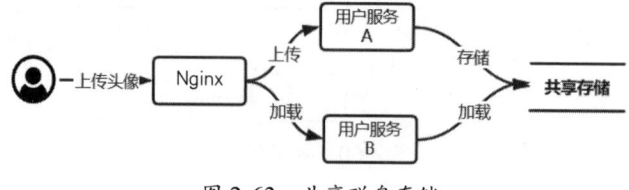

图 2-63　共享磁盘存储

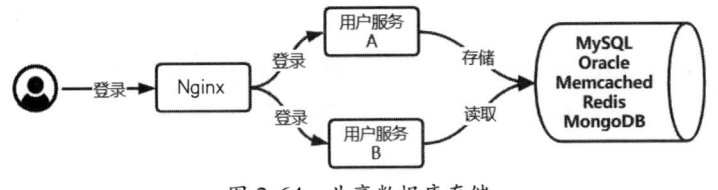

图 2-64 共享数据库存储

数据共享的缺点是应用需要依赖第三方服务，额外维护与第三方之间的连接，并通过网络交互完成数据的读写。因此，性能不如读写本地内存和本地磁盘，并且需要面对第三方服务不可用的情况，如网络抖动、无法连接、服务器宕机等问题。

现在的大多数中间件都具有高可用模式，如主从模式、副本集模式、集群模式等，并且它们都可以在内网直接访问，因此服务的稳定性、可靠性已经不是太大的问题。

2.2.1 文件存储伸缩设计

伸缩性还体现在文件存储方面，对于互联网业务（如云相册、云存储、短视频、影音等），需要海量的文件存储空间，因为有大量的文件上传、下载操作。一方面要保证有足够的存储空间，能够随时扩容；另一方面还需要具有极高的访问效率和安全性，避免用户的文件丢失。

主要使用网络文件系统和分布式文件系统架构来解决这个问题，如 NFS、GFS、FastDFS、HDFS、Ceph、GridFS、MogileFS、TFS、对象存储云服务等。下面选择比较有代表性的 NFS、GFS 和 FastDFS 进行讲解。

1. NFS

NFS（Network File System，网络文件系统）能让服务器之间通过 TCP/IP 协议共享存储资源，可以将本地目录挂载到远程目录上，客户端可以透明地操作远程 NFS 服务器上的文件（读写远程文件与读写本地文件是一样的，应用程序无须任何修改）。

NFS 挂载和传输的原理如图 2-65 所示，客户端可以在挂载点（/data 目录）上进行创建、复制、重命名、移动、删除等各种文件操作，就好像在操作本地文件一样，所有操作均会同步到 NFS 服务器上执行。为了保证 NFS 服务的数据不丢失，还可以配置备份节点进行数据备份。

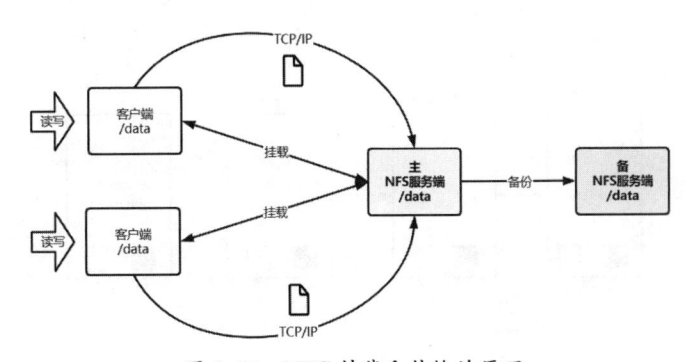

图 2-65 NFS 挂载和传输的原理

NFS 的优点是对开发人员、运维人员透明，搭建和上手难度较低，易于维护。

NFS 的缺点是：（1）存在单节点故障，NFS 服务器宕机，就会导致所有客户端无法读取历史文件，并且会将新文件写入本地磁盘下，重新挂载需要手动同步；（2）NFS 在高并发场景下性能存在瓶颈；（3）没有安全认证机制，数据都是通过明文传输，对数据完整性不做校验。因此，建议 NFS 在内网环境下中小规模系统使用。

2. GFS

GFS（Google File System，谷歌文件系统）采用一主多从的结构，由一个 GFS master 节点（主服务）和多个 GFS chunkserver 节点（块服务）构成，其架构如图 2-66 所示。

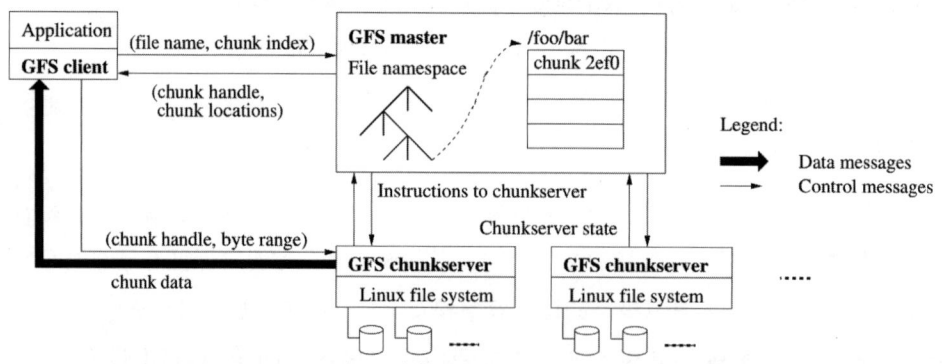

图 2-66　GFS 架构（来源于 *Google File System* 论文）

GFS 采用文件分块存储的方式，如图 2-67 所示。1 个 256MB 的视频文件，可以被分为 4 个 64MB 的块文件，存储到 GFS chunkserver 节点中，为了保证文件的高可用，各个 GFS chunkserver 之间会进行相互复制（Replica），将自己节点上的块分散到其他节点上。文件被拆分后势必要记录它们的存储位置，在哪个 GFS chunkserver 节点的哪个块上存储，而这些位置信息及对应关系就是文件的元数据，被存储在 GFS master 节点中。

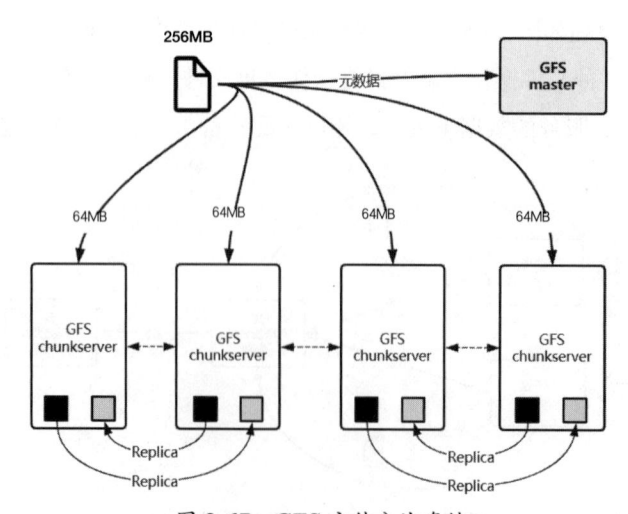

图 2-67　GFS 文件分块存储

GFS master 节点用于存储集群中的所有元数据信息，整个集群只有一个 GFS master 节点，并且数据全部存储在内存中，因此读写效率和一致性极高。GFS master 节点的内存容量也代表着 GFS 集群的最大存储容量。

GFS master 节点以树形结构存储文件的命名空间（namespace），可以将这棵树理解为常见的目录结构或索引，目的就是记录文件的位置，以便快速地查找并读写文件。元数据包括文件与 chunk 的对应关系，以及 chunk 副本的存储位置。

GFS master 和 GFS chunkserver 之间会保持心跳检查，从而判定存储节点的存活状态，以及数据存储现状，GFS master 还负责 GFS chunkserver 的存储空间回收任务。

客户端要读取某个文件时的过程如图 2-68 所示。

（1）客户端去询问 GFS master，文件存在哪里，从哪能找到它们？

（2）GFS master 根据文件名在元数据中进行检索，返回要读取内容的所有副本位置。

（3）客户端直接与存储了该数据副本的 GFS chunkserver 交互，请求读取文件。

（4）GFS chunkserver 将数据返回给客户端。

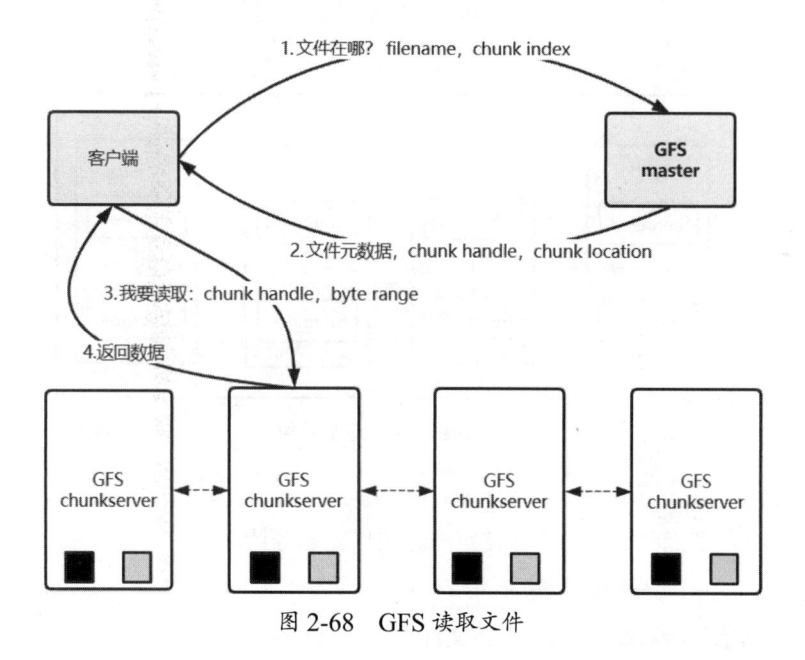

图 2-68　GFS 读取文件

通过文件的读取流程可以看出，客户端读取数据时，实际上直接与 GFS chunkserver 交互传输，并不会经过 GFS master 节点，以免 GFS master 成为性能瓶颈。

GFS 的设计目标主要是针对大文件存储、读多写少的场景，支持弹性伸缩（增加 GFS master 的内存、增加 GFS chunkserver 节点的数量或存储容量即可）、高并发访问、数据冗余备份，能够运行在廉价低端的服务器上。

3. FastDFS

FastDFS（Fast Distribute File System，Fast 分布式文件系统）是一个轻量级分布式文件系统，使用 C 语言编写，主要面向互联网业务。目前包括阿里巴巴、迅雷、58 同城等大型互联网厂商均有使用。FastDFS 具有冗余备份、负载均衡、伸缩扩容、副本容错、可用性高等特点，能够提供高效的文件上传和下载服务。

与 GFS 不同，FastDFS 更适合存储占用空间小但数量巨大的"碎文件"，它不对文件进行分块存储，避免了文件拆分与合并的开销。

FastDFS 主要分为两个集群，即 Tracker 集群和 Storage 集群（与 GFS 架构十分相似，Tracker 等价于 GFS master，Storage 等价于 GFS chunkserver），其架构如图 2-69 所示。

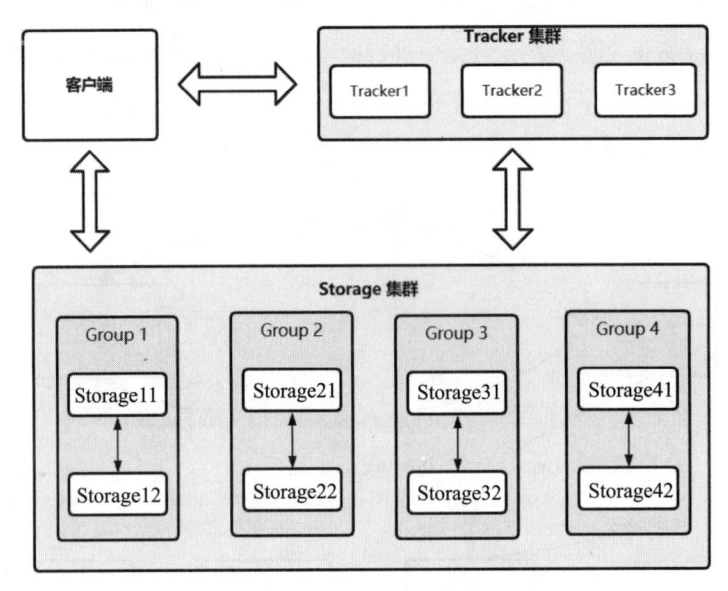

图 2-69　FastDFS 架构

Tracker 集群负责负载均衡和元数据存储，Storage 集群负责文件存储和副本复制。Storage 定时向 Tracker 上报自己的节点状态、剩余存储空间、文件复制等情况。

FastDFS 上传文件的流程如图 2-70 所示。

（1）客户端请求 Tracker，告知要上传文件。

（2）Tracker 查找可用的 Storage，哪个组还有足够的存储空间，选用哪个 Storage 节点存储本次请求的数据。

（3）Tracker 将 Storage 节点的 IP、端口等信息返回给客户端。

（4）客户端使用 IP、端口直接请求 Storage 节点，上传文件数据。

（5）Storage 节点生成文件 ID，并将文件写入磁盘保存。

（6）Storage 节点将文件 ID 返回给客户端。

（7）客户端将文件 ID 与业务数据关联存储。

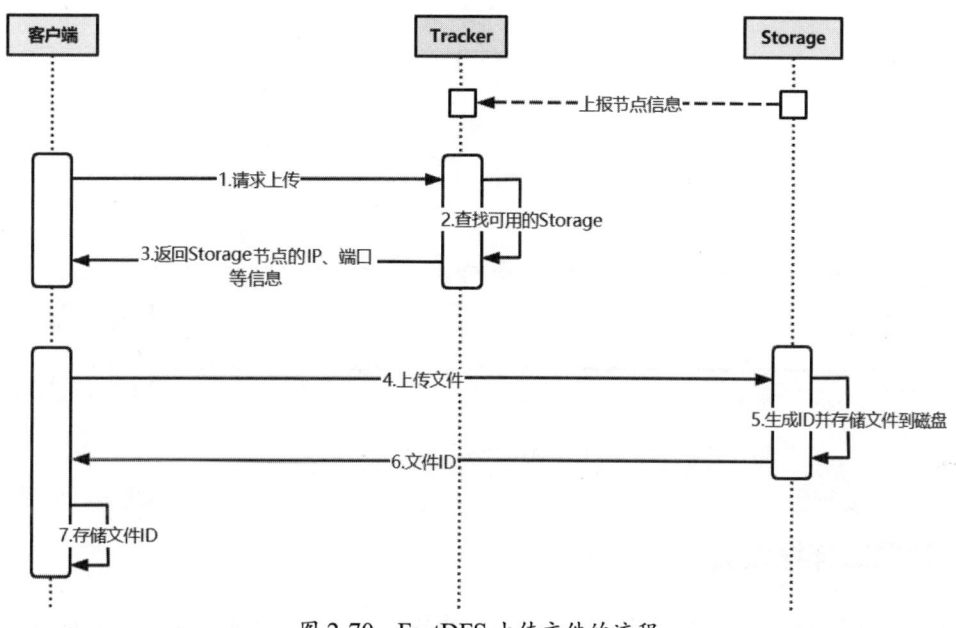

图 2-70　FastDFS 上传文件的流程

以上流程中的重点是文件 ID，等同于文件的唯一路径，可以用于快速检索并下载文件。文件 ID=/ 组 / 虚拟磁盘路径 / 一级目录 / 二级目录 / 文件名 . 扩展名。

示例：文件 ID=/group1/M00/23/45/1Wkf23Fd223FdsFsKwsd.jpeg。

文件名与上传时的原始文件名不同，它具有特定的含义，包括文件时间戳、大小、随机数、源存储 Storage 的 IP 地址等信息，组合并编码加密后形成最终文件名。

FastDFS 下载文件的流程如图 2-71 所示。

（1）客户端请求 Tracker 下载文件，提交文件 ID。

（2）Tracker 查找文件存储在哪些 Storage 节点上。

（3）Tracker 节点返回 Storage 节点的 IP、端口等信息。

（4）客户端直接请求对应的 Storage 节点，并携带文件 ID。

（5）Storage 根据文件 ID 查找文件。

（6）Storage 将文件内容返回给客户端。

> **注意**
>
> 无论是 FastDFS 还是 GFS，客户端都是直接与 Storage、GFS chunkserver 存储节点进行文件交互，提高了系统的吞吐量和处理效率。

```
客户端                    Tracker                   Storage
  |                         |<------上报节点信息-------|
  |---1.请求下载文件,携带文件ID---->|                         |
  |                         | 2.查找可用的Storage      |
  |<--3.返回Storage节点的IP、端口---|                         |
  |        等信息            |                         |
  |                                                    |
  |----------4.下载文件,携带文件ID------------------>|
  |                                                    | 5.根据ID查找文件
  |<---------6.返回文件-------------------------------|
```

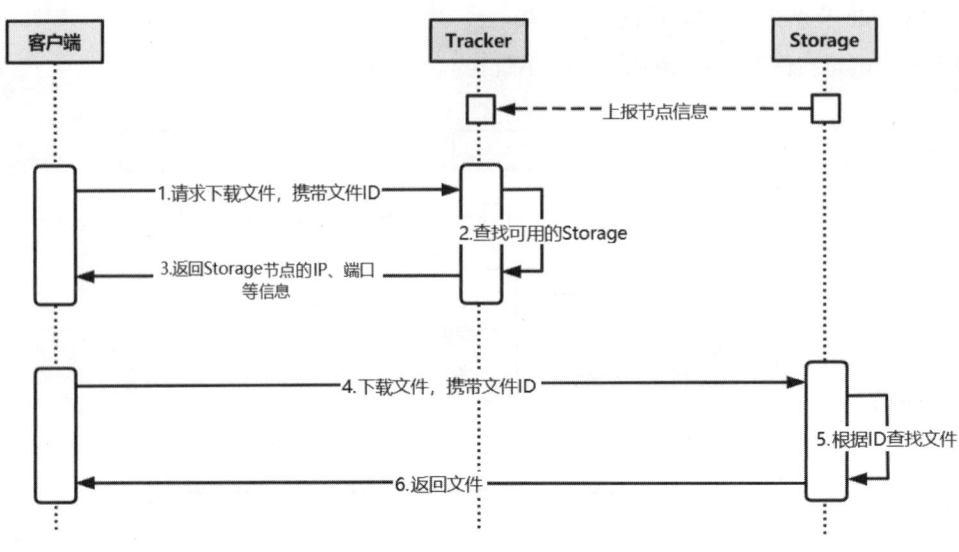

图 2-71 FastDFS 下载文件的流程

2.2.2 数据库伸缩设计

应用和磁盘存储需要水平伸缩来提高可靠性、服务能力、数据容量,数据库也同样如此。数据库的扩容主要有 3 个目的,一是容量的增加,二是读写性能的改善,三是连接数的增加。

一些企业内部系统,用户数量和业务规模有限,因此并不会产生巨大的数据量,这时数据库的存储和读写性能均不会成为瓶颈,没有扩容的需要,因此无须考虑伸缩性。

对于一些互联网系统,前后端应用可以通过 CDN、缓存、负载、水平扩展等技术解决瓶颈问题,但是数据库成为最终的读写集中点,每天都在产生海量的数据和读写请求,因此成为系统瓶颈。

Redis、MongoDB 等 NoSQL 数据库虽然支持数据分片,但是并不能取代关系型数据库,对于逻辑关系紧密、复杂的系统,必须借助关系型数据库良好的事务特性来支持。绝大多数公司依然主要采用关系型数据库,而将其他数据库作为辅助。

对于 MySQL 数据库,虽然理论上单表可以支撑上亿条数据,但是性能较差,增加索引、优化 SQL 语句已经于事无补。阿里巴巴规约提出单表行数超过 500 万行或单表容量超过 2GB,才推荐进行分库分表。这个建议的目的是避免过度设计。

数据库的扩容主要采用分库分表的策略,按照垂直拆分和水平拆分两个维度,可分为 4 种策略,分别是垂直分表、垂直分库、水平分表和水平分库,如图 2-72 所示。

图 2-72 分库分表的两个维度

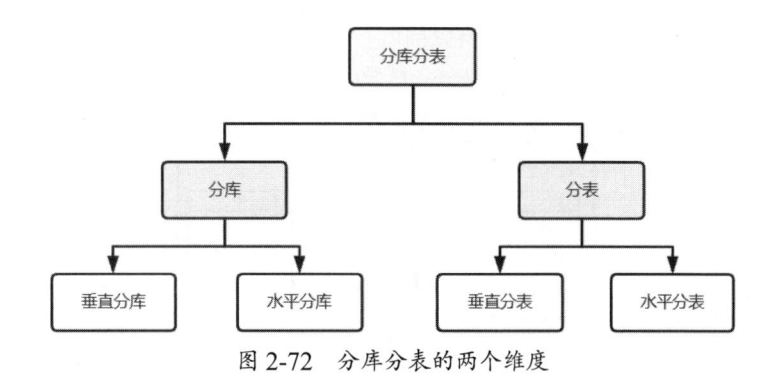

1. 垂直分表

垂直分表的特点是在一个数据库内，将一个表垂直拆分为多个关联表，表结构彼此不相同。

如图 2-73 所示，商品表包含商品的基本信息、广告信息、促销信息等数据，造成数据表的字段较多，有些字段（热点字段）是频繁访问的，而有些字段很少访问，这样会导致数据表读写性能较低。因此，可以将商品表垂直拆分为商品基本信息、商品广告信息和商品促销信息 3 个表，3 个表之间通过相同的商品 ID 做关联，每个表只包含商品信息的部分字段。

这样就减少了每个表的字段数量，同时尽量将经常访问的字段放在同一个表中，不经常访问的字段放在其他表中，提高数据的检索速度。垂直分表对程序设计有影响，需要同步调整程序。

2. 垂直分库

垂直分库的特点是将一个数据库拆分为多个数据库。

企业早期将所有业务表都放在一个数据库中，包含用户、订单、产品等所有数据。各个服务都连接到同一个库，从而造成数据库的存储、连接数、读写性能都成为系统瓶颈，如图 2-74 所示。

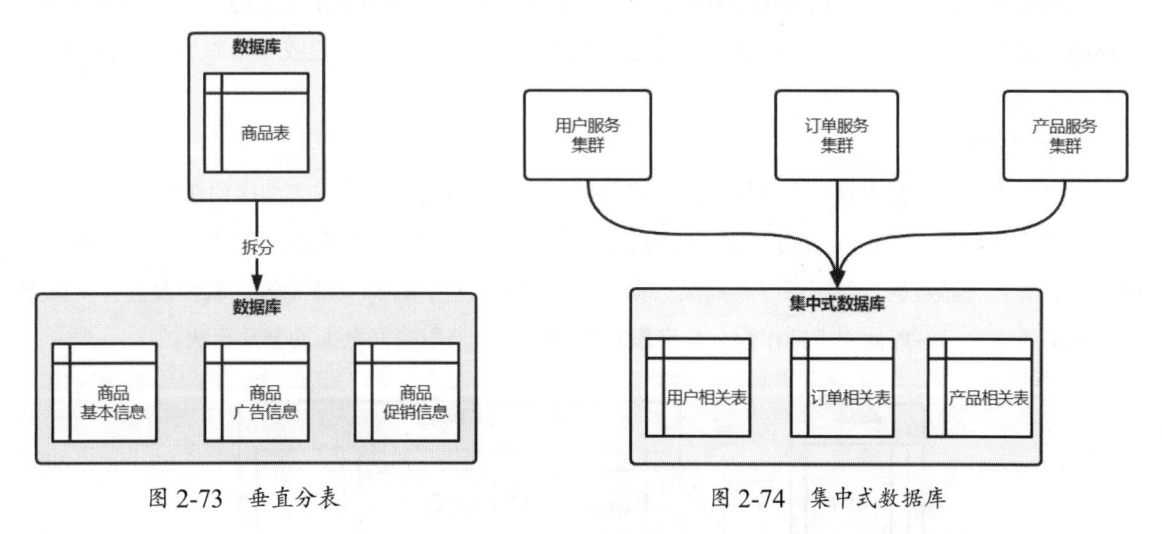

图 2-73 垂直分表　　　　图 2-74 集中式数据库

垂直分库就是将一系列相关的表单独拆分为一个数据库，达到专库专用的目的，可以提升数据库的读写性能、连接数。如图 2-75 所示，将以前的一个集中式数据库拆分为用户库、订单库和产品库，再由各个系统使用。

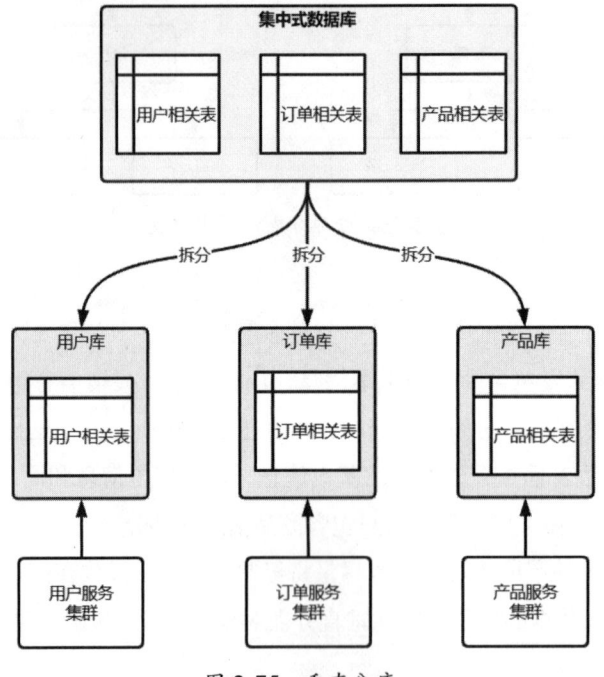

图 2-75 垂直分库

垂直分库会对整个系统架构产生影响，并且需要考虑分布式事务问题，需要对业务进行更加细致的设计，开发成本较高。

虽然垂直分表、垂直分库有诸多好处，但是依然没有解决单表数据量过大的问题，每个表中还是存储全量数据。例如，一个订单表有一千万条数据，垂直拆分为多个表或多个库后，单表依然是一千万条数据。

3. 水平分表

水平分表的特点是在同一个数据库内，将一个表水平拆分为多个表，表结构均相同。

当单表记录数过大时可以进行水平拆分，如图 2-76 所示，将商品表拆分为多张表，每张表中都只存储部分产品数据。对于每一条商品数据如何存储到表中，存储到哪个表，就涉及分片字段和分片算法的选取，一般使用主键作为分片字段，使用基于哈希取模和范围的分片算法。

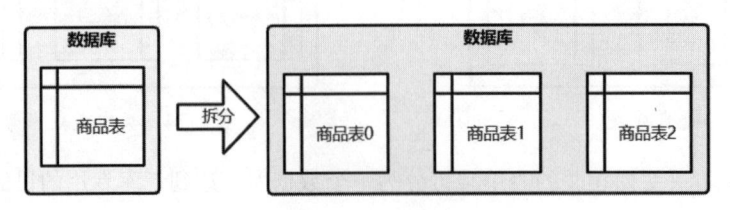

图 2-76 水平分表

（1）基于哈希取模的分片算法：采用商品 ID 哈希取模的方式进行存储，如图 2-77 所示。例如，要存储 ID 为 100 的数据，经过整数哈希算法计算之后得到 8719912，与分片表的数量 3 取模。计算公式为 MOD(INTHASH(100),3)=8719912%3=1，代表此条数据要存入商品表 1（从 0 计数）。

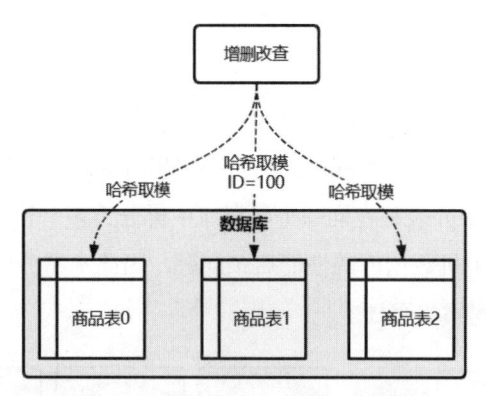

图 2-77　基于哈希取模的分片存储

基于哈希取模的分片算法的优点是可以让数据分布得更加均匀，但是数据存储比较分散，不适合范围类查询。例如，当需要新增或减少分片表时，会引起较大的数据流动（数据从一个位置转移到另外一个位置）。例如，再增加一个分片表，变为 4 张分片表，当存储 ID 为 100 的数据时，分片位置的计算公式为 MOD(INTHASH(100),4)=8719912%4=0，则原来存储在商品表 1 中的数据就需要转移到商品表 0 中。

（2）基于范围的分片算法：也可以基于分片字段的范围进行存储。例如，根据商品 ID 的范围进行存储，如图 2-78 所示，分片规则为商品 ID 为 1~1000 万的存储在商品表 0 中，1001 万 ~2000 万的存储在商品表 1 中，2001 万 ~3000 万的存储在商品表 2 中，这样每张表中的数据都不会超过 1000 万条。

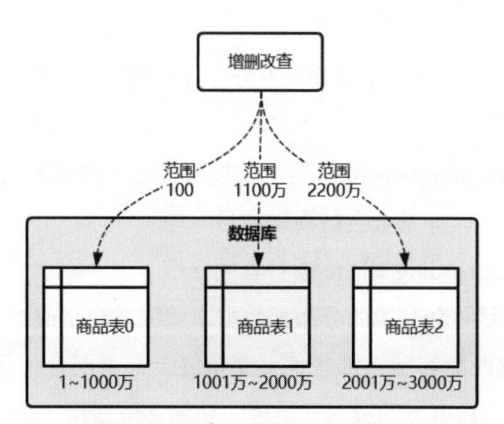

图 2-78　基于范围的分片存储

例如，当插入商品 ID 为 1100 万的数据时，对比此 ID 属于 1001 万 ~2000 万这个范围，因此将数据存储到商品表 1 中。

常用的还有基于时间范围的分片算法。例如，从 2001 年至 2020 年，每个年份创建一张表，这样将相同业务日期的数据存入相同的表中，既便于查询又方便转储和清理。

除了基于哈希取模和范围的分片算法，应用程序也可以自定义算法和路由规则。例如，可以定义一个路由规则表，每次进行增删改查时按照规则定义计算。

4. 水平分库

水平分库的特点是将同一个表水平拆分到多个数据库中，每个表的结构相同。

水平分库与水平分表的原理基本相同，即将一个表拆分为多个相同结构的表，分散在不同的数据库中，如图 2-79 所示。水平分表是在同一个数据库中拆分为多个相同的表，会造成一个数据库中的表数量过多，依然会面临单机数据库的性能瓶颈问题，因此水平分库的性能更好。水平分库与水平分表的分片规则相同，这里不再赘述。

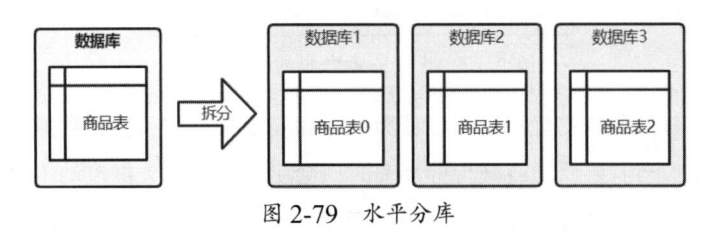

图 2-79 水平分库

水平分库也面临着诸多问题：如何进行跨库关联查询？如何进行跨库的分页和排序？如何保证数据事务的一致性？如何进行数据迁移？分库分表的基本原则有以下 3 点。

（1）不进行过度设计，不需要将所有库、所有表都进行分库分表。分库分表虽然有诸多好处，很好地解决了数据库的存储容量和性能瓶颈，但是程序复杂度会急剧升高，出现问题的概率呈指数级增长。

（2）不在项目初期就进行分库分表，而是动态调整。当单表数据量增长到一定程度时再进行分库分表即可。

（3）先垂直拆分，再水平拆分。如果垂直拆分能够解决问题，则不需要再进行水平拆分。

5. 分库分表框架推荐

这里推荐使用 Apache ShardingSphere 框架，其起源于当当网开源的 Sharding-JDBC 框架，已于 2020 年 4 月 16 日成为 Apache 软件基金会的顶级项目。

以下内容来源于 Apache ShardingSphere 项目官网介绍。

Apache ShardingSphere 是一套开源的分布式数据库解决方案组成的生态圈，它由 JDBC、Proxy 和 Sidecar（规划中）这 3 款既能够独立部署，又支持混合部署配合使用的产品组成。它们均提供标准化的数据水平扩展、分布式事务和分布式治理等功能，可适用于如 Java 同构、异构语言、云原生等各种多样化的应用场景。

Apache ShardingSphere 旨在充分合理地在分布式的场景下利用关系型数据库的计算和存储能力，而并非实现一个全新的关系型数据库。关系型数据库当今依然占有巨大市场份额，是企业核心系统的基石，未来也难以撼动，我们更加注重在原有基础上提供增量，而非颠覆。

Apache ShardingSphere 5.x 版本开始致力于可插拔架构，项目的功能组件能够灵活地以可插拔的方式进行扩展。目前，数据分片、读写分离、数据加密、影子库压测等功能，以及 MySQL、PostgreSQL、SQL Server、Oracle 等 SQL 与协议的支持，均通过插件的方式植入项目。开发者能够像使用积木一样定制属于自己的独特系统。Apache ShardingSphere 目前已提供数十个 SPI 作为系统的扩展点，仍在不断增加中。

2.3 大型互联网架构高并发设计

高并发一直是大型互联网架构的重点和难点，尤其是2C类系统，在一些活动大促、节日活动、秒杀和团购场景中，经常面临突然的流量爆发，造成系统的高并发访问。用户访问量可能超出系统的承载能力，从而造成服务器性能下降，导致应用服务器和数据库服务器宕机。

解决方案：这并不是一个单点技术问题，不可能只通过增加数据库和后端服务器的处理能力就能达到对高并发业务的完美支撑，而是需要在整个交易链路上，采用多级策略进行精准和严格的控制，在前端、网络传输、负载、网关、后端、数据库等多个层面进行严格控制。

高并发的主要策略有多级缓存策略、异步化策略和读写分离策略。

2.3.1 多级缓存策略

多级缓存的主要目的是减少客户端与服务端的网络交互，减少用户请求穿透到服务端和数据库。尽量将资源放置在离用户更近的地方，让用户能够更快地得到应答。缓存可分为客户端缓存和服务端缓存两大类。用户访问可以分为静态资源的访问和动态接口的请求两种。其中 H5、安卓、iOS、微信等终端的本地存储都属于客户端缓存的范畴，而 CDN、负载、应用内存、缓存中间件都属于服务端缓存。

1. 缓存的使用流程

无论是哪种缓存，其使用方式基本都是相同的，缓存的使用流程如图 2-80 所示。

（1）第 1~5 步：客户端发起请求给服务端后，服务端先去缓存中查找是否有符合要求的数据，如果缓存没有命中（没有找到匹配的缓存数据），则再去数据库中查找，数据库中找到数据后，将此数据存入缓存中，然后给客户端应答。

（2）第 6~8 步：当用户再次请求相同数据时，服务端可以直接在缓存中找到匹配的数据（缓存命中），然后返回给客户端，这样就避免了数据库查询操作。

因此，缓存位置越靠近用户，应答速度越快。要最大程度地避免对数据库的直接操作，因为数据库数据毕竟存储在磁盘上，磁盘的 I/O 性能与内存相差巨大，不但速度慢还会形成性能瓶颈，在高并发场景下很容易出现宕机问题。

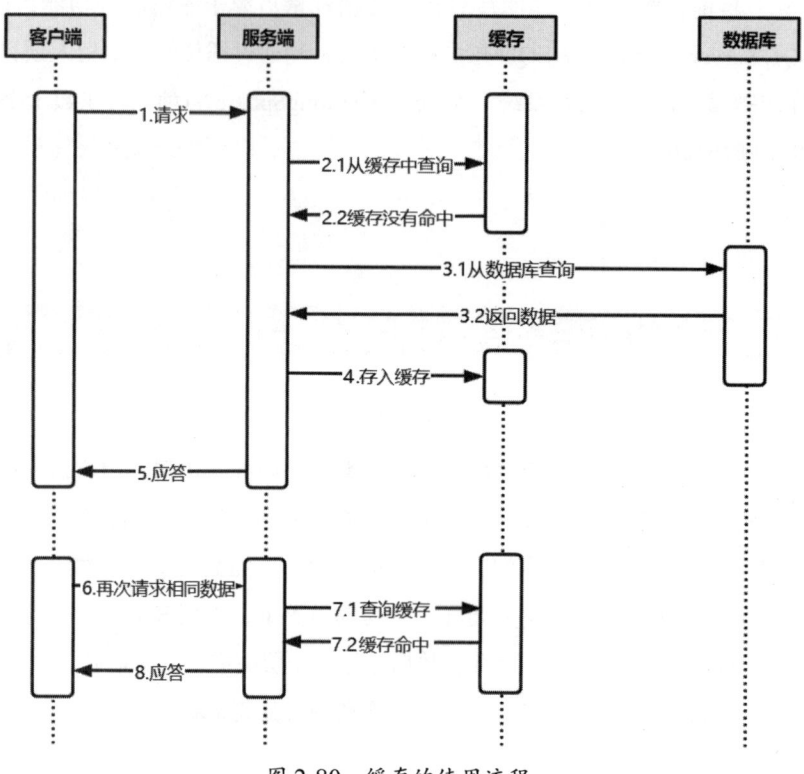

图 2-80　缓存的使用流程

2. 客户端缓存

服务架构整体上可以分为 C/S 和 B/S 两大类。

C/S（Client/Server）结构，即客户端/服务器结构，如手机上的 App、计算机上的游戏客户端都属于 C/S 结构。它的优点是性能更好、更流畅，缺点是升级维护比较麻烦。例如，如果某一款游戏升级，那么所有安装了游戏客户端的用户都必须升级。

B/S（Browser/Server）结构，即浏览器/服务器结构，浏览器实际上也是一种软件客户端，所以 B/S 结构属于 C/S 结构的一种。它的优点是升级十分方便，一次升级所有客户端都不需要做任何改变；缺点是性能差一些，容易出现卡顿。

基于 B/S 结构的客户端缓存要充分利用 Local Storage 和 Session Storage 进行数据存储，如用户基本信息、静态参数信息、字典信息等，并通过设置其失效时间来进行更新，减少与服务端的交互。

使用浏览器的 Storage 存储键值对比 Cookie 方式更加友好，容量更大。其中 Session Storage 属于临时存储，只在浏览器的会话期间有效，浏览器关闭则清空；Local Storage 属于长期存储，有效期是永久的，浏览器关闭依然保留，一般可存储 5MB 左右的数据。Local Storage 作用域是协议、主机名、端口。Session Storage 作用域是浏览器窗口、协议、主机名、端口。

对于 C/S 结构的桌面软件和 App 应用，可以利用设备的内存、磁盘、客户端数据库来缓存更多信息，如页面、图片、视频等静态资源，系统参数、业务流程数据、字典数据等，从而减少与服务端的交互。

充分利用 HTTP 缓存来进行静态页面、图片、CSS 样式文件、JavaScript 脚本文件的缓存，让静态资源加载得更加迅速。非必要情况下不要禁用 HTTP 缓存，否则会对性能影响很大。

3. CDN 缓存

对于系统中的静态资源访问，主要存在两大问题：网络带宽问题和响应速度问题。

（1）网络带宽问题。

在高并发的情况下会出现页面无法打开、资源加载缓慢的情况，机房的主干网络由于大量的资源请求造成拥堵。带宽与网络供应商、网络设备相关，很难实现动态扩容，而且网络带宽升级成本极高，因此要避免用户对于静态资源的大量请求占用机房带宽。

（2）响应速度问题。

如图 2-81 所示，北京、上海、广东的用户都访问相同的资源文件（如某个页面、音频、视频）。服务器部署在北京机房，因此距离北京的用户最近，网络传输最短，网络冲突损耗最低，所以访问速度也最快，而上海、广东的用户访问就会很慢。

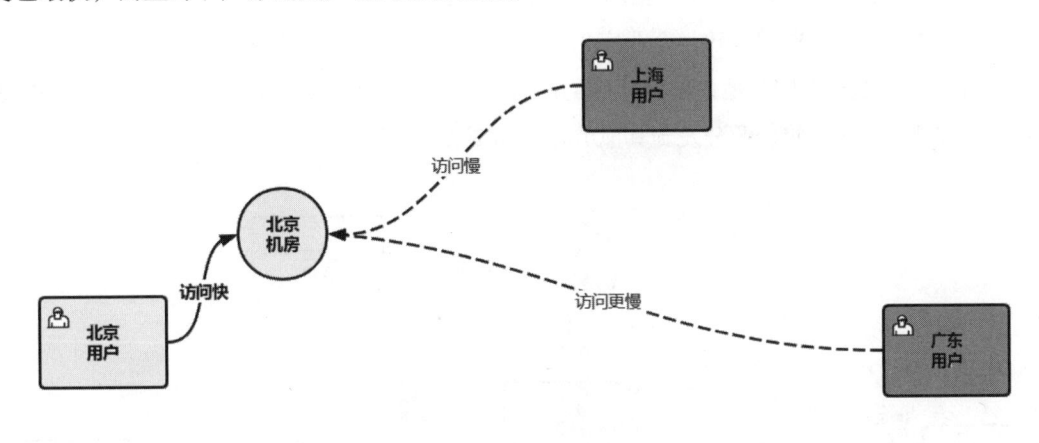

距离资源服务器越近，访问越快

图 2-81 静态资源加载

解决这个问题，就需要使用到 CDN（Content Delivery Network，内容分发网络）技术。CDN 可以让用户的访问模式变为图 2-82 所示的模式。在北京、上海、广东各自建设资源存储服务器，让各个地区的用户都可以访问距离自己最近的节点去获取静态资源，以此来加快不同地区用户的访问速度。

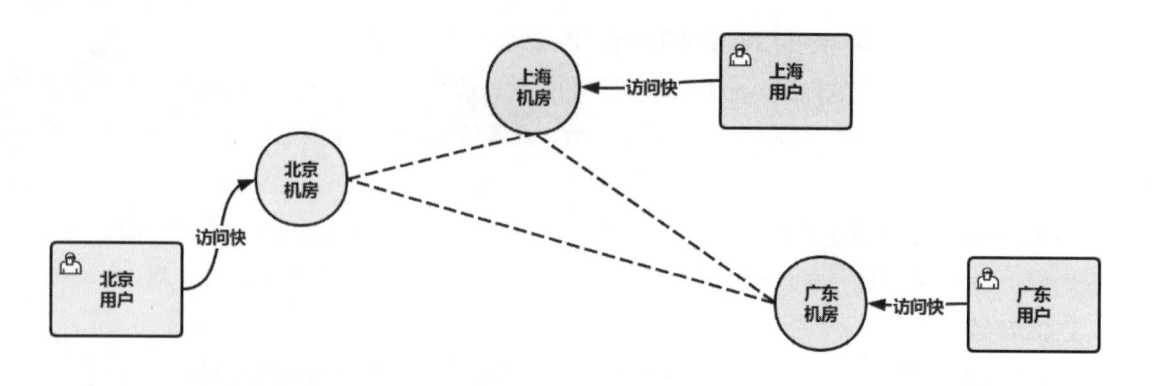

建立多个边缘存储，让内容距离用户最近

图 2-82 CDN 资源加载

由于 CDN 具有加快资源访问速度的能力，因此它也被形象地称为网络加速器。由于资源都存储在用户的边缘，因此这些 CDN 节点也被称为边缘存储、边缘缓存、边缘服务器。

CDN 主要用于缓存静态文件，如网页文件、CSS 样式文件、JavaScript 脚本文件、图片文件、视频文件、音频文件等。对于电影、音乐、图片等网站，以及大量应用 H5 技术的互联网系统都会采用 CDN 技术进行静态资源加速。

CDN 属于一种基础设置，需要在全国设立存储节点，节点越多则效果越好。因此，一般只有资金雄厚的云服务厂商才能够搭建，企业应用一般是购买这些云服务厂商的 CDN 服务使用。

由于存储节点遍布全国各地，静态文件的内容如何进行同步就成为一个问题，因此 CDN 必须具有一个管理节点，负责将资源分发到其他节点，如图 2-83 所示。

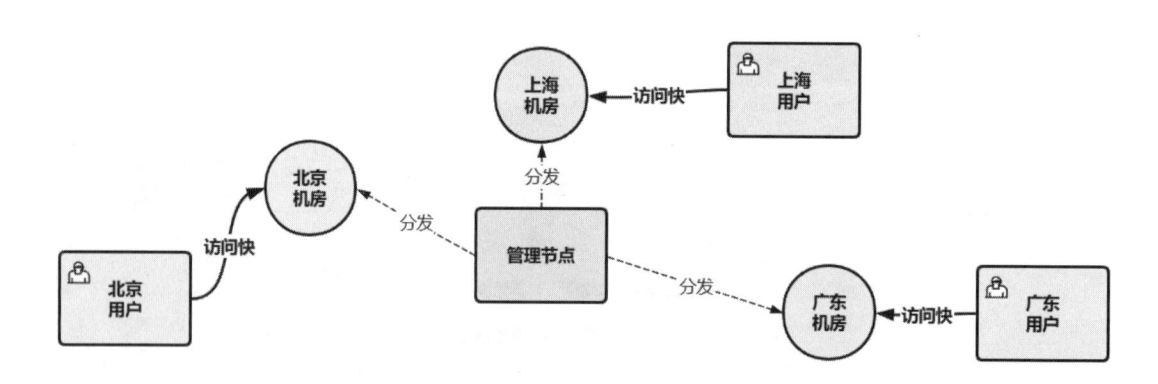

管理节点负责管理所有边缘存储节点、内容审核、刷新、分发等

图 2-83 CDN 资源管理架构

当静态资源发生了更改，就需要将其同步到所有边缘存储节点中，这时就可以在管理节点发起推送动作或刷新动作，更新各个节点的缓存。各种静态资源都可以设置其失效时间，当资源失效后，用户首次访问时，会重新加载该资源。

用户访问静态资源的方式也与使用其他缓存相同,当用户访问某个文件时,会先到距离自己最近的网络设备中查找,如果找到了,则直接返回;如果没有找到,则CDN边缘存储服务器会去管理中心拉取最新文件进行存储,然后再返回给用户。

CDN的节点同步、资源分发是比较耗时的,各个地区的延迟也不相同,有时需要10到20分钟才能保证全国节点同步完毕。

4. 负载缓存

服务端一般都会采用负载均衡做集群部署,在减轻单一服务节点压力的同时,增强系统的可靠性,如图2-84所示。负载设备可以是F5(硬件设备),也可以是LVS、Nginx、HAProxy等软件。为了减少请求穿透到上游服务节点,减轻高并发的压力,就可以在负载节点上做缓存,如果缓存命中了,则直接返回回给客户端;如果缓存没有命中,则再去访问上游服务节点,这样就能够最大程度地减少服务请求穿透到上游服务器。需要注意的是,负载缓存一般只针对静态资源做缓存,而不对服务端接口做缓存,因为服务端接口的业务处理和应答消息都是动态变化的。

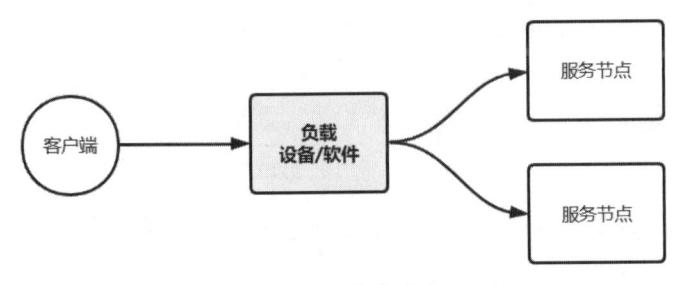

图 2-84 负载均衡

(1)负载缓存性能对比示例。

如图2-85所示,加载某系统页面,需要加载14项资源,总计1.4MB的传输,在没有开启Nginx缓存设置,也没有开启gzip压缩的情况下,页面加载总计耗时1.41秒。

图 2-85 Nginx 未开启缓存和 gzip 时资源加载情况

如图2-86所示,开启Nginx的gzip压缩,1.4MB资源压缩后变为564kB,页面加载耗时提升到1.07秒。

如图2-87所示,开启Nginx缓存后,只产生208B的传输,同样是加载1.4MB资源,仅用了

218 毫秒。

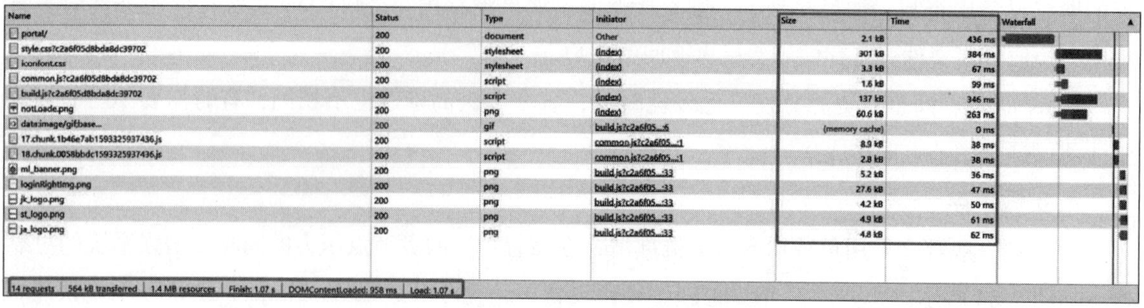

图 2-86　Nginx 开启 gzip 时资源加载情况

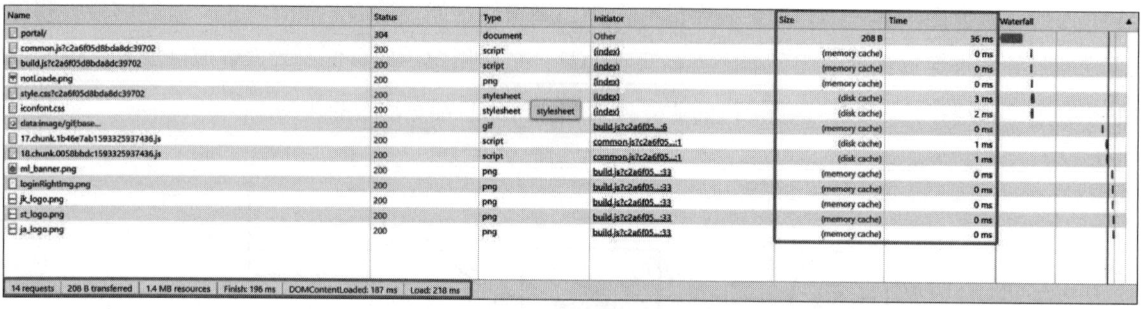

图 2-87　Nginx 开启缓存和 gzip 时资源加载情况

通过上面 3 种情况的对比，可以看出在负载软件上开启压缩和缓存设置，对性能有巨大的提升。

（2）Nginx 开启 gzip 压缩的配置说明。

开启 gzip 后可以对数据传输进行压缩，提高传输效率。

```
http{
    #开启gzip
    gzip on;
    #启用gzip压缩的最小文件，小于设置值的文件将不会被压缩
    gzip_min_length 1k;
    #gzip压缩级别为1~10，数字越大，压缩比例越高，一般设置为5即可
    gzip_comp_level 5;
    #设置哪些类型的文件进行压缩
    gzip_types text/plain application/javascript application/x-javascript text/css application/xml text/javascript application/x-httpd-php image/jpeg image/gif image/png;
    #建议设置，在HTTP Header中添加Vary信息，保证不同浏览器和客户端的兼容性
    gzip_vary on;
}
```

（3）Nginx 开启缓存的配置说明。

```
location / {
    root /usr/share/nginx/html;
    #不使用缓存，每次都重新下载资源
```

```
        add_header Cache-Control "no-cache,no-store";
        index index.html index.htm;
}
# 启用协商，根据 Last-Modified 对比资源是否发生变化，决定是否使用缓存
add_header Cache-Control max-age=no-cache;
# 启用强制缓存，并设置缓存时间为 360000 秒
add_header Cache-Control max-age=360000;
```

将静态文件存储在 Nginx 上，使用 Nginx 作为静态服务器，以此来实现动静分离架构模式。上游服务器提供给动态接口（动态服务节点），因此无须开启缓存。静态资源可以直接利用 Nginx 的缓存功能，加快访问速度，如图 2-88 所示。

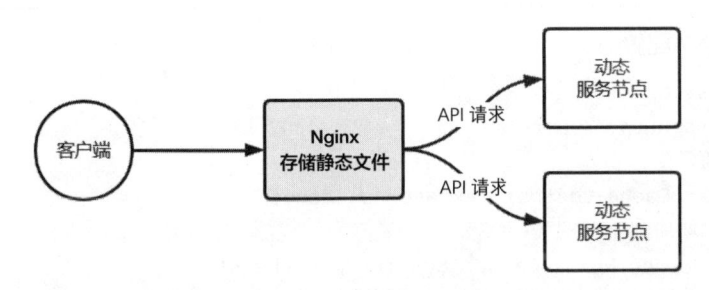

动静分离架构，静态文件存储在 Nginx 上，同时反向代理后端服务

图 2-88　Nginx 动静分离架构（1）

动静分离架构不仅有利于增加系统的连接数和提高系统的并发能力，还便于前后端团队分工协作，发挥各自特长。

（4）Nginx 反向代理缓存。

如果使用反向代理模式搭建动静分离架构（架构方式如图 2-89 所示），则需要进行额外配置才能够对上游服务进行缓存。首先要开辟出对应的内存、磁盘空间用于缓存文件存储。

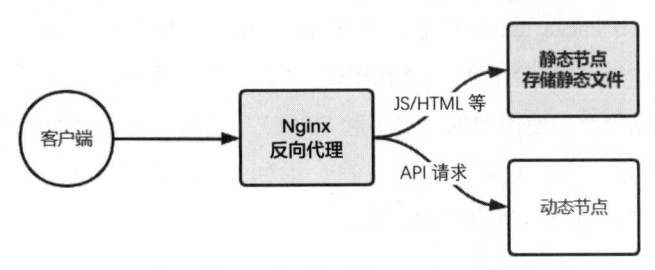

动静分离架构，静态文件存储在其他服务节点，配合反向代理使用

图 2-89　Nginx 动静分离架构（2）

① 设置 HTTP 代理缓存。

Nginx 代理缓存配置方式如下，参数说明如表 2-5 所示。

```
http{
    proxy_cache_path /data/ngx-cache levels=1:2 keys_zone=ngx-cache:200m max_size=2g
    inactive=24h;
```

}

表 2-5 Nginx 代理缓存参数说明

参数	说明
proxy_cache_path /data/ngx-cache	用于设置缓存目录，路径为 /data/ngx-cache
levels=1:2	代表采用二级目录结构存储缓存文件
keys_zone=ngx-cache:200m	设置缓存空间名称为 ngx-cache，缓存的内存空间为 200MB（Nginx 的缓存分为内存和磁盘两部分，内存用于存储索引信息，磁盘用于存储真正的缓存内容）
max_size=2g	代表缓存文件可以占用的最大磁盘空间为 2GB
inactive=24h	默认过期时间为 24 小时。如果超过 24 小时没有人访问，则自动过期

② 使用代理缓存配置。

```
location /testpage {
    proxy_pass http://ip:port;
    # 使用协商缓存
    add_header Cache-Control max-age=no-cache;
    # 应答信息增加 Nginx 的缓存状态
        add_header Nginx-Cache "$upstream_cache_status";
        # 指定缓存空间名称，要与第一步设置的一致
        proxy_cache ngx-cache;
        # 缓存失效时间
        proxy_cache_valid 1h;
        # 以下 3 行配置是忽略并隐藏上游服务器的 Set-Cookie、Cache-Control，如果上游服务器设置
        # no-store 或设置 Cookie，则会导致不缓存
        proxy_ignore_headers Set-Cookie Cache-Control;
        proxy_hide_header Cache-Control;
        proxy_hide_header Set-Cookie;
}
```

其中参数 $upstream_cache_status 代表缓存的命中状态，主要包括 MISS（未命中，请求被转发到上游服务）、HIT（缓存命中）、EXPIRED（缓存已经过期，请求被转发到上游服务）、UPDATING（正在更新缓存，使用旧的应答）和 STALE（后端将得到过期的应答）。

如果某次访问使用了 Nginx 缓存，则应答头返回 Nginx-Cache=HIT，代表缓存命中，此时 Nginx 会直接以 304 状态码应答，如图 2-90 所示。

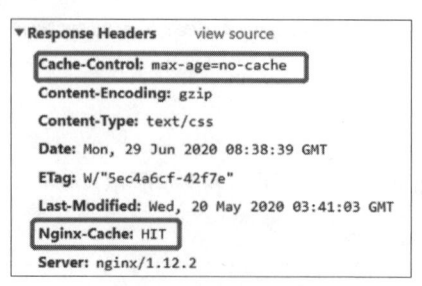

图 2-90 缓存命中应答

> **注意**
> 　　Nginx 也可以缓存服务端动态接口的应答信息，但是不推荐使用。如果后端数据已经发生变化，而用户始终得到的还是旧的缓存信息，例如，查询某个订单的状态，即使订单状态已经变化，但是返回的依然是变化之前的状态，这就会引起很多问题。

5. 应用内存级缓存

应用内存级缓存是将信息直接放在应用服务器的内存中，一般采用 Map 结构进行存储。其优点是存储和读取速度快，主要目的是提高程序的执行效率。这样，在高并发的场景下能够减少对数据库的访问，提高程序响应速度。其缺点是稳定性差，重启则丢失；存储数据量有限，受内存限制；无法在集群和分布式环境下共用，造成重复缓存。

内存级缓存主要用于对象类和配置类缓存。例如，线程池、对象池、连接池本质上也属于一种内存级缓存技术。把一些大对象、创建比较耗时的对象先存起来，在使用时可以节省创建时间。

在集群架构下，每个节点都有自己的内存缓存，它们相互之间无法共用，并且缓存的内容都是重复的，但是存取速度极快，如图 2-91 所示。

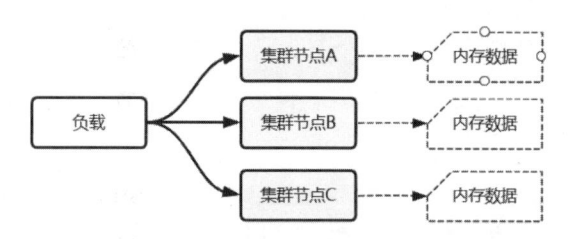

图 2-91　集群架构下的内存缓存

在分布式架构下，每个节点也都有自己的内存缓存，缓存的内容各不相同，只缓存与系统本身相关的内容。如图 2-92 所示，订单服务缓存订单配置信息，用户服务缓存用户配置信息，产品服务缓存产品配置信息，各个服务的缓存也同样无法共用。

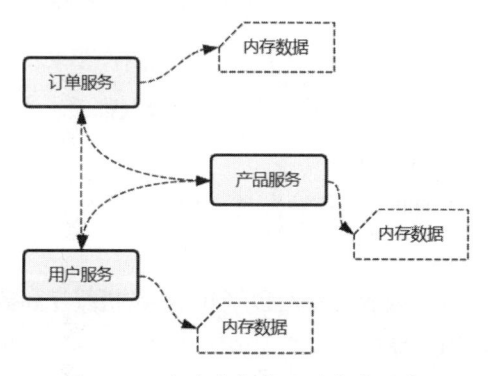

图 2-92　分布式架构下的内存缓存

内存级缓存的应用极其广泛。例如，线程池、对象池、连接池就是最常用的一种。内存级缓存比较适合小型项目的开发、单体架构的内部系统开发，具有性能高、依赖少、开发快的特点。

6. 中间件缓存

当下主流的缓存中间件有 Memcached、Redis 等，它们以独立服务的模式存在，主要目的是对数据库进行保护，防止大量的并发请求到达数据库，有效应对高并发。

在集群架构下，客户端的请求经由负载设备被分发到不同的集群节点，所有的节点使用同一个 Redis 缓存服务，如图 2-93 所示。

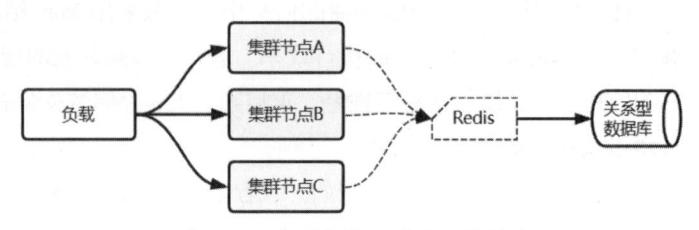

图 2-93　集群架构下的中间件缓存

在分布式架构下，每个服务都可以使用自己独立的缓存服务，也可以共享缓存服务。至于选择哪种模式，还要根据具体的业务和数据量进行分析。两种模式的架构方式如图 2-94 所示。如果是小型分布式系统，需要缓存的数据量不大，并且对于缓存的隔离性没有要求，则可以采用共享模式。

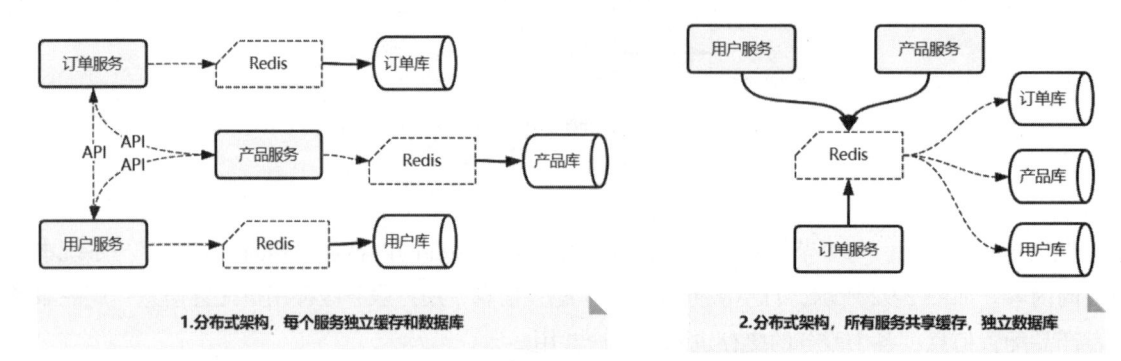

图 2-94　分布式架构下的中间件缓存

如果是大型分布式系统，缓存数据量大，并且具有隔离性要求，则应该采用独立模式。其中隔离性要求是考虑的重点，在共享模式下，所有子系统的数据都缓存在一个 Redis 服务中，所以数据对所有人可见，存在被修改和删除的风险。

使用中间件缓存需要注意 3 种问题：缓存穿透、缓存击穿和缓存雪崩。

（1）缓存穿透。

缓存穿透属于一种攻击行为，或者严重的程序 bug，是指缓存和数据库中都没有指定的数据，而客户端不断发起请求进行查询，导致大量请求到达数据库，使数据库压力过大甚至宕机。例如，经过猜测和轮询验证，发现用户 ID 为 0 的数据是不存在的，因此就进行疯狂的攻击调用。

解决方案：① 对于缓存和数据库中都不存在的数据，依然存入缓存中，存储的值为 NULL、空字符串或空 JSON 串；② 缓存有效时间设置得短一些，如 10~30 秒，能够有效应对缓存穿透攻击行为；③ 可以在应用层增加过滤器或切面，或者在单独的 Controller 层增加校验，对于一些明显不合理的请求参数予以屏蔽。

（2）缓存击穿。

缓存击穿是指某个单一热点缓存到期，同时并发请求量巨大，引起数据库压力瞬间剧增，造成过大压力甚至宕机。这就像一面墙上被打了一个洞，因此称为击穿现象。

解决方案：系统启动时就要对热点数据进行提前加载，并且设置热点数据永远不过期，需要清除热点缓存时选择在低风险时段清除。

（3）缓存雪崩。

缓存雪崩是指大批量的缓存集中过期，而此时并发量较大，从而引起数据库压力过大甚至宕机。由于一个服务的故障，还可能会引起其他服务相继出现问题，就像雪崩一样。

解决方案：尽量将缓存设置不同的过期时间，也可以进行随机设置，尽量将过期时间设置在业务低谷时间段。对于热点配置数据，应该设置永不过期。

2.3.2 异步化策略

异步化策略是提高系统并发能力的重要方法，它可以有效地提高系统的吞吐量，让系统可以承载更大的业务请求，然后进行消化处理。

异步化策略主要从技术和业务两个层面进行设计。技术层面主要利用线程池、消息队列等异步化技术达到削峰填谷的目的。业务层面主要对复杂的业务流程进行拆分，将大事务拆分为小事务，将大流程拆分为小流程。

1. 异步化技术方案

异步化是有效的流量削峰方式，在程序内部可以采用异步线程池、异步回调技术实现。在程序之外可以借助消息中间件实现。

异步方式可以承载大量的并发请求，服务端接收请求后，交由异步线程处理，或者直接丢入消息队列中，然后立即给客户端应答，具有响应速度快、吞吐量高的特点。异步化流程如图 2-95 所示。

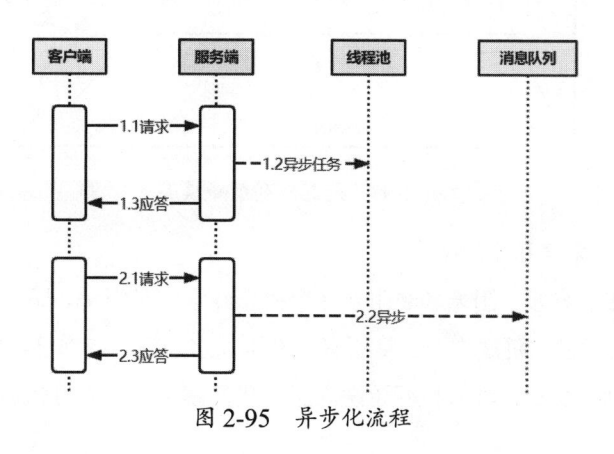

图 2-95 异步化流程

在程序开发层面主要利用线程池、响应式编程、事件驱动等技术来达到异步化的目的。

在消息队列模式下，可以通过增加生产者的数量来增加客户端连接数，在高并发的情况下让更多的用户请求接入进来（图 2-96）。当消费者处理能力不足时，例如，业务复杂而处理缓慢，可以通过增加消费者的数量来提高业务处理能力。就算无法快速增加消费者节点，也可利用 MQ 强大的消息缓存能力慢慢处理，而不至于将服务器压垮。

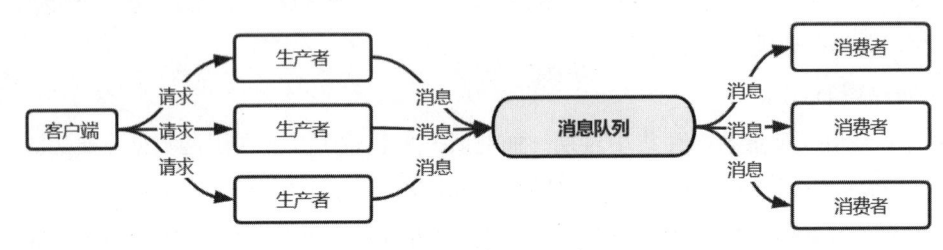

图 2-96　消息队列模式

（1）削峰填谷。

使用 Kafka、RabbitMQ、ActiveMQ、RocketMQ 等消息队列中间件，能达到削峰填谷的效果。客户端的请求并不是稳定而持续的，而是有时流量很大，有时流量很小。流量大时可能超出服务的处理能力，流量小时又无法发挥服务的最佳性能。

如图 2-97 所示，实线代表使用消息队列之前的请求处理情况，有高有低，有波峰，有波谷。波峰会超出系统处理能力，波谷会浪费服务器性能。使用 MQ 之后，就可以变为虚线的处理曲线，波峰被削掉，填充到波谷中，形成比较平缓的曲线，从而能够有效地发挥服务性能。使用 MQ 时一定要保证消费的幂等性，不能造成错序消费、重复消费问题。

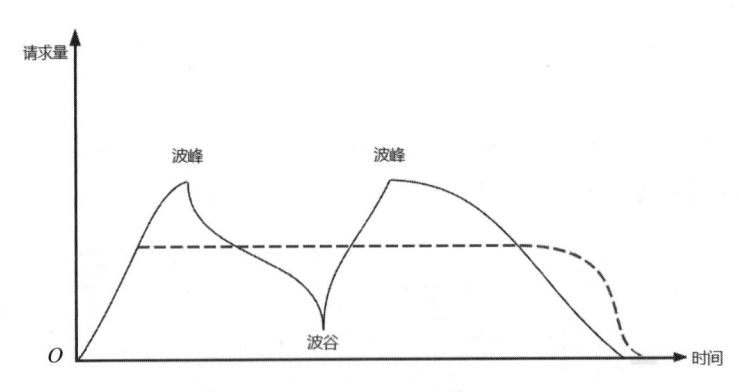

图 2-97　消息队列削峰填谷

（2）同步、异步、阻塞和非阻塞。

在异步化中有同步、异步、阻塞和非阻塞 4 个概念经常容易混淆，下面用一个生活场景来进行说明。例如，我们要使用洗衣机洗衣服，将所有的衣服、水、洗衣液都已经准备完毕。

第一种方法：启动开关后，洗衣机开始洗衣服，我们就站在洗衣机旁边守着，不断地去看是否洗完了，这就是同步阻塞。

第二种方法：启动开关后，我们就去做别的事情了，但是隔一段时间来看一下是否洗完了，这就是同步非阻塞。

第三种方法：启动开关后，我们就站在旁边守着，但是我们不再去看它是否洗完了，而是洗完之后洗衣机会自动播放音乐，通知我们洗完了，这就是异步阻塞。

第四种方法：启动开关后，我们就去做别的事情了，等衣服洗完后，洗衣机自动播放音乐通知我们，这就是异步非阻塞。

可以看出，异步非阻塞是效率最高的处理方式，客户端响应最快，同时服务器资源利用充分。同步非阻塞对于客户端来说感觉上没有什么变化，依然要主动询问结果，但是对于服务端而言效率得到明显提升。同步阻塞是用得最多的一种方式，大多数的实时接口都采用这种方式。

技术方案和理论知晓了，但是如何在具体的业务场景中使用呢？这就是业务流程异步化架构设计。

2. 业务流程异步化

线程池、响应式编程、消息队列等异步化技术只是解决问题的工具，核心是如何将业务流程异步化，这也是架构设计的重点和难点。

（1）非核心业务流程异步化。

例如，银行转账的场景，用户 A 给用户 B 转账 100 元，转账成功后，分别给 A、B 两个用户发送短信、App 消息、公众号消息。如果按照传统的同步实现方式（图 2-98），则每一步都需要等待各个子系统的应答，效率极低，用户的等待时间将被大大拉长，占用的连接资源迟迟无法释放，吞吐量较低。如果在高并发场景下，则这种实现方式的弊端会被进一步放大。

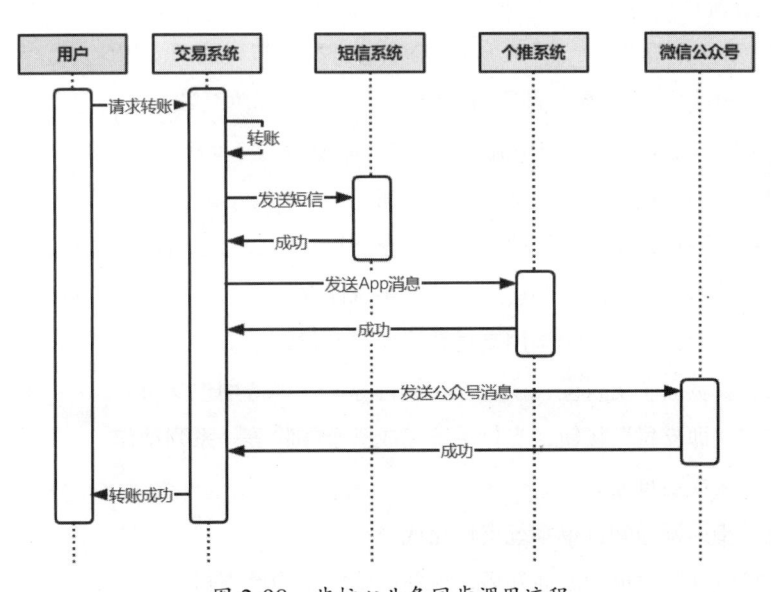

图 2-98 非核心业务同步调用流程

发送短信、发送 App 消息、发送公众号消息都属于非核心业务,是否发送成功、是否及时其实不是至关重要的,对于转账成功与否没有任何影响。

可以在转账成功之后立即给客户端应答,对于发送短信、发送 App 消息、发送公众号消息这些操作都采用异步化技术实现(图 2-99,图中虚线代表异步调用,实线代表同步调用),提升用户体验的同时,系统的吞吐量也可以呈几何倍增长。在企业架构中,对于一些通知、打印、文件处理等非核心业务应该尽量采用异步方式处理。

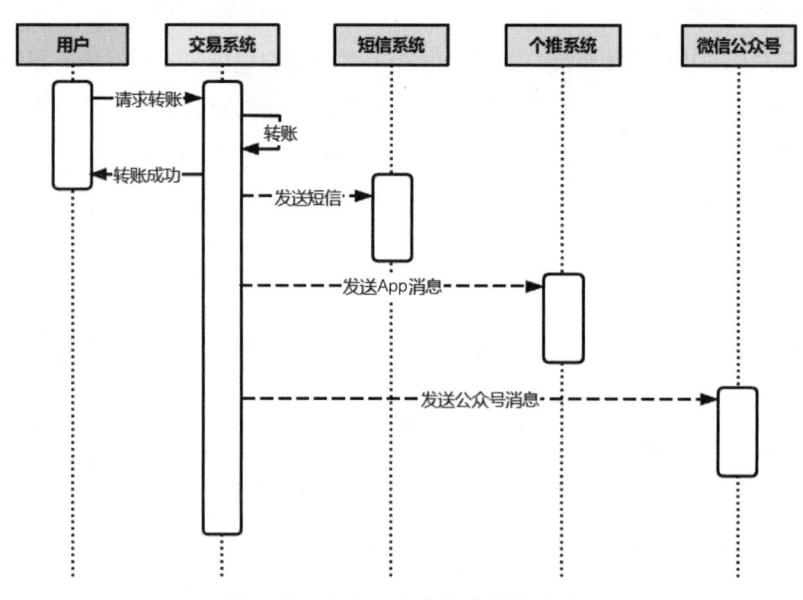

图 2-99 非核心业务异步调用流程

(2)核心业务流程异步化。

除了对非核心业务的异步化,还可以对核心业务进行异步化处理,相应的复杂度也会比较高。

例如,一个分布式电商系统的商品购买流程,会涉及订单系统、库存系统、支付系统、积分系统、物流系统等多个服务,完整调用流程如图 2-100 所示。

① 用户在商品详情页面点击"立即购买"按钮。

② 订单系统接收到用户请求,校验用户信息合法后,生成订单数据,状态为待支付。

③ 订单创建成功后,订单系统调用库存系统预减库存。

④ 库存预减成功后,订单系统调用支付系统生成支付订单。

⑤ 跳转进入收款页面(支付宝、微信、收银台等),等待用户支付。

⑥ 用户点击"立即支付"按钮,支付系统完成资金扣除等一系列动作。

⑦ 跳转进入购买成功页面。

⑧ 支付系统异步回调通知订单系统支付完成。

⑨ 订单系统接收到支付成功的通知后,更新订单状态为已支付。

⑩ 订单状态更新成功后，调用库存系统真实扣减库存。

⑪ 库存扣减成功后，订单系统调用积分系统计算积分。

⑫ 积分计算成功后，订单系统调用物流系统，创建物流订单。

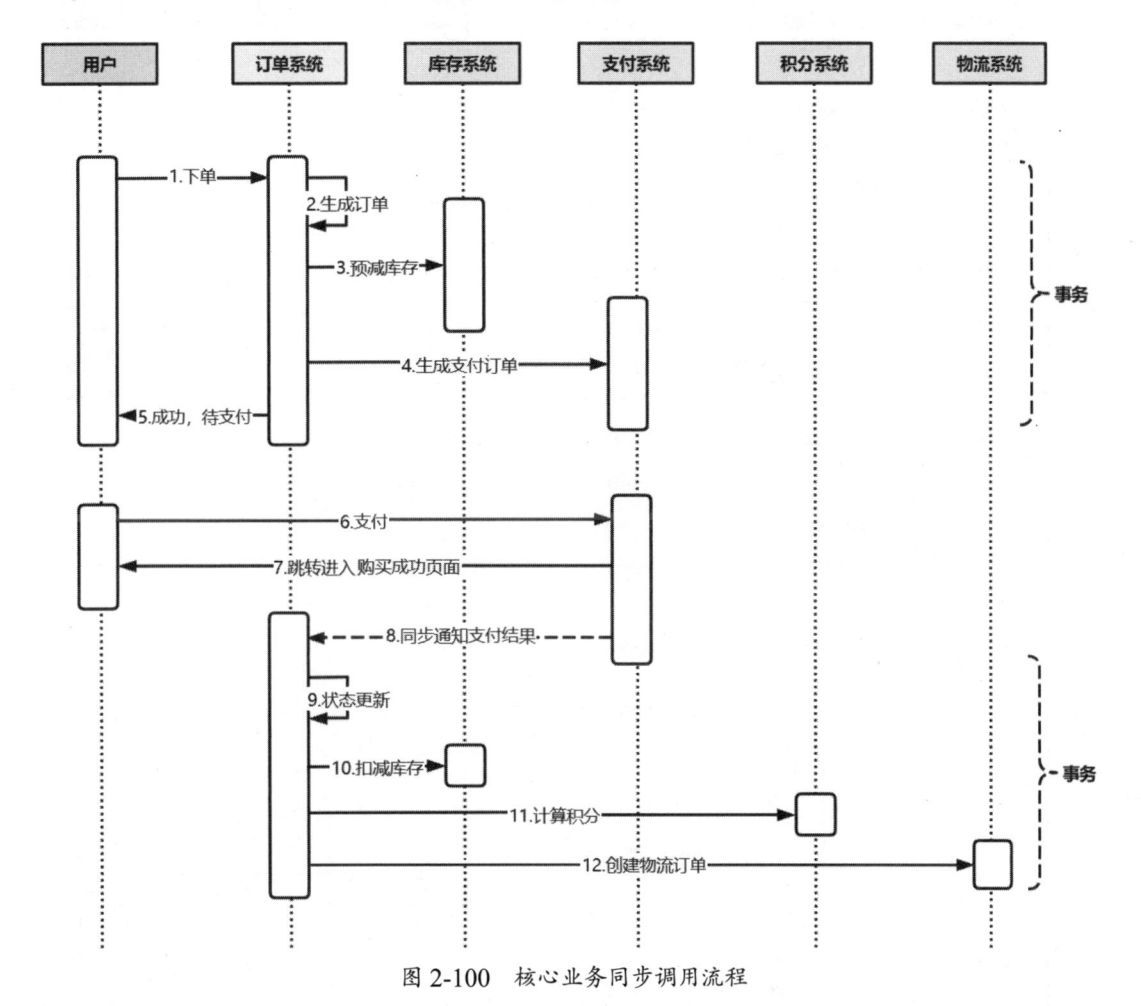

图 2-100　核心业务同步调用流程

在同步调用的设计中，这些步骤必须按照严格的顺序执行，1~5 步是一个事务，8~12 步也是一个事务。它们的共同点是流程长，事务较大。在这个过程中会产生数据库锁，从而导致数据库资源被长时间占用，锁竞争加剧，从而导致吞吐量下降，在高并发场景下，情况会进一步恶化，用户需要更长的时间等待。

第一种优化方案就是分库，要保证每个子系统都使用独立的数据库，即订单库、产品库、资金库、积分库，数据库拆分后，每个事务的粒度减小，本地事务锁的粒度更小，从而提高处理速度，但是注意会引起分布式事务问题。

即使进行了分库，降低了锁的粒度，但是整个流程依然是同步的，吞吐量并没有太大的提升。第二种优化方案就是使用 Future 模式，结合消息队列和回调通知机制，达到业务流程的异步化。

异步化之后的业务流程可分为下单、查询和支付 3 个阶段。完整流程如图 2-101 所示（图中实线代表同步操作，虚线代表异步操作）。

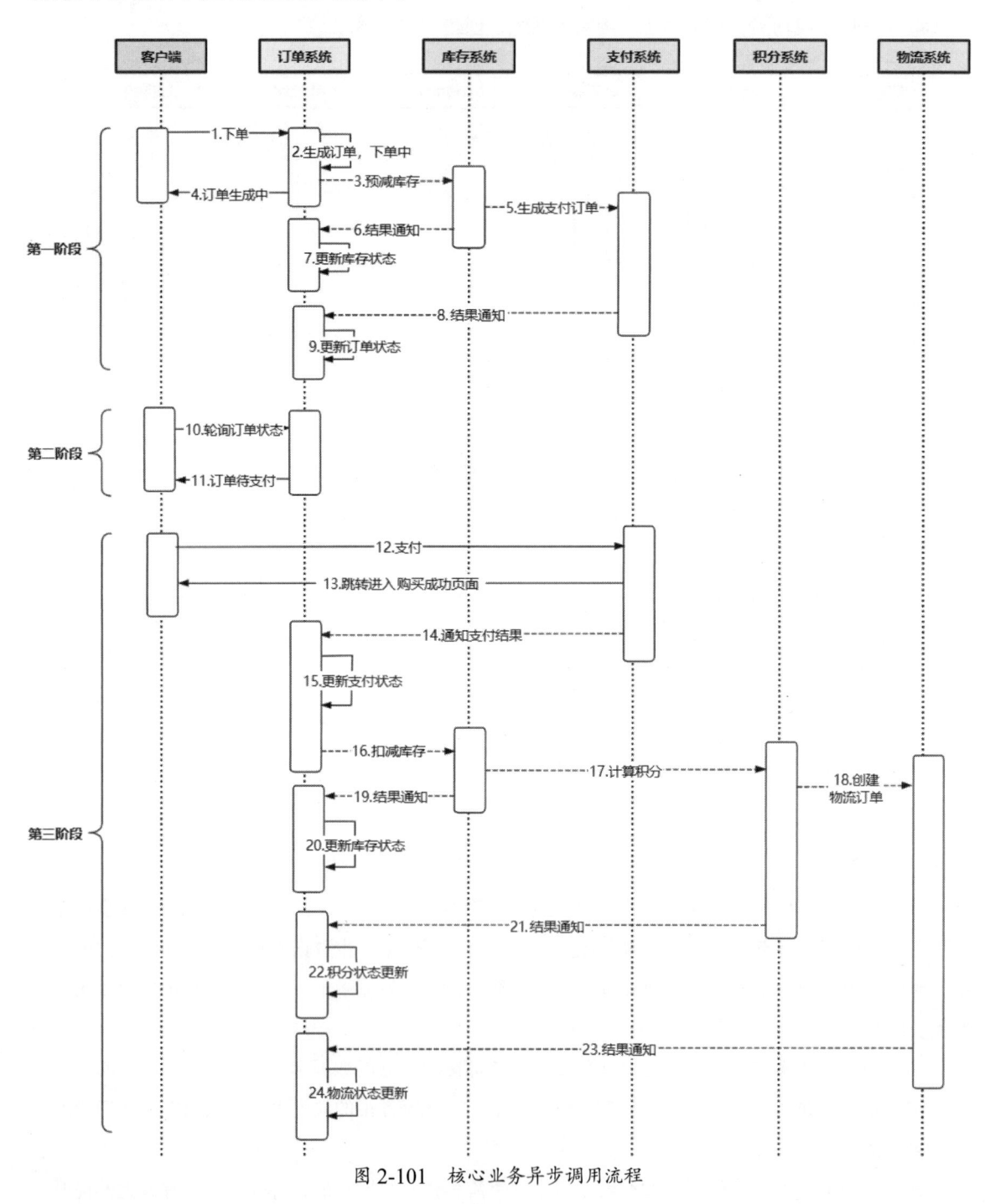

图 2-101 核心业务异步调用流程

第一阶段：下单。

① 客户端发起下单请求，订单系统生成订单数据并存入数据库中，订单状态设置为订单创建中。订单系统异步通知库存系统进行预减库存，通知完毕后，订单系统会立即给客户端应答，此时订单状态依然为创建中，用户页面的表现形式为正在加载（Loading）效果或倒计时效果。

② 库存系统接收到消息后进行预减库存操作，然后再异步通知支付系统创建支付订单。通知完毕后，立即回调订单系统，通知其库存已经预减成功。订单系统接收到通知后，更新订单中的库存状态为预减库存成功。

③ 支付系统接收到来自库存系统的消息后进行创建订单操作，然后立即异步回调订单系统，通知其支付订单已创建，并告知支付订单号等信息。

④ 订单系统接收到通知后，核对库存已经扣减成功，支付订单也已经创建，因此会更新订单中的订单状态为待支付，并记录支付订单号。

至此，整个下单操作完成，订单状态从创建中变为待支付。

第二阶段：查询。

客户端轮询订单状态，如果预减库存、创建支付订单的异步操作全部完成，则订单状态就会变为待支付状态，页面自动跳转到支付页面。

第三阶段：支付。

① 用户进入支付页面后，点击"立即支付"按钮，支付系统完成支付，页面会同步跳转进入购买成功页面。

② 支付成功后，支付系统异步通知订单系统支付已完成。订单系统收到通知后，更新支付状态为支付成功。同时，订单系统异步通知库存系统真实扣减库存。库存系统扣减库存后，异步通知积分系统计算积分。积分系统计算积分完毕后，再异步通知物流系统创建物流订单。

③ 库存系统扣减库存完毕后，立即异步通知订单系统库存已经扣减完毕。订单系统收到通知后，更新库存状态为扣减成功。

④ 积分系统计算积分完毕后，立即异步通知订单系统积分已计算完毕。订单系统收到通知后，更新积分状态为已计算积分，并记录对应的积分数值。

⑤ 物流系统创建物流信息完毕后，立即异步通知订单系统物流订单已经创建。订单系统收到通知后，更新物流状态、物流订单号等。

至此，整个购买流程结束，整个业务流程异步化，订单库中记录着订单状态、库存状态、支付状态、积分状态、物流状态。只要有一个状态不正常则可以知晓数据不一致，就可以自动进行事务补偿、业务修正，从而保证所有数据的最终一致性。

2.3.3 读写分离策略

大多数的互联网业务都是读多写少，充分利用这个特性可以极大地减轻数据库的压力。对于

MySQL、Oracle 等关系型数据库，MongoDB 等文档型数据库，Redis、Memcached 等 NoSQL 数据库，都可以采用这种策略。

读写分离的原理就是充分利用主从模式同步数据，利用代理模式对客户端请求进行分发。

如图 2-102 所示，将新增、修改、删除等写请求分发到主库中，将读请求分发到从库中即可完成读写分离。

第一种方式是由应用程序本身实现，如果是写入，则使用主库数据源；如果是查询，则使用从库数据源。这涉及语句的判断及数据源的动态切换，实现比较烦琐，但是可控性更好，开发人员可以随意控制规则。

第二种方式是借助代理软件，如图 2-103 所示，客户端只需要与代理软件进行通信，而不需要知道到底哪个数据库是主库，哪个数据库是从库，数据库的具体部署方式也完全不用关心。代理软件负责数据库请求的连接、解析、转发等。这种方式的好处是分层解耦，服务透明化，客户端无须进行任何代码改动。

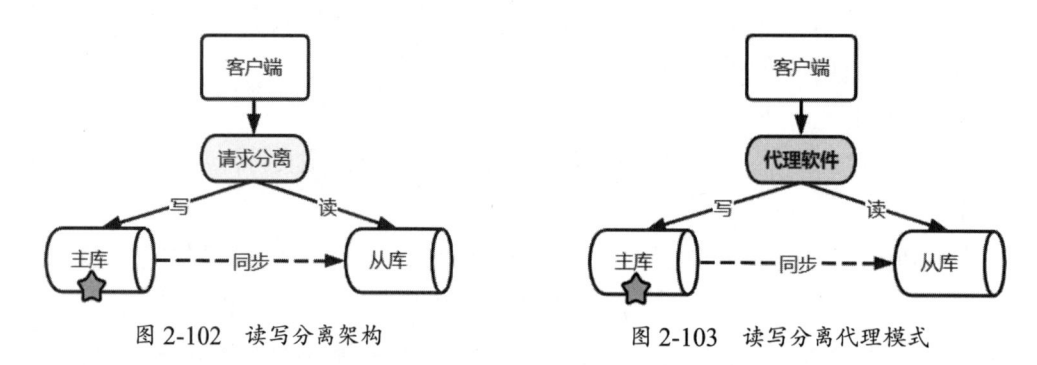

图 2-102 读写分离架构　　　　图 2-103 读写分离代理模式

Redis 的主从模式、哨兵模式、集群模式，MongoDB 的主从模式、副本集模式、分片模式对读写分离均有良好的支持。

对于 MySQL 这种关系型数据库可以使用 Atlas、MyCat、Cobra、MySQL Proxy 等，成熟的开源产品较多。对于关系型数据库的高可用架构和数据同步策略可参见 2.1.10 小节。

2.4 大型互联网架构安全性设计

无论是互联网系统还是企业内网系统，无论是 B/S 架构还是 C/S 架构的系统，都会面临各种安全性问题。

总体而言，暴露在互联网上的系统面临更多的安全威胁，因此衍生出了各种安全产品网络防火墙、高防 IP、网盾等。除采购各种硬件和服务外，重点是要在自己的系统设计上加大安全控制的投入。

安全控制要具有整体性，客户端、网络传输、服务端、数据库各个环节都要进行相应的安全性设计。这涉及代码混淆、App 加固、加密签名、认证授权、加密存储、验证码等众多技术细节。本节将对安全性的设计原则和技巧进行整体介绍，后续章节还会继续深入这一问题。

2.4.1 安全控制的整体性

系统安全是一个庞大的领域，如图 2-104 所示，现在系统的架构形式非常多，可以是浏览器、App、微信、小程序、电视、冰箱等，它们都属于用户网络区，通过家中的路由或运营商基站接入互联网，经过一系列的网络设备转发，经由互联网，最终到达服务端所在的系统网络区（机房/数据中心），又要经过各种网络设备、负载设备，最终到达后端服务，而后端服务又需要与外联系统、数据库、中间件等进行交互，整个交互链条非常复杂。

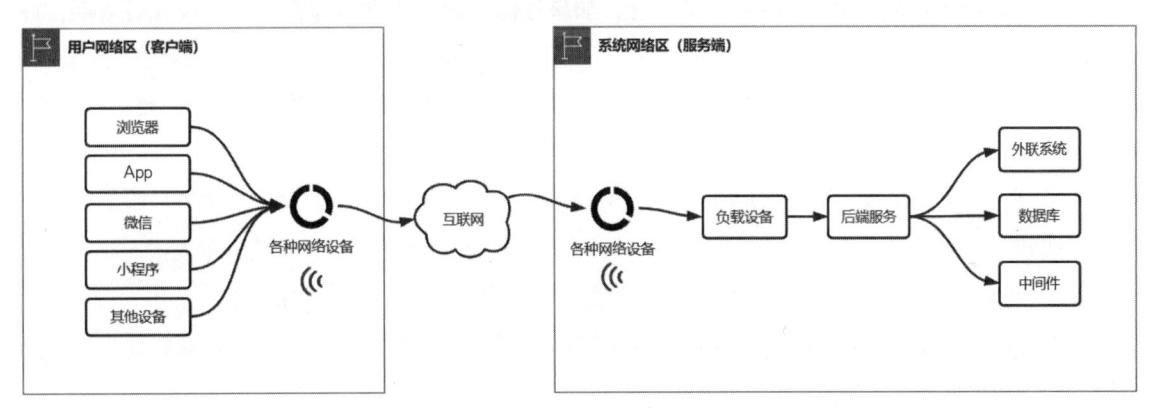

图 2-104 互联网系统拓扑

每个节点、每个链路（两个实体之间的连接线）都要进行安全控制。每个终端设备、每个网络设备、每个服务器都要解决自身的安全性问题，同时也要解决与其他设备交互的安全性问题。

硬件的安全性、网络设备的安全性、应用系统的安全性缺一不可。在进行安全性设计时，必须从整体考虑，某个单点系统再安全、再健壮也是没用的。就好比一个银行的 App，后端服务十分健壮安全，然而它忘记了做登录校验功能，谁都可以随意使用。

2.4.2 应用系统安全性设计

由于系统开发人员对硬件设备、网络设备等安全不太关注，因此应该由更加专业的网络工程师、硬件工程师负责。开发人员应该重点关注应用系统的安全性设计。

无论是在 C/S 还是 B/S 模式下，每个节点都需要进行安全控制，如图 2-105 所示。

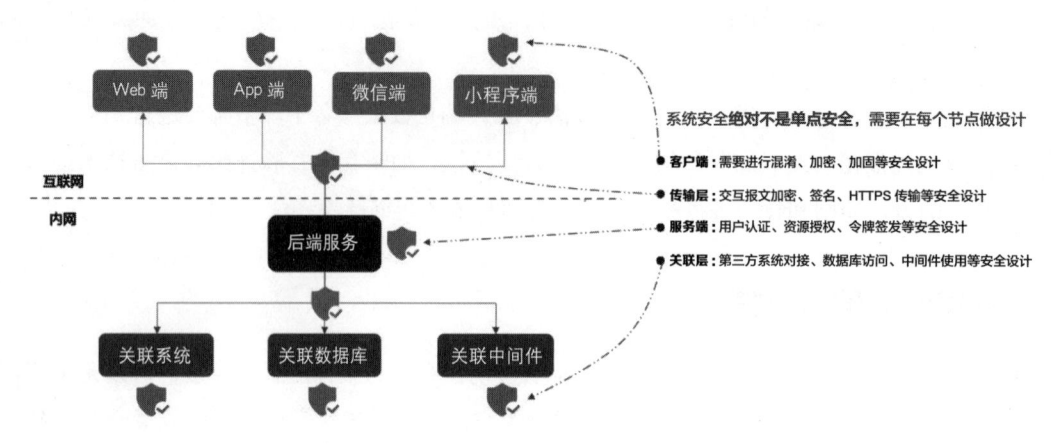

图 2-105 安全设计的整体性

1. Web 端安全控制点

（1）代码安全：可以进行代码混淆、代码压缩，以降低代码可读性。

（2）Cookie 存储：尽量不存储敏感信息，如果存储，则需要进行加密，必须设置有效期，并设置清空机制。

（3）Local Storage 和 Session Storage 存储：尽量不存储敏感信息，如果存储，则需要进行加密，并设置清空机制。

（4）防止 SQL 注入、防止 XSS 攻击：严格地进行客户端录入校验，对于有注入风险的内容予以阻止或转义，服务端需要同样的预防措施，一般可以在 AOP 或过滤器中做统一处理。

（5）跨域限制：默认不允许跨域，如果需要跨域，则需要严格限定请求来源。

（6）环境限制：如果页面只允许在微信中调用，则应该做相应控制；如果页面只允许在 App 中调用，则应该要做相应控制。

2. Android 端安全控制点

（1）代码安全：可以进行代码混淆、代码压缩，以降低代码可读性。

（2）APK 包：需要安全加固，使用第三方付费功能，防止反编译破解，市场上的一些免费加固的实际效果并不理想。

（3）本地文件、SD 卡文件存储：尽量不存储敏感信息，如果涉及敏感信息，则可以对文件进行加密，或者对内容进行二次加密。

（4）本地数据库：安卓系统自带密钥安全控制，无须额外处理。

3. iOS 端安全控制点

（1）代码安全：可以进行代码混淆、代码压缩，以降低代码可读性。

（2）安装包：苹果应用商店自动加固，企业版没有加固（可以反编译，市场上还没有加固工具）。

（3）本地文件存储（包含数据库）：尽量不存储敏感信息，如果涉及敏感信息，则可以对文件进行加密，或者对内容进行二次加密。

（4）本地数据库：iOS 系统自带加密和密钥安全控制，无须额外处理。

4. 传输安全

在客户端与服务端交互的过程中，要注意传输过程的安全控制，防止传输内容被窃取或篡改。根据控制的等级不同，可分为低安全级别、中安全级别和高安全级别。

（1）低安全级别：使用 HTTP，明文传输，使用明文与服务端交互，性能好但安全性较差。

（2）中安全级别：使用 HTTPS，加密传输，使用明文与服务端交互，性能中等但安全性较高，可以防止网络嗅探（网络嗅探就是网络抓包，可以看到所有在网络上传输的内容）。

（3）高安全级别：使用 HTTPS，加密传输，与服务端的交互数据进行加密和签名，可以防止网络嗅探、数据泄露和篡改。

明文交互是指双方交互的报文内容是非加密状态，如图 2-106 所示，在 Chrome 浏览器中按"F12"键进入开发者模式，就可以看到今日头条某个页面的接口调用情况，可以很直观地看到接口请求和应答的信息。如果需要避免这种情况，则需要使用高安全级别设计。

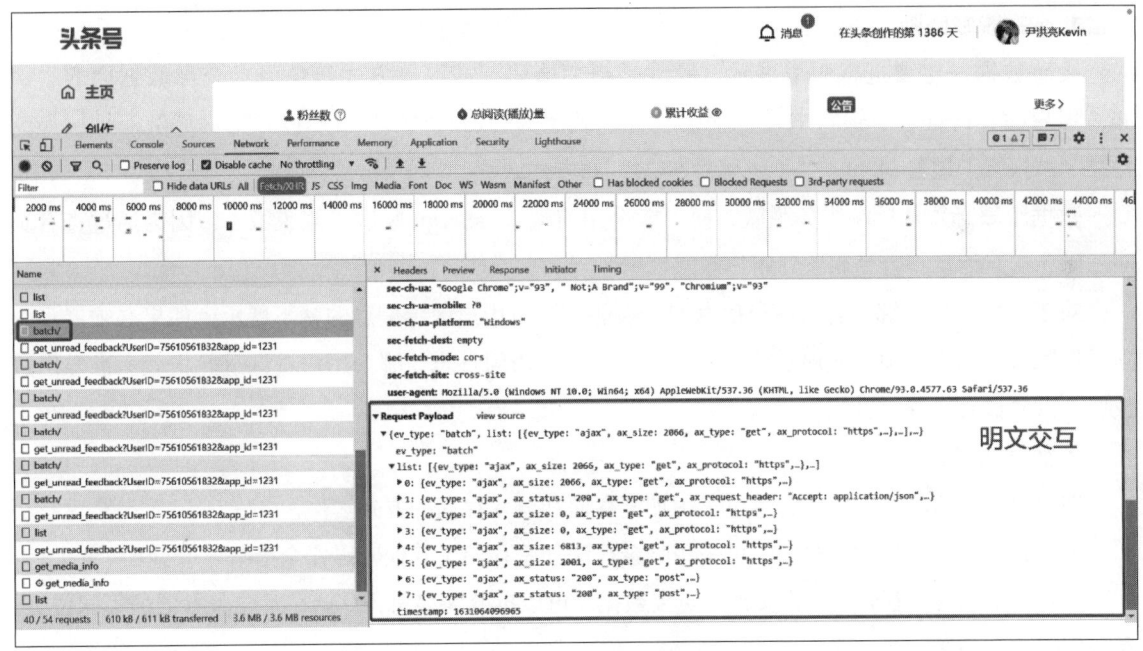

图 2-106　交互报文抓取

加密和签名交互流程如图 2-107 所示，分为以下 4 个步骤。

（1）客户端将请求报文进行加密，然后进行签名，以密文的形式请求服务端。

（2）服务端接收到加密的报文后，先进行验证签名，然后进行解密。如果验证签名不通过，则说明内容可能被非法篡改；如果无法解密，则说明对方使用了错误的密钥。

（3）服务端将应答信息同样进行先加密后签名的处理，以密文的形式应答给客户端。

（4）客户端收到服务端应答之后，同样进行验证签名和解密处理。

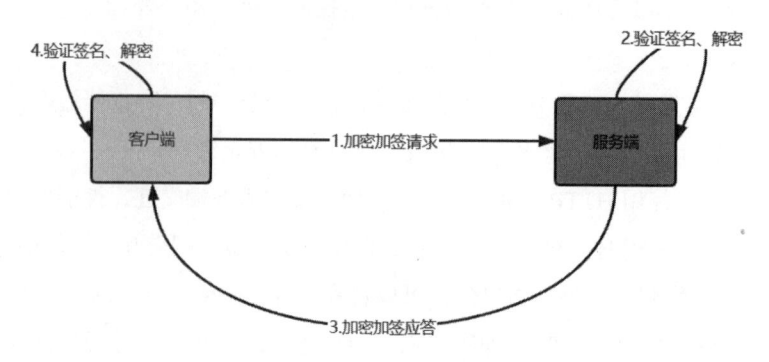

图 2-107　加密和签名交互流程

2.4.3　数据安全性设计

数据安全性设计需要遵循 3 个原则：数据脱敏原则、数据加密原则和数据隔离原则。

1. 数据脱敏原则

敏感数据一定要进行脱敏展示。脱敏是指用掩码、截取等方式避免展示全部数据内容。例如，用户的身份证号、银行卡号、手机号等，展示为 "152***********1233" "身份证号尾号为 1233" "银行卡尾号 9899" "手机尾号 9527" 的方式。

数据脱敏必须从后端服务脱敏，而不能采用前端 JavaScript 脱敏（假脱敏），因为通过查看页面源码和交互信息很容易获取到用户敏感数据。

对于内部管理系统，有关用户信息的报表能不展示用户敏感信息的就不展示，如果必须展示，则尽量脱敏；如果必须原文展示，则需要记录详尽的访问日志，哪个用户查询过此报表，谁导出过数据，以便日后追查。

2. 数据加密原则

对于安全等级较高的数据，可以采用加密存储和分片存储的方式。

如账户的密码需要加密存储，可采用哈希算法加密存储（其他密码安全措施可参见 5.3 节）。

如用户的图片、视频、机密文件等重要数据，可以拆分为多份，存储在不同服务器的不同位置，在使用时才合并在一起。

如用户的聊天记录等私密信息也要先加密，再分散存储。

3. 数据隔离原则

用户之间的私有数据一定要相互隔离，自己只能访问自己的数据，防止数据越权访问。

如图 2-108 所示，这是一张简化的订单表，字段分别为用户订单 ID、用户 ID、订单时间、订单金额。要求用户 A、B 只能访问自己的订单数据。

订单ID	用户ID	订单时间	订单金额/元
1	A	10:35:33	100
2	A	10:39:33	200
3	B	11:35:33	300
4	B	12:35:33	400

图 2-108 用户数据访问

典型错误设计：提供 RESTful 接口 http://xxx:xx/orderList/A，最后一项 A 为用户 ID 参数，服务端根据用户 ID 去查询数据库表，返回订单数据。数据库语句通常为 "select * from t_order where user_id='A'"。

这看起来一切正常，但是却有极大的隐患。如果某用户的账号是 A，当其登录成功后，更改一下请求地址，如 http://xxx:xx/orderList/B，就可以查询到用户 B 的全部订单数据，造成数据泄露。

查询操作只会引起数据泄露，而如果是订单删除等更新类操作，则会引起更严重的问题，可以用以下两种安全设计方案来规避这种风险。

（1）安全设计方案 1：对比当前登录用户与要操作的数据范围是否相同，实现流程如图 2-109 所示。① 依然使用 RESTful 接口 http://xxx:xx/orderList/A；② 服务端接收到请求后，先根据用户的 Session 或 Token，获取到当前登录用户的 ID；③ 对比此用户 ID 是否等于 A；④ 如果相同，则允许查询；如果不同，则提示"没有数据查询权限"。

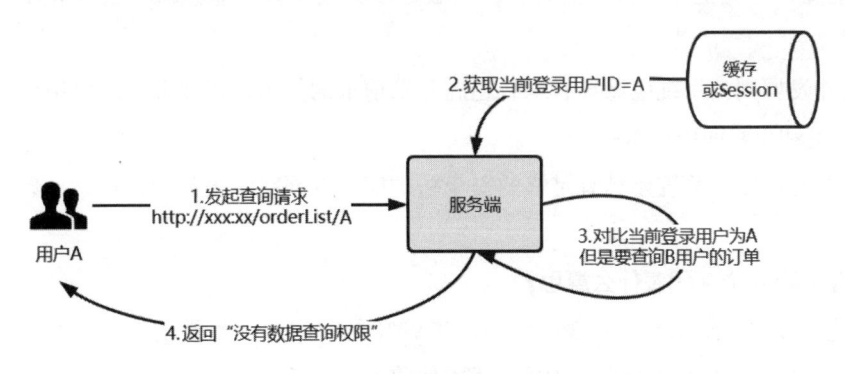

图 2-109 数据访问权限校验

（2）安全设计方案 2：使用登录用户的会话信息作为查询条件，实现流程如图 2-110 所示。① 提供 RESTful 接口 http://xxx:xx/orderList，注意此接口并没有任何参数；② 服务端接收到请求后，先根据用户的 Session 或 Token，获取到当前登录用户的 ID；③ 到数据库中查询，从而确保了登录用户只能查询自己的订单数据。

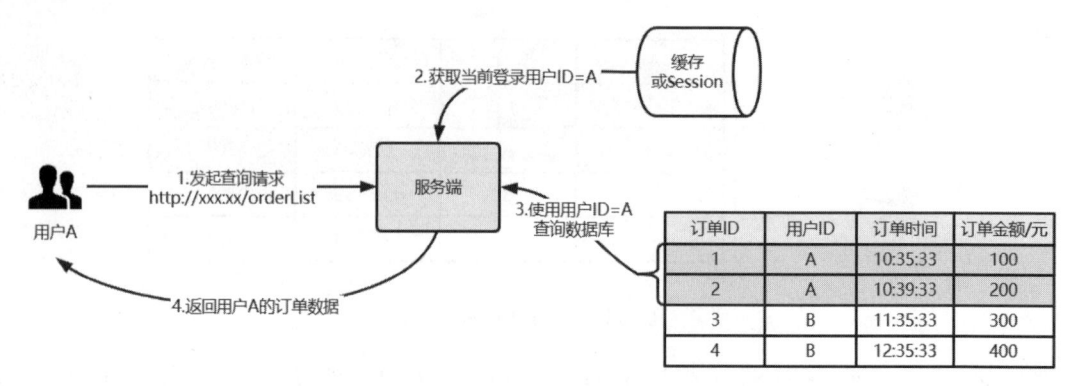

图 2-110　数据访问隔离

2.5 章节练习

1. 大型互联网架构设计的四大原则是什么？

（1）高可用原则：系统应该最大程度地保证服务可用性，缩短服务因为各种故障而不可用的时间。

（2）高伸缩原则：系统的服务能力应该可以随时根据需要进行伸缩，当服务压力较大时，能够提高计算能力、存储能力、传输能力等；当服务压力较小时，能够减小服务规模，减少资源的投入。

（3）高并发原则：系统应该具有承载超高并发请求的能力，在保证系统可用性的同时，具有更快的响应速度和更好的用户体验。

（4）安全性原则：系统要具有足够的安全防护能力，网络、服务器、存储、数据都要进行相应的安全设计。

2. 可用性达到 4 个 9 代表什么意思？

可用性达到 4 个 9 是指在一年 365 天中，99.99% 的时间系统都是正常可用的，只有 0.01% 的时间不可用，也就是 $365 \times 24 \times 60 \times 0.01\% \approx 53$(分钟)。

3. 提高系统可用性的方法有哪些？

通过冗余、备份、故障转移、监控等手段可提高系统的可用性。使用负载架构、集群架构、主备架构都可以提高系统的可用性。在系统某节点发生故障时能够继续由其他节点接替服务，或者能够快速地使用备份服务顶替故障服务，或者能够第一时间通过监控发现故障或修复故障。无论采用何种手段，最大的目标就是将系统的不可用时长降到最低，将影响降到最低。

4. 什么是负载均衡，有哪些负载方法？

负载均衡就是将单个服务节点的压力分散到多个服务器上的过程，单台服务器很容易达到性能瓶颈，此时可以通过增加服务器的数量，利用负载设备将请求分散到多个服务器上，从而减轻服务器的压力，提高整体服务的性能。

按照负载设备的类型可以分为硬负载和软负载，可以通过硬件设备进行负载（如 F5），也可以通过软件进行负载（如 Nginx、LVS、HAProxy 等）。

按照负载的方式可以分为客户端负载和服务端负载。客户端负载不需要利用负载设备，而是由客户端根据负载算法进行负载。服务端负载需要使用负载硬件或软件，反向代理后端服务器完成，DNS 轮询也属于服务端负载。

5. 灾备有几种架构方式，它们有何差异和优缺点？

两地三中心灾备架构、异地多活架构，两者的差异和优缺点如下。

两地三中心灾备架构：在同一个城市或邻近的城市（如北京、天津）建立两个数据中心（DC），由于距离较近，网络延迟低，因此数据几乎可以达到实时同步。当其中一个数据中心发生故障，如火灾、地震等毁灭性事故时，可以快速将服务切换到另外一个数据中心，保证服务可以短时间内恢复。

异地多活架构：是指在多个距离较远的城市建立 IDC（互联网数据中心），同时对外提供服务。

两地三中心灾备架构无法解决不同地区用户访问速度的差异，距离数据中心较远的用户或海外用户访问速度会急剧下降。由于始终有一个数据中心处于备份状态，并不对外提供服务，因此会造成巨大的资源浪费。但是，实现起来会相对简单，成本比较低。

异地多活架构的优点是可以为不同地区的用户提供良好的用户体验，多个数据中心同时对外提供服务，不存在资源浪费，但是实现相对困难，数据同步延迟较高，方案更加复杂。由于往往需要专线等设施，因此成本会更加昂贵。

6. 提高系统的高并发能力有哪些策略？

（1）多级缓存策略：从客户端到服务端、从服务端到数据库的整个交易链条上，可以在不同位置增加不同的缓存，目的就是减少请求服务端和数据库的次数，从而提高系统的承压能力，以能够处理更高的并发请求。

（2）异步化策略：将同步请求转化为异步请求，将同步处理转化为异步处理，从而提高系统的吞吐量。

（3）读写分离策略：将读写服务进行分离，从而使数据库的承压降低，提供更高的并发处理能力。

7. 多级缓存策略都有哪些？

客户端缓存、CDN 缓存、负载缓存、应用内存级缓存、中间件缓存。

8. CDN 是什么，作用是什么？

CDN 的全称是 Content Delivery Network，即内容分发网络，作用是将 HTML、CSS、

JavaScript、图片、音频、视频、文件等静态资源缓存在全国甚至全球的各个边缘存储设备中，使其距离用户更近，从而提高资源的加载速度，提升用户体验。

9. 应用内存级缓存和中间件缓存有什么区别？

应用内存级缓存：是将数据存储在服务器的内存中，只能应用自己使用，在集群和分布式系统架构下，内存无法共享，存在大量的数据冗余。虽然其访问速度比中间件缓存更快，但是却无法共享缓存数据，很容易出现缓存不一致的问题。

中间件缓存：利用 Redis、Memcached 等专业的缓存软件存储数据，多个服务共享缓存数据，不存在数据一致性问题，但是访问速度要差一些。

在系统建设中，通常需要根据不同的功能使用不同的缓存方式。

10. 系统异步化实现方式有哪些？

客户端可以通过 Ajax 技术进行用户请求的异步化，服务端可以通过线程池等并发编程技术实现异步化，还可以借助消息队列中间件实现异步化。

11. 提高系统的伸缩性有哪些策略？

（1）服务无状态化设计：将单个服务的所有接口都进行无状态设计，从而使服务具有水平扩展能力。

（2）文件存储伸缩性设计：使用分布式的文件存储如 NFS、GFS、FastDFS 等来进行数据拆分，使数据存储具有水平扩展能力。

（3）数据库伸缩性设计：对数据库进行水平拆分、垂直拆分，以此来增加数据库的扩展能力。

12. 如何提高数据库的伸缩性，有哪些策略？

分库分表策略：水平分库、水平分表、垂直分库、垂直分表。

13. 水平分库、垂直分库会带来哪些问题？

如何进行跨库关联查询，如何进行跨库的分页和排序，如何保证数据事务的一致性，如何进行数据迁移。

14. 数据库分表和分库的差异与优缺点是什么？

无论是垂直分表还是水平分表，都是在一个数据库实例中，因此始终存在单节点服务压力问题、连接数上限问题，但是不会存在分布式事务、跨库关联、跨库分页和排序等问题，开发和维护相对简单。

无论是垂直分库还是水平分库，都是将一个数据库实例拆分为多个，因此解决了单节点服务压力问题、连接数上限问题，但是会引入分布式事务、跨库关联、跨库分页和排序等问题，开发和维护比较复杂。

15. 垂直分库、垂直分表、水平分库、水平分表哪个可以解决单表数据量过大的问题，最佳的方案是什么？

水平分库、水平分表可以解决单表数据量过大的问题，最佳的方案是先垂直拆分，再水平拆分。

16. 常用的负载策略有哪些，它们的区别是什么？

轮询策略、权重轮询策略、动态权重策略、最小连接数策略、最短响应时长策略、IP 哈希策略、URL 哈希策略、最小会话策略、趋势分析策略、随机策略。详细说明可参见 2.1.3 小节。

17. MongoDB 数据库有几种高可用模式？

（1）主从模式：主节点对外提供读写服务，数据同步给从节点，从节点作为备份服务（主备架构），或者提供查询服务（主从架构）。发生故障时从节点不能自动切换为主节点，无法自动故障转移。

（2）副本集模式：主节点对外提供服务，数据同步给多个从节点，从节点可作为备份服务，也可以提供查询服务，优点是发生故障时能够自主选举出主节点，自动完成故障转移，可用性更强。

（3）分片模式：无论是主从模式还是副本集模式，所有节点存储的都是全量数据，造成数据存储容量受限，同时只有一个节点对外提供写服务，限制了服务的性能。而分片模式将数据进行水平拆分，不同节点可存储不同的数据，数据存储容量大大提高，每个节点可同时对外提供读写服务，提升服务性能。

18. 缓存穿透、缓存击穿、缓存雪崩现象是什么？

缓存穿透：属于一种攻击行为，或者严重的程序 bug，是指缓存和数据库中都没有指定的数据，而客户端不断发起请求进行查询，导致大量请求到达数据库，使数据库压力过大甚至宕机。

缓存击穿：某个单一热点缓存到期，同时并发请求量巨大，引起数据库压力瞬间剧增，造成过大压力甚至宕机。这就像一面墙上被打了一个洞，因此称为击穿现象。

缓存雪崩：大批量的缓存集中过期，而此时并发量较大，从而引起数据库压力过大甚至宕机。由于一个服务的故障，还可能会引起其他服务相继出现问题，就像雪崩一样。

19. 读写分离架构的优势和挑战是什么？

读写分离架构能够有效减轻数据库的访问压力，将流量分散到不同的数据库节点上，对于读多写少的系统尤其有效。

读写分离最大的挑战是主从不一致的问题，网络分区、服务器配置不同都会导致主从不一致问题的扩大。

20. 数据库的高可用架构有哪些方式？

主备架构、一主一从架构、一主多从架构、主从从架构、互为主从架构。

21. 数据库的主从同步策略有哪些？

异步复制策略、全同步复制策略、半同步复制策略。

2.6 案例设计

1. 场景设计题：某公司需要研发一款大型互联网微博平台

具体要求如下。

（1）本平台含 PC 端、App 端、小程序端、Pad 端。

（2）国内日活用户量 5 亿，分布在全国各地，北京、上海、广州用户居多。

（3）用户每日可以发布任意数量的微博，微博的形式可以是文字、图片、视频和音频。

（4）用户可以查看、评论、转发、点赞自己和他人的微博内容。

（5）在其他用户评论、转发、点赞了微博后，作者应该立即接收到消息通知。

（6）用户可以随时查看自己已经发布的所有微博内容，以及别人的评论和点赞信息。

如果您作为企业的系统架构师，会怎样进行系统设计，需要考虑哪些内容？

2. 设计思路指引

从大型互联网设计的四大原则来思考这个问题，该系统是一个具有极高用户量、海量数据存储、并发量极高的互联网社交类应用，因此整套系统必须具有高可用、高伸缩、高并发、安全性的特点。

（1）高可用设计原则。

① 此系统的用户量高达 5 亿，尤其在并发高峰期很容易造成系统宕机，因此所有的节点必须采用冗余设计，不可以存在任何单节点缺陷。

② 系统用户分布在全国各地，而大量的数据为图片、视频、音频这些静态资源，为了减轻服务端压力，同时提升用户体验，需要使用 CDN 作为边缘缓存。

③ 由于用户量巨大，服务端必须具有极高的请求接入能力，否则用户量一旦增多，就可能连页面都打不开，因此必须采用多级负载设计，支撑足够高的连接数和并发请求。

④ 由于用户分布在全国各地，为了保证用户数据的安全性，以及程序应答速度，因此应该建设两地三中心容灾或异地多活架构，并做好数据灾备措施。

⑤ 在某些热点话题爆发时会引起请求量暴增的情况，应该进行高并发限流设计，能够自动调节流量进行服务降级，在必要时保证系统不被压垮。

（2）高伸缩设计原则。

① 由于日活用户量高达 5 亿，并且用户发送微博的形式和数量并不受限制，因此会产生海量的数据，数据库应该采用分库分表的设计方式，增加数据库的连接数，提高数据库的存储能力和处理性能。

② 数据应该按照用户 ID 进行分片存储，或者根据用户 ID 建立索引库，以便用户可以快速地查询自己发布的微博，以及自己曾经点赞、评论、收藏的内容。

③ 采用冗余设计，将数据同步到 Redis、HBase 等数据库中冗余存储，以支持更高并发的查询

能力，难点是如何保持数据的一致性。

④ 可能随时需要根据压力情况扩充或减少服务节点，因此服务接口都应该采用无状态设计，从而支持服务节点的水平扩展能力。

⑤ 由于存在海量的用户图片、视频、音频等静态资源数据，并且不能丢失，因此需要引入分布式文件存储设计，支持存储的弹性伸缩。

（3）高并发设计原则。

① 由于日活用户量巨大，查看和更新请求都处于持续的高压状态，为了提高系统的并发能力，因此应该尽最大努力减轻数据库的请求压力，要充分利用客户端、CDN、缓存中间件组成多级缓存架构。

② 当发生微博的评论、转发、点赞时会伴随着海量的消息发送，应该采用异步解耦设计，充分利用消息中间件的高吞吐能力进行发送，就算消息发送存在延迟或失败，也不会影响系统的使用。

③ 微博的查看次数会远远高于微博的发布、修改次数，因此可以采用读写分离的存储设计。

④ 微博内容发布和显示、评论、转发等无须具备极高的实时性和数据一致性，所以可以采用弱事务的设计方式，提高并发能力。例如，一条微博发布失败了，或者发布时出现了延迟都是可以接受的，这与银行转账等强事务是有巨大区别的。

⑤ 数据可以采用推荐算法，提前将为用户准备好的数据推送到缓存中，避免用户对数据库的直接请求。

（4）安全性设计原则。

① 系统暴露在互联网之中，受攻击的概率较高，因此在 PC 端和移动端都要进行安全加固，网络传输中采用 HTTPS。

② 使用网络防火墙、流量防火墙、高防 IP、网盾等设备提升系统的抗攻击能力。

③ 加入验证码、防注入、防重放、防篡改、防破解等多种措施。

④ 用户数据加盐加密分散存储，防止数据泄露风险等。

⑤ 有严格的用户数据运维、查看、修改管理措施，避免开发和运维人员泄露或损坏用户数据。

第 3 章

分布式微服务架构设计

第 3 章 分布式微服务架构设计

分布式微服务架构是当下各大企业使用最为广泛的架构方式，如阿里巴巴、腾讯、京东、美团、百度等都在使用。微服务架构能够解决企业中的各种实际问题，提高系统开发效率，达到快速迭代的目的，因此备受青睐。

微服务架构是由单体架构、集群架构、SOA 架构、ESB 架构一步步地演变而来的，是软件行业通过多年的经验总结而得出的一种解决方案。随着互联网行业的蓬勃发展，微服务架构也逐渐走上了它的光辉时刻。

微服务架构的实现涉及众多的组件，包括注册中心、配置中心、熔断机制、负载均衡、服务网关、服务监控、链路追踪、日志收集等。每种组件都有其重要作用，它们之间相互配合，使得微服务架构系统成为一种具有高度服务自治能力的系统。

本章将详细介绍架构的演变过程和原理，以及每个微服务组件的原理和功能。

3.1 单体架构

在软件行业发展初期，一般会将所有前后端程序都放在一个包中，没有太多分层的概念，运行在一个容器中，每个系统更像是一个单机软件。这种方式足够简单，安装部署方便。但是，程序越来越臃肿，牵一发而动全身，有些超大的单体架构系统启动一次甚至需要几十分钟，单体架构其实根本谈不上是一种架构。

MVC 思想引入了视图（Model）、模型（View）、控制器（Controller）的分层理论，随着 Struts、Spring MVC 等框架的演变，以及前后端分离技术的不断发展，产生了一种全新的开发模式，使应用层次更加分明，降低了耦合度，提高了重用性。但随着系统的规模和复杂度不断提升，代码不断加入，单体架构的维护依然十分困难。单体架构的演变过程如图 3-1 所示。

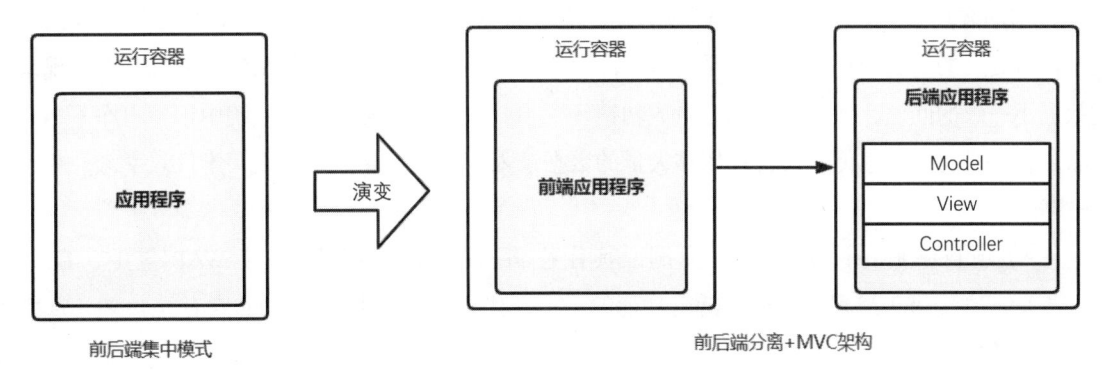

图 3-1 单体架构的演变过程

单体架构的优缺点如图 3-2 所示。

图 3-2　单体架构的优缺点

1. 单体架构的优点

（1）部署简单：分布式微服务架构需要部署大量的服务器节点，而单体架构只需要启动几台服务器做负载集群架构即可。单体架构适合开发传统中小型信息管理系统、工具类产品，可充分利用其开发速度快、实施简单的优势。

（2）无系统交互损耗：由于单体架构不存在服务之间的相互调用，因此不存在交互损耗，同等条件下具有更快的响应速度。

2. 单体架构的缺点

（1）形成信息孤岛：单体架构也称为烟囱架构，大多数企业的早期系统都是独立构建的，由多个厂商或团队负责开发，没有过多的长期规划，它们之前没有相互联系，数据和服务无法共享，成为一个个信息孤岛，每个系统就像一根烟囱矗立在那里，相互之间没有任何关联，如图 3-3 所示。

图 3-3　烟囱式架构形成信息孤岛

公司的客户数据、销售数据、商品数据、财务数据都相互独立。例如，销售系统、进销存系统中都有自己的一套用户、一套产品、一套库存管理，不但有大量的重复工作，而且经常出现系统间数据不一致的问题，如销售系统记录成功销售了 100 件商品，而进销存系统中记录出库了 200 件商品。系统之间的信息传递往往要依靠大量的数据录入、导出、导入来完成，不仅效率低，差错率也极高。

（2）项目臃肿：以 Java 项目为例，其往往将所有功能打包在一个 WAR 包中，在一个 JVM（Java 虚拟机）进程上运行。随着功能的增加，代码量不断上升，WAR 包甚至达到几百兆字节，启动速度缓慢。

（3）多团队协作困难：不同的团队负责不同的功能模块，造成项目分支泛滥，代码冲突增加，每次系统发布都蕴含着极大的风险。

（4）故障难以隔离：一个项目中包含所有业务模块，这些模块中有不经常变动的核心功能，也有经常要修改的非核心功能。经常会因为一个小小的改动而导致整个系统故障。

（5）服务器配置要求高：由于所有功能都聚合在一起，承载各种各样的业务请求，随着业务的增长，系统功能也在不断地增多，因此对硬件资源的要求也在不断地提高。

（6）难以按需扩容：一个系统内并非所有的模块都被频繁使用，例如，在电商大促期间，订单服务、商品服务需要大量扩容，而用户信息管理、地址管理并不需要扩容。而单体架构必须全部功能扩容，而且服务器配置要求较高，整体成本较高。

3.2 SOA 架构

为了解决单体架构所带来的诸多问题，SOA（Service-Oriented Architecture，面向服务的架构）应运而生。SOA 是一种粗粒度、松耦合的服务架构，可以有效地将各个系统联系起来，从而实现信息互通、数据共享，进行有效的业务组合和编排，可以对外提供聚合服务，通过服务协作可以完成更为复杂的业务流程，是一种天然的分布式架构。SOA 架构如图 3-4 所示，图中不同连线代表不同的交互方式。

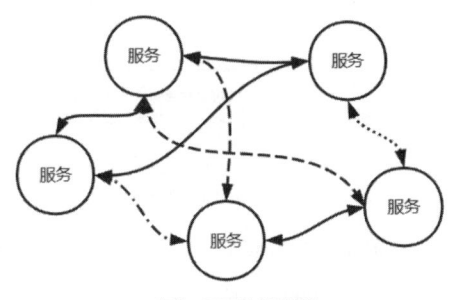

图 3-4 SOA 架构

SOA 是一种极佳的架构模式，然而很多公司却在 SOA 落地过程中发生了偏差，尤其是 ESB（Enterprise Service Bus，企业服务总线）的出现，导致了人们的思维固化，甚至将 ESB 和 SOA 架构画上了等号，认为 ESB 架构就是 SOA 的最佳实践，笔者对这种观点是持反对态度的。ESB 极大地拉低了 SOA 的定位，阻碍了 SOA 架构的发展。

企业内的各个服务可能是由不同的公司、不同的团队开发的，可能使用了不同的开发语言、不同的部署模式，想要让这些系统可以更好地协作，就必须达到统一的交互标准。让所有系统都采用相同的传输协议，报文格式当然最好，对长远发展也十分有利，但是这样所有系统就都必须进行大量的改造，成本极高。

ESB 架构的提出很好地解决了这个问题。ESB 作为所有系统的中转中心，提供报文格式转换、协议转换、加解密、安全认证、日志记录、监控、统计、服务发现、服务路由等功能，如图 3-5 所示。

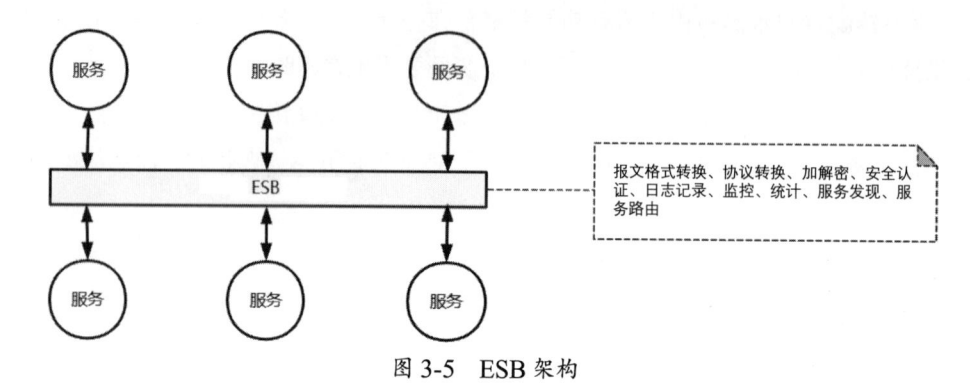

图 3-5　ESB 架构

如图 3-6 所示，服务 A、B 都访问服务 C，而服务 C 只提供了 RPC+XML 的访问方式。服务 A、B 通过 HTTP+JSON 的形式访问 ESB，由 ESB 负责协议和交互报文的转换，从而达到服务 C 无须任何修改即可兼容的目的，ESB 充当了代理和适配器的角色。

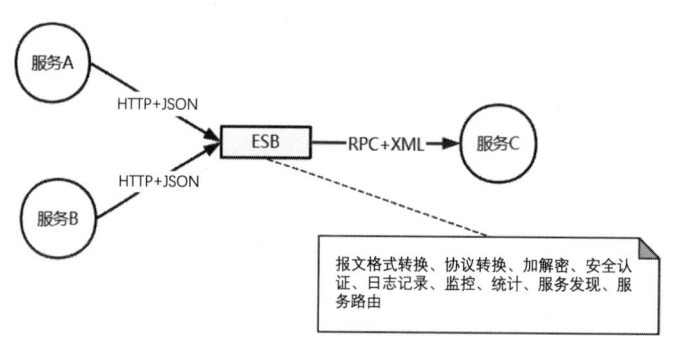

图 3-6　ESB 架构服务访问

对于企业内的大多数系统由不同的供应商开发，均采用烟囱式架构的情况，为了避免所有系统都进行改造，采用 ESB 架构是一种成本更低、更加行之有效的改造方案。但需要注意的是，ESB 架构不等同于 SOA 架构，ESB 最大的问题是让原本去中心化的系统又变为了中心化的系统，一旦 ESB 出现故障就会导致整个系统不可用，所以一定要对 ESB 进行冗余部署，避免出现单节点故障。

有些企业也将 ESB 系统称为开放平台，统一管理各个系统之间的开放 API，起到了服务注册与发现的作用。

3.3　微服务架构

微服务架构是 SOA 架构的延伸，可以粗浅地认为微服务架构是更细粒度的 SOA 架构。SOA 架构中一般将一个业务系统作为一个服务，粒度较粗，关注点在系统集成。而微服务架构的思想是将业务系统进行彻底的组件化和服务化，将一个业务系统拆分为多个相互协作、相互独立的应用，单独开放、单独部署，均可以对外提供服务，关注点在系统分离。

单体架构向 SOA 架构的演变如图 3-7 所示。电商系统早期是一个单体架构，一个服务中包含了用户模块、订单模块、产品模块、库存模块、积分模块。经过服务拆分演变为 SOA 架构（由于 ESB 架构是 SOA 架构的典型代表，因此下例均使用 ESB 架构指代 SOA 架构），将每个模块独立为用户服务、订单服务、产品服务、库存服务、积分服务。

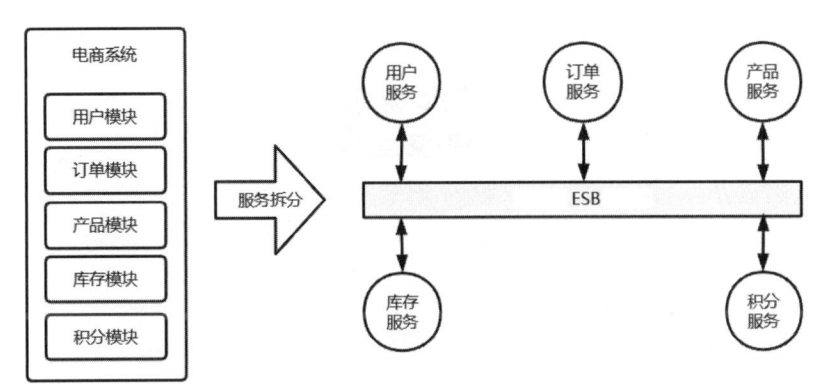

图 3-7 单体架构向 SOA 架构的演变

SOA 架构向微服务架构的演变如图 3-8 所示。SOA 架构经过更细粒度的服务拆分，将用户服务拆分为用户注册服务、用户登录服务，将订单服务拆分为订单创建服务、订单查询服务、订单支付服务，将库存服务拆分为入库服务、出库服务，将商品服务拆分为商品上架服务、商品下架服务，将积分服务拆分为积分计算服务、积分扣减服务。通过多个服务之间的相互协作完成业务流程。

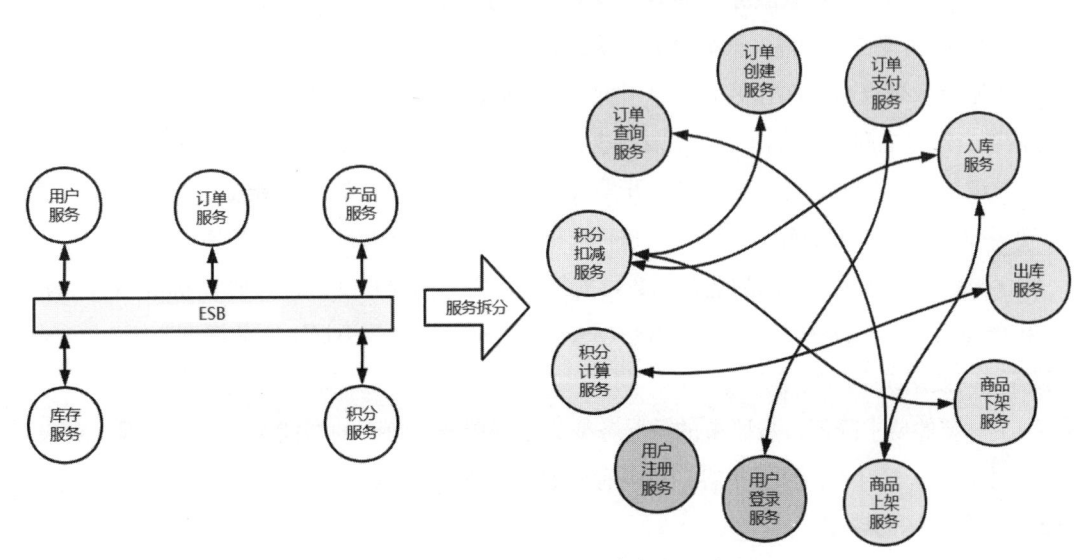

图 3-8 SOA 架构向微服务架构的演变

服务拆分之后职责更加单一化、边界更小、耦合度更低、服务复用率更高，并且能够达到快速按需扩容的目的。例如，在电商大促期间，可以预估订单创建服务、商品上/下架服务、积分计算服务将成为热点服务（被频繁访问的服务），那么就可以有针对性地对这些服务进行扩容，业务低峰期再将资源回收即可。

微服务架构的优缺点如图3-9所示。

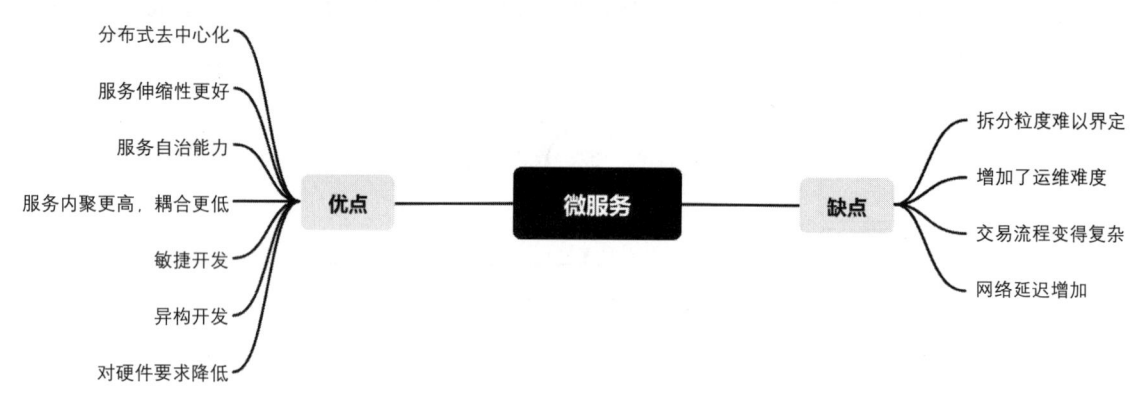

图 3-9 微服务架构的优缺点

1. 微服务架构的优点

（1）分布式去中心化：微服务是天然的去中心化分布式架构，具有分布式架构的优点，如易于开发、吞吐量高、易于扩展等。

（2）服务伸缩性更好：去中心化可以有效地避免系统瓶颈，同时微服务采用无状态开发，具有良好的水平扩展能力，借助服务注册机制可以随时新增和删除节点，为系统带来更好的伸缩性。

（3）服务自治能力：微服务能够通过服务注册与发现、配置中心、熔断、限流、负载、链路追踪等多种手段实现自我治理，根据服务的状态对自身架构动态调整，从而保证系统的可用性。

（4）服务内聚更高，耦合更低：由于拆分粒度降低，因此服务更专注于某个领域的职能，边界更加清晰，服务之间相互协作完成复杂的业务，耦合性更低。

（5）敏捷开发：服务更易于开发，开发人员更专注于某个具体的功能服务，不会陷入复杂的交易流程中，降低了开发的复杂度，项目迭代周期更短，是天然的敏捷开发架构。

（6）异构开发：对于不同的业务场景可能需要使用不同的开发语言，如Python、Go、Node.js等，也可能使用不同的数据库，如MySQL、Oracle、MongoDB等，根据不同的需求选用不同的技术，各个服务之间使用统一的交互方式即可。

（7）对硬件要求降低：从原来的重服务变为了轻服务，负责的职能小而单一，因此对服务器配置的要求降低，配合弹性伸缩扩容，可以有效地降低硬件投入成本。

2. 微服务架构的缺点

（1）拆分粒度难以界定：服务到底应该拆到多细、按照什么原则去拆是没有统一的标准和原则的，尤其是对于数据库的拆分则更是难上加难，一旦拆分又会面临复杂的分布式数据问题。

（2）增加了运维难度：原来的 10 个服务可能变为 100 个微服务，怎样发布、测试、运维就变得十分困难。随着 DevOps、Docker 容器化、持续集成技术的发展，这个问题已经有了较好的解决方案。

（3）交易流程变得复杂：原来的一个业务请求只需要在一个服务内部完成（单体架构），或者三四个服务协作完成（SOA 架构）。而微服务架构可能需要更多的服务相互协作才能完成，由于交易链条变长，因此复杂度也随之升高。

（4）网络延迟增加：微服务采用 HTTP、RPC 远程调用的方式，因此网络延迟增加。

微服务之间的通信方式主要分为 HTTP 和 RPC，代表性框架分别是阿里巴巴 Dubbo 框架和 Spring Cloud 框架。

在分布式架构中有一个非常重要的概念是服务自治，要求服务必须具有一定的自我管控、自我治理的能力，应该能够自动发现新的服务、自动剔除故障服务、自动进行请求负载、自动熔断、自动降级保护、自动监控服务的健康状态等。一个完整的微服务必须包括以下十项重要设计，如图 3-10 所示。

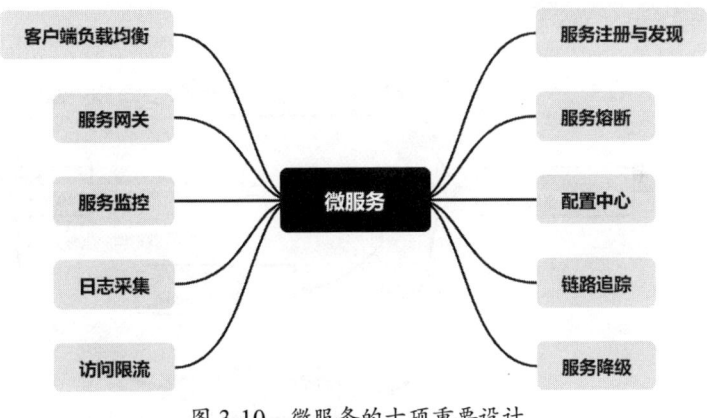

图 3-10 微服务的十项重要设计

3.4 服务注册与发现

服务注册与发现技术可以说是微服务架构核心中的核心，是服务自治的重中之重。为什么需要服务注册与发现呢？它是如何不断地演变来解决问题的呢？下面以互联网电商系统中的用户下单流程为例进行深入分析。

1. 服务注册与发现面临的问题

在互联网电商系统中，微服务架构下的用户下单流程如图 3-11 所示。用户完成一次下单动作需要订单服务、库存服务、支付服务、用户服务、商品服务相互协作完成，它们之间均可能存在相互的调用，而每个服务都有自己的 IP 地址和端口，如果将每个服务的 IP 地址和端口都硬编码或放置在配置表中，一旦目标服务发生变化（修改 IP 地址或端口），则其他服务也必须进行代码修改或配置变化，稍有不慎就会造成通信中断。

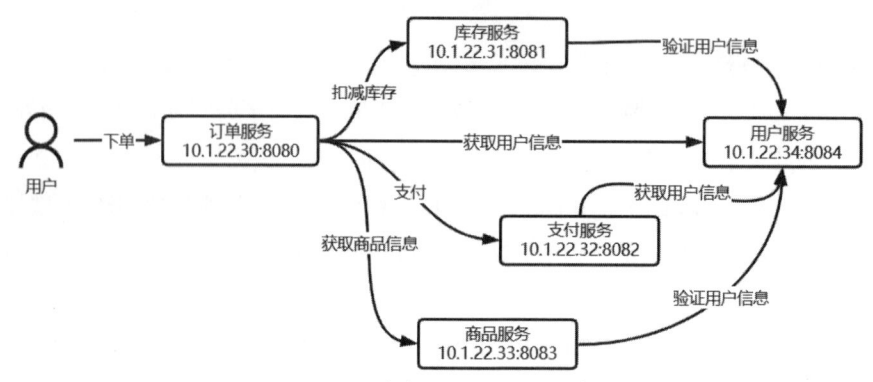

图 3-11 微服务架构下的用户下单流程

如图 3-12 所示，一旦用户服务的 IP 地址或端口发生变化（10.1.22.34:8084 变为 10.1.22.36:8888），则与之发生调用关系的库存服务、订单服务、支付服务、商品服务都必须及时修改，否则将会导致大量请求超时，造成系统级联故障。

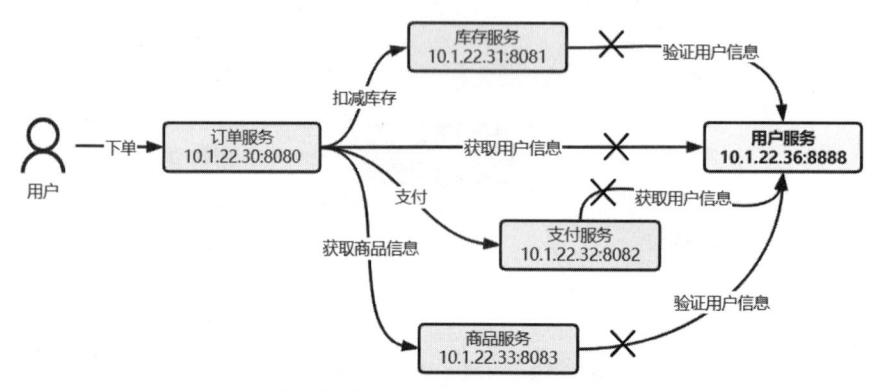

图 3-12 用户服务的 IP 地址和端口发生变化的影响范围

首先想到的是可以使用 Nginx 进行反向代理解决 IP 地址和端口变化问题，架构方式如图 3-13 所示。将所有的服务地址都配置在 Nginx 上，各个服务之间的相互访问都通过 Nginx 进行交互，这种方式存在以下 4 个缺点。

（1）当服务的 IP 地址或端口发生变化时，必须手动修改和刷新 Nginx 的配置。

（2）当增加和减少服务节点时，也要修改和刷新 Nginx 的配置。

（3）这种方式会让服务产生中心化，Nginx 必须保证高可用，多个节点的配置文件必须保持完全相同，每次节点发生增加、减少、修改就需要维护多个节点的配置文件。

（4）所有的服务交互都多了一步 Nginx 的转发，对性能会有一定的损耗。

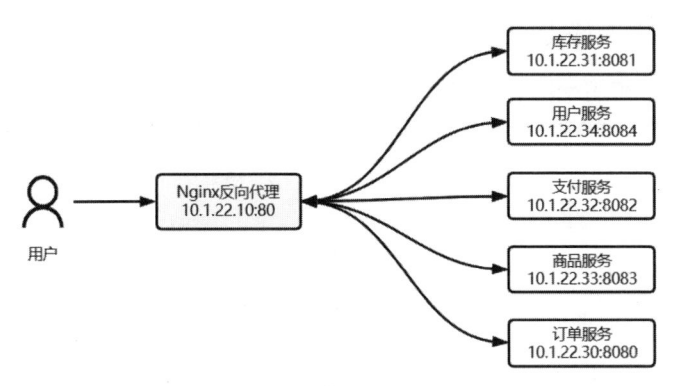

图 3-13　Nginx 反向代理解决 IP 地址和端口变化问题

2. 注册中心的原理

微服务架构是如何使用服务注册与发现技术解决这个问题的呢？服务注册与发现的原理如图 3-14 所示，交互过程包括以下 3 个步骤。

（1）注册中心是一个独立部署的微服务，专门负责服务注册与发现。将新启动的服务节点元数据保存到注册表中，将停止或异常的服务从注册表中剔除。

（2）当订单服务、库存服务启动时，会将自己的元数据信息，包括服务名称（order-service、storage-service）、IP 地址和端口都发送给注册中心。注册中心接收到请求后，会将服务名称、IP 地址和端口都保存到服务注册表中（一般采用内存存储），也可以持久化到数据库中。

（3）当订单服务请求库存服务时，会先从注册中心获取注册表信息，查询到库存服务（storage-service）所对应的 IP 地址和端口（10.1.22.31:8081），然后订单服务会直接使用此 IP 地址和端口去访问库存服务，从而完成接口交互。

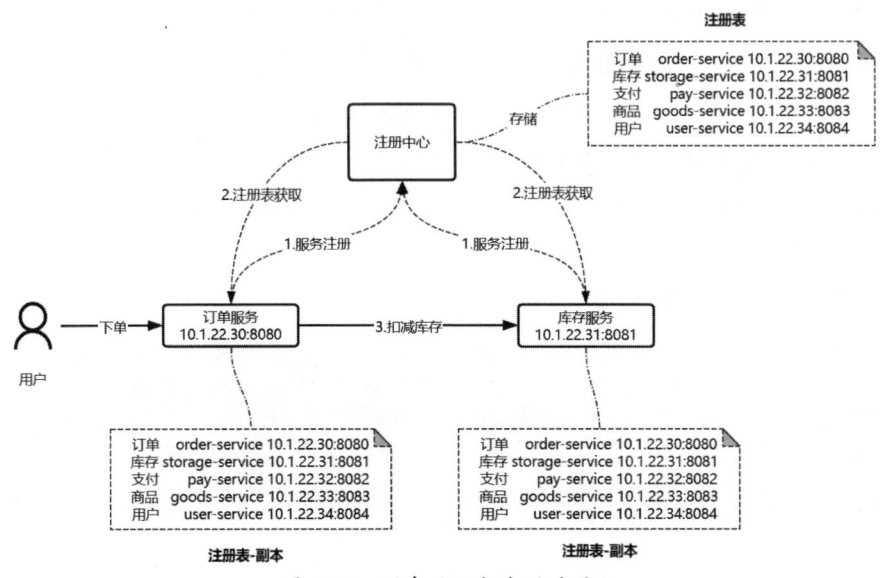

图 3-14　服务注册与发现的原理

思考 1：这样做有什么好处？

每个服务的信息都是动态的，就算某个服务发生了迁移，修改了 IP 地址和端口，那么注册中心也会发生相应的修改，调用方无须做任何代码和配置上的修改，只需要从注册中心获取新的地址信息就可以自动适应这种变化，这就起到了服务自动注册和发现的作用。

借助注册中心，微服务就可以动态地增加和减少节点，调整服务规模，使微服务成为一种能够自我治理的弹性伸缩式架构。

思考 2：如何知道微服务还存活？如何动态添加和剔除微服务？

每个微服务都与注册中心之间保持着定时的心跳和同步机制，通过心跳机制注册中心可以感知到微服务是否存活，如果连续的心跳检测失败，就会将其从注册表中剔除，从而保证故障应用不会被请求到。如果过一段时间服务恢复，则还可以自动注册到注册中心，可以被重新请求到。心跳和注册表同步如图 3-15 所示。

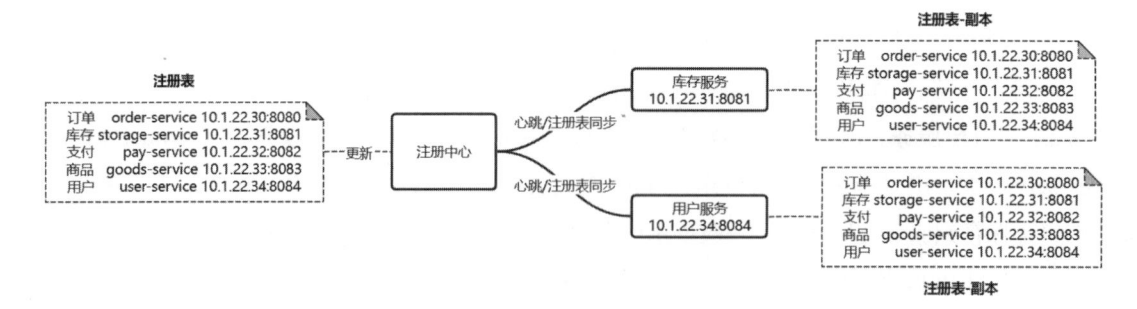

图 3-15　心跳和注册表同步

思考 3：每次请求都要先去查询注册中心，性能不会降低吗？

每个微服务都会在本地保存一份注册表副本（内存存储），同时与注册中心保持同步或订阅关系，当注册表发生变化时，副本也能立即发生变化。当发生服务调用时，微服务会先到本地的注册表副本中查找，查找不到才会去注册中心查找，以此来提高性能和可用性，就算注册中心宕机了，各个微服务依然可以凭借本地副本继续运行。

现在主流的注册中心有 Eureka、Nacos、Consul、Zookeeper 等，原理都是相同的，因此完全可以根据其原理自行开发。

3. 微服务与注册中心之间的操作

微服务与注册中心之间存在 Register（注册）、Renew（续约）、Cancel（下线）、Get（获取）几种交互。

（1）Register（注册）：微服务启动时将自身的元数据信息发送给注册中心进行存储。

（2）Renew（续约）：微服务要定时向注册中心发送续约请求，证明自己还存活，不要从注册表中剔除。

（3）Cancel（下线）：微服务主动要求下线，将自己从注册中心的注册表中剔除。

（4）Get（获取）：微服务从注册中心获取注册表信息。

4. 注册中心高可用

注册中心十分重要，它属于微服务的基础设施，存储着所有微服务节点的元数据信息，必须要有较高的可用性，一旦发生宕机将导致所有微服务节点受到影响，无法动态感知整个微服务的变化。注册中心一般采用负载均衡、节点复制、选举策略保证高可用。下面以 Eureka 和 Consul 两种注册中心服务为例进行讲解，其他注册中心与二者原理类似。

以 Eureka 注册中心高可用架构为例，如图 3-16 所示，Eureka Server 为注册中心的服务器节点，它们可以分别部署在不同的数据中心。例如，us-east-1c 代表美国 - 东 -1c 数据中心，us-east-1d 代表美国 - 东 -1d 数据中心。多个 Eureka 服务之间采用复制机制（Replicate），都存储着全部的服务注册表信息，因此各微服务（Application Service）将自己的信息注册到任意一个 Eureka 服务即可。当某个注册中心发生故障后，其他节点依然可以提供服务。

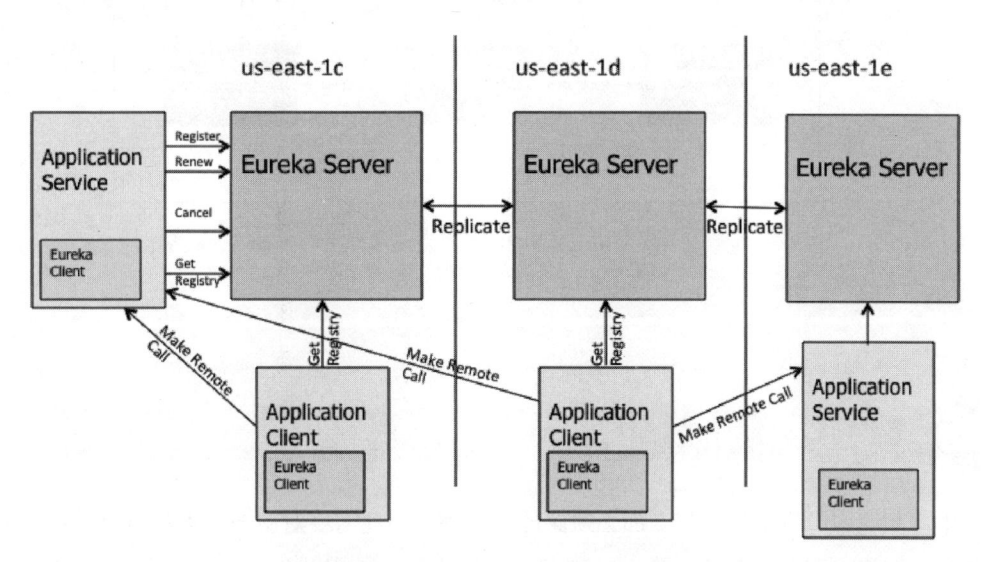

图 3-16　Eureka 注册中心高可用架构

以 Consul 注册中心高可用架构为例，如图 3-17 所示，Datacenter 1、Datacenter 2 分别代表两个数据中心，每个机房都部署了 3 个 Consul Server 注册中心服务，3 个服务之间保持着数据复制（Replication），同时使用选举算法（Leader Forwarding）组成 1 个 Leader（主节点）和 2 个 Slave（从节点）的高可用架构。Datacenter 1、Datacenter 2 两个数据中心之间通过互联网进行访问，从而形成了多数据中心的高可用架构。

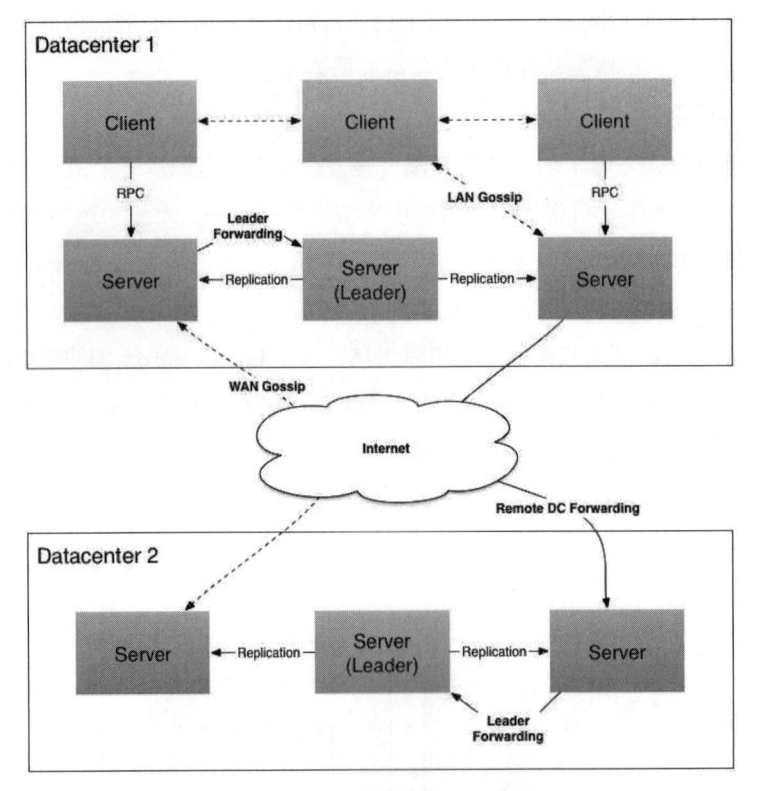

图 3-17　Consul 注册中心高可用架构

3.5 客户端负载均衡

在生产环境中，每个服务节点都必须保证高可用，因此需要对服务节点进行负载均衡处理。传统的负载均衡属于服务端负载均衡，利用负载硬件或软件实现，如 Nginx、LVS、HAProxy 都是部署在服务端，如图 3-18 所示。

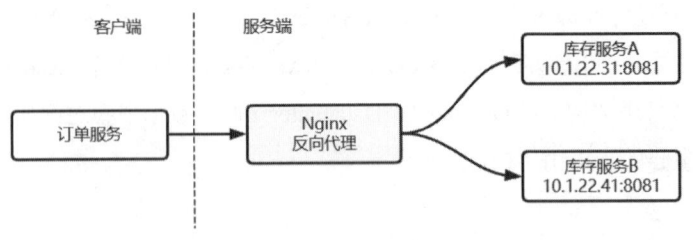

图 3-18　服务端负载

在微服务架构下，负载均衡方式发生了明显的变化，如图 3-19 所示，库存服务部署了两个节点，分别位于 10.1.22.31 和 10.1.22.41 两台服务器上。当服务启动时，它们都会将自己的 IP 地址和端口信息发送给注册中心，因此注册表中就会存储两条库存服务的注册记录。

当订单服务请求库存服务时，从注册中心获取注册表信息时就会发现两个可用的库存服务（10.1.22.31:8801、10.1.22.41:8801），订单服务选择其中一个 IP 地址和端口进行请求即可，每次请求都根据负载策略决定。

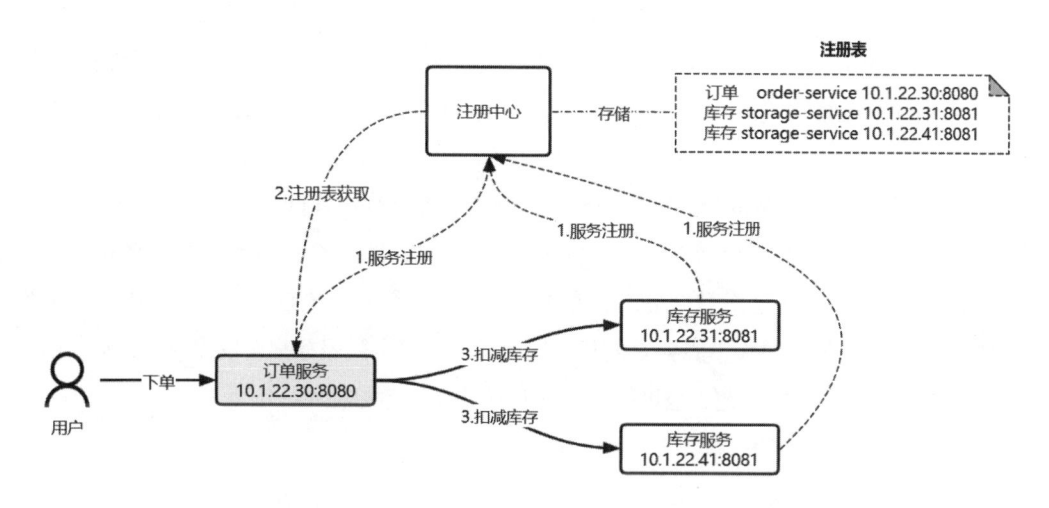

图 3-19　微服务客户端负载原理

整个负载的过程发生在调用方（客户端），因此称之为客户端负载均衡。客户端负载均衡很好地避免了负载设备的引入，服务节点之间依然可以直接通信，极大地提高了微服务的交互性能，这也是其与 Nginx 等服务端负载技术的核心区别。

客户端负载均衡策略主要有以下 8 种。

（1）轮询策略：依次向微服务发送请求，一般为默认策略。

（2）最小并发数策略：选择一个最小并发请求数的服务。

（3）最小连接数策略：选择一个连接数最小的服务进行调用。

（4）可用性过滤策略：过滤那些不可用，或者被标记为已中断的服务。

（5）响应时间权重策略：根据微服务响应的时长计算权重，将请求更多地发送至权重较大的服务上。

（6）重试策略：使用重试机制，在选择目标服务失败时，重新尝试选择。

（7）随机策略：随机选择一个微服务进行调用。

（8）可用区域策略：判断微服务所在的区（一般一个区是一个数据中心）是否可用，只选择可用区的服务进行调用。

Spring Cloud 框架中使用 Ribbon 组件实现负载均衡，默认使用轮询策略，具体细节这里不再深入。

3.6 熔断机制

为了简单高效地理解什么是熔断机制，下面举两个例子进行形象的说明。

例1：在股市中有一个熔断机制，当天股市下跌 5% 时触发第一次熔断，暂停交易 15 分钟，让广大股票交易者冷静一下，15 分钟之后恢复交易，如果股市继续下跌，达到 10% 则触发第二次熔断，全天不允许再交易，只能等第二天继续交易。这就是股市的熔断机制，是一种保护措施。

例2：家中的保险丝或空气开关，当电压过高或电路发生短路时会自动熔断或跳闸，以保护家中的电器。

微服务架构中的熔断机制也是一种保护措施，避免服务出现雪崩问题。

微服务雪崩现象如图 3-20 所示，服务 A、B 依赖服务 C，服务 C 依赖服务 D，服务 D 依赖服务 E，当服务 E 发生故障之后就会导致服务 D 的请求不断积压，直至服务 D 发生故障。服务 D 发生故障之后又会导致服务 C 的压力过大，服务 C 宕机，以此类推，整个微服务都会发生故障，从而引起雪崩问题（形容系统中一个微小的问题，也可能会引发大面积的系统故障）。

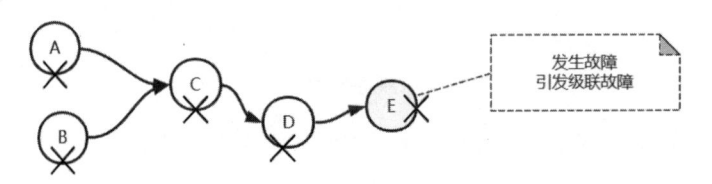

图 3-20 微服务雪崩现象

微服务熔断机制如图 3-21 所示，当服务 D 多次调用服务 E 发生超时，并且超时次数超过设定的阈值时，如 30 秒内超时了 10 次则触发熔断机制，将服务 D 与服务 E 之间的链路熔断（开启断路器），服务 D 不再真实地向服务 E 发送请求，而是直接返回一个预先设置好的应答内容 E'，如"服务繁忙，请稍后再试"，从而保证整个交易链路依然可用，不会因为请求积压引发级联故障。

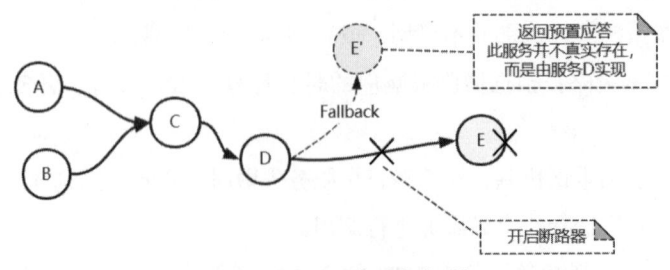

图 3-21 微服务熔断机制

微服务断路器半开启和关闭状态分别如图 3-22 和图 3-23 所示。服务 E 访问超时，可能是由于宕机、网络不稳定、服务器性能下降等原因造成的，通过人为干预或积压任务消化之后就会恢复，此时服务 D、E 之间的断路器会进入半开启状态（图 3-22）。后续有少量的请求（一般是 1~2 个真实的请求）到达服务 E，如果服务 E 能够正常应答，则断路器变为关闭状态（图 3-23），这时所有的服务请求均可以正常到达服务 E。

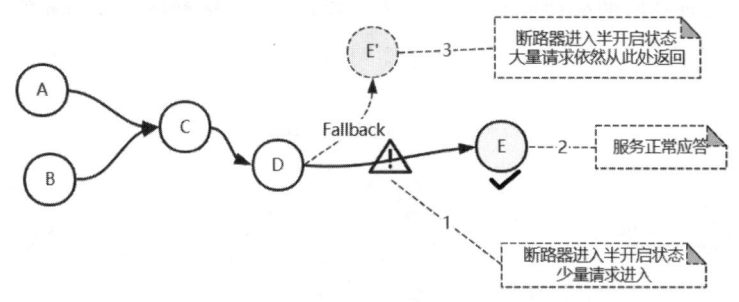

图 3-22 微服务断路器半开启状态

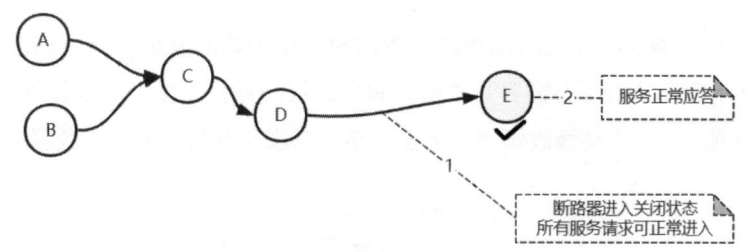

图 3-23 微服务断路器关闭状态

这就是通过断路器的开启、半开启、关闭状态的转换，从而使微服务具有了自动保护、自动恢复的能力。

断路器组件主要有 Hystrix、Sentinel 等，目前阿里巴巴的 Sentinel 组件发展势头较好。Sentinel 还具有流量管理、监控、可视化管理等功能，具体细节这里不再深入。

3.7 微服务网关

网关在任何系统架构中都是一个很重要的组件，它位于客户端与服务端之间，可以将其想象成一道闸门，所有的客户端请求都要从此门经过。因此，网关就具有很大的权利，可以对这些请求进行各种限制。例如，控制访问流量、身份验证、日志记录、负载分流等。

网关与 Nginx、LVS 等负载软件有类似之处，但是本质却不相同。下面对网关的原理、功能、架构方式进行详细讲解。

3.7.1 网关的原理

微服务本身是一个网状调用结构，节点众多，但是每个服务都有对外（互联网）服务和对内（内网）服务的接口，如何将对外服务的接口开放出去呢？首先可以想到的就是把需要开放的服务部署到外网访问。

微服务直接开放到外网的架构如图 3-24 所示，将服务 A、B 直接开放到外网，App 端、Web 端通过域名直接访问这两个微服务，对于一些不需要对外开放的服务也被开放出去了，十分危险。

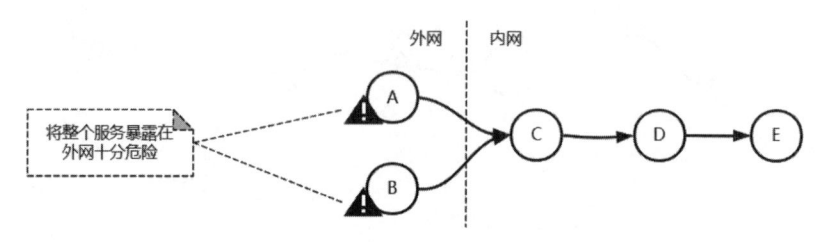

图 3-24 微服务直接开放到外网的架构

传统的做法是通过 Nginx 等反向代理设备将内网微服务的部分接口开放到外网，如图 3-25 所示，那么在 Nginx 上就需要对所有需要开放的微服务进行配置，并且当微服务节点上线、下线无法动态调整时，必须通过人为手动修改刷新，无法让整个微服务自治，不符合微服务自治原则。

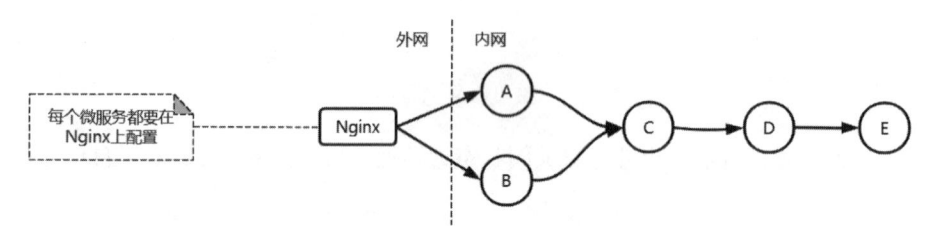

图 3-25 通过 Nginx 等负载设备将微服务开放到外网的架构

微服务的网关服务也属于一个微服务，只是它并不处理具体的业务逻辑，而是只负责反向代理其他微服务，网关和其他所有微服务一样都注册到注册中心上，所以它能感知到其他微服务的变化，并且支持客户端负载均衡，其架构如图 3-26 所示。例如，将服务 A、B 的部分接口配置在网关上，再将网关开放到外网即可。

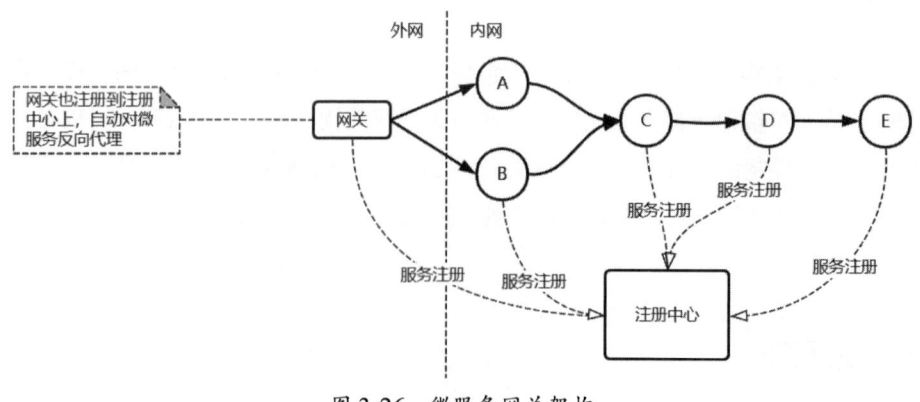

图 3-26 微服务网关架构

Spring Cloud 微服务中主要使用 Zuul 和 Spring Cloud Gateway 两种网关，Zuul 为第一代网关，Spring Cloud Gateway 为第二代网关。

3.7.2 网关的功能

网关具有接口限流、负载、缓存、加解密、请求和应答、日志记录、交易统计分析、安全认证等非业务功能。同时，网关具有路由能力，可以根据路由规则选择服务的转发路径，十分灵活，这也是 Nginx、LVS 等软件无法做到的，它们只能起到缓存、限流、反向代理的部分作用。网关的 8 个功能详细说明如下。

（1）身份验证和安全：识别每个资源的身份验证要求，并拒绝不满足身份认证的请求，提高系统的安全性，可以与认证中心、JWT、SSO 等技术联合使用。

（2）洞察和监测：网关可以获取到详细的请求和应答数据，以及响应时长等情况，因此可以更好地洞察服务状态，监测服务异常。

（3）动态路由：可以根据需要将请求动态路由到不同的后端集群上，可以定制不同的路由规则。例如，某个服务 10 点到 20 点之间可以访问，其他时间关闭。

（4）压力测试：可以利用网关调节客户端请求的数量，并逐渐增加后端集群的流量进行压力测试，以衡量服务性能。

（5）服务限流：可以根据不同类型的请求，如按照目标服务、用户、IP 地址等作为 Key，进行流量分配，删除或拒绝超出限制的请求。详细的限流技术可参见 2.1.11 小节。

（6）负载分配：网关可以根据负载策略进行客户端负载，将请求转发到不同的后端服务上。

（7）静态资源代理：可以直接将静态资源放置在网关服务中，加快静态资源的访问速度，减轻后端服务的压力，同时可以对静态资源进行相应的权限控制。

（8）多区域弹性：当有多个数据中心时，可以根据需要通过网关将请求发送至不同的区域中。

3.7.3 微服务网关与 Nginx 对比

微服务网关与 Nginx 存在部分功能重合，Nginx 也可以作为网关使用，同样具有反向代理、负载均衡、访问限流、静态资源代理等能力，两者都可以进行编程以增强基本功能（Nginx 可以使用 Lua 脚本进行编程）。但是，两者又存在很多的区别，应用场景也有所不同，主要总结为以下 5 点。

（1）两者的负载方式不同，Nginx 为服务端负载，微服务网关为客户端负载。

（2）当增加或减少服务节点，变动 IP 地址或端口时，微服务网关不需要做出任何代码调整，因为这些信息可以从注册中心获取，而 Nginx 需要修改配置文件并重新加载。

（3）Nginx 的应用场景更广，主要侧重点为反向代理、动静分离、负载均衡，可以在单体架构、集群架构、SOA 架构、微服务架构中使用，而微服务网关只能在微服务架构中使用，因为网关要借助注册中心的能力。

（4）虽然 Nginx 可以借助 Lua 脚本进行扩展，但是微服务网关可以进行更加深度的自定义开发。

（5）Nginx 可以在四层和七层网络上进行负载，而微服务网关只能在七层网络上进行负载。

在微服务架构中，Nginx 和微服务网关可以同时使用，形成多级负载架构，如图 3-27 所示。Nginx 对微服务网关进行反向代理，使微服务网关可以水平扩展。还可以在 Nginx 之前增加 VIP、硬负载、LVS、HAProxy 形成更为复杂的多级负载架构，用来支撑更高的并发请求。多级负载架构设计可参见 2.1.3 小节。

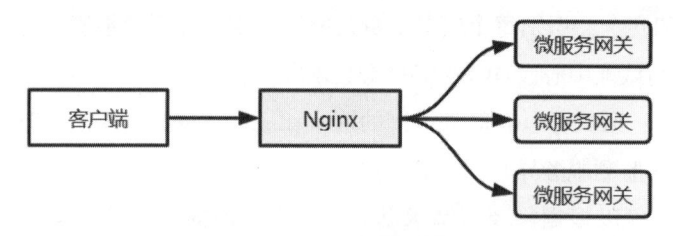

图 3-27　Nginx+ 微服务网关

Nginx 除了可以与微服务网关联合使用，还可以反向代理注册中心、配置中心服务，提高系统的可用性。

3.7.4　正确的网关架构

工作中十分容易出现的错误，就是将网关作为 ESB 使用，使其成为整个微服务的交互中心，成为一个中心化的 ESB 系统，如图 3-28 所示。

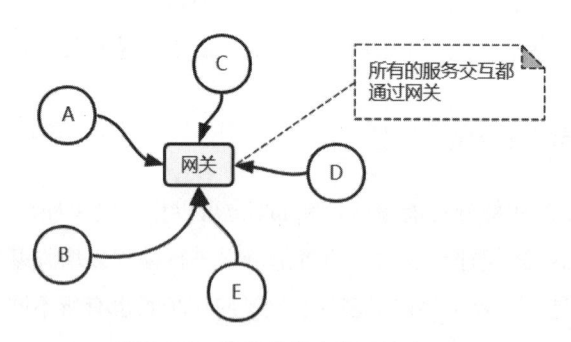

图 3-28　将网关作为交互的中心

为了让所有服务之间的交互都经过加解密、日志记录、安全认证等环节，所有的服务请求都经过了网关过滤。因此，A→B→C 这样的一个交易链路就会变为 A→网关→B→网关→C，这样虽然能够简化开发，但是无形之中将微服务架构变为了 ESB 架构，去中心化架构变为了中心化架构。

一旦网关出现故障将导致整个服务异常。网关的引入也使得交易链路变长，响应时效降低，因此一定要避免这个误区。对于中小型的项目，为了方便利用网关的检测洞察、身份校验、限流等能力，也可以将网关作为 ESB 使用，但是在大型的互联网项目中会严重影响系统的可用性和响应速度。

推荐的网关架构如图 3-29 所示，为外网客户端调用设立单独的外网网关，为内网客户端调用设立单独的内网网关。形成内外网隔离架构，外网网关只提供能够暴露到互联网上的接口，内网网关只提供能够在内网调用的接口。

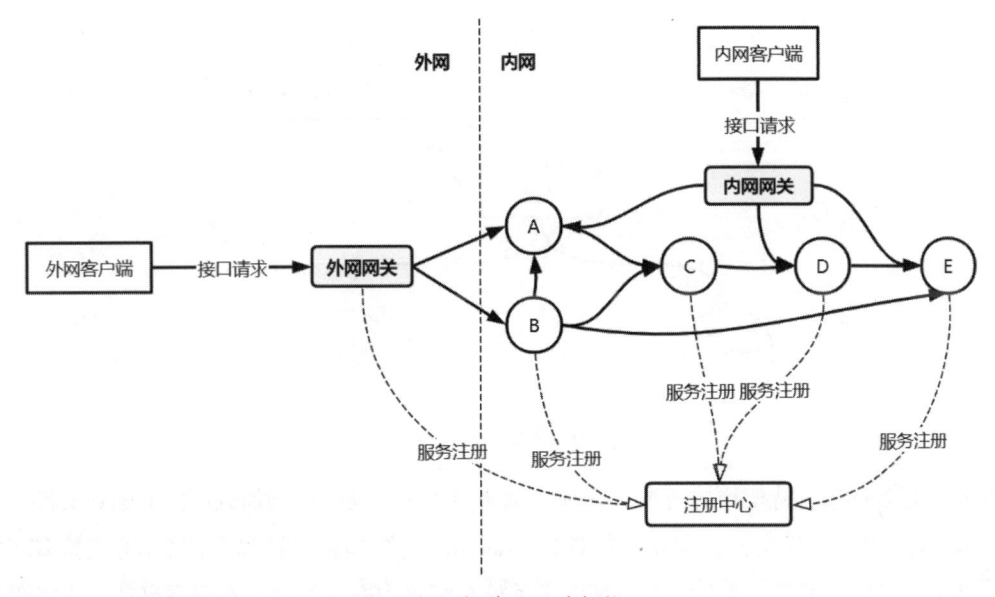

图 3-29　推荐的网关架构

这样做的好处有以下两点。

（1）安全性更高：暴露在外网的接口比较容易受到各种不法攻击，如果将内网的接口也暴露到互联网上是十分危险的。因此，外网网关要严格区分所代理的接口是否能够开放到互联网上。

（2）隔离性更好：如果内外网共用同一个网关就会产生相互影响，外网请求量过大就会影响内网的服务调用，反之亦然。如果网关出现故障就会同时影响内外网服务，而两个网关可以对故障进行有效的隔离。

3.8　配置中心

微服务代表更细粒度的拆分，各个服务都有自己的配置文件（如 Spring Boot 的 yml 或

properties 文件），这些配置文件需要在项目启动时加载，或者在程序的运行过程中被加载。一旦文件发生变化，就代表着所有的微服务都需要重启，不能够动态地修改参数值。如果是传统的烟囱式架构或粗粒度 SOA 架构，重启还是可以接受的，但是对于庞大的微服务架构，节点数量众多，重启就会十分麻烦。因此，微服务架构将所有的配置抽象为一个服务，称为配置中心。

微服务配置中心原理如图 3-30 所示。配置中心也是一个微服务，与其他服务一样在启动时会发送注册请求到注册中心。其他微服务与配置中心建立连接，在启动或运行时从配置中心拉取配置文件信息，放置在内存中。

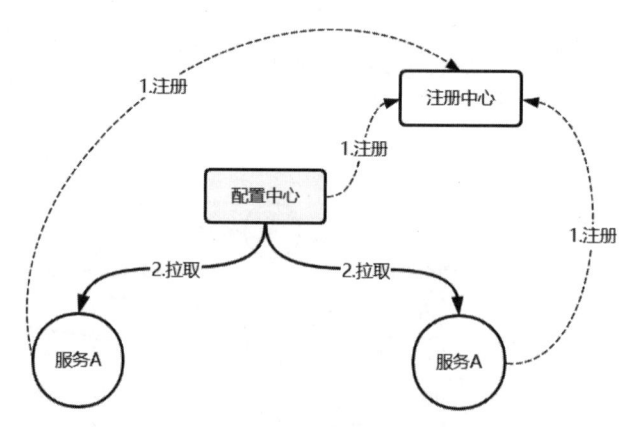

图 3-30 微服务配置中心原理

配置中心多环境支持架构如图 3-31 所示。服务 A、B 启动时分别加载不同的配置文件（服务 A 加载 A-dev.yml 开发环境文件，服务 B 加载 B-prod.yml 生产环境文件）。配置中心支持多环境配置文件，例如，可以将开发、生产、测试配置文件放在配置中心中管理，在程序启动时指定激活哪个环境，则自动拉取该环境的文件。

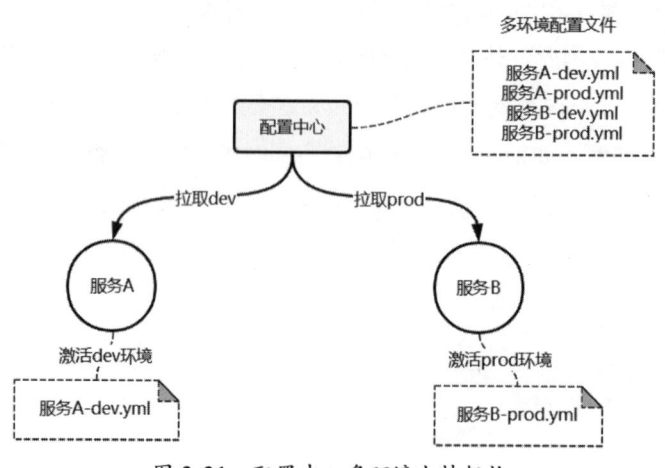

图 3-31 配置中心多环境支持架构

有一些配置中心服务（如 Spring Cloud Config）可以与 Git 或 SVN 等版本管理工具集成使用，从而对配置文件达到版本管理的目的，如图 3-32 所示。而有一些配置中心服务（如阿里巴巴的 Nacos）则自身具有版本管理功能。

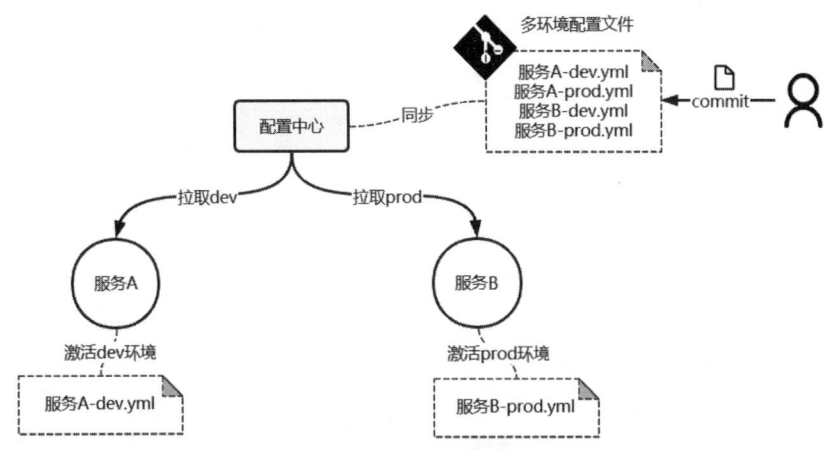

图 3-32　配置中心集成版本管理

通过 Git、SVN 等可以有效管理配置文件的版本，修改轨迹，以及回滚。通过 Webhook 的通知机制，可以在提交配置之后，自动通知配置中心进行配置文件的刷新。

配置中心主要带来如下 3 点好处。

（1）集中管理：通过这种方式可以实现所有的配置文件集中管理，当修改配置后能够实时生效，不需要再到每个微服务中逐一修改，再逐一发布。还可以很方便地对配置文件进行版本控制。

（2）配置安全：能够增强系统配置的安全性。例如，将数据库用户名、密码都放在程序的配置文件中，所有人都可以使用，而放置在配置中心中，通过权限管理，只有管理员才可以查看和修改。

（3）动态调整：可以动态调整系统参数并实时生效，如随时开启和关闭日志等。

主流的配置中心组件有 Nacos、Spring Cloud Config、Consul、Apollo、XDiamond、Qconf、Disconf 等。其中 Nacos 和 Consul 已经将注册中心与配置中心合并为同一个服务，这也是一种发展趋势。

3.9　微服务监控

微服务架构引入的一个首要问题就是运维问题，由于服务节点众多，怎样才能监控所有微服务节点的运行状况成为一个难题，开发或运维人员不可能再按照传统的方式登录到每个服务器去观察问题。

通过注册中心可以感知到整个微服务的所有节点，只要每个微服务都提供相应的监控接口即可。例如，Spring Boot Actuator 提供了大量的监控端点（接口），可以针对内存、CPU、环境变量、GC、线程等进行全方位的监控。

在 Spring Boot 1.x 项目下访问 /env 接口，在 Spring Boot 2.x 项目下访问 /actuator/env 接口，就可以查询项目的各种环境信息，包括系统环境变量、项目配置文件、默认参数、系统属性、系统端口配置等内容，如图 3-33 所示。


```
{
  - profiles: [
        "dev"
    ],
  - server.ports: {
        local.server.port: "9801"
    },
  - commandLineArgs: {
        cpu: ""
    },
    servletContextInitParams: { },
  + systemProperties: {…},
  - systemEnvironment: {
        PATH: "/usr/local/sbin:/usr/local/bin:/usr/sbin:/usr/bin:/sbin:/bin",
        HOSTNAME: "dev-bg-eruka01",
        JAVA_DEBIAN_VERSION: "8u111-b14-2~bpo8+1",
        JAVA_HOME: "/usr/lib/jvm/java-8-openjdk-amd64",
        CA_CERTIFICATES_JAVA_VERSION: "20140324",
        JAVA_VERSION: "8u111",
        LANG: "C.UTF-8",
        HOME: "/root"
    },
  + applicationConfig: [classpath:/application-dev.yml]: {…},
  - applicationConfig: [classpath:/application.yml]: {
        server.port: "9801",
        server.tomcat.uri-encoding: "UTF-8",
        spring.application.name: "micro-cloud-zuul",
        spring.profiles.active: "dev"
    },
  - springCloudClientHostInfo: {
        spring.cloud.client.hostname: "10.56.20.12",
        spring.cloud.client.ipAddress: "10.56.20.12"
    },
  - applicationConfig: [classpath:/bootstrap.yml]: {
        spring.cloud.config.enabled: false
    },
  - defaultProperties: {
        spring.aop.proxyTargetClass: "true",
        logging.pattern.level: "%5p [micro-cloud-zuul,%X{X-B3-TraceId:-},%X{X-B3-SpanId:-},%X{X-Span-Export:-}]"
    }
}
```


图 3-33　/actuator/env 监控端点应答结果

Spring Boot Actuator 的监控端点主要分为以下三大类。

（1）应用配置类：获取应用程序中加载的应用配置、环境变量、自动化配置报告等与 Spring Boot 应用密切相关的配置类信息。

（2）度量指标类：获取应用程序运行过程中用于监控的度量指标，如内存信息、线程池信息、HTTP 请求统计、GC 垃圾收集等。

（3）操作控制类：提供了对应用的关闭、修改日志级别等操作类功能。

如果使用 Spring Cloud 微服务体系，则可以使用 Spring Boot Admin 作为监控工具，只需要接入注册中心，就可以对整个微服务集群进行监控，无任何侵入性，部署和使用都十分方便（2.x 版本支持中文）。可以针对每个微服务的内存、线程、GC、CPU、JVM、环境信息、配置信息等进行全方位的监控，Spring Boot Admin 控制台如图 3-34 所示。

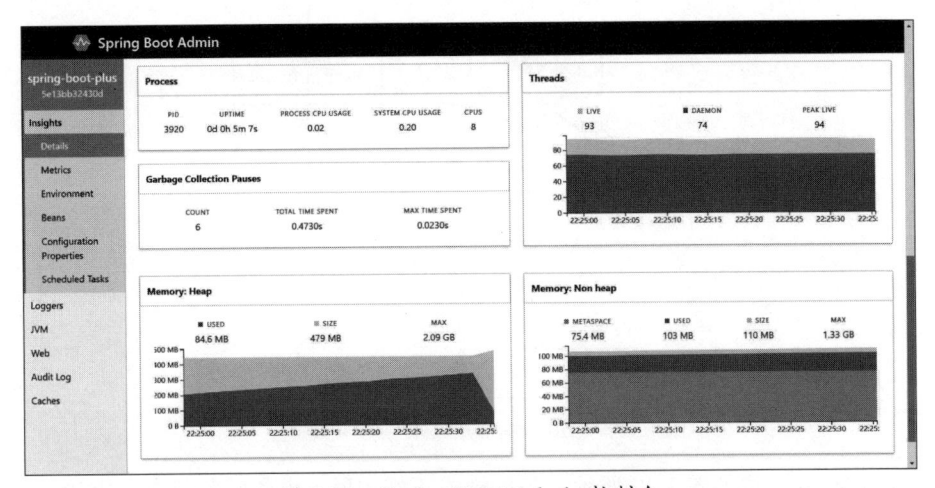

图 3-34 Spring Boot Admin 控制台

使用工具不是目的，目的是要通过其设计原理来获得启发。Spring Boot Admin 从注册中心获取各个微服务的 IP 地址和端口信息，然后定时调用各个微服务的 Actuator 监控端口就可以获取到其具体的运行状况信息，再以可视化的管理系统展示出来。同时，通过与 Eureka 之间的注册表同步，就可以监控每个服务的上线及下线，并发出通知，Spring Boot Admin 监控原理如图 3-35 所示。

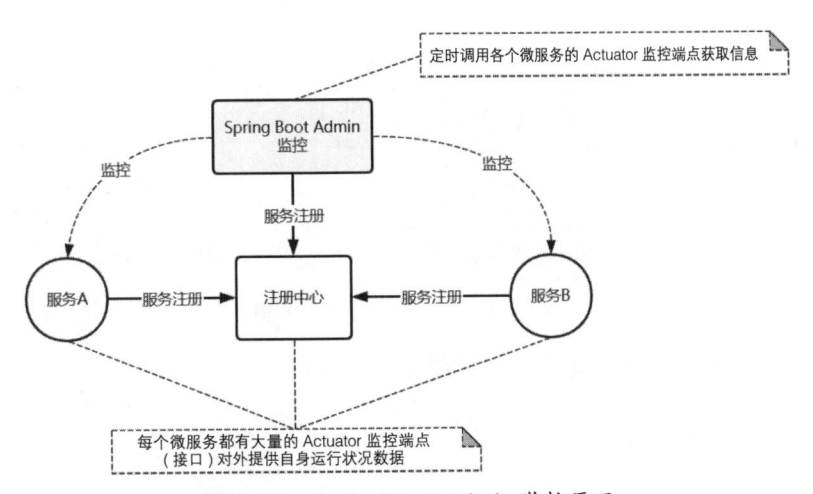

图 3-35 Spring Boot Admin 监控原理

设计思考：监控系统设计的核心是什么？

监控系统一般采用推模式（Push Model）、拉模式（Pull Model）或混合模式（Mix Model）。

监控系统推模式架构如图 3-36 所示，由监控系统提供服务接口，各个系统采用定时异步的方式向监控系统主动上报自己的运行状况，包括自己的磁盘、内存、CPU、I/O、GC、线程等各方面情况。监控系统收到之后会进行记录、整理、分析，最后以图表、仪表盘等形式展现出来。

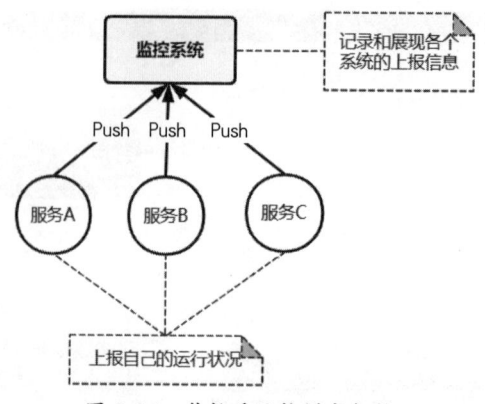

图 3-36　监控系统推模式架构

监控系统拉模式架构如图 3-37 所示,与推模式正好相反,由各服务节点提供接口,由监控系统采用定时异步的方式主动调用各系统的监控接口,获取各节点的运行状况,与 Spring Boot Admin 和 Spring Boot Actuator 的组合模式相同。

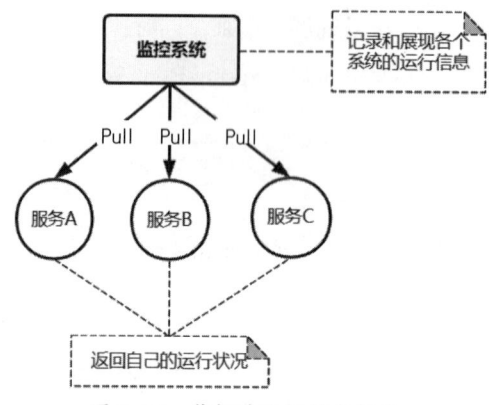

图 3-37　监控系统拉模式架构

混合模式就是同时采用推模式和拉模式的组合。

3.10　分布式链路追踪

分布式服务的典型特点是调用关系复杂,用户发起的一次请求可能经过一系列相关的服务调用才能完成整个业务,具体的调用链路是什么,每个微服务处理的时间有多长,哪个链路快,哪个链路慢,哪个服务节点是业务瓶颈,这些很难去分析和判断。微服务调用链路如图 3-38 所示。因此,微服务需要一个重要的能力就是链路追踪能力。

第 3 章
分布式微服务架构设计

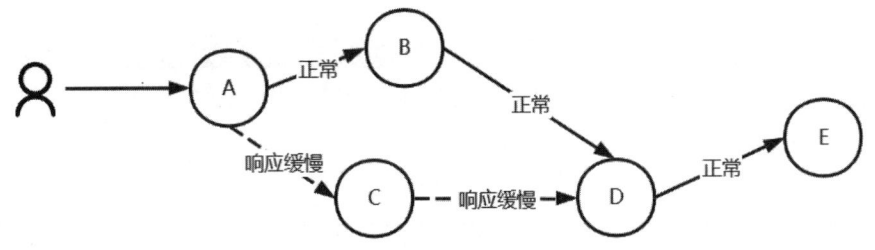

图 3-38 微服务调用链路

如图 3-39 所示，某个业务的请求过程为用户 → A → B → C，应答过程为 C → B → A → 用户。怎样用一张表来记录整个交易链路关系、每个节点的耗时，以及任意两点之间的耗时呢？

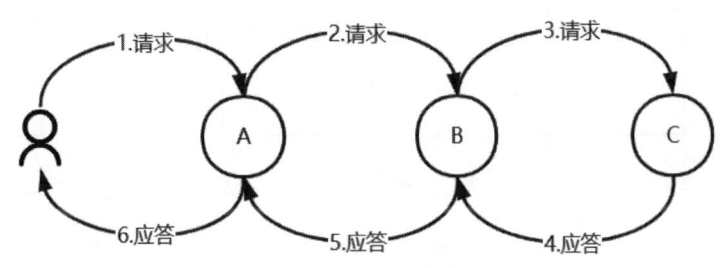

图 3-39 链路调用请求应答

首先可以设计一张链路追踪记录表，如表 3-1 所示。

表 3-1 链路追踪记录

字段	说明
TraceID	一笔业务的唯一 ID
Service	微服务的名称
ParentSpanID	父级远程调用 ID
SpanID	一次远程调用的唯一 ID
Type	记录类型：CS（Client Send，客户端发送请求）、CR（Client Receive，客户端接收应答）、SS（Server Send，服务端发送应答）、SR（Server Recieve，服务端接收请求）
TimeStamp	发生时间点
Desc	说明信息

那么，图 3-39 整个交易过程的数据如表 3-2 所示。

表 3-2 链路追踪记录示例

TraceID	Service	ParentSpanID	SpanID	Type	TimeStamp	Desc
T01	A	NULL	S01	SR	10:10:10	A 收到用户的请求
T01	A	A	S02	CS	10:10:11	A 发送请求给 B
T01	B	A	S03	SR	10:10:12	B 接收到来自 A 的请求
T01	B	B	S04	CS	10:10:13	B 发送请求给 C
T01	C	B	S05	SR	10:10:14	C 接收到来自 B 的请求
T01	C	C	S05	SS	10:10:15	C 发送应答给 B

续表

TraceID	Service	ParentSpanID	SpanID	Type	TimeStamp	Desc
T01	B	C	S04	CR	10:10:16	B 接收到来自 C 的应答
T01	B	B	S03	SS	10:10:17	B 发送应答给 A
T01	A	B	S02	CR	10:10:18	A 接收到来自 B 的应答
T01	A	A	S01	SS	10:10:19	A 发送应答给用户

将表 3-2 中的数据标记到链路图中，如图 3-40 所示，T01 作为 TraceID 会在整个交易链路中被逐级传递下去，因此使用 T01 就可以查询到整个交易链路，在什么时间经过了哪些节点。

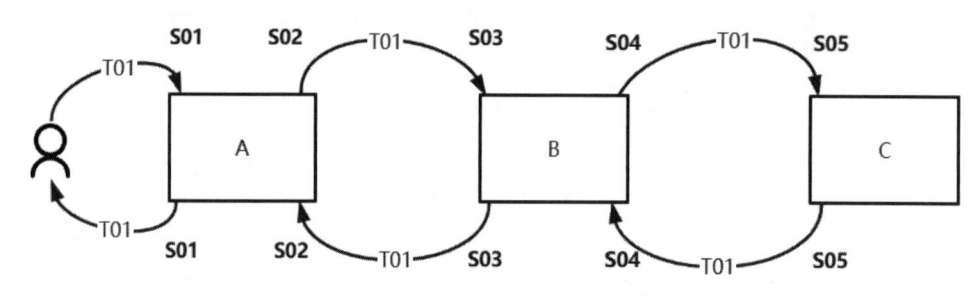

图 3-40 交易链路记录

整个交易被分为 S01~S05 共 5 个区间段，S01 结束时间减去 S01 开始时间就可以得出交易总耗时。同理，S03 结束时间减去 S03 开始时间就可以得出服务 B、C 的总处理时长。同理，就可以计算任意两点之间的耗时情况。

（1）计算服务 A 和服务 B 之间的总耗时：用 S03 开始时间减去 S02 开始时间。

（2）计算服务 B 的总耗时：用 S03 结束时间减去 S03 开始时间。

（3）计算服务 C 接收到用户请求的总耗时：用 S05 开始时间减去 S01 开始时间。

链路追踪的开源服务有很多，SkyWalking 是其中较好的一款，以下内容来源于 SkyWalking 官网，如图 3-41 所示。

SkyWalking 是一个可观察性分析平台和应用程序性能管理系统。提供分布式跟踪、服务网格遥测分析、度量聚合和可视化多合一解决方案。支持 Java、.Net Core、PHP、Node.js、Golang、Lua、C++ 代理、Istio+Envoy Service Mesh。

Pinpoint 也是一款十分优秀的分布式系统监控服务，如果使用 Spring Cloud 框架，则可以使用 Sleuth+Zipkin 的组合。

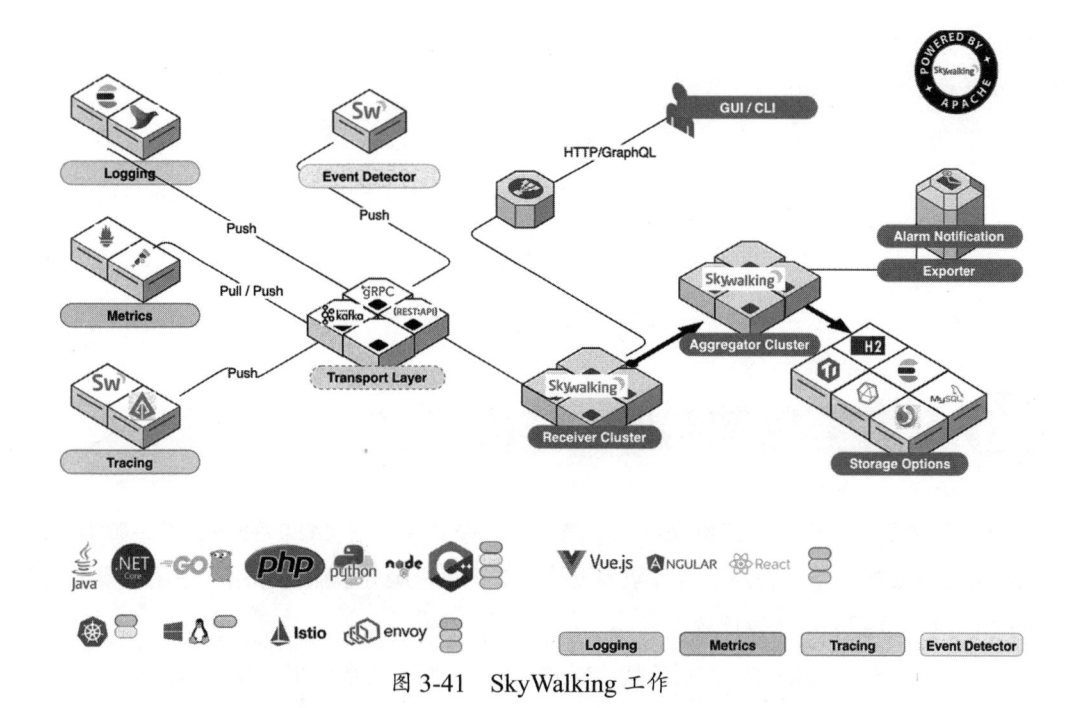

图 3-41 SkyWalking 工作

设计思考：链路监控的核心设计是什么？

TraceID 链式传递设计，对于任何需要追踪整体链路的业务，都需要设计一个唯一的 TraceID，采用逐级传递，逐级记录的方式。一般 TraceID 要放在整个交易报文的头部，或者 HTTP 的 Header 中。

不只是在远程调用过程中，在本地程序调用过程中也可以采用这种记录方式，从而形成一个调用树结构，每个节点的耗时都可以一目了然。

每个方法、每个服务的调用过程都可以构建成一棵调用链路树，每个方法或服务都是树上的一个节点，如图 3-42 所示，都可以分配一个 SpanID（S01,S02,…,S06）作为方法或服务的标识（代表一个运行区间），以 ParentSpanID 代表该父方法或服务（调用者）。

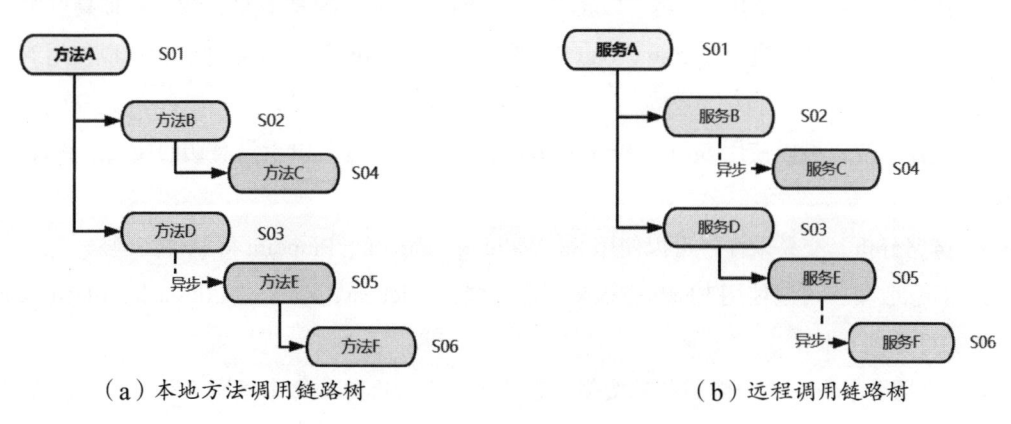

（a）本地方法调用链路树　　　　　　　　（b）远程调用链路树

图 3-42　调用链路树

例如，方法 C 或服务 C 的 SpanID=S04，ParentSpanID=S02，父节点的 SpanID=S02，描述的具体含义就是 S04 被 S02 调用。

在服务和方法的调用过程中，最容易被忽略的就是异步调用，一定要将 TraceID、SpanID、ParentSpanID 也传递进去，否则就会造成不知道异步程序是由谁调用的，处理的是哪一次业务请求，也无法跟踪具体的开始时间和结束时间。

3.11 大型互联网微服务架构

大型互联网系统架构必须支持高可用、高伸缩、高并发、安全性的特性。图 3-43 所示为一种基于 Spring Cloud 的大型互联网微服务架构设计，对于每个服务节点的作用和使用场景可以总结为以下 11 项，作为通用的架构设计蓝本。

（1）四层负载：使用 CDN、硬负载、Nginx 集群、网关集群组成四层负载架构，有效保证超高并发和海量请求可以进来。CDN 保证静态资源的加载速度，同时不让过多的流量涌入占用大量带宽资源；硬负载将流量负载到 Nginx 集群；Nginx 集群将请求继续负载分发给网关集群；网关集群将请求继续负载分发给上游服务。

（2）限流降级：在系统承压巨大的情况下可以在 Nginx 和网关层进行服务限流和 API 降级、熔断，保证系统的可用性，避免出现雪崩现象。

（3）Nginx 负载：可以在 Nginx 前面再部署 LVS 或 HAProxy 增加一层负载，进一步提升请求接入能力，也可以将 Nginx 替换为 LVS 或 HAProxy。

（4）网关集群：网关可以使用 Zuul 或 Spring Cloud Gateway 搭建集群，Spring Cloud Gateway 的性能更高，网关层可以通过 Hystrix、Sentinel 做限流、熔断、服务降级。

（5）注册中心：可以使用 Nacos、Consul、Eureka、Zookeeper 等软件搭建，保证高可用。

（6）配置中心：可以使用 Spring Cloud Config 组件配合 Git 或 SVN 搭建，也可以使用 Nacos、Consul 等软件搭建。

（7）监控系统：可以使用 Spring Boot Admin 搭建监控服务，由于没有访问压力，因此也可以部署单节点。

（8）链路分析、交易采样：可以使用 SkyWalking、Zipkin、Pinpoint 等软件搭建。

（9）日志收集：可以使用 Elastic Stack 搭建，包含 Filebeat、Kafka、Logstash、Elasticsearch、Kibana 等，可参见 6.8 节。

（10）微服务节点：每个微服务都按照一定的领域进行拆分，每个微服务都对应自己独立的关系型数据库。

（11）数据库：数据库要提前预估数据量，做好分库分表设计。以关系型数据库为主，以MongoDB、Redis、Elastic、HBase等数据库为辅。

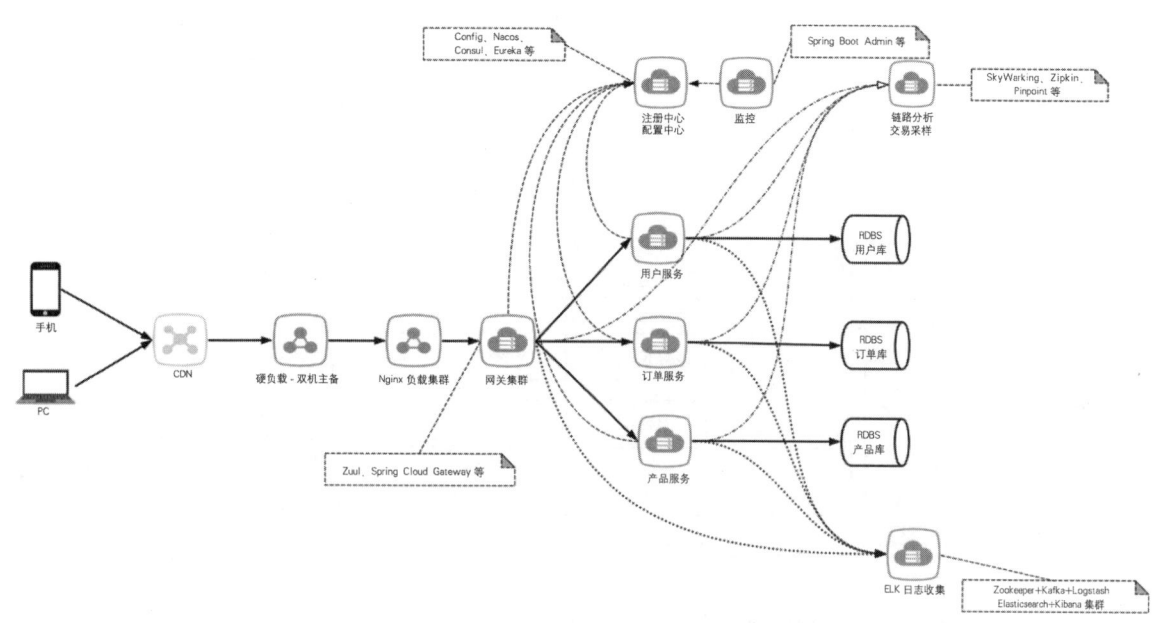

图3-43 基于Spring Cloud的大型互联网微服务架构设计

也可以换个角度来理解一下微服务的分层架构，微服务架构从上到下可以分为客户层、负载层、网关层、业务层、中间件层。微服务分层架构如图3-44所示。

（1）客户层：Web、iOS、安卓、小程序等各种客户端，以互联网方式访问微服务。

（2）负载层：利用F5等硬负载设备，HAProxy、Nginx等软负载设备，DNS域名解析等对海量的互联网请求进行多级负载和静态资源缓存。

（3）网关层：对客户端请求进行限流、降级、安全控制、日志记录、加解密、反向代理、交易路由、交易负载等一系列处理。

（4）业务层：负责具体系统业务的处理、外联服务的接入，以及微服务的治理。

（5）中间件层：提供数据库、消息队列、缓存、文件存储等一系列存储和消息服务。

（6）服务治理区：如图3-44所示，服务治理区包含了微服务架构的重要支撑服务，如注册中心、配置中心、服务监控、链路追踪、日志收集等，网关层和业务层都要与服务治理区紧密连接。

（7）外联服务区：如图3-44所示，外联服务区主要指系统所对接的支付宝、微信等第三方服务，与当前微服务系统存在相互的调用关系。

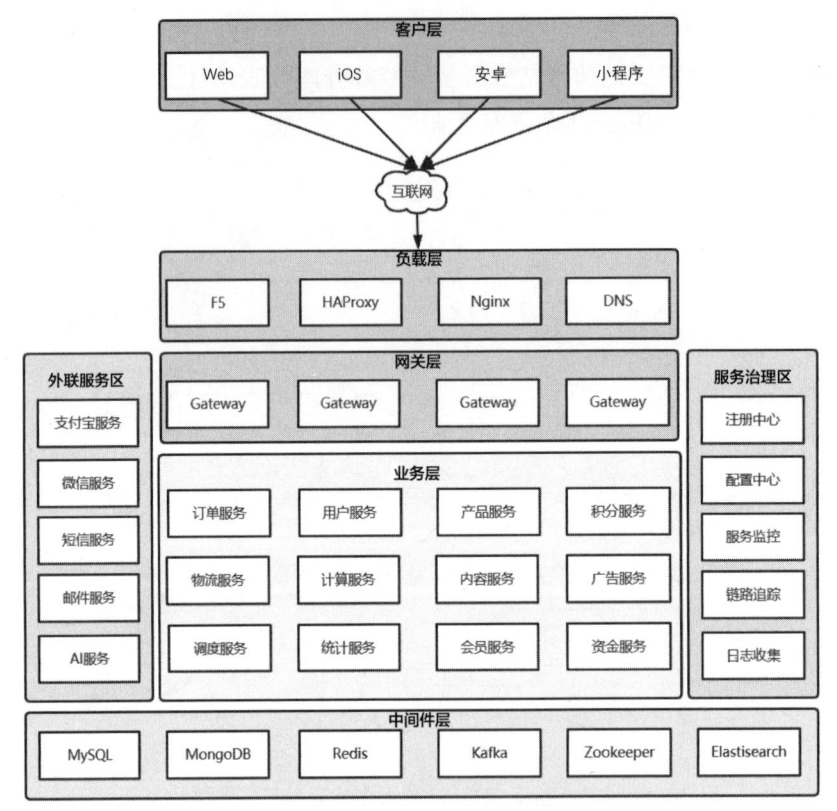

图 3-44 微服务分层架构

3.12 微服务改造的六大原则

很多企业一开始并没有使用微服务架构，而是需要从传统架构演变到微服务架构，在进行微服务改造的过程中要遵循六大原则。

1. 不要为了使用微服务而使用

有些公司不考虑实际的业务场景和用户规模，一律采用微服务架构开发，目的只有一个，就是让自己的系统看起来高端而已。对于一些中小企业的内部管理系统，用户数量较少，业务也不复杂，变化极少，这时采用单体架构可能是一种更加简单高效的做法。

2. 不要妄想完美架构，要用进化的眼光看架构

要清楚地认识到不存在完美的设计和架构，很多人在系统设计初期就希望考虑到所有问题，把系统设计得极其庞大、复杂，尽量地去除所有的耦合，导致前期开发投入巨大。但是，随着业务的发展，发现业务量根本没那么大，或者架构依然要进行很多的改造。淘宝网早期也是单体架构，一个 WAR 包支持所有服务，经过十来年的不断演进才形成了分布式微服务架构，好的架构是不断迭代、升级、改造出来的，而不是一蹴而就建造出来的。

3. 微服务拆分没有绝对的标准

把每个接口作为一个微服务，或者把 10 个接口作为一个微服务，或者按照代码量拆分，多少行代码拆分为一个微服务。在笔者看来这种做法是不妥的，应该按照业务高内聚、低耦合的原则，先按照领域进行划分，再按照业务量进行划分。例如，一个电商系统可以拆分为用户、产品、库存、支付几个微服务，如果业务量较大，则可以继续拆分，如支付服务可以继续拆分为集团支付、个人支付、对公支付、对私支付、单笔支付、批量支付等微服务。

4. 不要忽略非功能性设计

例如，交易统计、埋点分析、日志收集、链路追踪等，由于这些设计并不会影响业务的正常流转，所以经常被忽略。随着业务复杂性不断升高，微服务数量不断上升，交易链路变得越来越复杂。当要排查一些问题时，我们就会变得十分被动和痛苦。例如，淘宝的一次下单交易，涉及两百多个微服务的相互协作，如果没有完整的链路跟踪、日志记录、交易分析的工具，则是不可想象的。一次交易涉及五六个服务协作，开发人员就很难记忆了，更何况这种交易很多，完全靠人脑和文档记忆是不现实的。

5. 环境网络隔离、权限隔离

使用微服务的好处是只要服务注册到注册中心上，就可以被其他服务感知到，就可以提供服务。如果因为误操作导致把测试环境的微服务注册到了生产的注册中心上，就会导致生产数据落地测试环境，后果十分严重，相反生产环境注册到测试环境，也需要隔离。

6. 重视容器化持续集成和部署

一旦大面积应用微服务架构就会面临服务节点快速增加，依赖关系复杂的问题。进行系统发布时就不单单只是一个 WAR 包的问题了，而是需要考虑先发布哪个节点，后发布哪个节点，如何进行自动化编译、打包、测试、发布，因此容器化持续集成和部署就变得至关重要。

3.13 章节练习

1. 微服务是一种什么技术？

这是典型的陷阱题，微服务并不是一种技术，而是一种架构风格和解决方案。

2. 微服务架构的演变过程是什么？

单体架构/集群架构→SOA 架构/ESB 架构→微服务架构。

3. SOA 架构/ESB 架构与微服务架构的区别是什么？

微服务架构是 SOA 架构更加细粒度的拆分，两者都属于多服务协作的分布式架构。ESB 架构是 SOA 架构的一种实现方式，但是由于 ESB 的引入导致 SOA 产生了中心化问题，而微服务架构是提倡去中心化的。SOA 架构的目的是更好地做系统集成，微服务架构的目的是更好地做系统拆分，两者相辅相成。

4. 微服务架构的优缺点分别是什么？

微服务架构的优点：分布式去中心化；服务伸缩性更好；服务自治能力；服务内聚更高，耦合更低；敏捷开发；异构开发；对硬件要求降低。

微服务架构的缺点：拆分粒度难以界定；增加了运维难度；交易流程变得复杂；网络延迟增加。

5. 服务注册与发现是什么，它能解决哪些问题？

服务注册：当微服务启动时，将自己本机的 IP 地址、端口、服务名称等元数据信息发送至注册中心。

服务发现：当微服务需要调用其他微服务时，可以从注册中心及本地注册表获取到其他服务的 IP 地址、端口、服务名称等信息进行调用。

服务注册与发现实现了服务的自我感知，可以随时增加微服务节点进行水平扩展。当服务发生故障时，可以自动剔除节点，从而达到自治的效果，让整个系统的可用性和伸缩性变得更高。当服务的 IP 地址、端口等信息发生变化时，也不需要调整代码。

6. 注册中心怎样高可用？

思想还是利用冗余、数据同步和故障转移技术。

例如，Eureka 可以部署多个服务节点，节点之间相互复制，多个节点同时对外提供服务，当某个节点发生故障时，则剔除故障节点。

Nacos、Consul、Zookeeper 也可以部署多个节点，节点之间数据相互复制，同时使用选举算法确定 Leader 和 Slave 服务，保障服务高可用和故障自动转移。

7. 注册中心是怎样检测服务是否正常的？

心跳检查机制，注册中心会定期地向所有微服务节点发送心跳检查请求，如果微服务能够正常应答，则代表服务正常；如果微服务多次无法应答，并且达到设定的阈值，则认为服务已经不可用，从而将其从注册表中剔除。

还有一种方式是反向的过程，由各个微服务主动向注册中心报告自己的健康状况。如果注册中心在一定时间内收到的报告小于某个阈值，则认为服务已经不可用，从而将其从注册表中剔除。

8. 客户端负载均衡和服务端负载均衡有什么区别？

客户端负载均衡：由客户端根据负载算法直接请求目标服务器，整个过程在客户端完成，无须借助其他负载硬件或软件。

服务端负载均衡：需要借助负载硬件或软件，由负载均衡器根据算法选择将请求转发给特定的微服务。

9. 微服务架构中客户端负载均衡的实现原理是什么？

当某个微服务需要调用其他微服务时，先根据被调用方的服务名称获取到它的所有服务列表。

例如，被调用的服务部署了 3 台服务器，则返回 3 个 IP 地址和端口，这时客户端就可以根据负载策略进行选择，再将请求发送至选定的服务即可。

10. 微服务架构中客户端负载均衡策略有哪些？

轮询策略、最小并发数策略、最小连接数策略、可用性过滤策略、响应时间权重策略、重试策略、随机策略、可用区域策略。每种策略的作用可参见 3.5 节。

11. 微服务中熔断的作用是什么？

熔断的作用类似于保险丝，对系统起到一种保护作用，提高系统的容错性，当系统发生故障时，避免情况恶化和扩散。

避免复杂分布式系统中服务失效所引发的雪崩效应，在大型的分布式系统中，存在各种复杂的依赖关系。如果某个服务失效，则很可能会对其他服务造成影响，形成连锁反应。

12. 服务降级、回退（Fallback）是什么？

当某个接口服务因压力过大、故障等原因导致频繁的响应超时时，就可能触发熔断。为了保证交易的完整性，可以返回一个预先设置好的应答消息，如"当前服务繁忙，请稍后再试"，这就是 Fallback。这样会造成用户体验下降，但是却避免了服务发生雪崩，影响其他微服务，这种容错机制就是服务降级，Fallback 是实现服务降级的一种方式。

13. 网关都有哪些功能？

网关主要具有八大功能：身份验证和安全、洞察和监测、动态路由、压力测试、服务限流、负载分配、静态资源代理、多区域弹性。详细说明可参见 3.7.2 小节。

14. 如果微服务架构中所有服务调用都必须通过网关中转，有什么优缺点？

优点：可以利用网关的身份验证、安全控制、日志记录、访问限流功能，减少其他微服务的开发量，做到接口调用的统一过滤与管理。

缺点：会使微服务架构变为类似 ESB 的集中式架构，当网关发生故障时，就会影响全部的微服务，降低系统稳定性。同时，由于服务调用比点对点调用多经过了一个节点，因此会导致网络延迟增加。

15. Nginx 是否也可以作为微服务的网关使用？

Nginx 同样具有反向代理、负载均衡、服务限流、故障转移能力，因此它也可以作为微服务的网关使用。

3.14 案例设计

1. 场景设计题：大型互联网电商微服务案例设计

请使用微服务架构设计一个大型互联网电商系统，系统要满足如下要求。

（1）类似于淘宝，要同时支持个人的商品购买、商家的产品上下架和日常运营。

（2）个人用户要具有搜索和查看商品、下单支付、维护订单、查看物流、评价等功能。

（3）商家用户要具有商品上下架、库存管理、发货、物流管理、活动促销等功能。

（4）系统要具有 99.99% 的极高可用性，同时支持秒杀、活动大促等高并发场景。

（5）商家产品、用户评论都要支持文字、图片、视频形式。

（6）支撑日活用户量达到 5 亿级别。

如果您作为企业的系统架构师，会怎样进行系统设计，需要考虑哪些内容？

2. 设计思路指引

（1）按照微服务的架构特点，先进行主题域的抽象，主要涉及用户、商品、库存、支付、订单、物流、评价、营销几大主题域。所以，微服务的划分也主要按照主题域进行拆分，可分为用户、商品、库存、支付、订单、物流、评价、营销共 8 个微服务群。

（2）每个微服务群都应该具有自己独立拆分的数据库；根据各自微服务的特点可以采用不用的数据库存储结构。主要采用关系型数据库，以全文检索数据库、文档型数据库作为辅助，以支撑海量的评论信息、图片介绍信息、商品检索信息的存储。

（3）除八大业务微服务外，还涉及用户的认证授权、短信、邮件、消息的发送，系统的监控、链路追踪，服务网关、配置管理。因此，还要加入认证中心、消息中心、监控中心、链路追踪、网关、配置中心共六大公共微服务。

（4）系统要求具有极高的可用性，因此微服务要采用无状态开发，各节点必须进行水平扩展，并借助容器化技术进行快速的持续集成和部署。

（5）系统中存在大量的图片、视频等静态资源文件的存储和查询，因此应该采用对象存储、分布式文件存储，提高存储的水平扩展能力，同时使用 CDN 提高全国各地用户的访问速度，并减轻服务端压力。

（6）系统存在秒杀、活动大促等高并发访问情况，因此系统必须采用多级缓存策略。在活动开始前进行数据预热，将热点数据加载到缓存中以应对高并发请求。

（7）系统必须具有熔断降级能力，避免某个微服务故障导致系统发生雪崩。

（8）由于日活用户量巨大，同时具有海量的产品信息，因此数据库必须采用伸缩性设计，或者进行节点预留，提前进行分库分表。

（9）库存、订单、支付数据库要求具有较高的一致性，需要重点解决分布式事务问题，互联网电商系统的可用性要更加重要，因此一般采用最终一致性的解决方案，并不使用强事务。

（10）系统会产生海量的程序日志，为了便于日志的使用，应该进行日志采集、清洗、存储、分析的架构设计。

第 4 章

登录功能架构设计

现代系统的登录方式多种多样，如密码登录、手机验证码登录、动态令牌登录、语音验证码登录、本机号码一键登录、人脸识别登录、语音识别登录、指纹识别登录、多端登录、多设备登录、单点登录、扫码登录等。

登录功能几乎是每个系统的必备功能，它的作用是对用户身份进行验证，只有通过验证的用户才能够进行系统操作。由于它的多样性和不可缺失性，因此登录设计并不如想象的那么简单。

每种登录方式都有其特点，都需要采用不同的设计方式，并且涉及 Session 会话、Token 令牌、OAuth 2.0、JWT 等众多技术。单体架构、集群架构、微服务架构在登录设计上又有不同的方法。

因此，千万不要低估登录设计的难度，下面将系统化地对登录功能架构设计进行讲解。

4.1 登录设计的复杂性

登录的核心流程和功能十分简单明了，只不过是对用户身份进行验证，但是在性能、可靠性、安全性等方面却有着特别复杂的要求，要充分地认识到登录设计的复杂性，不要被其简单的表象所迷惑。

登录流程如图 4-1 所示，包含以下 4 个步骤。

（1）用户在客户端输入用户名和密码，点击"登录"按钮。

（2）服务端从数据库查询账号信息。

（3）服务端核对用户名和密码是否正确。

（4）如果用户名或密码错误，则返回错误提示；如果用户名和密码正确，则跳转进入用户首页。

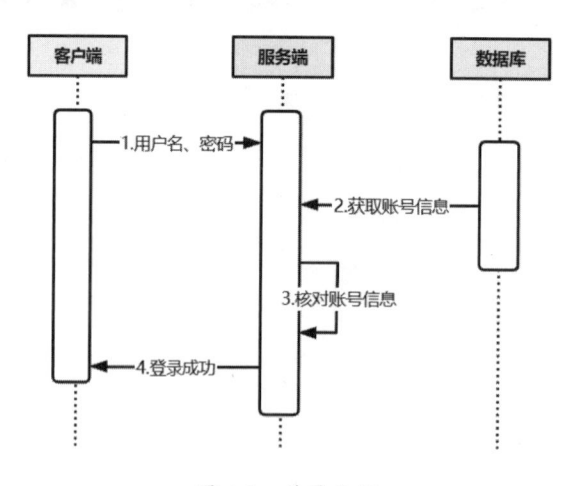

图 4-1 登录流程

登录流程看似简单，似乎没有什么需要设计的，那么请思考如下几个问题。

（1）怎样防止密码被暴力破解？

（2）怎样防止机器人模拟登录？

（3）高并发、海量用户场景下的登录如何顺畅？

（4）如果用户数量增长到上千万、上亿，登录还能否正常？

（5）密码怎样传输才能防止被网络抓包？

（6）密码复杂度怎样设计？怎样做过期策略和账号锁定策略？

（7）怎样支持手机、平板、PC等多设备登录？

（8）怎样支持安卓、iOS、小程序、公众号等多端登录？

（9）怎样做人脸识别、指纹识别、语音识别登录？

（10）单体架构、分布式架构、集群模式下登录有什么区别？

（11）手机号、邮箱、账号登录有什么区别？

（12）怎样做手机验证码登录？

（13）怎样做第三方授权登录？

（14）密码怎样存储才能不被开发人员窃取使用？

以上只是列举了部分问题，其实登录不仅不简单，而且极其复杂，由登录所衍生出的需求也非常多。例如，给用户发通知信息、记录用户登录轨迹、分析用户作息时间、分析登录行为等。

除了复杂性，登录功能的重要性也不可以忽视，其重要程度可以排在所有功能的第一位，登录设计为什么会如此重要，主要有以下4个方面的原因。

（1）一旦登录不可用，将会直接带来巨大的经济损失。如果淘宝由于技术故障，导致一天无法登录，那么直接损失将达到几百亿元。如果是"双11"这一天无法登录，那么损失的就是几千亿元。

不仅对于互联网电商类系统是这样，对于企业内部系统依然如此，例如，如果资金收付系统、资金管理系统、财务系统无法登录，则可能导致一系列的财务问题。

所以，某个系统功能出现问题并不可怕，无法登录才是真正的可怕。

（2）登录是有权限类操作的大门，必须经过它的验证，才能够取得内部功能的使用权限。例如，如果无法登录支付宝，那么将无法使用它的转账、账单、基金、种树等功能，而大门一旦被人恶意攻破，后果将不堪设想，他人可以冒充你的身份进行转账、发虚假消息、购物等。

（3）登录承压巨大，对于淘宝、京东、微信等这一类2C的互联网产品，每天都达到几亿日活，就算去掉一些用户的免登录设置，其压力也是不可以忽视的。怎样在这种高并发、持续高压的状态下保持登录的可用性、稳定性，并不那么简单。

（4）登录是系统的脸面，如果出现无法打开登录页面，无法登录或登录失败，则会给企业形象带来巨大影响。

做系统的架构设计，一定要懂得一个道理，小功能未必不重要，也未必简单。任何简单的功能，当其使用量达到一定使用量级之后，都会变为极其重要的功能。

经过一系列的提问，可以总结出设计登录功能要从多个维度去考虑问题，架构师也需要具备较强的产品设计能力，如图 4-2 所示，包括以下 6 点。

（1）存储方式：数据存储在哪里？存储的结构是什么？

（2）交互方式：怎样交互数据？采用什么样的传输协议？

（3）登录方式：系统的登录方式是什么？不同的登录方式，设计和实现流程不同。

（4）校验方式：怎样定义登录成功、失败还是异常？

（5）安全设计：怎样防止攻击，保证登录可靠性？

（6）衍生需求：登录可以产生哪些附加价值？

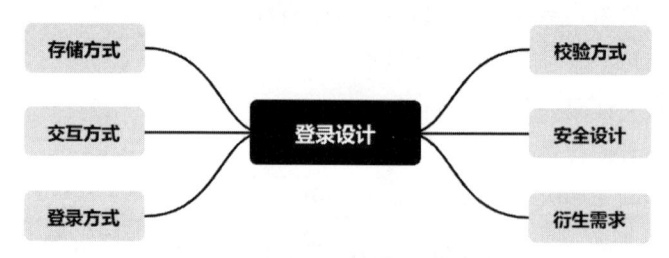

图 4-2 登录设计的范围

4.2 多类型账号密码登录设计

账号密码登录是最常用的登录形式，可以分为以下 3 种。

（1）用户名/账号/工号+密码登录：面向企业的互联网产品或内部管理系统的常用设计。

（2）手机号+密码登录：面向个人的互联网产品的常用设计。

（3）邮箱+密码登录：面向企业和个人的 PC 端产品的常用设计。

密码怎样在传输过程中不被窃取、不被开发人员破解盗用？对于密码传输和存储的安全设计，可参见 5.3.5 小节。

密码登录具有多样性，为了方便用户的使用，很多系统在登录页面都可以选择录入账号、手机号、邮箱任意一种，系统会自动根据用户填写的信息进行登录判断，图 4-3 所示为 App 用户登录原型。

如果读者对原型图的相关内容不了解，则可以先阅读以下基础知识内容。

图 4-3 App 用户登录原型

1. 什么是原型图？

原型图的作用是将抽象的系统需求，以直观的、可操作的、可交互的方式展现出来。让所有人可以直接地看到最终的系统界面和功能。

2. 现代的系统原型图与早期有何区别？

早期的系统原型图多是采用一些线框、草图，甚至是 Excel 来表示的，直观性不强，并且不具备交互性。例如，点击一个按钮弹出提示框，这个交互过程就很难表达。现代的系统原型图可以做到与最终系统的效果几乎完全相同，各种动态效果、事件、控件也极其丰富。

3. 企业中是如何使用系统原型图的？

企业中的工作流程是：产品原型（产品经理）→UI 设计（UI 团队）→系统开发（开发团队）→系统测试（测试团队）→系统发布（运维团队）。

（1）在系统正式开发之前，由产品经理根据需求进行分析，然后绘制系统原型图。经过多轮的研讨、评审才会确定最终可用于设计和开发的原型图。

（2）UI 团队根据产品原型图进行系统效果图的制作，具有完整的风格样式、字体、颜色、图标等，然后对图片进行各种尺寸标记和切图。

（3）前端团队根据 UI 设计进行系统界面的开发，后端团队根据产品原型图进行后端接口开发。

（4）开发完毕后，测试团队根据 UI 设计、产品原型图进行测试验收。

（5）由运维团队或开发团队完成系统的发布上线。

在整个工作流程中，产品原型贯穿于整个系统研发周期，具有十分重要的作用。

4. 企业中使用什么软件绘制原型图？

目前企业中普遍使用 Axure RP 绘制原型图。Axure RP 由美国 Axure Software Solution 公司开发，它能让操作者快速准确地创建基于 Web 的网站流程图、原型页面、交互体验设计、标注详细开发说明，并导出 HTML 原型或 Word 等开发文档。对于 App、小程序、Web 系统的设计均可以采用此软件。同时，国内还有"蓝湖""磨刀"等原型设计系统也比较优秀。

方案 1：服务端匹配设计。

登录交互方式如图 4-4 所示，此种方案下客户端只向服务端提交用户名和密码两个字段。由服务端判断用户名和密码的正确性。

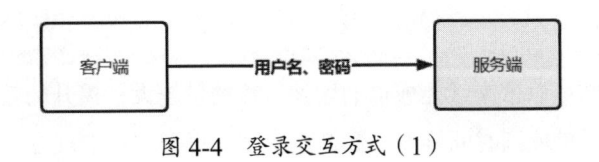

图 4-4　登录交互方式（1）

数据库用户表采用横向设计，将账号、手机号、邮箱分别存储在同一个表的不同字段中，如表 4-1 所示。

表 4-1 用户信息表的结构（横向设计）

字段	说明
id	主键
username	用户姓名
accountno	用户账号（唯一索引）
mobile	用户手机号（唯一索引）
email	用户邮箱（唯一索引）
password	用户密码

服务端采用 or 语句进行匹配，SQL 语句如下。

```
select * from t_user where (accountno=#{username} or mobile=#{mobile} or email=#{email} ) and password=#{pasword}
```

优点是无须明确知道用户采用何种方式登录，统一由后端系统匹配。

缺点是使用多个 or 语句会导致 SQL 的执行性能急剧下降，如果系统中存在大量的用户，则会导致查询极其缓慢；对于一些小型的内部系统可以采用，但是对于用户数量较大，并且存在高并发访问的系统，会导致数据库的承压过重，因此不推荐此种设计。

方案 2：客户端匹配设计。

登录交互方式如图 4-5 所示，此种方案下客户端需要向服务端多提交一个登录方式字段。例如，loginType=1（代表账号）或 2（代表手机号）或 3（代表邮箱）。由客户端根据正则表达式匹配出用户录入的登录信息为账号、邮箱，还是手机号。由于账号具有不确定性，因此前端需要先进行手机号、邮箱格式的匹配，如果两种都无法匹配，则认为用户录入的是账号。

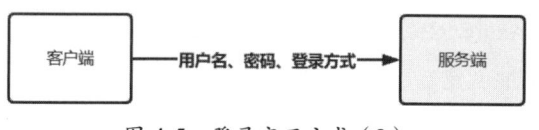

图 4-5 登录交互方式（2）

当然，正则匹配的过程也可以在服务端完成，这样登录接口可以少传入一个登录类型字段，但是依然建议采用客户端匹配的方式，可以减轻服务端的处理压力。

这样，服务端就可以根据不同的登录方式，执行不同的 SQL 语句。

```
select * from t_user where accountno=#{username} and password=#{pasword}
select * from t_user where mobile =#{mobile} and password=#{pasword}
select * from t_user where email =#{email} and password=#{pasword}
```

看似很小的改动，却可以带来性能成倍的增长，数据量越大，提升的效果越明显。对于任何涉及系统性能的设计，都要扩展到时间维度、数据量维度去思考。可能现在的系统只有几百个用户，但是随着时间和业务的增长，是否会出现几万、几十万、几百万个用户呢？

注意事项：对于以上两种设计方案，在账号、手机号、邮箱字段上一定要增加独立索引或复合索引来提高查询效率。

架构技巧：做设计时最忌讳的就是封闭思考，没有任何一个需求是孤立存在的，它一定和某些事物相关联。登录功能当然也符合这个原则，采用以上哪种登录方式往往与用户注册、找回密码、设置密码、绑定手机、绑定邮箱这 5 个功能关联。如果不进行统筹考虑，就可能造成功能缺失和设计缺陷。

4.3 三类验证码登录设计

常用的验证码登录方式有 3 种，分别是手机验证码登录、动态令牌登录和语音验证码登录。虽然邮箱也可以用于发送验证码，但是由于其在国内的普及度，以及需要登录邮箱之后再获取验证码，便捷性较低，所以使用较少。

不同的验证码登录使用的都是不同的实现技术，手机验证码登录涉及短信发送技术，动态令牌登录涉及动态密钥的计算技术，语音验证码登录涉及 TTS（Text To Speech，从文本到语音）技术。

4.3.1 手机验证码登录注册设计

手机验证码登录注册方式是目前使用比较广泛的登录方式，界面原型如图 4-6 所示，其优势主要有两个：（1）免去了用户的记忆成本，现在每个人都有各种系统账号和密码，很难记忆，如果设置为一样的，则又有很大的安全隐患；（2）登录的同时完成快速注册，用户无须再填写密码、确认密码等其他信息。

1. Token 技术基础知识

手机验证码、图片验证码、身份鉴别等场景会大量使用 Token 技术。在计算机领域中，Token 代表令牌，它一般使用在各种身份鉴别、认证授权的应用场景中。可以将 Token 看作一种暗号，当系统想要访问一些受保护的资源时，必须要先对暗号进行核对，从而保证安全性。

Token 就是一串字符，往往具有唯一性，代表一次认证授权的唯一标识。Token 的形式没有具体的规定，一串数字、一个 JSON 串、一段二进制代码都可以作为 Token。Token 中可以携带信息，也可以不携带信息。例如，可以将用户的账号加密在 Token 中进行传输，JWT 就是一种携带了信息的 Token 串（参见 5.8.3 小节）。

Token 具有有效期，为了保证安全性，Token 并不是永

图 4-6 App 手机验证码登录注册原型

久有效的，而是要进行定期失效和定期更换。因此，Token 往往结合 Session、Redis、Memcached 等使用。

2. 手机验证码登录注册设计

手机验证码登录注册流程如图 4-7 所示，包含以下 8 个步骤。

（1）用户在客户端输入手机号，点击"获取验证码"按钮。

（2）客户端向服务端发送请求，获取短信验证码。

（3）服务端向用户手机发送短信验证码。

（4）服务端生成 Token 并返回给客户端，目的是将验证码、手机号、Token 绑定，增加安全校验，这一步也是被大多数设计者经常忽略的一步。

（5）用户将接收到的手机验证码录入页面中，点击"登录"按钮。

（6）客户端携带用户输入的短信验证码，以及 Token 请求服务端。

（7）服务端校验用户提交的验证码与 Token 所对应的验证码是否匹配并且有效。如果数据校验通过，则检查此手机号是否已经注册。如果没有注册，则直接生成默认的账户信息，待用户后续完善，同时记录用户登录的 Session。

（8）服务端返回登录成功，客户端跳转页面，完成登录。

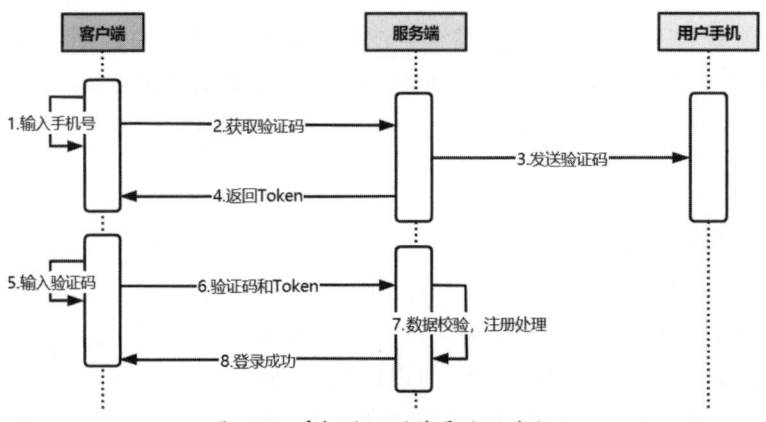

图 4-7 手机验证码登录注册流程

拓展思考 1：第 1~2 步，发送短信验证码的服务是开放式服务（无须登录即可调用），因此存在被攻击的风险，怎样防止攻击，可参见 7.2 节。

拓展思考 2：第 3 步，服务端发送短信验证码不可以使用 MQ 或异步发送方式，登录注册验证码短信的特点是实时性要求很高，用户点击"获取验证码"按钮必须在 60 秒内收到，否则用户就会重新发送，或者失去耐心。因此，对于验证码类短信要采用同步发送机制，并且需要将短信是否已发送的状态反馈给用户。

拓展思考 3：第 4~7 步，如果没有 Token 机制，那么会有什么风险？例如，在用户的手机上植入木马盗取短信信息，一旦获取到用户的验证码就可以直接在其他设备使用，而与具体的执行环境无关。Token 机制要求短信验证码和 Token 必须一一对应，并且 Token 存储在获取手机验证码的设备上，这样即使用户的短信验证码泄露了，但是其他手机上并没有本验证码对应的 Token，因此依然无法完成登录。

4.3.2 动态令牌登录设计

如果你开通银行的个人网银业务，就会得到类似图 4-8 所示的设备，上面的密码每隔 1 分钟刷新一次，因此也叫作动态口令。在网上银行办理业务时需要录入上面的密码，通过校验才可以登录成功，或者在支付环节也需要输入。

图 4-8　网银动态令牌

动态令牌登录的核心思想是提供一个软件或设备，根据一定的算法，每隔 60 秒生成一组动态验证码，一般为 6~8 位数字，在用户登录时必须输入此动态验证码。

QQ 安全中心、腾讯手机管家、网银动态口令、U 盾都属于这种设计。动态验证码的好处是一次一密，无须记忆密码，无须发送短信，无须联网，没有任何其他成本，配合用户名和密码做二次校验，可以具有更高的安全性。

图 4-9 所示为腾讯手机管家动态令牌，中间所显示的 6 位数字就是腾讯手机管家生成的动态令牌，每隔一段时间更换一次，这是一种基于软件的实现方式。

思考：银行下发的网银动态口令设备，不与任何服务器联网，而动态令牌每分钟刷新一次密码，服务器是如何验证它是否正确的呢？

动态令牌有一个唯一标识码，在银行办理网银业务时，会与客户的银行账户绑定。这样就完成了动态令牌、银行账户、银行系统三者之间的绑定。动态令牌与银行系统之间是通过银行账户而联系在一起的，如图 4-10 所示。

图 4-9　腾讯手机管家动态令牌

图 4-10　动态令牌绑定关系

虽然存在绑定，但是设备并没有联网，服务器又是如何校验动态口令的正确性的呢？这就要了解 TOTP（Time-Based One-Time Password Algorithm，基于时间的一次性密码算法）技术。

动态令牌设备本身是有电源和芯片的，其中包含时钟设备，虽然与银行服务器无法保持百分之百的同步，但是差别不会很大。如图 4-11 所示，动态口令设备在制作时就写入了固定的密钥，每个用户的密钥均不相同，借助特定的哈希算法就可以计算出动态口令。因此，动态口令的计算公式可以简写为 Hash(设备时间 + 用户密钥)= 动态口令。

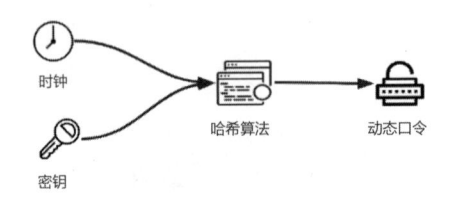

图 4-11 动态口令生成

使用动态口令的登录流程如图 4-12 所示。

（1）用户在个人网银页面录入用户名、密码，点击"登录"按钮。

（2）银行服务器校验用户名和密码是否匹配。

（3）如果用户名和密码匹配，则返回验证通过，并要求用户录入动态口令。

（4）用户从动态口令设备上查看动态口令，并录入系统中提交。

（5）客户端将动态口令提交给银行服务器。

（6）这一步最为重要。服务器根据当前的用户信息，找到用户所绑定的设备唯一编码，取出设备密钥，并根据当前服务器的时间，通过哈希算法计算出动态口令，即 Hash(服务器时间 + 用户密钥)= 动态口令。使用服务器计算出的动态口令，与用户提交的动态口令进行比对，如果匹配，则流程继续。

（7）给客户端返回登录成功。

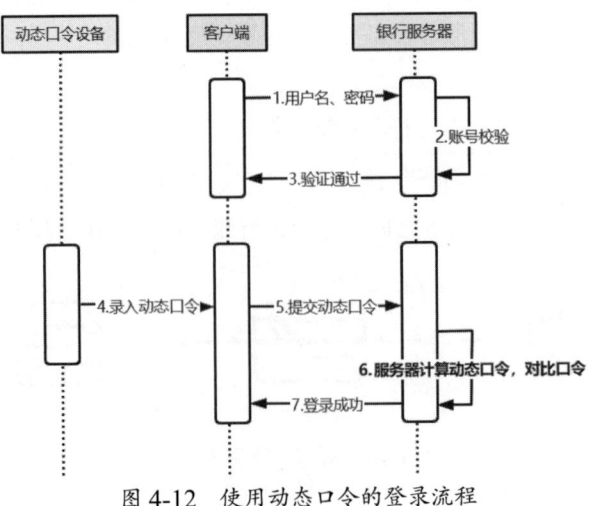

图 4-12 使用动态口令的登录流程

> **注意**
>
> 　　无论是电子口令设备还是服务器，都要保证在同一个时间窗口内计算的口令是相同的，这个时间窗口就是刷新时间，如 1 分钟。那么，在这 1 分钟之内，电子口令设备和服务器计算出的密钥都应该是相同的，这样两者才能够相互匹配。
> 　　因此，时间窗口越长，越便于用户录入，时间窗口越短则越安全，一般时间窗口设置为 30 秒或 1 分钟。

4.3.3 语音验证码登录注册设计

语音验证码登录是手机验证码的变种，为了解决验证码各种收不到而导致的用户体验问题，可以使用语音验证码作为补充手段。当短信验证码收不到时，用户可以选择使用语音验证码。

App 语音验证码登录注册原型如图 4-13 所示。当用户录入完手机号，点击"语音验证码"按钮时，将会提示用户注意收听来自 ××× 的电话，从而获取验证码。

图 4-13　App 语音验证码登录注册原型

语音验证码采用机器人主动拨打的方式，一般话术为"您本次业务办理的验证码为 ××××"，反复播放三次。

思考：语音验证码是如何发送出去的呢？如何主动给用户拨打电话？

下面通过阿里云的语音验证码服务来进行讲解。如图 4-14 所示，云通信是阿里云的语音通信产品。接入方将语音模板发送给云通信系统，云通信系统请求运营商完成语音呼叫，当用户接通电话时，通过 TTS 技术将文字内容转化为语音播放给用户。

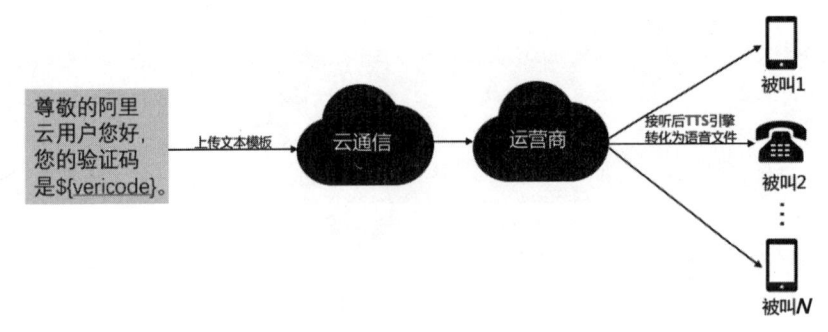

图 4-14 语音验证码发送流程

TTS 是人机对话的一部分，也就是文字转语音技术。

语音模板"尊敬的阿里云用户您好，您的验证码是 ${vericode}。"，其中 ${vericode} 为变量部分，由接入方系统生成并传入。

思考：用户接听到语音验证码，然后将验证码录入 App 中，那么服务端是如何验证验证码的正确性呢？

如图 4-15 所示，语音验证码登录注册的整个过程可以分为 3 个阶段。

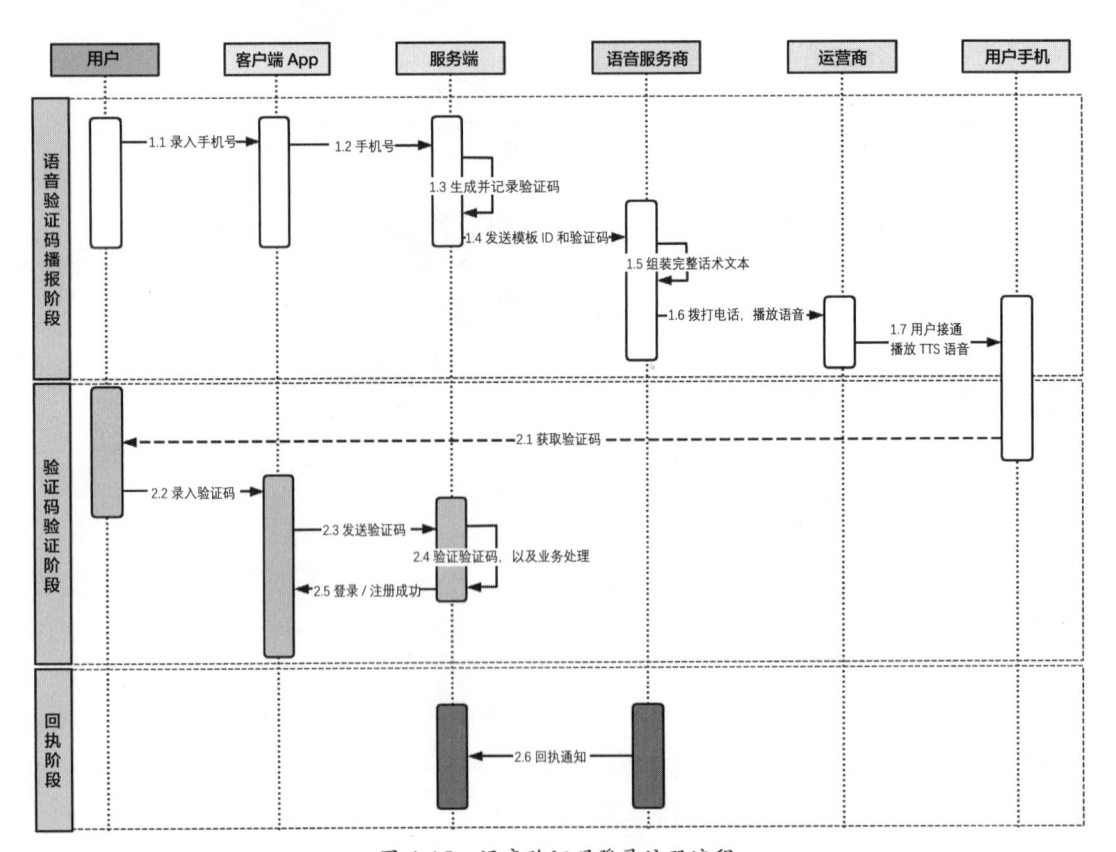

图 4-15 语音验证码登录注册流程

1. 语音验证码播报阶段

用户录入手机号，点击"语音验证码"按钮，App 携带手机号请求服务端，服务端生成数字验证码，并将验证码和语音模板 ID 一同发送给语音服务商（模板一般是在第三方语音服务商平台上先行申请定义）。语音服务商将验证码与模板内容进行拼装，形成最终的话术。然后通过运营商给用户拨打电话，用户接通电话后，播放 TTS 语音。

2. 验证码验证阶段

用户将收听到的语音验证码录入 App 中，提交给服务端，服务端与事先存储好的验证码进行比对，验证其有效性。如果有效，则完成登录/注册流程。

3. 回执阶段

回执分为两种，一种是异步回执，另一种是同步回执。回执的目的是将语音播报的结果通知给服务端。回执信息包含用户电话号码、播报 ID、播报状态（成功、失败）等。如果时效性要求较高，则应该使用同步回执，播报完毕后，语音服务商会主动回调服务端接口完成通知。

异步回执主要是通过批处理定时回调通知，或者 MQ 通知的方式完成，主要目的是进行数据同步和订单对账。

4.4 本机号码一键登录注册设计

使用手机号加验证码的方式存在以下 3 个缺点。

（1）注册登录流程长，在验证码录入正确的情况下需要 10~30 秒，一旦录入错误就需要更长的时间。

（2）可能由于用户黑名单、软件拦截、运营商黑名单、短信系统故障等导致用户无法收到短信验证码，从而造成用户在注册阶段流失。

（3）需要花费短信通道费用，并且短信验证码的发送存在被攻击的风险。

为了规避以上问题，可以使用一键登录注册的设计方式。

1. 一键登录注册的概念

手机号加验证码的方式主要是为了保证这个手机号是用户本人在使用，现在的手机号都已经实名制了，是否可以借助三大运营商的能力来验证用户身份，简化登录流程呢？

如图 4-16 所示，就是本机号码一键登录注册设计。出于安全考虑，客户端是不允许直接获取用户手机号的，但是运营商可以通过 SIM 卡数据获取到。获取到当前手机使用的手机号，直接使用这个号码进行登录，这就是一键登录。

图 4-16 本机号码一键登录注册原型

这种登录的好处是更加方便、快捷，用户不需要输入手机号，也不需要获取并填写验证码，流程一般缩短到只需要 2 秒，极大地提升了用户体验，降低了登录注册环节的用户流失率。

要想实现一键登录功能，必须依赖于运营商的开放服务，移动的互联网能力开放平台、电信的天翼账号开放平台、联通的 WO+ 开放平台都提供了该功能。三大运营商都采用了类似的认证授权流程，并且提供了相应的 SDK。

如果读者对 SDK 不了解，则可以先阅读以下基础知识内容。

SDK（Software Development Kit，软件开发工具包）代表的内容比较宽泛，一些软件、文档、示例的集合都可以称为 SDK，SDK 的目的是降低系统开发者的使用难度。

SDK 是对实现细节进行封装，只暴露出一些方法或接口给集成方使用。在程序开发中所依赖的 JAR 包、函数库等都属于 SDK 的范畴。

目前腾讯、阿里巴巴、百度等企业提供基础服务或集成服务，都会提供各种 SDK 和辅助文档，是一种友好的系统集成形式。

2. 一键登录注册流程

如图 4-17 所示，本机号码一键登录注册的整个过程可以分为 4 个阶段。

第 4 章
登录功能架构设计

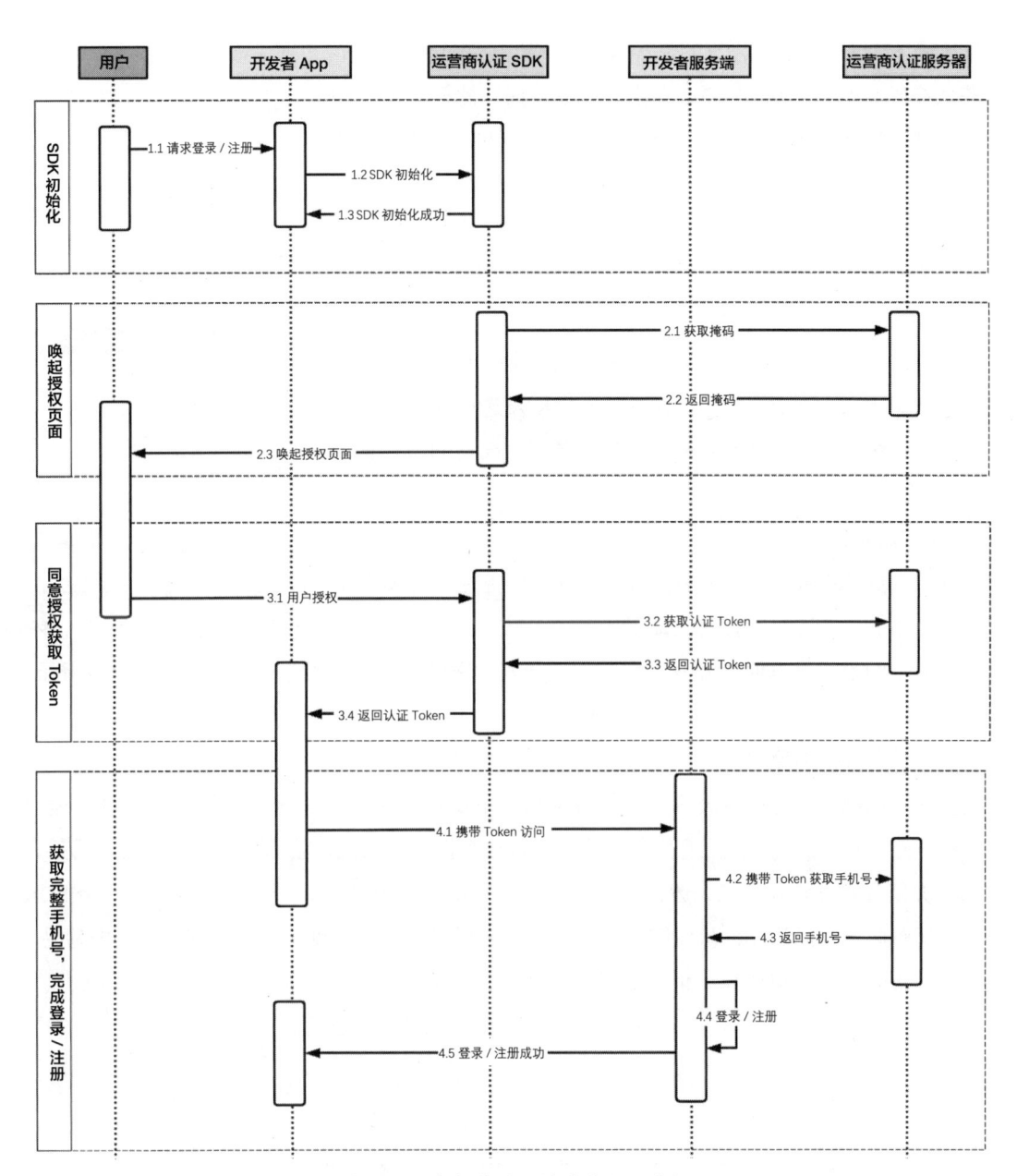

图 4-17 本机号码一键登录注册流程

（1）SDK 初始化。

App 想要使用运营商手机号认证功能，必须集成运营商提供的 SDK。用户打开 App 时，会调用 SDK 的初始化方法，需要传入运营商提供的 AppKey 和 AppSecret 进行认证，这一步其实就是环境的准备阶段。

（2）唤起授权页面。

运营商认证 SDK 会向运营商认证服务器发起请求，获取掩码（掩码就是 **** 遮挡的意思，如手机号掩码 187****3052），目的是不泄露用户真实手机号。

获取掩码后运营商认证 SDK 会唤起授权页面，此授权页面为运营商提供，因此对接方无法进行任何修改，只能在运营商允许的范围内进行配置。例如，京东的一键登录页面，如图 4-18 所示，此页面并不是京东开发的，而是由中国移动开发的，京东只能在运营商认证 SDK 提供的接口中进行配置，完成自己的个性化展示。

（3）同意授权获取 Token。

用户点击"本机号码一键登录"按钮，代表同意将自己的手机号授权给 App 开发者使用，则运营商认证 SDK 发送请求到运营商认证服务器，获取授权访问 Token，只有获取到 Token 才可以获得用户的完整手机号。

（4）获取完整手机号，完成登录/注册。

App 获取到 Token，携带 Token 访问开发者服务端，开发者服务端再携带 Token 去访问运营商认证服务器，此时运营商认证服务器才会将完整的手机号返回给开发者服务端。开发者服务端获得完整手机号之后，再完成登录/注册步骤（手机号存在则登录，不存在则注册）。

图 4-18　京东本机号码一键登录

3. 聚合服务解决方案

三大运营商都有自己的号码认证服务和 SDK，不仅开发方式存在一定差异，而且单独一家无法完整支持三家的号码认证，造成开发复杂化，对接成本提升。因此，就出现了第三方聚合服务。

第三方聚合服务整合了三大运营商的认证能力，如图 4-19 所示，开发者可以使用一个 SDK 来支持不同运营商的号码认证，从而统一了开发方式，降低了开发难度。目前，阿里云、网易易盾均提供了号码认证服务及 MobTech 的秒验等。

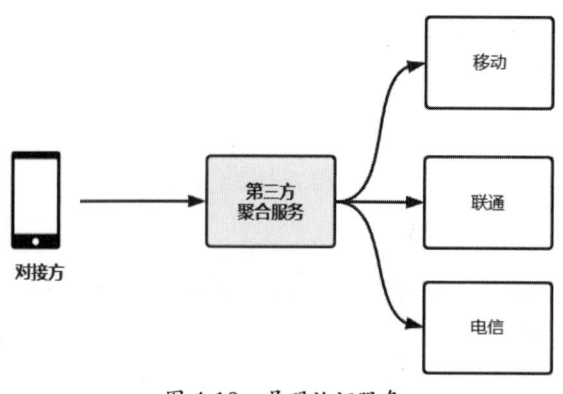

图 4-19　号码认证服务

认证服务的计费方式为完成一次认证计费一次，与短信相同，价格也相差无几。但是，短信验证码存在发送多次的情况，所以理论上来讲，号码认证服务能够节约更多成本。

4. 利用号码认证服务还能做什么？

除用于用户注册和登录使用外，还可以在很多的安全场景使用号码认证服务。例如，验证用户录入的手机号是否为本机号码，可用于手机号绑定、支付确认、积分兑换等需要具备安全校验能力的业务场景，提供仅限本机操作的安全风控机制。

4.5 人脸/语音/指纹识别登录设计

随着人工智能、生物识别技术的进步，现在人脸识别、语音识别、指纹识别的使用场景越来越多，它们是如何运作的呢？所有的对比类事件都必须包含两个过程：数据采集和数据比对。仔细回想一下，无论是账号密码登录、手机号密码登录、邮箱密码登录、验证码登录，都需要先进行注册，注册的目的是采集和记录信息，先将账号信息和密码信息进行保存，当再次登录时进行数据比对，从而确定数据的合法性。所以，无论人脸识别、语音识别、指纹识别技术如何变化，都必须遵从这个原则。

人脸识别总体上也分为数据采集和数据比对两个阶段。例如，购买了一部具有人脸识别功能的手机，初次使用时需要先将自己的人脸数据采集到手机中进行存储，下次再使用时才可以进行人脸识别比对，如图 4-20 所示。

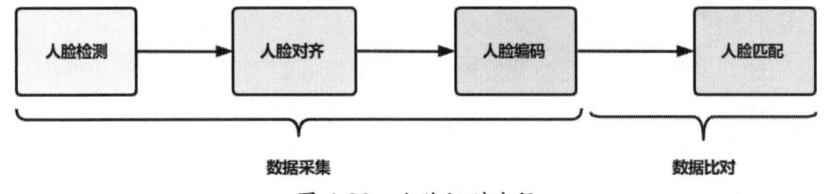

图 4-20 人脸识别流程

人脸识别登录分为人脸检测、人脸对齐、人脸编码和人脸匹配 4 个步骤。

（1）人脸检测：目的是确定影像中人脸的位置，标记人脸坐标，将影像从整个画面中剥离出来。

（2）人脸对齐：人脸识别时角度是不确定的，需要将不同角度的人脸图像进行对齐，形成一个标准。通俗来讲，就是通过各个角度的人脸模型，将眼睛、鼻子、嘴巴、耳朵、轮廓识别出来并标记清楚。

（3）人脸编码：将影像转化为特征向量，也叫作模板。最理想的情况下，同一个人的所有人脸都应该映射到相似的模板上。通俗来讲，就是将人脸影像转化为一串特征码，这串特征码就是人脸密码。

（4）人脸匹配：人脸匹配就是数据比对的过程，当用户进行人脸识别时，会先经过数据采集的3个过程得到人脸特征码，再和手机或服务器保存的特征码做比对，比对成功则进行登录。

人脸识别、语音识别、指纹识别的流程基本相同，从用户的人脸影像、语音文件、指纹图像中使用各种算法提取多个特征码进行存储。当用户登录时再次提取特征码，与已经保存的特征码进行比对。

语音识别在登录、校验等场景中应用的较少，主要是因为安全性较差。人脸识别可以进行活体检测，指纹识别可以进行真皮检测，从而确定是真实的人类，而语音识别无法确定。

> **注意**
>
> 各大厂商的手机不同程度地支持人脸识别、指纹识别。因此，在开发App时可以直接使用。但是，要看厂商的开放程度，一般只会开放指纹和人脸比对功能，而不开放指纹和人脸的源数据。手机厂商不会将人脸数据、指纹数据直接暴露给开发者，而是提供校验API，当开发者调用时，只返回识别成功、识别失败或匹配率。
>
> 人脸识别、语音识别、指纹识别涉及人工智能、机器学习、神经网络等学科，这里不再进行深入探讨。

4.6 多端登录设计

现在人们都处在一个多端和多设备的世界中，首先要区分多端和多设备的概念。多端是指一个系统可能开发了PC端、App端、Pad端、微信端、小程序端、车载端等。多设备是指不同的硬件环境，如3个手机、2台计算机、2个Pad。

对于多端应用的开发可以采用混合开发模式和跨平台方案实现，否则就需要安卓、iOS、H5多种工程师共同介入开发。

4.6.1 多端应用的开发模式

1. 客户端开发模式

客户端需要面临H5、安卓、iOS、小程序、公众号等多种运行环境、多种开发语言，这就需要有不同技术方向和能力的工程师，人员成本和时间成本都比较高。因此，很多企业都采用混合开发模式和跨平台方案实现。

（1）混合开发模式。

混合开发是现在应用最广的模式，具有体验好、成本低、速度快的特点。对于App的一级页面采用安卓和iOS原生开发，提升用户体验；对于App的二、三级页面采用H5开发，提高开发效率，便于后期维护和升级。

H5 的开发比重大于原生，由于 H5 运行在不同的环境中，页面展现形式和功能都会存在一些差异，因此 H5 无法避免要进行环境信息判断。

如图 4-21 所示，安卓端、iOS 端都要为 H5 提供统一的 API 进行信息封装，获取当前所处的环境信息，如操作系统、版本、机型、品牌等信息，对于用户的登录信息、业务信息也可以通过这种方式来进行传递。H5 通过判断所处的环境信息不同，而进行不同的页面展示。

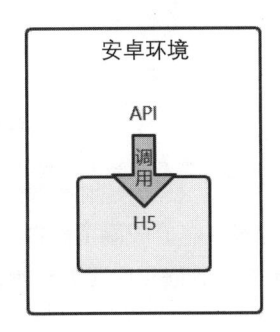

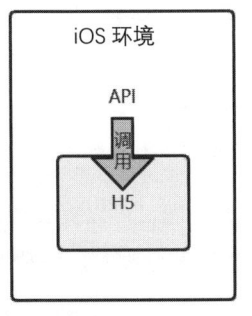

图 4-21　App 混合开发

Pad 端、微信端也是相同的原理，只是微信端是由腾讯的 JSSDK 提供 API 服务而已，本质都是相同的。

（2）跨平台方案

跨平台方案的目的是让开发人员只开发一次，打包出来的程序却可以运行在不同的环境中，达到一次开发到处运行的目的，同时带来接近原生的使用体验，类似的产品正在不断发展，下面介绍使用较多的两个框架。

① Flutter 框架：Google 的开源项目，可以让开发者使用一套代码高效地搭建多平台应用，支持移动端、Web 端、桌面端和嵌入式。Flutter 开源、免费，非常适合商业项目和个人项目。

② uni-app 框架：主打一次开发，多端覆盖。使用 Vue.js 开发所有前端应用的框架，开发一套代码可发布到 iOS、安卓、H5、各种小程序（微信 / 支付宝 / 百度 / 头条 /QQ/ 钉钉 / 淘宝）、快应用等多个平台。

2. 服务端开发模式

服务端开发模式有两种：独立服务端模式和整合服务端模式，如图 4-22 所示。

（1）独立服务端模式：每种客户端都对应独立的服务端项目，缺点是大量的重复开发，复用性较差，但是能够很好地支持各端个性化需求，隔离性高，不会相互影响。例如，安卓端的服务故障，不会影响 iOS 端使用。

（2）整合服务端模式：所有服务端聚合在一起，同时支持多端应用，优点是复用性强，降低开发量，缺点是各端个性化需求可能相互影响，增加实现的复杂度。

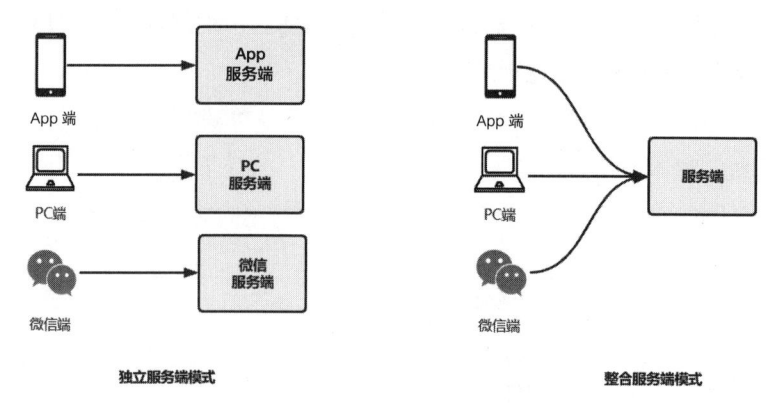

图 4-22 独立服务端模式与整合服务端模式的对比

整合服务端模式显然更加合理，可以提高产出效率，节约成本。但是，服务端经常要根据不同的客户端执行不同的流程，怎样区分呢？以注册为例，数据表中需要新增注册来源、注册方式字段，如表 4-2 所示。

表 4-2 用户信息表新增字段

字段	说明
注册来源	1 PC 端，2 安卓端，3 iOS 端，4 小程序端
注册方式	1 手机号，2 邮箱，3 微信
注册时间	发起注册的时间戳
……	……

这就要求接口在请求时，必须携带注册来源、注册方式字段。这种方式的弊端是需要不断维护注册来源的编码，甚至修改程序代码。

而应用信息配置设计，是一种扩展性更强的方案，思想来源于多租户的开放平台设计理念，将每个客户端进行定义，为其分配唯一标识符。将此标识符放在所有的请求信息头上携带，以供服务端进行判断，同时还可以起到安全控制的作用。应用信息配置部分字段如表 4-3 所示。

表 4-3 应用信息配置部分字段

字段	说明
SecretID	客户端的唯一标识
SecretKey	客户端密码
Appname	应用名称
Logo	应用 logo 图
AppType	1 安卓，2 iOS，3 浏览器，4 微信，5 小程序
Enable	0 停用，1 启用
Desc	简介信息
……	……

利用应用配置信息设计，整合服务端模式交互流程如图 4-23 所示。

（1）客户端请求服务端时，在请求头上携带 SecretID，客户端配置信息一般会加载到缓存如 Redis 中，提高查询效率。

（2）服务端从请求头中获取 SecretID，然后从 Redis 中查询完整的应用信息。

（3）判断应用的类型为 PC、安卓、iOS 等，然后执行不同端的个性化业务。

（4）给客户端应答。

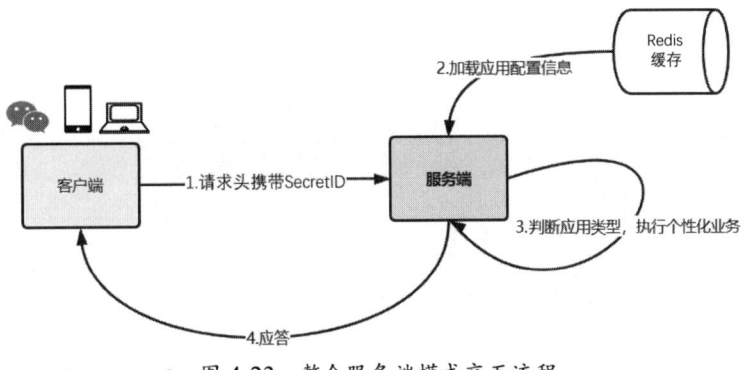

图 4-23　整合服务端模式交互流程

4.6.2　多端应用的会话保持

当使用 Token 模式替代传统 Session 时，过程如图 4-24 所示。客户端发起登录请求，服务端验证通过后，生成全局唯一的 Token，绑定用户信息，并将 Token 作为 Key 存入 Redis 中。Token 模式详细设计可参见 5.8 节。

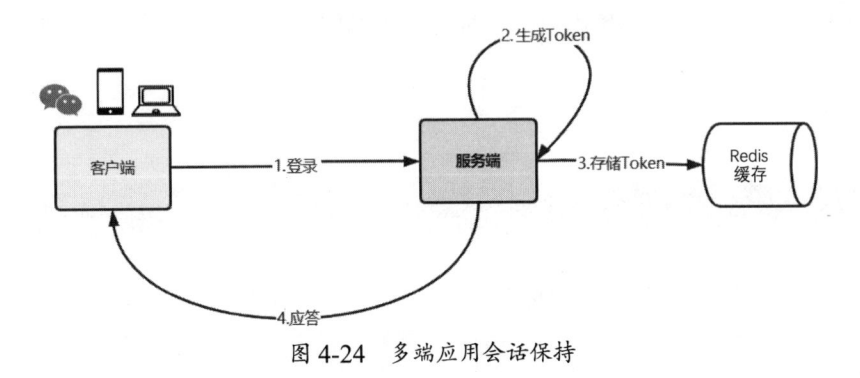

图 4-24　多端应用会话保持

对于多端应用，在设计时 Token 的存储需要进行隔离，否则在 Redis 中无法区分 Token 属于哪个应用，从而造成一些需求无法实现。

场景举例：当同一个用户从 App 端、PC 端、微信端登录后，Redis 存储如表 4-4 所示。

表 4-4　Token 未隔离存储

Key（Token）	Value
8f55c246-36c5-4bf4-ac98-315b3c51f8dc	{"name":" 尹洪亮 ","sex":"1","level":"A"}
24a81c37-03d6-4a26-a6cf-b87d43879649	{"name":" 尹洪亮 ","sex":"1","level":"A"}
d0e27fbd-7ccc-41aa-bff3-2e3c9b1cd172	{"name":" 尹洪亮 ","sex":"1","level":"A"}

各端的 Token 不同，而用户信息相同。如果此时想要只将 App 端的全部用户踢出（清空 App 端的 Redis 数据），则无法做到，因为无法区分哪个是 App 端使用的 Token。所以，服务端在存储 Key 的过程中要与 SecretID 进行组合存储（Key=SecretID+Token），Redis 存储如表 4-5 所示。

表 4-5　SecretID+Token 隔离存储

Key（Token）	Value
PC#8f55c246-36c5-4bf4-ac98-315b3c51f8dc	{"name":" 尹洪亮 ","sex":"1","level":"A"}
APP#24a81c37-03d6-4a26-a6cf-b87d43879649	{"name":" 尹洪亮 ","sex":"1","level":"A"}
WX#d0e27fbd-7ccc-41aa-bff3-2e3c9b1cd172	{"name":" 尹洪亮 ","sex":"1","level":" A"}

这样，只需要清空以 "APP#" 开头的所有 Key 即可完成 App 端全部用户的踢出操作。

同理，需要针对某一个用户踢出，如果用户同时登录了 App 端、PC 端，则全部踢出，只需要再加上用户 ID 作为 Key 进行存储（Key=UserID+SecretID+Token）即可，Redis 存储如表 4-6 所示。

表 4-6　UserID+SecretID+Token 隔离存储

Key（Token）	Value
1001#PC#8f55c246-36c5-4bf4-ac98-315b3c51f8dc	{"name":" 尹洪亮 ","sex":"1","level":"A"}
1001#APP#24a81c37-03d6-4a26-a6cf-b87d43879649	{"name":" 尹洪亮 ","sex":"1","level":"A"}
1002#WX#d0e27fbd-7ccc-41aa-bff3-2e3c9b1cd172	{"name":" 李四 ","sex":"2","level":"B"}

这样，清空以 "1001#" 开头的所有 Key 即可完成 1001 用户在所有端的踢出操作。

4.7　多设备登录设计

多端应用一般是允许同时登录的。例如，QQ 的同一个账号可以同时登录 PC 端、手机端、Pad 端。而相同端的不同设备则是不允许同时登录的。例如，同一个微信号在手机 A 上登录了，在手机 B 上再登录，则会自动把 A 设备踢出，这种设计更多的是出于安全性考虑。

如图 4-25 所示，模拟电商类 App，使用相同账号在两个手机上进行登录购买的流程。使用 A 手机购买某商品，但是并未支付，还停留在支付页面。使用 B 手机找到这笔未支付的订单进行支付，支付成功。这时回到 A 手机上再点击"支付"按钮，如果服务端控制不当，就会造成数据异常，甚至造成用户重复支付。

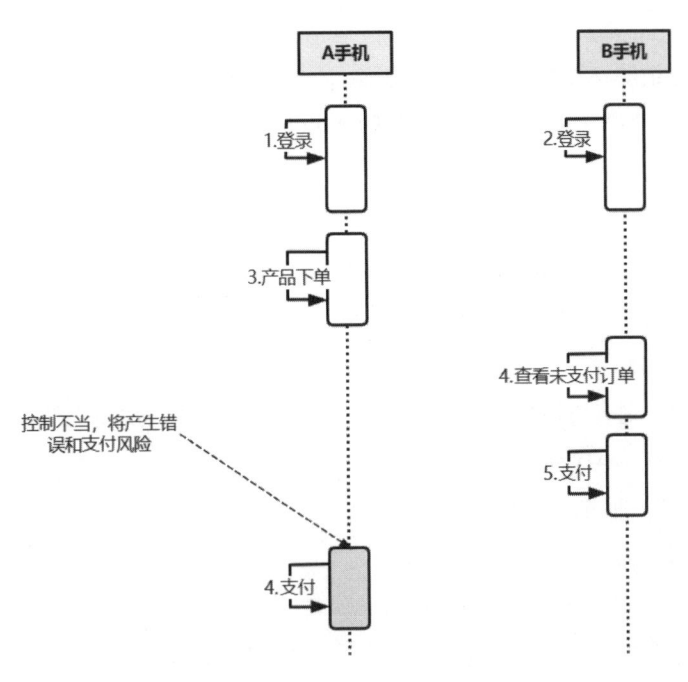

图 4-25　多设备登录的问题

因此，交易类系统通常不允许多设备登录，增加了单设备绑定和踢出功能，账号踢出详细设计可参见 5.2 节。

但是，某些工具类软件或系统是允许多设备登录的，在用户首次使用一个新设备登录时就会提示用户"是否信任该设备"。设备授信原型如图 4-26 所示。

图 4-26　设备授信原型

授信就是授权并信任的简写。设备授信设计主要有两种：一种是非联机授信，另一种是联机授信。

1. 非联机授信

非联机授信主要依赖在设备上存储的授信文件，而不需要与服务端建立连接。首次授信与非首次授信存在一些区别，但是整体流程相同，如图 4-27 所示。

（1）非联机授信，首次使用新设备流程。

① 用户在某设备登录。

② 登录成功后，检查本地是否有特定的授信文件。授信文件以加密方式存储，文件中包含被授权的用户信息、设备信息、授信方式。

③ 如果本地没有授信文件，则弹出提示，询问用户是否信任该设备。如果用户信任该设备，并且完成授信认证流程，则会将用户信息、设备信息、授信方式进行加密存储为授信文件。下次再使用该设备时就可以不需要再次询问。

（2）非联机授信，非首次使用流程。

① 用户在某设备登录。

② 登录成功后，检查本地是否有特定的授信文件。

③ 如果本地有授信文件，则读取文件并解密，取出文件中的用户信息、设备信息、授权方式信息进行比对。如果比对无误，则可以正常使用。

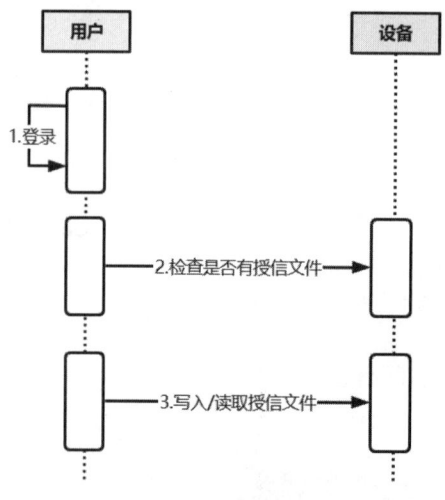

图 4-27 非联机授信流程

C/S 结构基于本地文件的授信，B/S 结构可以将授信记录写入 Cookie 中。因此，非联机模式的缺点就是授信内容可以被删除，一旦删除就必须进行重新授信。

由于授信文件存储在客户端，所以也存在被破解和篡改的风险。因此，一定要采用较为复杂的加解密方式，如采用证书、动态秘钥等方式。

2. 联机授信

联机授信需要有服务端的参与，授信流程如图 4-28 所示。

（1）用户完成系统登录。

（2）客户端提交设备信息、用户信息，向服务端查询设备授信情况。

（3）服务端检查授信记录，发现用户没有信任过该设备，则返回无授信记录。

（4）客户端询问用户，是否需要信任并使用该设备及授信方式是什么。

（5）用户选择授信方式，完成授信认证流程，并提交客户端。

（6）客户端将授信方式、用户信息、设备信息提交给服务端，服务端存储授信记录。

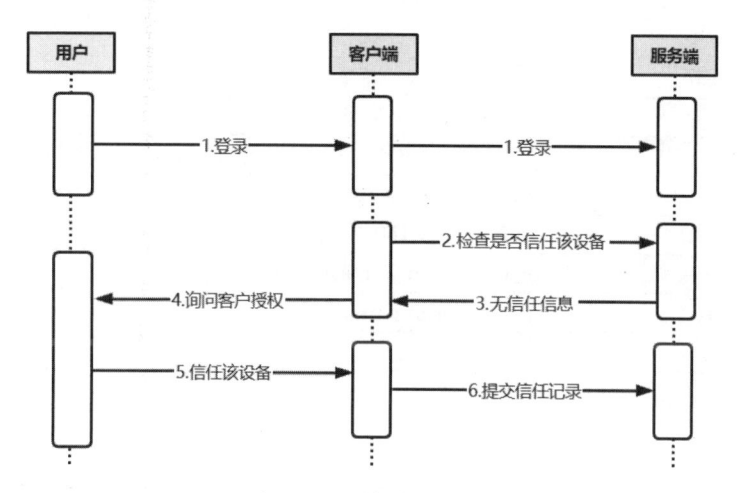

图 4-28 联机授信流程

非联机授信的优点是实现简单，缺点是授信文件存储在设备上，存在被破解的风险，所以一定要使用加密和签名的手段，防止文件被篡改或伪造。联机授信的优点是授信记录存储在服务端，具有更高的安全性。

如果询问用户是否信任该设备，用户点击"信任"按钮，则完成授信。联机授信和非联机授信都必须完成授信认证流程。

当用户点击"信任"按钮时，服务端会向用户的注册手机发送短信验证码，只有用户输入正确的验证码，才可以添加信任设备。

这样就保证了如果用户账号和密码丢失，则在其他设备登录时也是不可以使用的。App 端应用经常采用短信方式验证，而 PC 端则可以采用短信或邮件方式验证。

授信方式是用户对设备信任程度的选择，一般有永久授信、单次授信、区间授信和 IP 授信。

（1）永久授信：是指永远信任该设备，只要授信记录不丢失，无论重复登录多少次都不需要再次授信。

（2）单次授信：是指仅在本次信任该设备，退出后再次使用此设备登录，还需要再次授信。

（3）区间授信：是指用户可以指定一个时间段，如信任该设备 1 周、1 个月。过了这个时间区间，依然需要再次授信。

（4）IP 授信：是指信任同一个本地网络的所有设备。这样，用户就可以在同一个信任 IP 地址下的设备上登录账户。

多设备登录时，需要将客户端设备信息尽量完整地记录下来。因为很多的系统问题都是由兼容性问题引起的，便于排查问题，设备信息如表 4-7 所示。

表 4-7 设备信息

字段	说明
设备唯一标识	IMEI 号码 /SN 号码
设备类型	PC、手机、Pad、其他
设备品牌	华为、小米、苹果、联想等
设备型号	P30、iPhoneX 等
设备操作系统	1 安卓，2 iOS，3 Windows，4 Mac，5 Linux
设备操作系统版本	10.1、12.0 等版本号
客户端 UI	EMUI、MIUI 等
客户端 UI 版本	10.0、12.0 等 UI 版本号
设备序列号	设备 Serial Number
设备屏幕分辨率	分辨率
设备是否双卡	1 是，0 否
网络模式	Wi-Fi、2G、3G、4G、5G 等
用户登录 IP	登录时客户端 IP 地址
用户登录位置	用户定位信息
……	……

4.8 集群 / 分布式架构基于 Session 的登录设计

Session 是进行会话控制、用户追踪的重要手段。在单体架构中使用 Session 十分简便快捷，是登录权限控制的重要手段。但是，在集群架构、分布式架构中却会面临 Session 不一致的问题，可以通过 Session 同步、Session 共享的方式来解决这个问题。

4.8.1 Session 的工作原理

客户端的接口请求大体分为两类，一类需要用户登录后才可以访问，另一类不需要登录即可访问。对于第一类接口请求就需要服务端具有会话保持的能力，而 Session 就是一种常用的会话保持技术，Session 会话保持原理如图 4-29 所示。

（1）客户端登录，提交用户名和密码。

（2）服务端保存生成 Session，并且将 Session 存储在内存中。

第 4 章
登录功能架构设计

（3）服务端将 session_id 返回给客户端。

（4）客户端自动将 session_id 存储到 Cookie 中。

（5）客户端的所有后续请求均会携带 Cookie。

（6）后端通过 Cookie 中的 session_id 获取 Session 信息，进而校验用户状态是否依然保持，并延长用户状态保持的有效期。

图 4-29　Session 会话保持原理

传统的 Session 方式的优点是实现简单，开发成本低，然而缺点也比较突出，可以总结为以下 6 点。

（1）基于服务器内存，难以水平扩展和集群化。

（2）高并发、用户使用量大时会导致 Session 大量占用内存，降低服务器性能。

（3）Cookie 可能被禁用或被用户删除。

（4）Cookie 安全性不够高，可以被截取和篡改。

（5）Cookie 存储空间很小，长度和数量都有限制。

（6）Web 浏览器的 Cookie 可以自动管理，原生端要自己实现 Cookie 管理。

Session 模式比较适用于单体架构开发，用户量小、访问量小的内部系统使用，实现简单。下面将重点针对集群架构/分布式架构下的 Session 进行讲解。

如果读者对 Cookie 不了解，则可以先阅读以下基础知识内容。

1. Cookie 的概念

Cookie 是一段不超过 4kB 的小型文本数据（不同浏览器有所区别，一般为 4095~4097B），保存在浏览器中，经常用于存储用户相关信息、Token、SessionID 等。不同浏览器对于每个域能存储的 Cookie 数量限制也不相同。例如，IE6 浏览器每个域能存储 30 个 Cookie，Chrome 浏览器每个域能存储 53 个 Cookie，而 Safari 浏览器则没有数量限制。

2. Cookie 的组成和格式

```
name=value; domain=yinhongliang.com; expires=Sun, 02-Jan-2022 09:32:40 GMT;
Max-Age=31536000; path=/ secure
```

如上所示，一个 Cookie 由六部分组成：名称、值、域、失效时间、路径和安全标志。

（1）名称（name）：一个唯一确定的 Cookie 的名称，不区分大小写。

（2）值（value）：数据字符串，最好加密存储。

[153]

（3）域（domain）：Cookie 对于哪个域是有效的，如果没有设置，则默认为设置 Cookie 的那个域。

（4）失效时间（expires）：设定 Cookie 在什么时间失效，失效后即被删除。expires 代表具体失效时间，Max-Age 代表在多少秒之后 Cookie 失效，Max-Age 的优先级大于 expires。当 Max-Age=-1 时，代表永不失效。

（5）路径（path）：代表访问哪些域的路径会自动携带 Cookie 数据发送给服务端，"/"表示没有限制。

（6）安全标志（secure）：设置之后只有在使用 SSL 连接（HTTPS）时才会自动携带 Cookie 数据发送给服务端。

3. 如果存储的 Cookie 数量已经达到上限，继续存储会怎样？

Safari 浏览器没有 Cookie 数量限制，因此不存在这个问题。

IE 和 Opera 浏览器使用 LRU（Least Recently Use，最近最少使用）算法，当 Cookie 达到上限后，自动删除最旧、使用最少的 Cookie，从而给新 Cookie 留出空间。

Firefox 浏览器保留最后设置的 Cookie 数据，随机删除 Cookie 数据，官方并没有明确说明删除算法。

4.8.2 集群/分布式架构下的 Session 设计

在集群架构和分布式架构下使用 Session 会引发哪些问题，这些问题是如何产生的，怎样才能够解决这些问题呢？

1. 在集群负载架构下 Session 会引发什么问题？

如图 4-30 所示，随着订单服务压力的上升，决定将原来的 1 个节点扩充为 2 个节点，以集群的方式对外提供服务，使用 Nginx 做反向代理（Nginx 默认使用轮询策略）。

（1）用户登录时访问了订单服务 A，登录成功后 Session 信息保存在 A 服务器的内存中。

（2）当用户查询自己的订单信息时，通过 Nginx 的轮询策略，请求转发给了订单服务 B，但是 B 服务器中并没有存储用户的 Session 信息，所以认为用户还没有登录，直接跳转到登录页面。

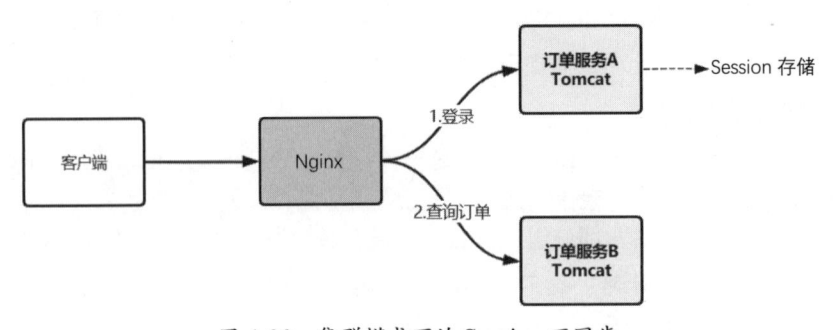

图 4-30 集群模式下的 Session 不同步

2. 在分布式架构下是否也具有相同的问题？

如图 4-31 所示，在分布式架构下，用户登录时访问了用户微服务，登录成功后 Session 信息保存在用户微服务的内存中。当用户查询自己的订单信息时，会请求订单微服务，但是此服务的内存中并没有存储用户的 Session 信息，所以认为用户还没有登录，直接跳转到登录页面。可见，无论是在集群负载构架还是在分布式架构下，都面临着相同的问题。

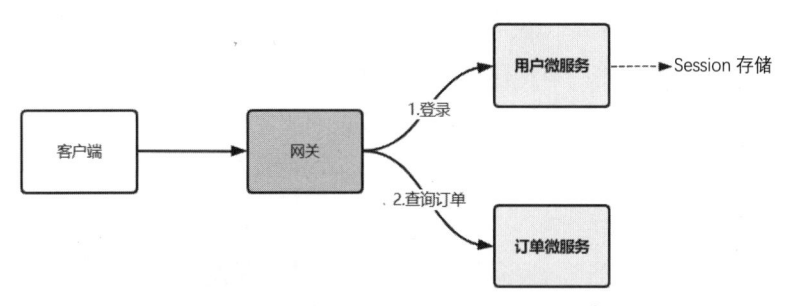

图 4-31 分布式模式下的 Session 不同步

这就是典型的 Session 迁移和 Session 共享问题，如果需要进行会话保持，就要保证每个服务器都能够获取用户的 Session 信息。

解决方案主要有 4 种：Session 同步、负载控制、共享存储和抽象 Session 服务。

（1）Session 同步。

如图 4-32 所示，在集群架构下，用户登录成功后，订单服务 A 存储 Session，并将 Session 同步给订单服务 B 和 C，因此任意服务器上产生新的 Session 数据，都要通知给其他全部节点。如果有 N 个服务器，就要通知给 $N-1$ 个节点。当服务节点非常多时，用户登录请求一旦增加，就会引发消息风暴，系统性能急剧下降，并且必须考虑 Session 同步过程中可能发生的各种网络问题。

因此，这种方案只适用于用户数量较少，2~3 台的小型集群架构使用，多于 3 台时出现问题的概率就会急剧上升。

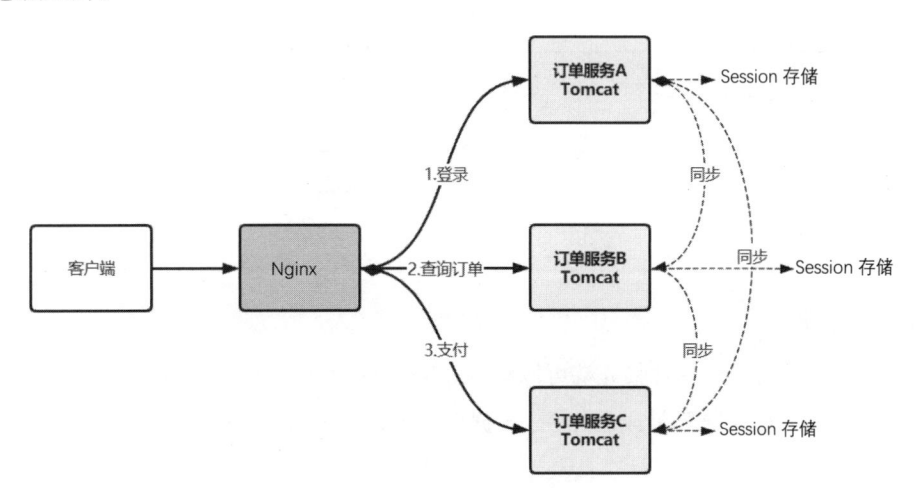

图 4-32 集群模式下的 Session 同步

（2）负载控制。

集群架构只需要修改 Nginx 的分发策略，让同一个客户端的请求全部转发到同一个服务器即可，主要使用哈希策略，如 IP 哈希策略或其他基于用户标识的哈希策略。

IP 哈希策略的目的是将相同 IP 来源的用户请求始终只转发到同一台服务器上。例如，用户首次访问系统时请求转发给了服务 A，那么后续所有请求，只要客户端 IP 不变则全部转发到服务 A 中。这样就不需要进行 Session 同步，也可以与客户端保持会话。

但是，这种方案会导致比较严重的流量倾斜问题，可能存在大量的请求发往服务 A，而只有少量请求发往服务 B，从而导致服务 A 的性能急剧下降，而服务 B 却十分空闲。

如图 4-33 所示，来源于客户端 10.1.2.3 的请求，全部被转发至订单服务 A 中。

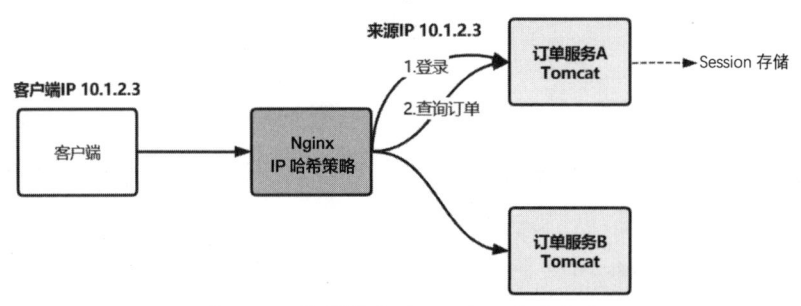

图 4-33　集群模式下 Session 同步方案

另外，这种方案只适用于集群架构，而不适用于分布式架构。如果修改了网关的转发策略，让相同 IP 的请求始终转发给同一个微服务，由于每个服务端节点不具备全部的功能，从而无法达到要求。如图 4-34 所示，用户第一次查询订单的请求被转发到用户微服务，第二次查询订单的请求也被转发到用户微服务，而用户微服务并不具备查询订单的能力，因此无法提供服务。

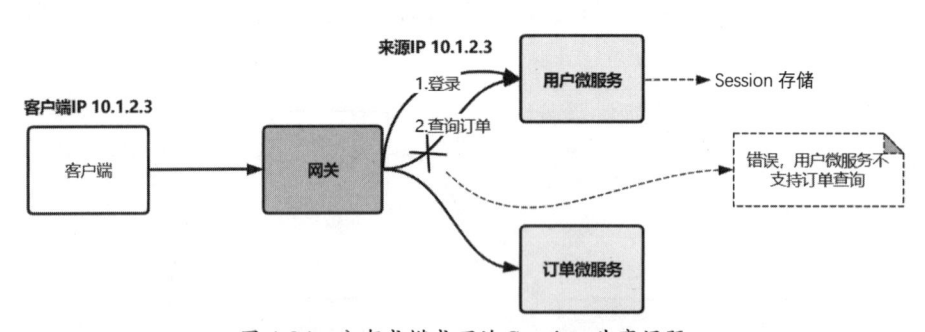

图 4-34　分布式模式下的 Session 共享问题

（3）共享存储。

在集群架构下，用户登录时服务端可以将 Session 信息不存储到本机内存中，而是存储到关系型数据库（MySQL、Oracle 等）或 NoSQL 数据库（Redis、Memcached 等）中。当用户进行业务访问时，各个服务端节点就可以从这些共享存储设备中获取 Session 信息，从而完成会话保持，如

图 4-35 所示。

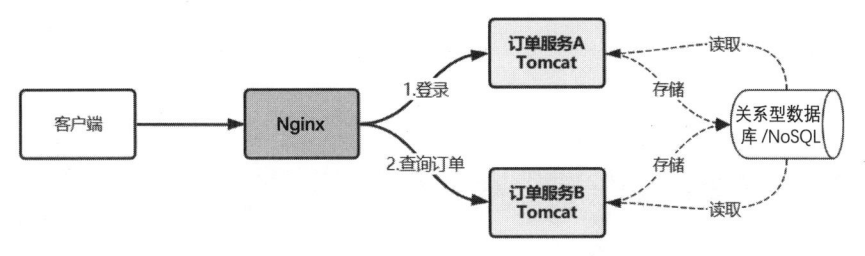

图 4-35 集群模式下的 Session 共享策略

在分布式架构下，用户登录时访问用户微服务，并将 Session 信息存储到共享设备中，当访问其他微服务时，就可以从共享设备中读取，也可以完成会话保持，如图 4-36 所示。

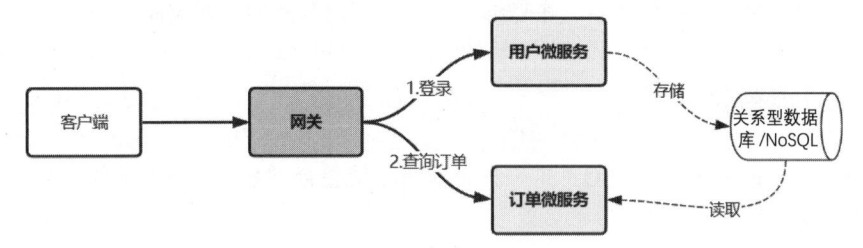

图 4-36 分布式模式下的 Session 共享策略

（4）抽象 Session 服务。

可以将 Session 共享存储设备替换为 Session 服务，由此服务统一提供 Session 的创建、保存、查询、对比服务。使用 Session 服务的好处是可以开发很多附加功能，如 Session 的可视化管理、Session 的监控统计等。同时，支持单体架构、集群架构、微服务架构，如图 4-37 所示。

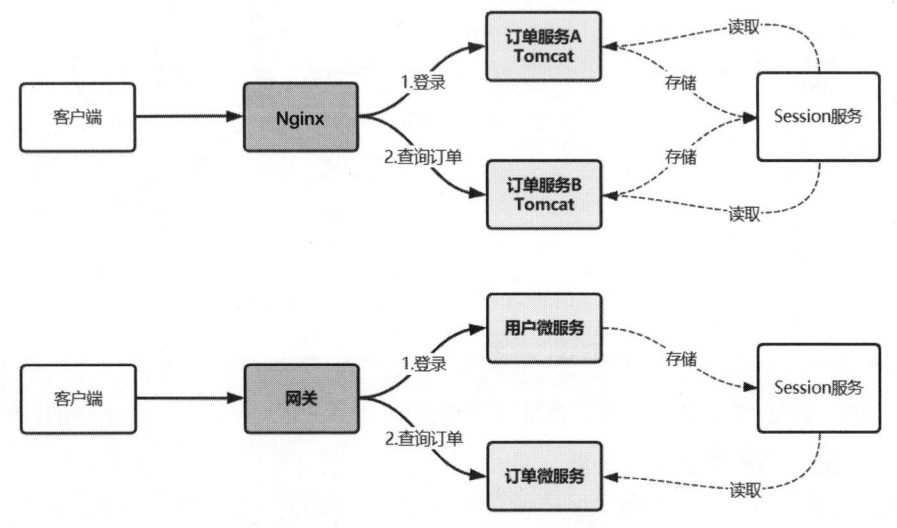

图 4-37 抽象 Session 共享服务策略

方案选型使用原则：对于小型系统，推荐采用方案（1）和（2）；对于大型系统，推荐采用方案（3）和（4）。

4.9 企业级单点登录设计

大多数企业、机构都有各种各样的系统，每个系统都有各自的用户体系和登录流程，因此用户需要记忆各个系统的登录账号和密码，以及登录地址。怎样将这些孤立的系统整合起来，让用户一次登录，处处登录，让系统之间的访问既安全又便捷就是单点登录的目的。

单点登录可以通过整合用户体系、账号绑定、授权绑定等多种方式完成。

4.9.1 认识单点登录

单点登录（Single Sign On，SSO）是一种企业级系统整合方案，目的是只需要登录一次就可以访问所有互相信任的系统。

企业发展初期一般只有一个系统，随着企业不断发展，系统不断增多，有 OA 系统、财务系统、决策系统、销售系统等，大型企业的系统甚至多达几百个。这些系统有的是企业在不同时期开发的，有的是从外部厂商采购的。图 4-38 所示为企业前后期登录状况对比。

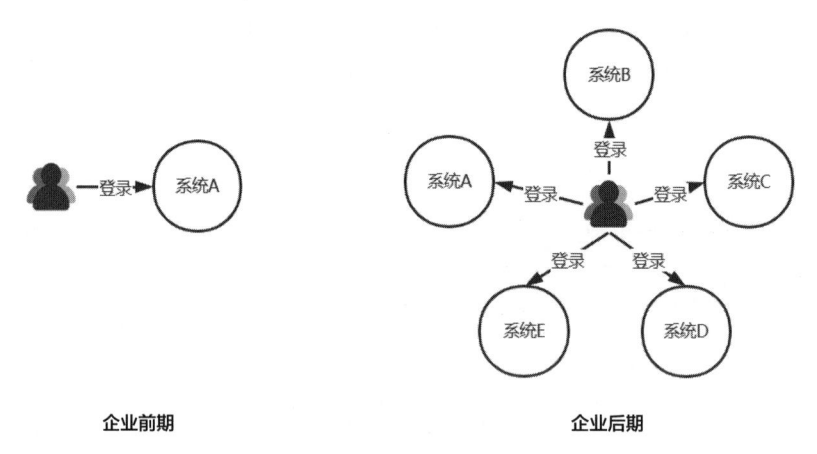

图 4-38 企业前后期登录状况对比

企业都希望用户只需要登录一次，就可以全系统通用。一个人只记住一个系统的账号、密码和地址即可，这就是所谓的单点登录模式。

如图 4-39 所示，用户只需要登录系统 A，就代表可以访问系统 B、C、D、E。用户只需要记忆系统 A 的账号、密码和地址信息即可。

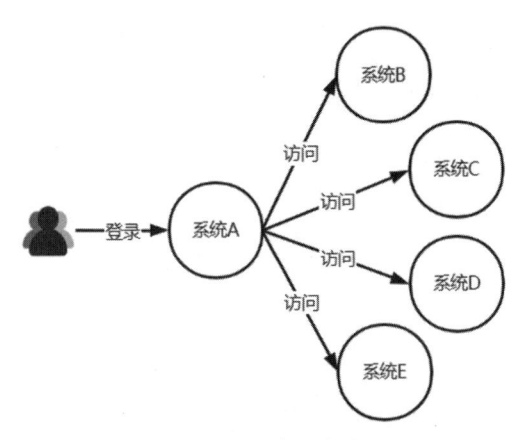

图 4-39　单点登录

如图 4-40 所示，实现单点登录面临的问题如下。

（1）各个系统的账户体系没有统一，各自存储在自己的数据库中（可能数据库类型也不同），数据没有打通。

（2）彼此之间难以建立关联关系，各个系统的登录流程各不相同，有的系统采用账号 + 密码登录，有的系统采用手机号 + 密码登录，等等。

（3）用户登录成功后，无法与多个系统保持 Session 会话。

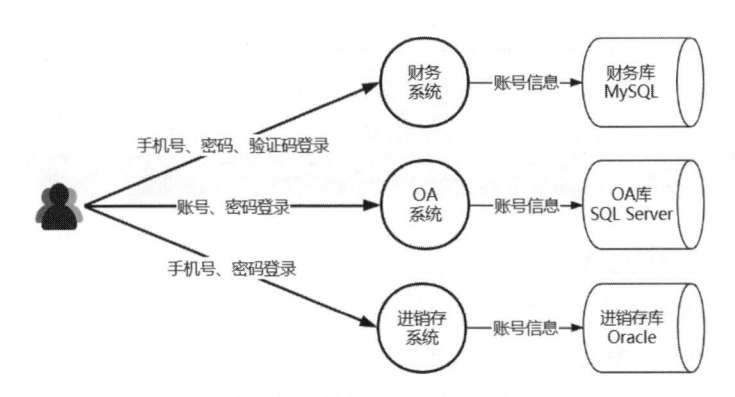

图 4-40　单点登录面临的问题

4.9.2　简单绑定单点登录设计

单点登录简单绑定模式如图 4-41 所示。例如，用户在 OA 系统的账号为 yinhongliang，在财务系统的账号为 yinhl，在进销存系统的账号为 yhl，密码也各自不同。如果想登录 OA 系统，就可以访问财务系统和进销存系统，则必须建立账号绑定关系，一个账号要能绑定多个系统账号（常见的绑定 QQ 号、微信号、微博账号，都是类似的原理）。

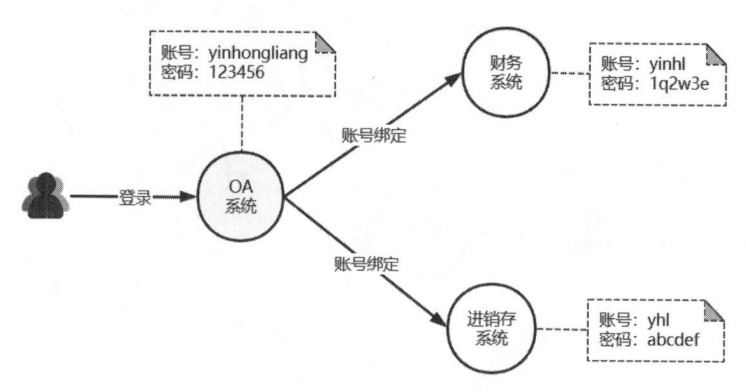

图 4-41 单点登录简单绑定模式

为了完成账号绑定，简单的办法就是在 OA 系统中提供一个账号绑定的功能，让用户录入其在第三方系统中的账号和密码，把其他系统的账号和密码都保存下来并与自己的账号形成映射关系。例如，可以在 OA 系统中按表 4-8 进行绑定。

表 4-8 OA 系统第三方用户绑定

字段	说明
用户 ID	用户表主键
第三方系统标志	1 财务系统，2 进销存系统
第三方系统账号	第三方系统的账号
第三方系统密码	第三方系统的密码

对于 yinhongliang 这个账号，就会形成表 4-9 所示的绑定关系。

表 4-9 用户 yinhongliang 账号绑定数据存储示例

用户 ID	第三方系统标志	第三方系统账号	第三方系统密码
yinhongliang	1 财务系统	yinhl	1q2w3e
yinhongliang	2 进销存系统	yhl	abcdef

因此，当用户想访问财务系统和进销存系统时，只要查询出对应的账号和密码，就可以模拟第三方登录的流程，跳转进入第三方系统，从而完成单点登录功能。

优缺点分析：这种模式最大的优点是简单，第三方系统无须进行开发；缺点是安全性极差，相当于把账号和密码都暴露给了其他系统，并且此种模式并不适用于手机验证码、扫码登录等方式。

4.9.3 授权绑定单点登录设计

比较安全的方式是访问令牌绑定设计，账号和密码不暴露给其他系统，而只发放凭证。

单点登录授权绑定流程如图 4-42 所示，用户首先登录 SSO 系统，然后发起绑定操作。这时需要跳转到第三方系统的授权页面（此页面为被绑定系统的页面，而不能由 OA 系统开发，从而保证安全性）。授权页面可以为用户名密码认证、手机验证码认证、扫码认证等方式。当第三方系统登录认证成功后，会生成一串加密字符，作为系统访问凭证返回 SSO 系统。后续 SSO 系统跳转或访问其他系统时，只需要携带此凭证进行访问即可。第三方系统接收到凭证之后，验证凭证的有效性，如果凭证合法、有效则可访问。

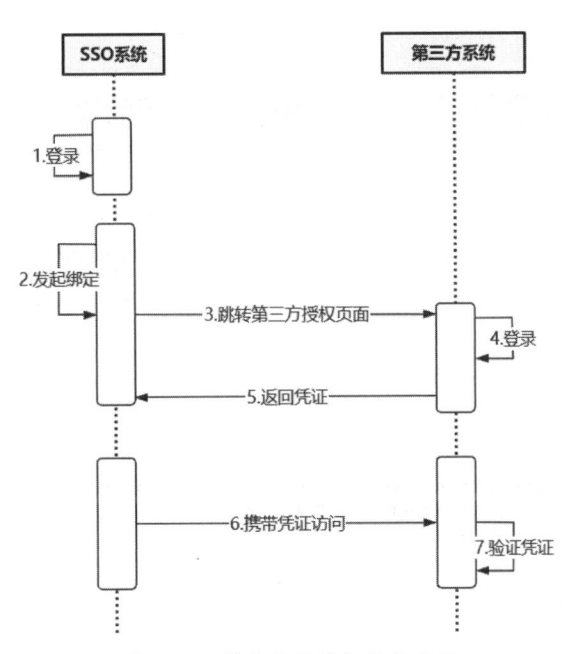

图 4-42　单点登录授权绑定流程

在 SSO 系统中新建一张账号绑定表，如表 4-10 所示。

表 4-10　账号绑定

字段	说明
用户 ID	用户表主键
第三方系统标志	1 财务系统，2 进销存系统
第三方系统凭证	第三方系统用户唯一凭证，由第三方系统颁发

对于 yinhongliang 这个账号，就会形成表 4-11 所示的绑定关系。

表 4-11　用户 yinhongliang 账号绑定数据存储示例

用户 ID	第三方系统标志	第三方系统凭证
yinhongliang	1 财务系统	fbc1aec99039520dc7ea5f49818d78b0
yinhongliang	2 进销存系统	d73548b3ac4a5ef89968978e97631cb1

在第三方系统中新建用户凭证表，可以做很多的自主控制，安全性牢牢地把控在各系统自己的手中，如表 4-12 所示。

表 4-12　用户凭证

字段	说明
用户 ID	用户表主键
系统凭证	系统用户唯一凭证
颁发系统	此凭证是颁发给哪个系统的：1 OA 系统，2 财务系统，3 进销存系统

续表

字段	说明
凭证有效期	凭证有效截止时间
凭证状态	1 有效，2 冻结，3 无效

对于 yinhl 这个账号，在财务系统会有表 4-13 所示的数据存储。

表 4-13　用户 yinhl 在财务系统中的用户凭证数据

用户 ID	系统凭证	颁发系统	凭证有效期	凭证状态
yinhl	fbc1aec99039520dc7ea5f49818d78b0	1 OA 系统	YYYY-MM-DD hh:mm:ss	1 有效

当 SSO 系统访问第三方系统时，就是通过表 4-13 中的数据来确认凭证是否有效和是否到期的。也可以通过表 4-13 中的数据状态、有效期等数据来控制凭证是否可以使用，是否需要作废并重新申请。

4.10　OAuth 2.0 认证授权设计

如图 4-43 所示，在 App 端可以选择微信登录，点击"微信"图标会唤醒手机中的微信 App，询问用户是否同意授权，用户点击"同意"按钮就代表授权通过，则用户的头像、性别、用户 ID 等信息就会授权给第三方使用，对于在 Web 端的微信扫码登录，原理也是相同的。

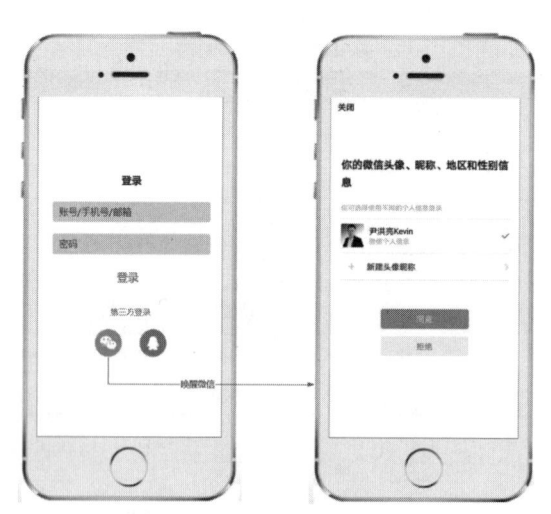

图 4-43　第三方账号登录原型

无论是授权绑定还是授权登录，本质上使用的都是 OAuth 2.0 协议。OAuth 2.0 协议是当前认证授权的行业标准，其重点在于为 Web 应用程序、桌面应用程序、移动设备及室内设备的授权流程提供简单的客户端开发方式。

1. OAuth 2.0 协议的 4 种角色

在 OAuth 2.0 协议中包含 4 种角色，它们之间相互协作才能够对系统提供安全的认证授权流程。

（1）Resource Owner（资源所有者）：是能够对受保护资源授予访问权限的实体，可以是一个用户。例如，用户把钱存在银行中，钱是资源，而用户才是资源所有者，并不是银行。

（2）Resource Server（资源服务器）：持有受保护资源，允许持有访问令牌的请求访问受保护资源。例如，对于银行或银行的管理系统来说，银行或银行的管理系统才是资源服务器，它们持有受保护资源，只有有权限的个人或银行柜员才可以操作。

（3）Client（客户端）：持有资源所有者的授权，代表资源所有者对受保护资源进行访问。例如，手机银行 App，它就是客户端，它通过用户的授权代表用户对账户中的资金进行操作。

（4）Authorization Server（授权服务器）：对资源所有者的授权进行认证，成功后向客户端发放访问令牌。例如，银行的认证授权系统、账户管理系统，只有通过账号和密码的正确认证，才会允许对账户进行操作。

2. OAuth 2.0 协议的工作原理

OAuth 2.0 的认证授权流程如图 4-44 所示，分为以下 6 个步骤。

（1）客户端请求资源所有者的授权。

（2）资源所有者同意授权，返回授权许可（Authorization Grant），这代表了资源所有者的授权凭证。

（3）客户端携带授权许可要求授权服务器进行认证，请求访问令牌。

（4）授权服务器对客户端进行身份验证，并认证授权许可，如果有效，则返回访问令牌。

（5）客户端携带访问令牌向资源服务器申请对受保护资源进行访问。

（6）资源服务器验证访问令牌，如果有效，则接受访问请求，返回受保护资源。

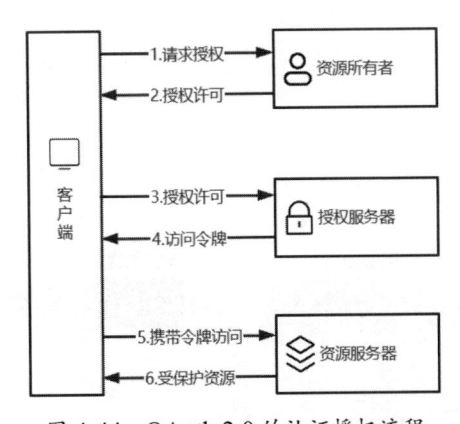

图 4-44　OAuth 2.0 的认证授权流程

3. OAuth 2.0 协议的工作流程举例

下面以淘宝手机 App 为例，详细讲解 OAuth 2.0 协议的工作流程，首先分析出 4 种角色分别是谁。

（1）资源所有者：淘宝用户，拥有所有的订单、账户余额、积分等资源。

（2）资源服务器：淘宝后台系统，保护用户的资源，只允许用户本人操作这些资源。

（3）客户端：淘宝手机 App，代表用户与淘宝后台系统交互。

（4）授权服务器：淘宝认证授权管理系统，用于验证用户名和密码的正确性，发放访问令牌。

4 种角色的协作流程分为 6 个步骤，具体如下。

（1）客户端请求资源所有者授权，这时打开淘宝登录页面，淘宝要求输入用户名和密码。这个过程就是客户端（淘宝手机 App）请求资源所有者（用户）授权（输入用户名和密码）。

（2）资源所有者同意授权，即用户录入了用户名和密码，并且点击"登录"按钮，表示同意了授权。把个人许可（用户名和密码）交给了客户端。

（3）客户端携带个人许可去请求授权服务器认证，即携带着用户名和密码去请求授权服务器验证用户名和密码是否匹配。

（4）授权服务器验证用户名和密码是否正确，如果正确，则返回访问令牌；如果不正确，则拒绝授权。

（5）此时用户成功登录，去查看自己的订单，则携带访问令牌去请求淘宝后端服务。

（6）资源服务器验证令牌有效性，如果有效，则返回用户的订单信息。

4. OAuth 2.0 协议的 4 种模式

OAuth 2.0 协议共有 4 种常用模式：授权码模式、简化模式、密码模式和客户端模式，安全性依次从高到低。

（1）授权码模式。

一般的第三方账号登录，如 QQ 登录、微信登录、微博登录等都采用授权码模式实现，此种模式流程最为复杂，安全性也最高。下面以某网站使用微信扫码登录为例，详细讲解授权码模式的原理，如图 4-45 所示。

图 4-45 微信扫码登录流程

微信扫码登录流程包含 8 个步骤，授权码模式交互流程如图 4-46 所示。

① 第1~2步：在某网站（客户端）上点击"微信登录"，这时会弹出浏览器（用户代理）页面，并重定向到授权二维码页面，此处需要注意的是，这个二维码页面是微信的授权服务器提供的地址（如 https://mp.weixin.qq.com/cgi-bin/showqrcode?ticket=xxx），此二维码并不属于该网站，也不是这个网站开发的。这样做的目的是让整个认证授权的过程不经过第三方服务，从而保证用户信息的绝对安全。

② 第3~4步：二维码页面展示给用户，并提示用户使用微信扫码，本质上属于请求用户授权的过程。当用户扫码完成之后，在手机微信中点击"同意"按钮，代表用户同意授权。

③ 第5~6步：用户同意之后，二维码弹框关闭，认证授权中心会在重定向地址后增加授权码（Authorization Code）参数，如 code=1X3s4T。经过浏览器（用户代理）将授权码返回给客户端。

④ 第7~8步：客户端再携带授权码和重定向地址，去请求微信的授权服务器，授权服务器验证重定向地址和授权码匹配并且正确，则生成访问令牌给客户端，并重定向到客户端的指定页面，如网站首页。后续如果再与微信进行交互，则只提供访问令牌即可。访问令牌是具有有效期的，为了保持令牌有效，客户端需要定时刷新令牌。

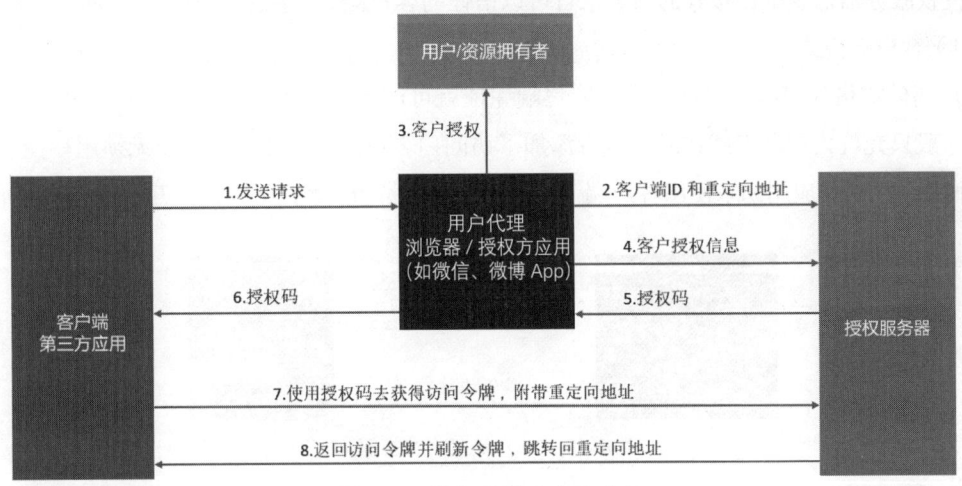

图 4-46 授权码模式交互流程

（2）简化模式。

简化模式只是授权码模式的一种简化。在授权码模式中，需要先获取授权码，再使用授权码去获得访问令牌。而简化模式省略了这个步骤，在用户授权后就直接将访问令牌返回给客户端，其余流程完全一致。简化模式交互流程如图 4-47 所示。

图 4-47 简化模式交互流程

（3）密码模式。

密码模式是大多数系统采用的模式，用户直接在客户端页面上录入用户名和密码，由客户端携带客户端凭证（客户端标识）、用户名和密码去请求授权服务器，授权服务器验证客户端是否可信，用户名和密码是否正确；如果验证无误，则返回访问令牌，客户端携带访问令牌即可进行资源访问。密码模式交互流程如图 4-48 所示。

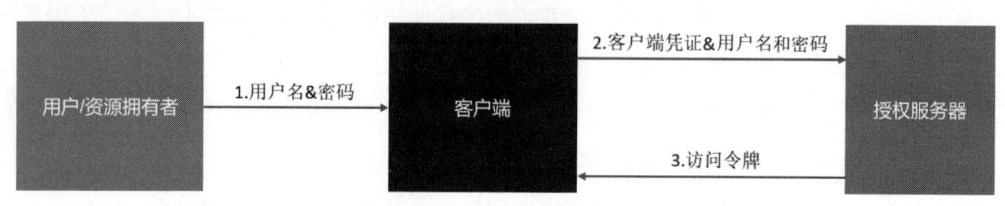

图 4-48　密码模式交互流程

使用密码模式要求用户对客户端有足够的了解和信任，因为用户会将用户名和密码直接交给客户端，如果使用了一个假的银行软件，那么后果可想而知。所以，在密码模式中才必须携带客户端凭证，授权服务器需要确保接收的请求来自可以信任的客户端。

（4）客户端模式。

客户端模式最为简单，只需要携带客户端凭证就可以访问，如 SecretID 和 SecretKey 模式。这种模式一般只允许内网和专线访问，或者添加了访问白名单的系统使用，以及无须用户授权的开放式系统使用。互联网应用如果使用客户端模式就需要极为慎重。客户端模式交互流程如图 4-49 所示。

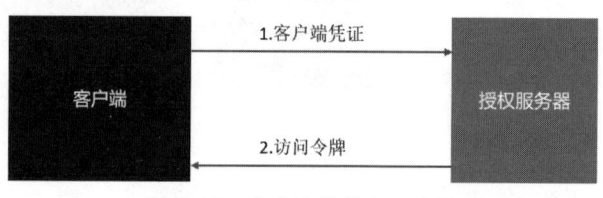

图 4-49　客户端模式交互流程

4.11 用户扫码登录设计

扫码登录是在手机普及之后才推出的一种安全又便捷的登录方式，前提是扫码应用（手机 App）与需要扫码登录的系统必须使用同一套用户体系。所以，使用微信扫码登录第三方网站本质上是借助了 OAuth 2.0 协议中的授权码模式。第三方网站其实借用了微信的用户信息，与自己的用户信息进行了绑定。

第 4 章
登录功能架构设计

那么，如果不使用微信而使用自己的 App 是如何完成扫码登录的呢？

扫码登录流程如图 4-50 所示，总体分为以下 3 个步骤。

（1）浏览器展示登录二维码，并提示用户使用指定 App 进行扫码登录。

（2）用户使用指定 App 扫描浏览器中的二维码。

（3）浏览器跳转到登录成功页面（大多数跳转到系统首页）。

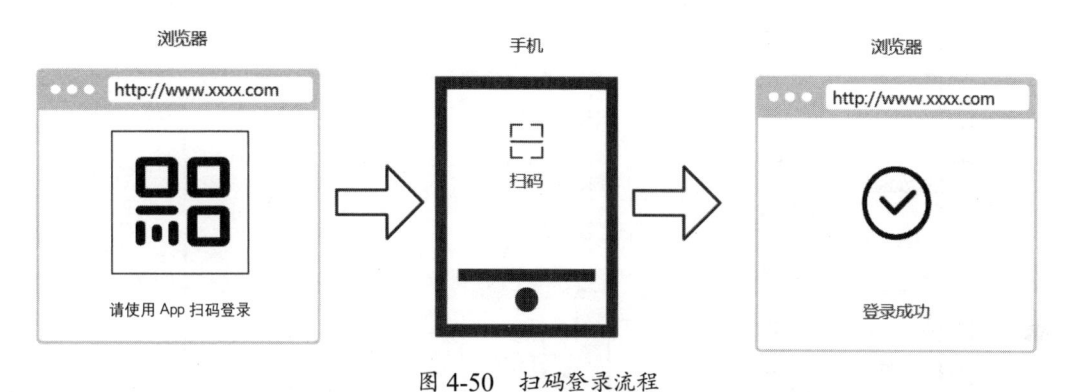

图 4-50 扫码登录流程

扫码登录是由多个系统协作完成的，包括浏览器、二维码服务、App、App 后端服务和网站系统服务。扫码登录实现流程如图 4-51 所示。

（1）第 1.1 步：打开系统的二维码登录页面，调用网站系统服务去获取二维码。

（2）第 1.2 步：网站系统服务先生成唯一的业务流水号，并保存在数据库中，同时记录登录状态为未登录。

（3）第 1.3 步：网站系统服务去请求二维码服务，并携带业务流水号、登录地址信息等。二维码服务接收到请求后生成二维码的唯一标识，并生成含有指定授权登录的 URL 信息的二维码图片。

例如，http://www.yinhongliang.com/auth?qcode=1wdi03020134&busid=a23axd4，其中 qcode 为二维码的唯一标识，busid 为业务流水号。

（4）第 1.4 步：二维码服务将 qcode 和 Base64 图片返回给网站系统服务。

（5）第 1.5 步：网站系统服务记录 qcode，并与 busid 形成一对一的绑定关系。

（6）第 1.6~1.8 步：浏览器页面再使用 qcode 不断地去轮询二维码服务，查询当前二维码的状态是什么。如果状态为已扫描，则页面显示二维码已扫描；如果状态为已失效，则页面提示二维码已失效，如图 4-52 所示。

（7）第 2.1~2.7 步：用户使用指定的 App 扫描浏览器上的二维码，手机识别出二维码中的 URL 信息，然后跳转到指定的授权页面。此时 App 异步通知二维码服务，此二维码已经被正确扫描并识别。二维码服务收到通知后，将二维码的状态更新为使用中的状态。因此，当浏览器页面再次轮询状态时，二维码就会显示为"二维码已扫描，请在手机上完成操作"，如图 4-52 所示。

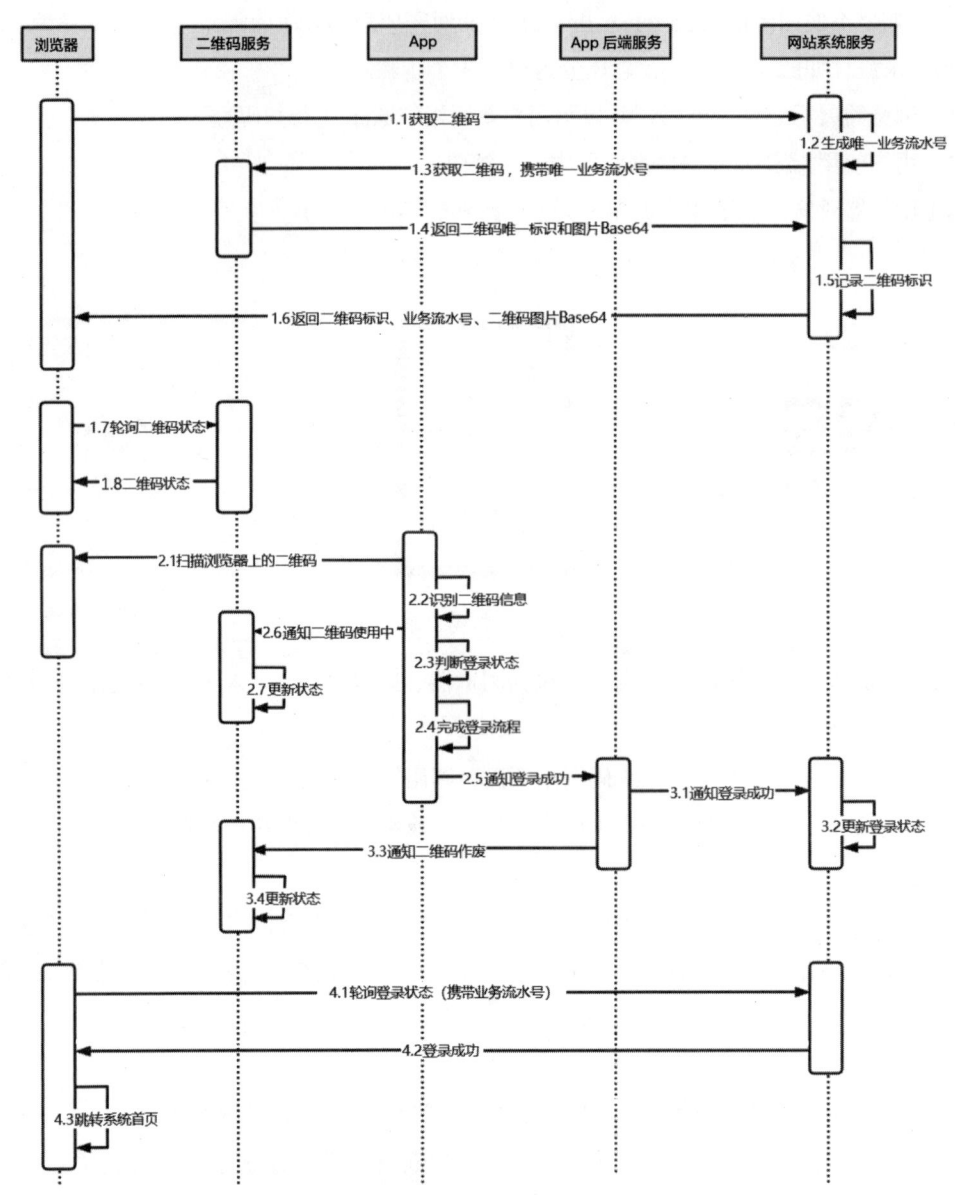

图 4-51 扫码登录实现流程

图 4-52 二维码的状态变化

如果此时用户已经登录过 App，则直接提示用户是否授权登录 ×× 系统，如图 4-53 所示。

如果此时用户并没有登录过 App，则先要求用户录入用户名和密码完成登录流程，再做授权，如图 4-54 所示。

图 4-53　已登录状态下的 App 授权　　　图 4-54　未登录状态下的 App 授权

用户完成 App 端授权后，会通知到 App 后端服务，授权通过。

（8）第 3.1~3.4 步：App 后端服务接收到用户同意授权的通知后，会携带当前用户的唯一标识、二维码的唯一标识 qcode、业务流水号 busid，再去通知网站系统服务。

首先网站系统服务要完成该用户的登录动作，生成对应的 Session 或 Token 信息；然后更新对应业务流水号的状态为登录成功；最后携带二维码的唯一标识 qcode 去通知二维码服务，将二维码的状态更新为已使用状态。此时浏览器再刷新二维码的状态，则将显示为"此二维码已经使用"。

（9）第 4.1~4.3 步：浏览器使用业务流水号 busid 去轮询网站系统服务，查询登录状态，如果状态为登录成功，则直接跳转到用户首页，完成整个扫码登录流程。

二维码服务的数据存储结构主要如表 4-14 所示。

表 4-14　二维码信息存储结构

字段	说明
二维码 ID	二维码的唯一标识，如上例中的 qcode，主键
生成时间	二维码的生成时间
二维码类型	定义二维码的类型，主要按照用途来分类：1 登录二维码，2 支付二维码，3 活动二维码
二维码内置信息	记录二维码中携带的信息，如授权 URL
状态	记录二维码的状态：1 未使用，2 已扫码，3 已作废，4 已使用
有效时长（毫秒）	记录二维码的有效时长，到期自动作废。避免一个二维码可以长期使用，造成安全隐患

业务系统服务的数据存储结构主要如表 4-15 所示。

表 4-15 二维码登录信息存储结构

字段	说明
业务流水号	一次登录业务的唯一标识，如上例中的 busid，主键
二维码 ID	二维码的唯一标识，如上例中的 qcode
登录状态	1 未登录，2 登录成功，3 登录失败
登录人标识	用户授权通过后，将用户标识传递给网站系统服务，记录在这里
登录时间	用户登录的具体年月日时分秒

一个看似简单的扫码登录，其实还是具有一定复杂性的，尤其是浏览器存在对二维码的状态轮询，以及对业务流水号的状态轮询两个动作，会造成请求十分频繁，因此一定要尽量降低二维码的有效时长，一旦二维码失效就立即停止轮询，等待用户刷新二维码再继续。如果把二维码的有效时长设置为 1 小时，则用户只要停留在该页面上，就会持续地进行轮询，耗费服务器资源。

更好的一种方式是将轮询机制更换为通知机制。例如，使用 WebSocket 技术，在二维码的状态发生变化或登录的状态发生变化时，由网站系统服务主动通知浏览器，从而完成二维码展示的更新，以及系统首页的自动跳转。

4.12 章节练习

1. 在系统登录功能的设计中，有哪些安全问题是需要考虑的?

（1）用户敏感信息和密码应该加密存储，并且防止加密后的密码被破解。使用更加安全的哈希算法、加盐、多重加密等方式。

（2）数据传输需要保证不被窃取、不被篡改，可以使用 HTTPS、加密和签名等方式。

（3）用户的 Session 时长不能过长，避免用户忘记退出系统导致信息泄露。

（4）对于 Web 客户端，用户数据存储在 Cookie 中，需要加密存储，避免泄露和篡改。

（5）对于 App 客户端，用户数据存储在手机上，需要加密存储，并设置有效期。

2. 单点登录是什么，为什么需要单点登录?

单点登录（Single Sign On，SSO）是一种企业级系统整合方案，目的是只需要登录一次就可以访问所有互相信任的系统。当企业中孤立的系统众多时，用户需要逐个登录不同的系统，并且系统之间无法进行有效协作，造成工作效率降低。单点登录让用户一次登录就可以访问所有具有权限的功能。

3. OAuth 2.0 协议中包含哪些角色，它们的作用是什么?

OAuth 2.0 协议包含资源所有者、资源服务器、客户端和授权服务器 4 个角色，作用如下。

（1）Resource Owner（资源所有者）：是能够对受保护资源授予访问权限的实体，可以是一个用户。

（2）Resource Server（资源服务器）：持有受保护资源，允许持有访问令牌的请求访问受保护资源。

（3）Client（客户端）：持有资源所有者的授权，代表资源所有者对受保护资源进行访问。

（4）Authorization Server（授权服务器）：对资源所有者的授权进行认证，成功后向客户端发放访问令牌。

4. OAuth 2.0 协议共有几种常用模式，安全性如何？

OAuth 2.0 协议共有 4 种常用模式，即授权码模式、简化模式、密码模式和客户端模式，安全性依次从高到低，授权码模式安全性最高，客户端模式安全性最低。

5. 在集群和分布式架构下使用 Session 会有什么问题，怎样解决？

在集群和分布式架构下 Session 数据会无法共享，导致用户无法跨服务器访问资源。需要使用 Session 共享机制，或者将 Session 数据存储在 Redis、MySQL 等共享设备中。

6. Session 同步是否能够很好地解决 Session 无法共享的问题？

在服务数量较少的情况下，Session 同步可以较好地解决 Session 共享问题。但是，当服务数量较大时，就会引发 Session 同步风暴，增加各个系统的存储压力和运行压力，同时稳定性较差，很可能有部分服务器无法正确同步 Session 数据。

7. 密码、人脸识别、语音识别、指纹识别登录过程的共同点是什么？

无论登录的形式怎样变化，都是数据采集和数据比对两个步骤。人脸识别、语音识别、指纹识别只不过是将人脸、语音、指纹转化为数据，通过各种算法形成一个密码区间，只要用户登录时匹配度达到一定的程度就可以通过验证。

8. 什么是聚合服务？

将相同、相似的功能整合在一个服务之中，对外提供统一透明的服务能力，称为聚合服务。

短信系统实际上是依靠移动、联通、电信三大运营商的短信发送协议实现的。然而，3 家公司的协议并不相同，这样使用者就需要使用不同的短信接口发送短信。而短信系统聚合服务可以将短信发送接口聚合为一个接口，自动根据手机号的号段，选择发送给哪个运营商，对于使用者完全透明，不需要了解内部的实现细节，如图 4-55 所示。

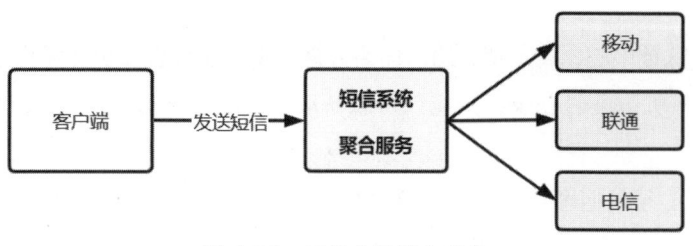

图 4-55　短信系统聚合服务

9. Cookie 的特点是什么，有哪些注意事项？

不同的浏览器对于 Cookie 的存储限制不同，大小一般要求不超过 4kB，同一个域下能够存储的 Cookie 数量也有不同的限制，不适合存储大量信息，如表 4-16 所示（浏览器的版本不同可能会存在差异）。

表 4-16 不同浏览器的 Cookie 区别对比

浏览器	每个域允许存储的 Cookie 个数	Cookie 总大小限制 /B
IE6	20	4095
IE7/8	50	4095
Opera	30	4096
Firefox	50	4097
Safari	没有限制	4097
Chrome	53	4097

Cookie 存储在客户端被篡改、劫持都相对容易，所以 Cookie 中的内容最好进行加密存储。存储的 Cookie 数据不要过多，否则会发生旧的 Cookie 被覆盖或被删除的情况。Cookie 默认是明文传输的，使用 HTTPS 会更加安全。

4.13 案例设计

1. 场景设计题：分布式认证中心

某系统采用分布式架构设计，希望开发一个认证中心服务，负责以下内容。

（1）作为所有系统的认证和授权的唯一中心，将用户安全进行统一管理。

（2）系统能够对用户身份进行鉴别，同时对用户访问的资源合法性进行控制。

（3）系统能够随时将某用户踢出系统，以及冻结和解冻账户。

（4）系统能够对用户安全状况做出评估，评定级别，同时予以冻结并告警。

（5）系统本身需具有极高的高并发能力和响应速度。

如果您作为企业的系统架构师，会怎样进行系统设计，需要考虑哪些内容?

2. 设计思路指引

（1）作为用户认证中心，一定持有用户体系数据，必须能够直接访问账户数据，包括用户名、密码等。如果采用手机验证码登录，则应该可以获取短信验证码数据，从而判断用户是否为合法用户。

（2）认证中心必须掌握账户的权限配置数据，用户需要访问哪个资源（路径、接口等）必须具有明确的授权关系定义。当用户访问这个资源时，必须先请求认证中心，判断其是否具有访问权限,并返回授权结果。

(3)认证中心需认证用户是否正常登录、是否冻结、是否具有资源访问权限。

(4)对于身份认证通过的用户,应该在用户登录时颁发访问令牌,当用户访问其他系统资源时,需要先请求认证中心,验证令牌是否合法并且有效。如果令牌不存在或已过期,则不可以访问系统。

(5)认证中心应该将所有的令牌数据集中存储在缓存中,并设置有效期。当需要踢出某个用户或全部用户时,仅需清空令牌数据即可。

(6)需要冻结用户时,认证中心应该直接修改账户状态为已冻结,并且将对应的令牌数据删除,避免出现用户被冻结,但是仍然可以继续访问系统的情况。

(7)认证中心应该根据用户登录的行为(失败次数、频率、IP地址、个人定位信息等)给用户评定安全级别。如果一个用户频繁登录失败,则可标记为风险用户,并发送短信予以提醒,同时锁定用户,避免账户被盗。

(8)认证中心是所有系统认证授权的中心,访问量巨大,因此一定要采用集群方式部署,并且使用内存型数据库进行数据存储,使用关系型数据库作持久化。

(9)认证中心需要具有自己独立的管理功能,包括用户状态的管理、令牌的管理等。

(10)在微服务架构中,可以将网关和认证中心结合在一起使用。

第 5 章

用户安全架构设计

第 5 章 用户安全架构设计

用户安全架构属于系统安全架构设计中的一部分，核心目标是保护用户的隐私和数据安全，避免信息泄露、账号被盗等情况的发生。围绕用户的安全设计，需要掌握以下内容。

（1）用户踢出：主动踢出、被动踢出。

（2）用户注册：半封闭式注册、手机验证码注册、邮箱激活注册。

（3）密码存储：密码复杂度、安全检查、密码失效、账户锁定、密码传输。

（4）密码找回：密保问题找回、下行手机验证码找回、上行手机验证码找回、邮箱找回、人工申诉找回。

（5）权限模型：RBAC 用户权限设计。

（6）认证技术：Token 访问控制、Token 延迟与刷新、JWT 认证授权等。

5.1 安全设计无小事

安全设计是任何系统必须要考虑的问题，也是架构设计中最重要的部分。一个系统一旦出现安全性问题，往往都是致命性的，企业需要承受巨额的经济损失，以及无法挽回的其他间接影响，甚至企业倒闭。

攻击案例：一次短信攻击让国内某知名企业瞬间损失了八十余万元，间接损失无法估计。

很多网站都有使用手机号发送验证码的功能，攻击者通过浏览器的开发者模式，或者网络抓包的方式获取到其发送短信的接口地址和请求参数。然后使用 HTTP 工具，或者编写程序进行模拟发送，即可完成攻击。

如图 5-1 所示，某家公司官网的注册功能的页面，在 Chrome 浏览器下，按"F12"键进入开发者模式，然后在登录页面填写信息后，点击"发送验证码"按钮。这时分别可以看到发送短信的请求地址和接口信息，以及请求参数信息，其中有一项就是手机号参数（mobile）。

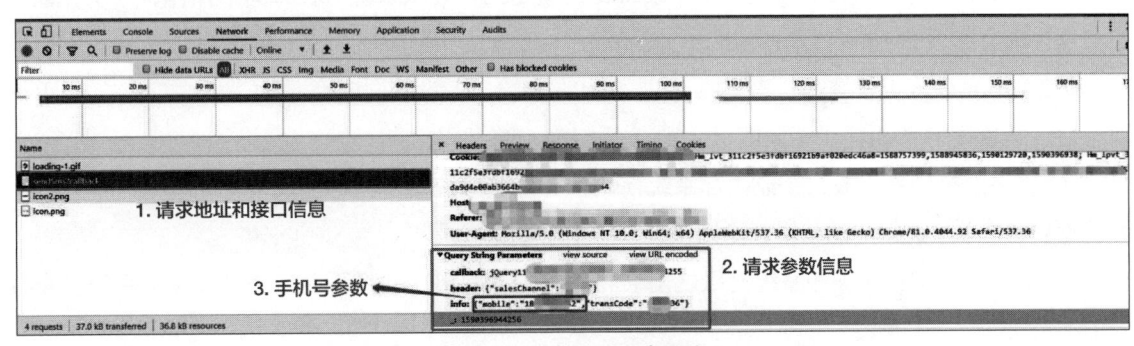

图 5-1 浏览器开发者模式

有了这些信息，就可以模拟请求信息，写一个死循环去发送验证码短信了，并且可以随意更换手机号。

如果这家公司的系统没有做过任何安全控制，那么将带来以下严重后果。

（1）巨额的经济损失。如果一条短信按照 1 角钱计算，一小时发送 100 万条，就是 10 万元，如果持续 24 小时就是 240 万元，这还是保守估计，如果采用高并发方式发送，那么损失会更加惨重。

（2）如果随机设置用户手机号进行发送，则数以百万、千万的人都会收到带有公司标签的短信（这是运营商的强制规定，如短信前面或后面都会有【×××公司】、【×××网】的标签）。那么，公司的声誉会受到极大的损害，不但面临大量的用户投诉，造成的声誉损失也是无法估计的。

类似这样的例子还有很多，如用户的密码暴力破解、用户信息被盗用、恶意注册等。正因为存在这些问题，才需要对安全设计足够的重视。

5.2 主动与被动登录踢出设计

登录踢出可以作为一种保护措施，在很多情况下都需要进行这样的设计。例如，用户在网吧登录某个系统却忘记了退出，这就十分危险。其他人不用登录就可以直接访问该账号，不只个人信息会泄露，甚至对方可以进行一些具有破坏性的操作。

因此，系统不可以保持永久的登录状态，除用户自己主动退出外，还必须具有踢出机制。

> **注意**
>
> 退出和踢出的含义是不同的，退出是指用户正常退出，而踢出是一种系统行为，用户无法阻止。

在以下几种场景下需要登录踢出设计。

（1）Session 过期：在 B/S 模式下，最常见的就是用户登录系统后长时间不操作，为了保证用户安全，则会由于 Session 过期而被踢出。

（2）不允许多设备登录：有些 App 是不允许多端、多设备同时登录的，如微信，在 A 手机登录后，再使用 B 手机登录相同账号，则 A 手机会被自动踢出。

（3）权限控制：一般在企业内部系统使用，有一些系统用户的功能权限是在登录时加载的，如果管理员修改了此用户的权限，则用户必须退出后重新登录。

（4）升级维护：在一些系统升级之前会将用户主动踢出，并且不允许登录，保障系统发布过程中不被访问。

登录踢出设计有主动踢出和被动踢出两种设计方式。

第 5 章
用户安全架构设计

1. 主动踢出设计

不允许多设备登录、权限控制和升级维护的场景，都可以使用主动踢出的方式来解决。对于 App 端登录踢出，常用的架构设计如图 5-2 所示。

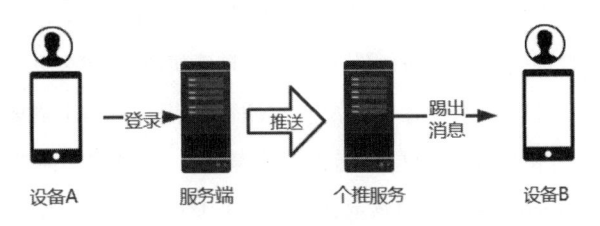

图 5-2 主动踢出流程

（1）设备 A 登录时，请求后端服务器。
（2）服务端查看用户是否存在其他设备已经登录，如果存在，则推送消息给个推服务。
（3）个推服务会将通知消息推送给设备 B。
（4）设备 B 接收到消息后，直接将用户踢出到登录页面，并提示"您的账户已经在其他设备登录"。

> **注意**
>
> 个推服务的作用是由服务端向用户终端（手机 App、计算机、电视等）推送消息，如提醒信息、活动信息等，一般以 JSON 格式进行发送，App 端需要集成相应的 SDK。个推技术参见 8.4 节。

思考 1：图 5-2 所示的架构是否存在问题？如果公司有多款产品，它们都有个推和透传的需求，那么每个服务都要集成一遍个推功能，无法达到服务复用。

因此，需要将消息推送服务抽象出来，成为消息中心独立服务，以此来达到服务复用，架构演变如图 5-3 所示。

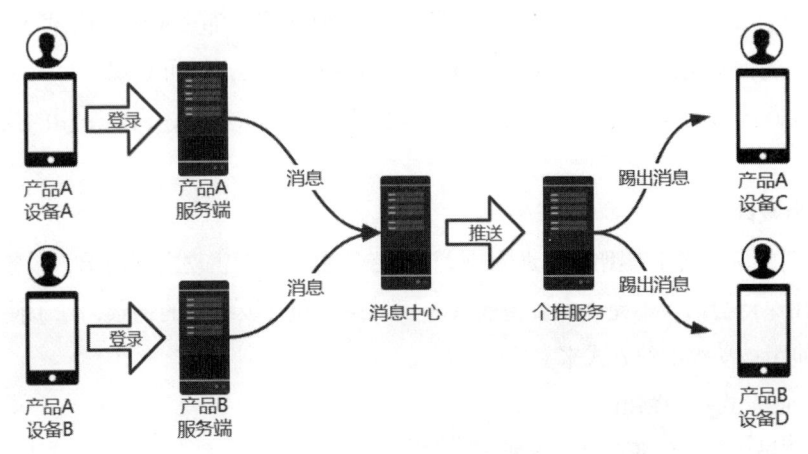

图 5-3 消息推送服务架构

在图 5-3 所示的架构下，多个系统均将消息发送给消息中心，由消息中心与个推服务进行交互。消息中心可以被所有子系统所使用，从而降低了系统的耦合度，提高了复用性。再进一步，消息服务可以封装自己的客户端 SDK，让调用方集成更加方便快捷。

思考 2：图 5-3 所示的系统设计是否具有通用性？如果公司的系统是桌面软件（如企业内的某些财务软件、医院的门诊管理软件、游戏软件），并不是手机 App 怎么办？

如图 5-4 所示，桌面软件消息推送架构并没有实质性变化，只是不需要依赖于个推系统提供的功能了，而是由消息中心直接把踢出消息推送给终端软件。桌面软件需要开启监听，服务端发送 TCP/UDP 消息通知，而通知的内容可以随意定义，可以是 JSON、XML 等。客户端进程收到通知后，将用户踢出到登录页面，并提示"您的账号已经在其他设备登录"即可。

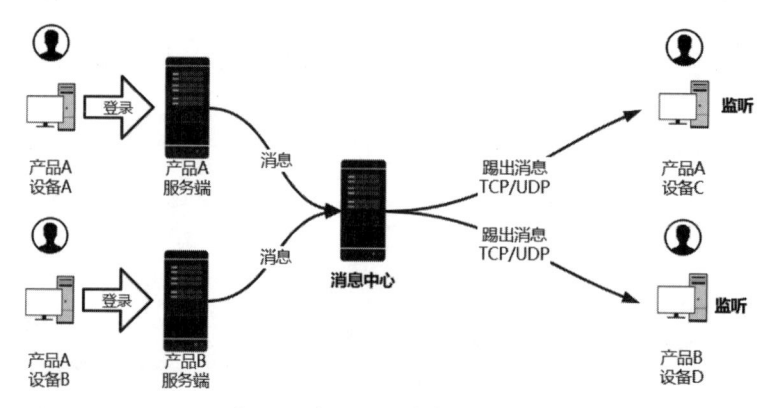

图 5-4　桌面软件消息推送架构

可以发现，消息中心能做的事情不只是登录踢出，各种活动通知、福利发放、锁定账号等由服务端主动发起的事情都可以实现。消息机制可以提高用户黏性，提高 App 或系统被激活的频率，从而提高系统的日活和使用量，详情可参见第 8 章。

思考 3：手机 App 端、PC 端桌面软件都可以实现主动踢出，那么 Web 端是否可以实现呢？

Web 端使用轮询机制，或者通过 WebSocket 技术进行消息推送即可实现。

总之，主动踢出模式都是采用主动推送、被动监听的方式来实现，只是采用的技术和协议不同而已。

2. 被动踢出设计

Session 过期的场景属于典型的被动踢出设计，必须由客户端主动发起请求，服务端才会去检测用户是否依然在保持会话。不允许多设备登录、权限控制和升级维护的场景，除了使用主动踢出的方式，也可以使用被动踢出的方式来实现。

（1）Session 模式被动踢出。

Session 模式被动踢出流程如图 5-5 所示。

① 客户端发送任意请求（需要登录后才有权限的请求）到服务端。

② 服务端获取客户端的 session_id，在内存中查询用户 Session 是否存在并且有效。

③ 如果 Session 已经失效，则返回错误，或者重定向到登录页面，从而完成踢出。

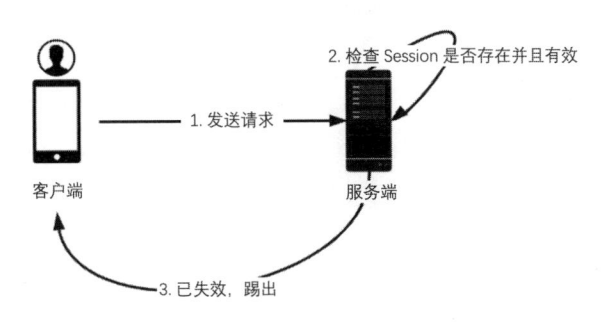

图 5-5　Session 模式被动踢出流程

（2）Token 模式被动踢出。

Token 模式下的踢出与 Session 模式并没有本质的区别，只是第二步有点区别。如图 5-6 所示，后端服务接收到前端请求后，需要先去 Redis、Memcached 等缓存中间件或数据库中获取 Token，然后再验证其是否存在并且有效。

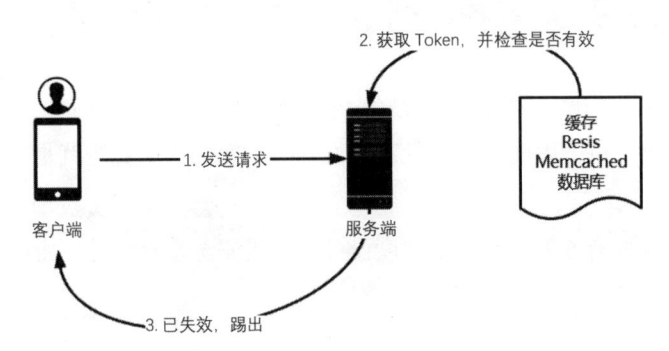

图 5-6　Token 模式被动踢出流程

（3）多设备登录模式被动踢出。

多设备登录也可以进行被动踢出，主要是借助 Redis 等缓存来实现，流程如图 5-7 所示。

① 设备 A 向服务端发起登录请求。

② 服务端将设备 ID、用户 ID 作为 Key，将用户信息存储到 Redis 等缓存中。

③ 设备 B 使用相同账号登录，向服务端发起请求。

④ 服务端查询该账号是否存在其他设备已经登录，如果存在，则将其他设备的 Redis 记录清除。

⑤ 当设备 A 再发起任意请求时，服务端检测到用户设备没有 Redis 记录，则会返回错误，踢出到登录页面。

这种方式存在的问题是用户体验较差，但是稳定性较好。主动踢出模式虽然用户体验好，但是很容易因为消息推送失败，而导致无法踢出其他登录设备，造成安全隐患。

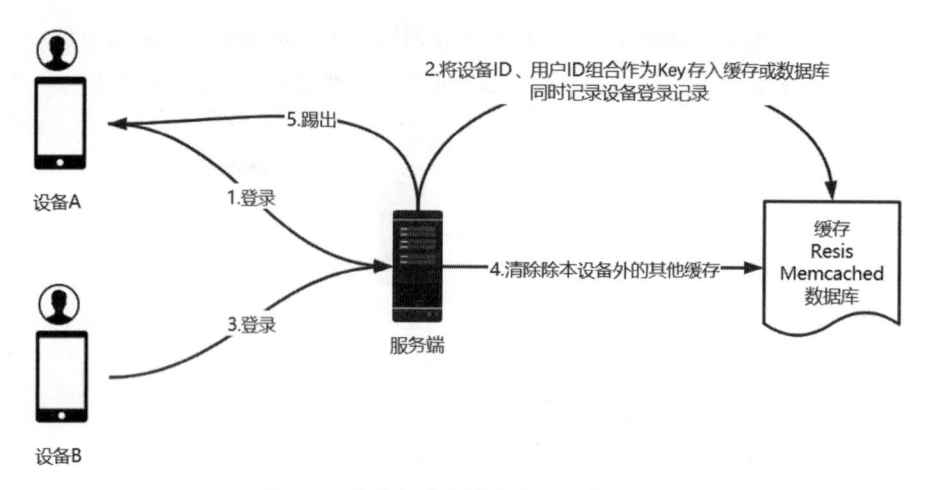

图 5-7 多设备登录模式被动踢出流程

5.3 5 种密码安全性设计

密码就是打开大门的钥匙,要是不保管好,一旦被窃取、丢失、复制,别人就可以随意进出,就没有任何隐私和安全可讲。因此,在进行系统设计时,密码相关功能就是重中之重,千万不可以大意。

密码安全性设计主要有 5 种:密码复杂度设计、密码安全检查设计、密码失效设计、账户锁定设计、密码传输和存储设计。

5.3.1 密码复杂度设计

提升密码复杂度是一种性价比最高的处理方式。例如,在用户注册时,密码长度必须大于等于 8 位,必须同时包含数字、大小写字母及特殊字符,这样就可以很好地保障密码安全。

安全性和用户体验总是成对出现的,系统安全性越高,往往用户体验度越低。密码复杂度越高,安全性越高,但是用户要录入的内容就会变多,记忆和使用难度加大。密码复杂度越低,安全性越低,密码被破解的可能性就会提高,但是用户记忆和使用会更加方便。

如何抉择?这就要根据系统的安全等级要求而定。如果是财务、银行、保险、资金划拨等重要系统,则一般强制要求采用最高的密码复杂度。如果是娱乐、休闲类系统,则只会提醒用户的密码安全等级偏低,而不会强制要求。

为了兼顾安全性和用户体验,可以根据系统特点限定密码的安全等级,可以通过以下方法设计密码复杂度。

表 5-1 所示为密码复杂度计算指标的定义说明，不同的密码组合可通过此表计算不同的得分。

表 5-1 密码复杂度计算指标的定义说明

密码复杂度计算指标	指标规则说明	得分
密码长度	小于等于 4 个字符	5
	5~7 字符	10
	大于等于 8 个字符	25
字母	没有字母	0
	全都是小（大）写字母	10
	大小写混合字母	20
数字	没有数字	0
	1 个数字	10
	大于 1 个数字	20
特殊符号	没有符号	0
	1 个符号	10
	大于 1 个符号	25
奖励	字母和数字组合	2
	字母、数字和符号组合	3
	大小写字母、数字和符号组合	5

根据密码复杂度的得分与密码复杂度评级标准进行对照，就可以评估出密码的安全等级。密码安全等级划分为 7 个级别，如表 5-2 所示。

表 5-2 密码复杂度评级标准

安全等级	密码复杂度的得分
非常安全	大于等于 90
安全	大于等于 80
非常强	大于等于 70
强	大于等于 60
一般	大于等于 50
弱	大于等于 25
非常弱	大于等于 0

5.3.2 密码安全检查设计

为了防止用户随意设置过于简单的密码（如 123456、1q2w3e 等），或者经常被攻击的、易破解的密码，可以使用密码安全检查库来增强密码安全性。

密码安全检查库中存储着所有不建议设置的密码，如 123456、abc123、1q2w3ed 等，当用户进行密码设置时进行比对，如果匹配，则提示"您设置的密码不安全，请更换"。

密码安全检查流程如图 5-8 所示，包含以下 3 个步骤。

（1）用户提交要设置的密码。

（2）服务端使用此密码到密码安全检查库中进行检索。

（3）如果有匹配数据，则返回密码存在风险。

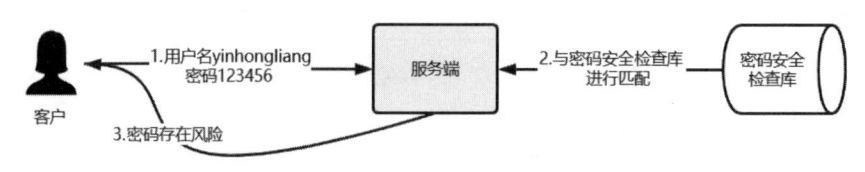

图 5-8　密码安全检查流程

这种设计思想就是病毒库的思想，杀毒软件都会有自己的病毒库，通过收集漏洞和用户的反馈，不断地完善病毒库。扫描病毒时，就是与病毒库比对的过程。也可以将密码安全检查库当作一种病毒库来看待。

这种设计还有一个变种，就是历史密码库比对，该设计的前提是必须存储用户使用过的所有历史密码，在用户注册、修改密码、重置密码时都要进行记录。

历史密码库检查流程如图 5-9 所示，包含以下 3 个步骤。

（1）用户提交要设置的密码。

（2）服务端使用此密码到用户历史密码库中进行检索。

（3）如果有匹配数据，则返回"您曾经使用过该密码，请更换"。

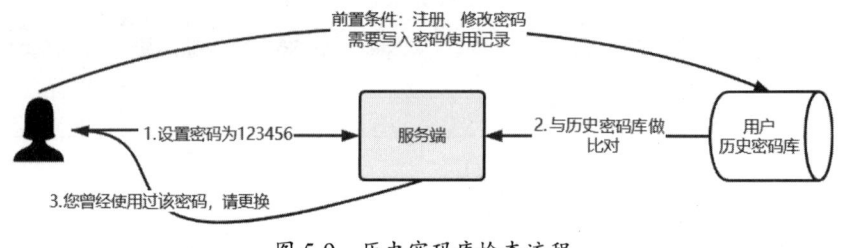

图 5-9　历史密码库检查流程

5.3.3　密码失效设计

大多数人都没有定期更换密码的习惯，所以密码遗失或被破解的概率就比较高，因此对于高安全等级的系统，可以采用密码失效策略。

例如，在用户注册、修改密码时，可以设置存储该密码的有效期为 90 天，当 90 天后用户再次登录，则会提示用户密码过期，并跳转至密码修改页面，要求用户输入用户名、原始密码、新密码进行更换。

对于密码失效的天数设置可以根据系统的安全等级进行配置，如 30 天、3 个月、1 年等。密码失效是一种十分有效的安全措施，为了避免用户每次密码失效时都设置相同的密码，或者几个密码反复使用，一般密码失效策略要与历史密码库同时使用，确保用户定期更换不同的密码。

5.3.4 账户锁定设计

在使用银行 ATM 机时，如果同一天连续错误输入 3 次密码，则银行卡就会被吞，并且账户进入锁定状态而无法操作。在一些高级别的安全系统中，如果用户连续错误输入多次密码，则密码被锁定，这种设计存在多种变种，从而达到不同的用户体验。

用户连续错误输入 N 次，则自动进入锁定状态，必须等待 N 小时之后才可以再次重试，每次输入错误都会提醒用户当前剩余的可重试次数。这种设计方式既保证了安全性，也提升了用户体验。

用户连续错误输入 N 次，则自动进入锁定状态，并且必须人工介入，才可以恢复正常。这种一般为银行或金融类软件为了保证绝对安全所采用的方式。

5.3.5 密码传输和存储设计

密码在传输过程中为了防止网络嗅探，可使用 HTTPS 进行传输；为了防止在客户端和服务端被泄露，则需要进行加密。

早期密码都是采用 MD5 算法进行单次哈希的方式加密的，但是随着技术的发展，这种方式已经不够安全了，算法过于简单，容易被暴力破解。因此，可以采用加盐（salt）的方式来设计。所谓加盐，就是增加一个只有自己知道的字符串，一起参与加密，从而让原来的"味道"变了，这样可以保证密码存储在数据库中也不会被窃取。

加密算法：MD5(MD5(原始密码)+ salt)= 加密后的密码。

例如，原始密码 =123456，salt=abcdef，则加密后的密码 =MD5(MD5(123456)+abcdef)。

安全设计：盐并不是固定不变的，而是每个用户都是不同的（随机产生），并且在用户修改密码时可以修改，从而带来更高的安全性。一般采用表 5-3 所示的结构进行存储。

表 5-3 用户密码存储结构示例

用户 ID	姓名	登录名	密码	盐
1	尹洪亮	yinhongliang	14e1b600b1fd579f47433b88e8d85291	abcdef
2	凯文	kevin	123sc34f1b600b1fd57dpdsfe8d85dsef	123456

例如，使用 yinhongliang 这个账号进行登录，交互流程如图 5-10 所示。

（1）使用用户名 yinhongliang、密码 123456 登录。

（2）服务端接收到请求后，使用用户名 yinhongliang 到数据库中查询用户数据，得到 salt=abcdef，password=14e1b600b1fd579f47433b88e8d85291。

（3）使用 MD5(MD5(123456)+abcdef) 进行加密，得到加密后的密码。

（4）使用加密后的密码与数据库中获取的 password 做比对。

（5）根据密码比对结果，向用户返回登录成功或密码错误。

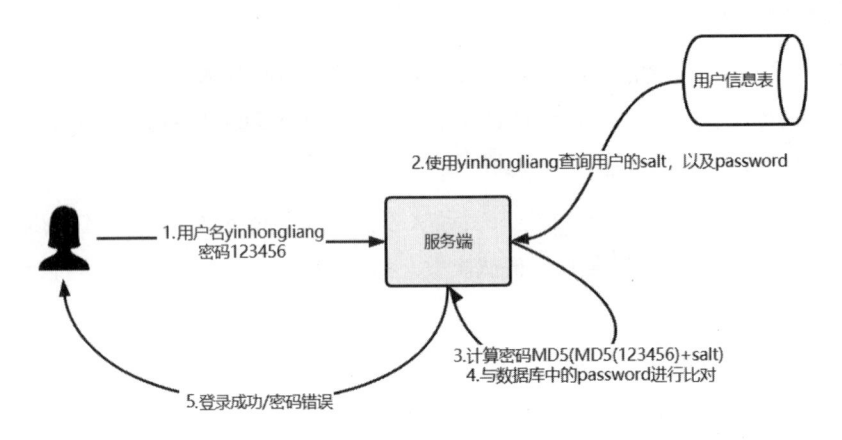

图 5-10　密码加密加盐交互流程

思考 1：还有更安全的方法吗？

只要增加密码被破解的成本，提高加密的复杂度的方法都可以，如可以做多次加密：MD5(MD5(MD5(密码)))，MD5(MD5(密码)+ MD5(密码))。或者更换更为安全的算法，如 SHA1、SHA256（又称为 SHA2）等。因此，可以设计各种个性化的加密方法来提高破解复杂度。

思考 2：加密变得复杂，会有什么负面影响吗？

加密算法越复杂，对服务器的性能要求越高，因为加密属于非常耗 CPU 的操作，在高并发的场景下也会导致 CPU 占用率升高。由于在用户登录、修改密码、重置密码的过程中都会进行密码加密的操作，所以对接口的响应速度也会产生一定的影响。

5.4　5 种密码找回设计

当用户忘记密码时，通常都要使用找回密码、重置密码功能。找回密码并不是真正地将原来的密码告诉用户，因为这个密码在数据库中的存储也是加密的，根本无法获取到原始的明文密码是什么。

找回密码的本质是根据用户现有的信息做比对，来进行身份核实。核实通过之后允许用户进行密码修改，进而达到找回密码的目的。

用户可以采用哪种方式找回密码，完全与系统所持有的用户信息完整度相关。例如，用户根本没有绑定手机号和邮箱，则无法通过手机号或邮箱找回密码。同时，密码修改是一项十分敏感的操作，必须保证整个流程的绝对安全。

1. 密保问题类找回密码设计

利用密保问题来找回密码是最为简单的设计，注册时进行问题和答案的采集，这些问题有系统预先设置的，也有用户自己设置的。例如，"您父亲的姓名？""您母亲的姓名？""您小学的名称？"等。

密保找回密码流程如图 5-11 所示，包含以下 6 个步骤。

（1）用户进行注册，填写密保问题和答案。

（2）将用户所选的题目和答案进行存储。

（3）当用户找回密码时，要求先输入用户名。

（4）根据用户名从数据库拉取密保问题，并要求用户回答。

（5）比对用户当前提交的答案与注册时填写的答案。

（6）如果答案正确，则进入密码修改环节。

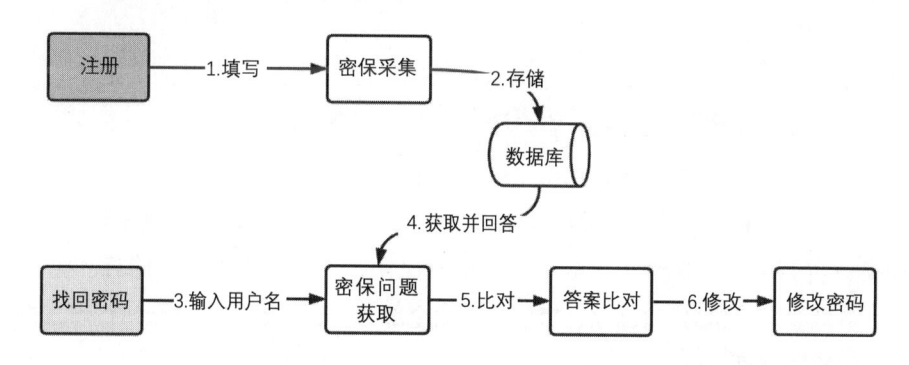

图 5-11 密保找回密码流程

密保问题很容易泄露，如父母、配偶、学校、生日等信息是很容易被获取的。如果用户自己设置密保问题，则又很容易遗忘。

一旦密保问题无法回答正确，又没有其他密码找回手段，就只能通过人工申诉进行找回，十分不便。因此，密保问题类找回密码设计已经渐渐地废弃不用了，或者只是作为找回密码的备用手段。

2. 下行短信验证码找回密码设计

首先要理解上行短信和下行短信的概念。上行短信是指用户主动给运营方发送的短信，如用户主动给 10086 发送的短信。下行短信是指运营方主动给用户发送的短信，如淘宝给用户发送了一条"双 11"促销短信。下行短信验证码的方式是现在大多数系统所采用的设计。

下行短信验证码找回密码流程如图 5-12 所示，流程短，体验好，是现在最主流的设计方式，前提条件也很简单，系统必须提供手机号注册或绑定功能。通常只有 4 个步骤，即录入手机号、获取验证码、填写验证码和修改密码。

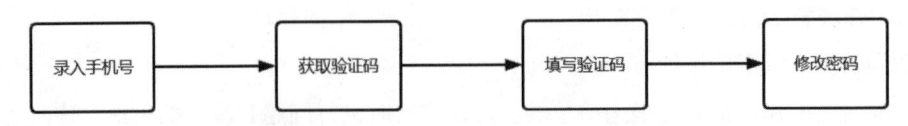

图 5-12　下行短信验证码找回密码流程

然而，此流程也存在安全隐患，可以引入 Token 的多重校验机制，避免验证码被窃取。

下行短信验证码找回密码的安全流程如图 5-13 所示，包含以下 11 个步骤。

（1）用户进入找回密码流程，输入手机号。

（2）客户端向服务端发送请求，获取短信验证码。

（3）服务端校验手机号是否存在，如果存在，则向用户手机发送短信验证码。

（4）服务端生成 Token 并返回给客户端，目的是将验证码、手机号、Token 绑定，增加安全校验，这一步也是被大多数设计者经常忽略的一步。

（5）用户将接收到的短信验证码录入页面中，点击"提交"按钮，客户端携带用户录入的验证码及 Token 请求服务端。

（6）服务端校验用户提交的验证码与 Token 所对应的验证码是否匹配并且有效。

（7）服务端返回客户端验证成功，客户端跳转到修改密码页面。

（8）用户录入要修改的新密码，点击"提交"按钮。

（9）客户端携带手机号、新密码、Token、短信验证码请求后端修改密码。这一步也经常被忽略，如果只将新密码发送给了后端来执行修改操作，则有巨大的安全隐患。

（10）服务端验证手机号、Token、短信验证码全部匹配并且有效，才会执行修改操作。

（11）返回修改结果（成功、失败）。

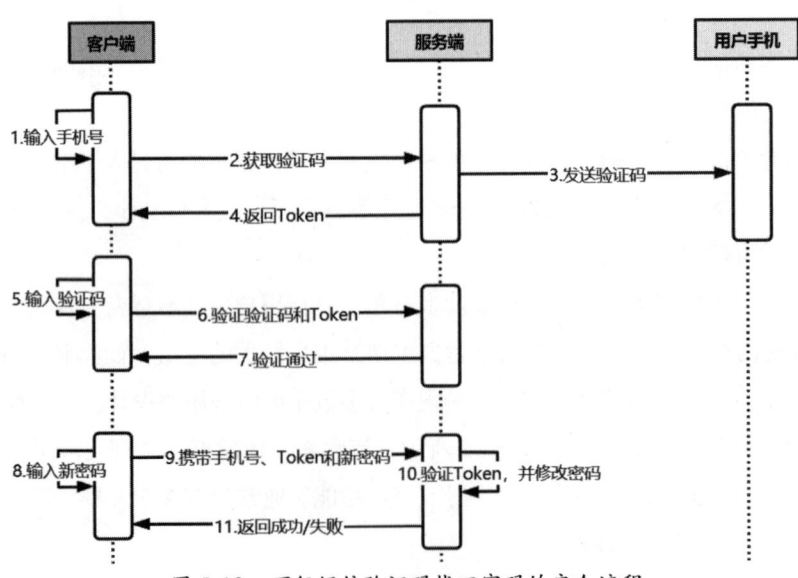

图 5-13　下行短信验证码找回密码的安全流程

思考1：如果没有 Token 机制，会有什么危险？例如，在你的手机上植入木马读取短信内容，一旦获取到验证码就可以直接在其他地方使用，而与具体的执行环境无关。然而，对方无法同时获取短信和 Token，从而保证了即使短信验证码被盗取，也无法使用。

思考2：如果不增加 Token、手机号、验证码的校验，则可以通过模拟请求的方式来随意修改密码。

思考3：验证码的特点是有效期短，使用一次立即失效，并且只对单一业务有效。在密码修改功能中获取了一个验证码，则只能在这个业务功能使用，而不能在转账付款功能中使用。很多人将获取验证码、校验验证码的功能作为统一服务，而忘记了增加业务隔离限制，就会导致验证码可以重复使用。

统一的短信验证码服务接口，必须包含 Token 和验证码类型两个字段，如表5-4所示。

表5-4 统一验证码服务接口字段设计

字段名	备注
Token	每个短信验证码必须有唯一的 Token
验证码类型	1注册，2找回密码，3登录，4手机号变更，5提取，6支付

这样，在请求验证码获取接口时，只要传入不同的验证码类型，就可以得到不同类型的验证码了。其中1、2、3用户可以在非登录状态下获取，而4、5、6用户必须在登录状态下才能获取。为了防止验证码接口被攻击，一般还要在业务流程中加入图片、文字验证码环节。

3. 上行短信验证码找回密码设计

上行短信验证码的方式一般在使用账号找回密码的场景中使用，用户使用注册手机或绑定手机向指定的运营商号码发送指定内容，完成验证。

上行短信验证码找回密码流程如图5-14所示，包含以下9个步骤。

（1）用户录入要找回密码的账号，点击"确定"按钮。

（2）将账号提交到服务端。

（3）服务端使用账号查询账号锁绑定的手机号。

（4）脱敏后返回给客户端，脱敏就是以 18*****3052 这种形式返回，避免用户的敏感信息被窃取。

（5）提示用户以下信息，如"请使用 18*****3052 号码给 123456789 运营商号码发送短信，短信内容为 czmm"，czmm 为指令，代表重置密码（指令可以由服务端随意指定）。

（6）用户使用该手机号发送指定短信内容给短信运营商，短信运营商会将此信息转发给服务端系统，服务端系统进行发送方手机号、短信内容的验证。

（7）用户发送完短信后，在页面上点击"我已发送"按钮，目的是通知服务端。

（8）服务端验证是否接收到上行短信，并且验证手机号和短信内容是否全部正确，如果正确，则向客户端返回验证通过。

（9）客户端接收到验证通过的消息后，跳转到修改密码页面，完成后续流程。

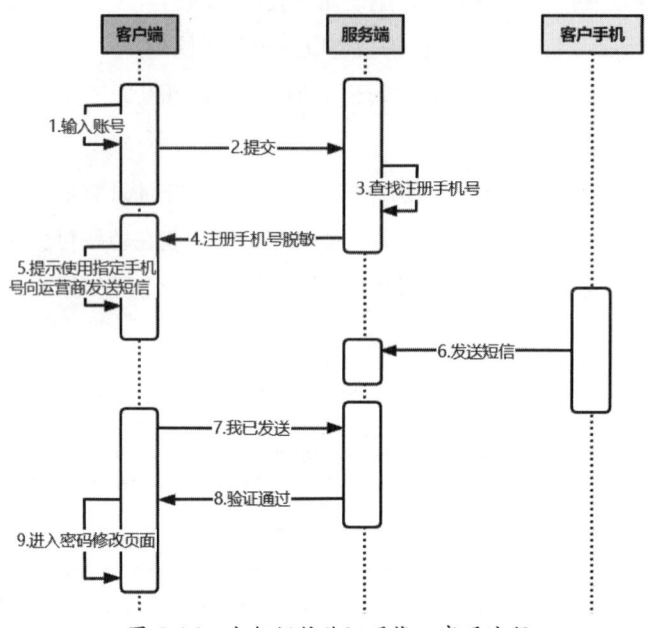

图 5-14 上行短信验证码找回密码流程

上行短信验证码的方式可以有效防止短信接口被攻击，更加安全，但是会让用户操作更加烦琐，并且用户会产生短信费用，所以体验性有所下降。

思考：是否可以通过上行短信直接设置密码？

答案是肯定的。例如，可以发送"姓名＃身份证号＃账号＃新密码"给服务端，直接通过信息比对，然后修改密码，这种方式虽然简单高效，但是短信遗失、被窃取的风险很高。一旦用户短信泄露，则账号将处于"裸奔"状态，因此这种设计应该尽量避免使用。

4. 邮箱找回密码设计

邮箱找回密码也是一种常用设计，同样要求系统必须提供邮箱注册或绑定功能，否则无法利用邮箱找回。

邮箱找回密码流程如图 5-15 所示，包含以下 9 个步骤。

（1）用户在客户端录入邮箱。

（2）将邮箱地址提交给服务端。

（3）服务端校验邮箱是否存在，如果存在，则生成 Token 串，Token 具有有效期，如 1 小时。同时，对邮箱地址进行哈希加密（使用 MD5、SHA 等算法，防止邮箱地址被篡改）。

（4）给用户邮箱发送邮件，邮件的内容为用户修改密码的地址，地址后面拼接 Token 和加密后的邮箱参数，如 https://xxx:xx/restPassword?token=6wUU0Xwecav1TsFIiLwTS4wFaiLJtEvmrhwMIv9VFQq5VX55fXjEOAJgeFFAYMqk&email=5B0mDIsukVgkp2AY36O9。

（5）用户点击邮箱中的链接，跳转到客户端，进入密码修改页面。

（6）用户录入新的密码，并提交。

（7）客户端携带新密码、Token（从 URL 中获取）、加密后的邮箱地址提交到服务端。

（8）服务端校验 Token 是否存在并且有效，邮箱是否匹配，如果校验通过，则执行修改操作。

（9）服务端将修改结果返回给客户端。如果 Token 已经过期，则提示链接已失效；如果无法找到匹配的数据，则提示非法链接。

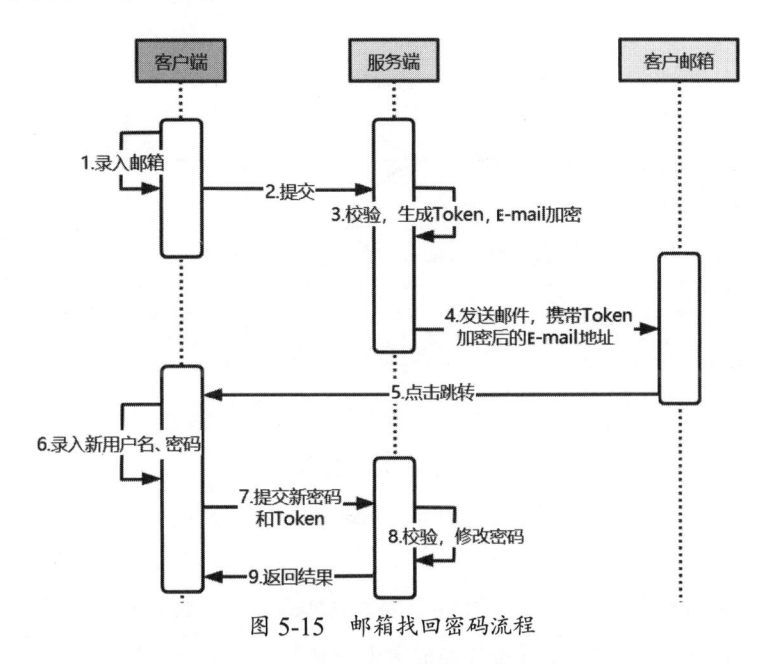

图 5-15　邮箱找回密码流程

在这个设计中，最重要的就是 Token 和 E-mail 加密串的使用，避免了密码修改链接被篡改的风险。

5. 人工申诉找回密码设计

人工申诉找回密码是一项十分重要，而又经常被忽略的设计。因为用户更换了手机号和邮箱，或者忘记了当时注册所使用的手机号和邮箱，导致无法找回密码。而系统上又没有任何人工申诉的入口和联系方式，就会导致用户陷入死循环。

人工申诉找回密码可以使用在线客服、电话客服、邮箱客服，可以不开发任何功能，但是必须让用户需要时能够找到解决路径，这就是设计中的闭环思维。

5.5　密码修改设计

密码修改与密码找回是有本质区别的，密码修改是用户已经登录了系统，然后对密码进行修改。

而密码找回是用户还没有登录系统，由于忘记了密码而申请找回。

对于一些企业内网PC端管理系统，一般采用输入原密码和新密码的方式来修改密码；对于互联网App端产品，一般不通过这种方式处理，而是结合手机号、邮箱、人脸识别、指纹识别来修改密码；对于互联网PC端产品，一般采用邮箱、手机验证码的方式来修改密码，如图5-16所示。

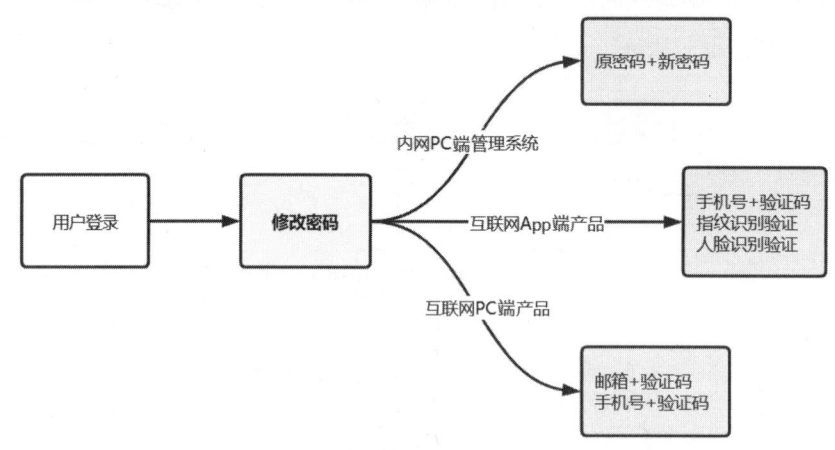

图5-16 密码修改方式分类

对于App端产品可以有效地结合人工智能校验，增强系统安全性，在密码修改前先进行人脸识别验证、指纹识别验证来增强系统安全性，其中人脸识别活体检测的安全性最高，可以验证是用户本人在操作。

手机验证码的方式使用最为广泛，主要还是因为其实现简单，性价比较高。一般的公司并没有人脸识别的技术能力，付费使用第三方接口的成本十分高昂。

密码修改时需要记录密码修改轨迹信息，这样当发生一些安全性问题时才有迹可循，能进行反向追查。同时，通过密码轨迹信息可以统计用户密码修改的频率、修改密码时所发生的位置变化、使用的设备变化等。

如果用户的密码修改频繁，而且这次在北京，下次在云南，或者设备经常变化，则可以对账户进行风险标记，并且发送短信提醒，告知账号存在风险。

可以详细记录用户密码的修改轨迹信息，如表5-5所示。

表5-5 用户密码的修改轨迹信息

字段	说明
修改时间	密码修改发生的时间
修改来源IP	客户端的公网IP，如果一个人经常在不同IP地址修改密码，就存在盗用风险，需要向用户发送消息提醒
修改来源终端	代表来源系统，如××PC端、××系统App端、××系统微信端
来源设备类型	Web浏览器、安卓、iOS、微信等
设备信息	浏览器Agent信息、手机设备号、运营商、品牌等

续表

字段	说明
验证方式	手机号验证、邮箱验证、原密码验证、人脸识别、指纹识别
原密码	用户的原始密码经过哈希算法加密后,可以存储到密码安全库中
经纬度	如果用户授权,则可以获取用户的精确位置信息。IP 地址只能进行粗略定位

5.6 5 种用户注册设计

注册是每个封闭式系统都需要的功能,属于一种数据采集手段,采集的数据作为用户登录及数据关联的基础。为了保证注册的真实性,往往需要用户身份的验证和账户的激活流程。在这些注册流程中,最重要的就是保证用户信息的安全和激活验证码的安全。

注册可以分为开放式注册、封闭式注册、半封闭式注册、手机验证码注册和邮箱激活注册,每一种注册方式均有不同的设计方法。

5.6.1 开放式注册、封闭式注册和半封闭式注册

1. 开放式注册和封闭式注册

开放式注册是将注册功能暴露给用户,用户可以自己填写必要信息,完成注册、激活、登录。而封闭式注册则没有用户注册页面,只能由管理员在后台添加。

对于 2B、2C 的互联网产品,绝大多数都采用开放式注册或第三方登录注册的方式。对于企业内部系统,绝大多数都采取封闭式注册的方式。

2. 半封闭式注册

现状:有些企业员工申请系统账号是这样操作的,员工填写 Excel 申请表,然后用邮件发送给管理员,管理员收到申请后核实信息,核对无误后再一个个录入系统,或者导入系统,最终把生成的账号和密码再用邮件发送给员工。

问题:流程烦琐,如果用户信息填写不正确,就要反复沟通调整;管理员不断地进行重复劳动;密码不是员工自己设置的,管理员完全掌握,以邮件或其他方式传递密码都十分不安全。

方案:将封闭式注册加上互联网思维,变为半自助化的用户注册功能。

半封闭式注册流程如图 5-17 所示,包含以下 5 个步骤。

(1)员工线上填写注册申请信息,如姓名、证件号、员工号、所在部门、职位、邮箱、手机号、密码等企业要求的信息,然后提交申请。

(2)服务端接收到申请后,存储注册信息,并将用户状态标记为未激活,等待管理员审核。

（3）向客户端返回申请成功，请等待审核的应答消息。

（4）管理员核对员工信息，如果信息无误，则审核通过，并将用户状态修改为已激活。

（5）向用户发送通知短信或邮件，告知用户已开通。

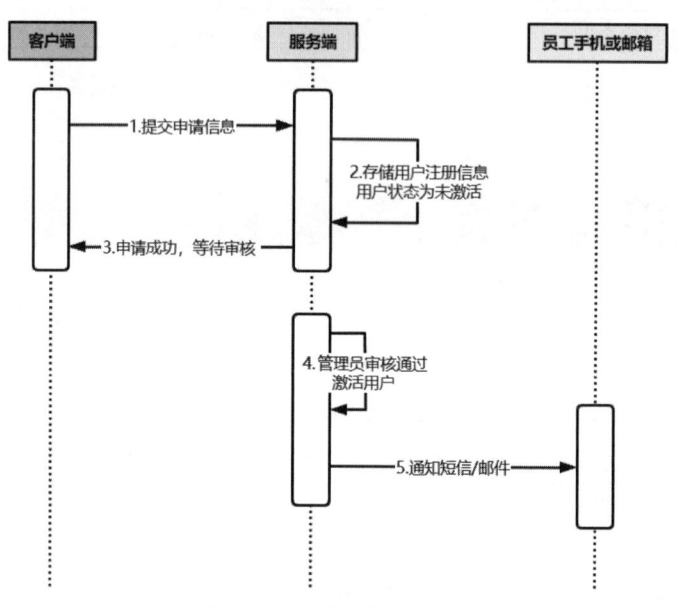

图 5-17　半封闭式注册流程

通过这种半封闭式注册的方式申请系统账号，大大提高了账户开通的效率和安全性，没有用户密码泄露的风险，同时满足了企业的管理要求。传统软件普遍缺乏互联网化的思考，将线下操作和线上流程做有机的整合，一些简单的思维变通就是创新，就能够提高生产率。

思考 1：如果管理员审核不通过，则可以作废原有注册信息，然后通知用户重新填写注册信息，再次申请注册。这种设计只适用于用户需要填写的信息较少的情况。如果用户需要填写的信息较多，则让用户全部重新录入一遍，显然是不合理的。可以在提醒短信或邮件中，将信息修改 URL 发送给用户。例如，http://xxx:xx/applyReg?id=1q4s7d9v 在 URL 中携带 id 参数，为本次申请的唯一 ID。

这样，在用户打开链接后，就可以根据申请 ID，从服务端获得当时填写的信息，并在此基础之上进行修改，节省了用户的录入成本，如图 5-18 所示。在这个设计中，有以下 3 个数据安全问题很容易被忽略。

（1）对于申请 ID 的设计不可以是 1、2、3 这种自增主键，或者是纯数字主键，一旦用户获取此链接，随意修改一下 ID 的数值就可能查询到其他人的申请记录，造成数据泄露。

例如，原链接 http://xxx:xx/applyReg?id=1 修改为 http://xxx:xx/applyReg?id=2，就可以获取申请 ID 为 2 的全部数据。

因此，URL 上携带的申请 ID 必须为 MD5、SHA 加工过的字符串，或者是 UUID 字符串，保证唯一性，又保证了防篡改性。

（2）第 6 步服务端使用申请 ID 去查询原申请信息时，一定要加上状态控制，只允许查询审核不通过状态的数据，否则用户可以反复利用此链接修改用户数据。

（3）第 8 步用户再次提交申请，服务端也要增加状态判断，只有当前状态为审核未通过状态的数据才允许再次申请，并且将状态再次修改为待审核状态。

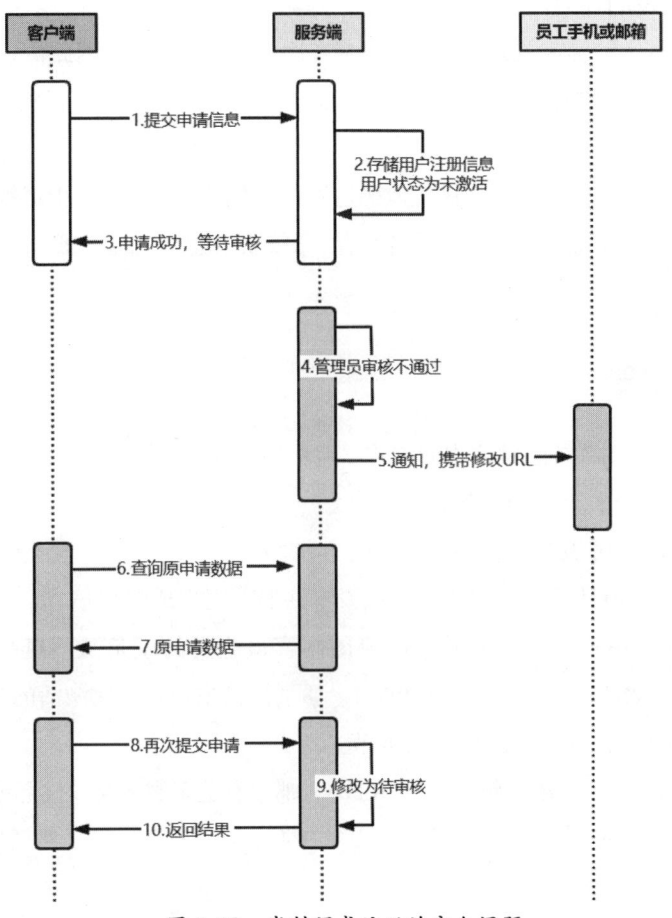

图 5-18　半封闭式注册的安全问题

思考 2：半封闭式注册设计一般只适合内部管理系统，而不适合互联网产品，否则很容易被攻击，造成大量的垃圾注册信息。如果需要将此流程开放到互联网上，则必须在员工提交信息之前增加手机验证码、邮箱验证、图片验证码等手段进行人机识别，从而防止恶意攻击。

5.6.2　手机验证码注册

国外大多数的应用都是采用邮箱注册的，而中国大多数的应用都是采用手机号注册的，所以如果开发的系统涉及国际化推广，则一定不要忽略这个细节。国外互联网发展得较早，那时手机还不是那么方便，并且短信发送的成本很高。所以，国外系统从一开始就使用邮箱与用户建立连接，从而沿用了这种使用习惯。

而国内互联网起步较晚，大多数人都没有邮箱，所以早期国内采用账号加密码注册的方式最多。随着手机的普及，现在国内几乎每个人都有一个手机号，而邮箱的使用率却非常低，这也是为什么从邮箱注册跨越到了手机注册的原因。

使用手机验证码注册有哪些优势？

手机号与人存在真实的绑定关系，由于手机号在国内采用实名制，因此信息造假的可能性极低，对于用户的后期营销和活动推广会十分有利。但是，也因为这个原因，有些用户害怕泄露自己的隐私，抵触使用手机号注册。

相比邮箱而言，手机短信能够更加快速地触达用户，而邮箱必须使用指定软件，然后登录查看。手机验证码机制能够保证注册人就是手机号持有者，更好地防止了恶意注册。

手机验证码注册设计这里不再赘述，详情可参见 4.3.1 小节。

5.6.3 邮箱激活注册

邮箱激活注册是 PC 端系统经常使用的方式，流程如图 5-19 所示。

（1）客户端填写注册邮箱、账户密码等信息。

（2）提交已经填写的信息给服务端。

（3）服务端校验邮箱是否已经注册，如果没有注册，则生成账户信息，状态设置为待激活。同时，发送激活邮件到用户的注册邮箱，邮箱的内容最主要的就是激活链接，如 http://xxxx.xx/active?token=1ajduw82je&email=ikvcjdiwjk839xdi1。激活链接中包含本次激活的 Token 加密串和要激活的邮箱加密串，Token 的使用原理可参见 5.4 节。

（4）用户登录邮箱，打开激活链接，将 Token、邮箱发送至服务端，发起激活操作。

（5）服务端验证 Token 与邮箱是否匹配，以及 Token 是否有效，然后激活用户。

（6）服务端返回账号激活成功消息。

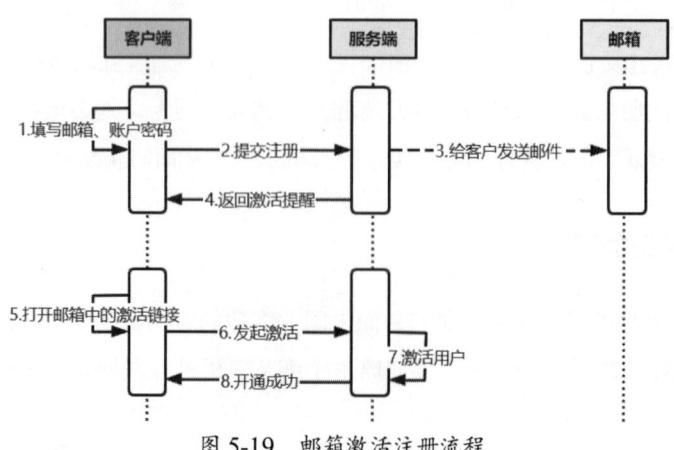

图 5-19　邮箱激活注册流程

思考：手机验证码注册与邮箱激活注册的主要区别是什么？

手机验证码注册是先验证，再将账户数据落地，相当于是一次性申请和开通。而邮箱激活注册是先留存用户数据，再修改用户的状态。因此，邮箱激活注册更容易造成垃圾注册数据。

5.7 RBAC 用户权限设计

用户权限是指用户完成身份认证，成功登录系统后能做什么，能使用哪些功能。这也是几乎所有企业系统都必须具备的功能。开放式的互联网系统中所有普通用户的权限都是相同的，只有当用户等级不同时，才会在基础功能之上提供区别于普通用户的增值功能。

企业系统主要采用 RBAC 权限模型进行权限设计。RBAC 可以演化出用户角色权限模型、继承模型、用户组模型、权限组模型等。

5.7.1 RBAC 权限模型

RBAC（Role Based Access Control，基于角色的访问控制）是业界使用较多的权限模型，它较好地解决了用户与权限之间的耦合性问题。

例如，现有表 5-6 所示的系统权限需要分配，应该如何设计呢？

表 5-6 权限分配矩阵示例

用户	权限1	权限2	权限3	权限4	权限5
用户1	√	√	√		
用户2	√	√	√		
用户3	√	√	√	√	√
用户4				√	√
用户5				√	√

在不使用 RBAC 的情况下，直接将权限分配给用户，情况会变得非常复杂，每个人都会有很多的权限，关系如图 5-20 所示。如果一个系统有成千上万个用户，那么将变得不可想象，简直就是一张蜘蛛网，对系统管理人员也会造成巨大的困扰。

在用户与权限之间增加角色的概念，就形成了 RBAC 的基础模型——用户角色权限模型（图 5-21），以此达到了解耦的目的，这也是架构师经常采用的分层设计原理。用户角色权限模型也是应用最广、最基础的权限模型。

图 5-20 用户权限直接关联

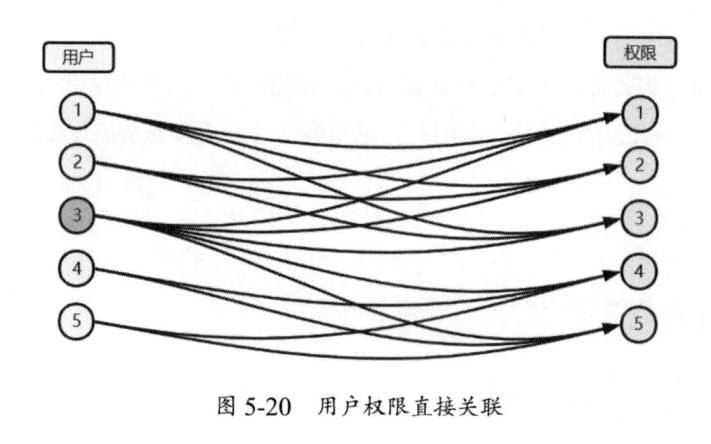

图 5-21 用户角色权限模型

引入 RBAC 模型之后,权限都分配在角色上,再将角色与用户关联,如此使用户权限的分配变得十分清晰,如图 5-22 所示。

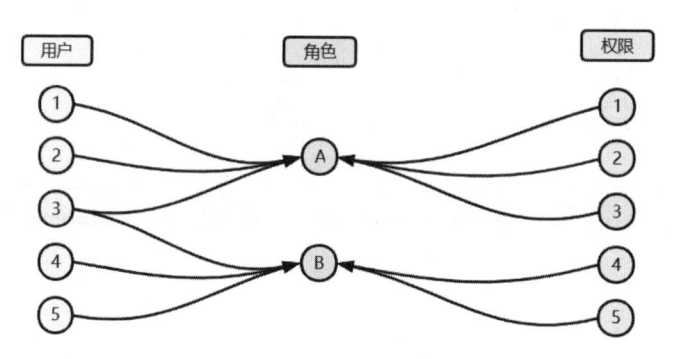

图 5-22 用户角色权限关联示例

1. 权限的分类和区别

权限包含页面权限、操作权限和数据权限,每一层权限都是递进关系,从而形成树结构,设计者必须要厘清三者所包含的内容,如图 5-23 所示。

(1)页面权限:一般是指页面或菜单权限,它处于权限的最顶层,一般是其他权限获取的先决条件,通常采用控制用户是否可以看到某个页面或菜单来控制访问权限。例如,普通员工只能看到报销系统中的申请记录、办理进度等基本菜单,而看不到财务转账、财务报表等菜单。

(2)操作权限:是指增、删、改、查权限,一般通过页面中的按钮、热点区域和某些事件触发。控制方式主要有两种:一种是用户可以看到,但是不一定可以操作,如禁用按钮或在用户点击按钮时返回错误提示;另一种是让用户看不到,不同权限的人进入同一个功能页面,看到的内容是不同的。例如，作为部门负责人、财务主管，都可以使用收支明细账管理功能，但是部门负责人只能看，不能改，而财务主管既可以看，也可以改。

（3）数据权限：是指数据的可见范围和可操作范围，属于操作权限的下一层能级。例如，同样的员工信息表，有些人可以看到工资栏，有些人却看不到。用户只可以查看自己的订单，而不可以查看其他人的订单。

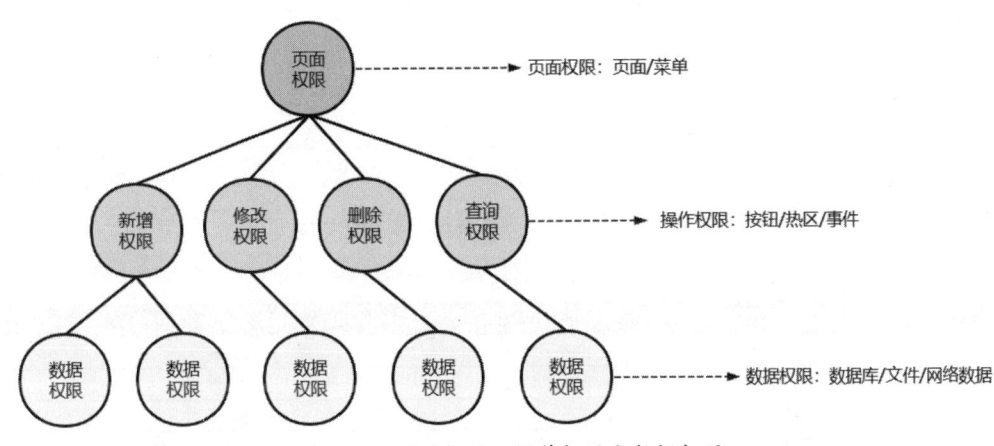

图 5-23 页面权限、操作权限和数据权限

2. 权限控制原则

页面权限控制优先于操作权限控制，操作权限控制优先于数据权限控制。那是不是意味着做好了页面权限和操作权限就不需要考虑数据权限了呢？

例如，订单查询 RESTful 接口 http://xxx:xx/order/id 是根据 id 查询订单的详细信息。只要更换 id 参数，就可以查询任意订单信息，就算不属于自己的订单也可以查，这样就造成了数据泄露。

因此，只在表面上做安全控制是远远不够的。

3. 关系型数据库设计

如图 5-24 所示，用户与角色为多对多关系，一个用户可以有多个角色，一个角色也可以授权给多个用户。角色与权限也为多对多关系，一个角色可以有多个权限，一个权限也可以分配给多个角色。

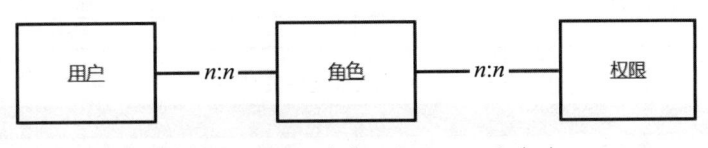

图 5-24 用户、角色、权限 ER 图（1）

通过图 5-25 所示的 ER 图可以得出用户表、角色表、权限表、用户角色关联表、角色权限关联表的结构，如表 5-7~ 表 5-11 所示。

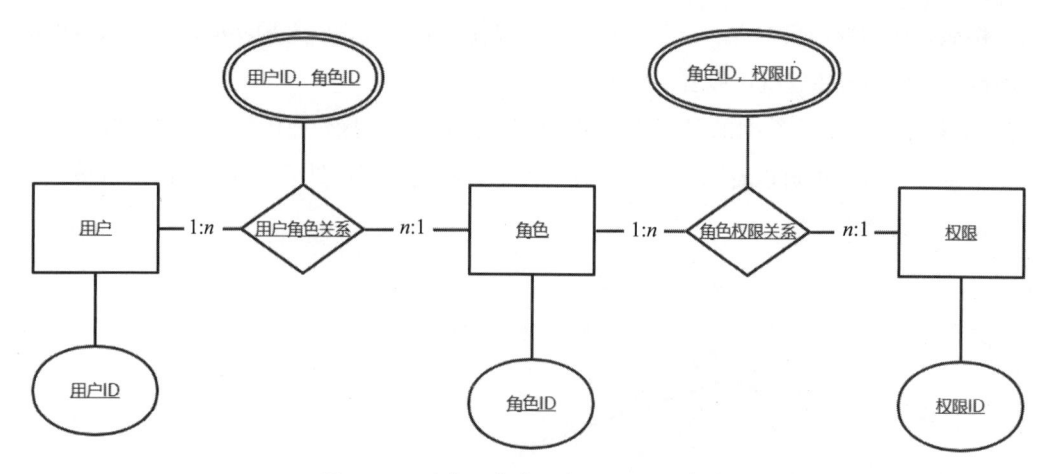

图 5-25　用户、角色、权限 ER 图（2）

表 5-7　用户表的结构（主要字段）

字段	说明
用户 ID	主键
姓名	用户姓名
登录名	登录账号
密码	密码的加密存储字段
……	……

表 5-8　角色表的结构（主要字段）

字段	说明
角色 ID	主键
角色名称	角色名称
……	……

表 5-9　权限表的结构（主要字段）

字段	说明
权限 ID	主键
权限名称	权限名称
……	……

表 5-10　用户角色关联表的结构

字段	说明
用户 ID	外键（联合主键）
角色 ID	外键（联合主键）
……	……

表 5-11　角色权限关联表的结构

字段	说明
角色 ID	外键（联合主键）
权限 ID	外键（联合主键）
……	……

5.7.2 RBAC 权限继承

虽然 RBAC 权限模型可以简化用户和权限之间的配置复杂度，但是依然会面临一些问题。例如，有这样一个需求，普通用户只具有修改密码、修改手机号等基础权限；初级财务人员不仅具有普通用户权限，还具有制作工资单权限；中级财务人员具有初级财务人员的全部权限，同时具有工资单审核权限、转账申请权限；高级财务人员具有中级财务人员的全部权限，同时具有转账审批权限。

如果使用图 5-26 这种用户角色权限模型，则授权模型如图 5-27 所示。每种角色都要重复勾选很多的权限，大量的权限交叉，当公司内的岗位、职责很多，或者相同的岗位只是权限存在细微差别时，就要重新创建一个角色，并且把所有权限重新分配给它。长此以往，系统内的角色越来越多，最极端的情况就是，每个用户都对应一个角色。

图 5-26 用户角色权限模型

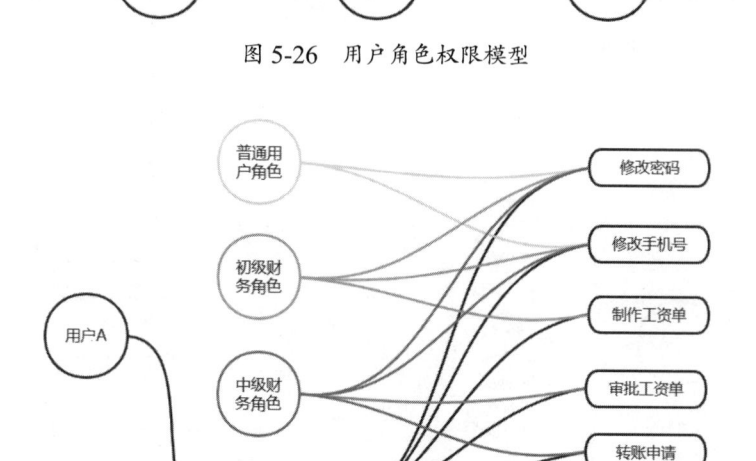

图 5-27 用户、角色、权限关系实例

当然，可以采用一个用户授予多个角色的方式来完成，可以将用户同时授予普通用户、初级财务、中级财务和高级财务 4 个角色，但是并不能很好地解决这个问题。

仔细分析一下，在本需求中角色之间是存在继承关系的，高级职位所具有的权限包含低级职位所具有的权限，即高级职位继承了低级职位。利用继承关系，可以进一步简化授权复杂度，如图 5-28 所示。

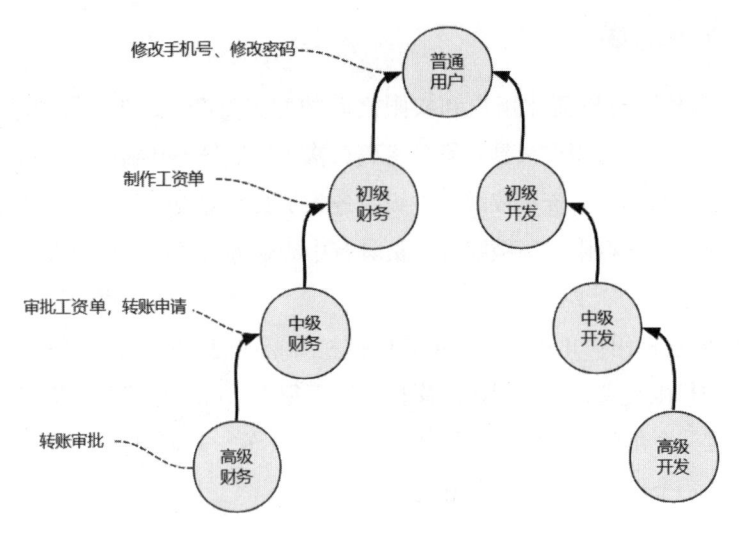

图 5-28 角色继承关系

如图 5-29 所示，每种角色只需要关注自身所独有的权限即可，每种角色与其他角色的功能均不存在交叉，授权结构也变得清晰、直观。

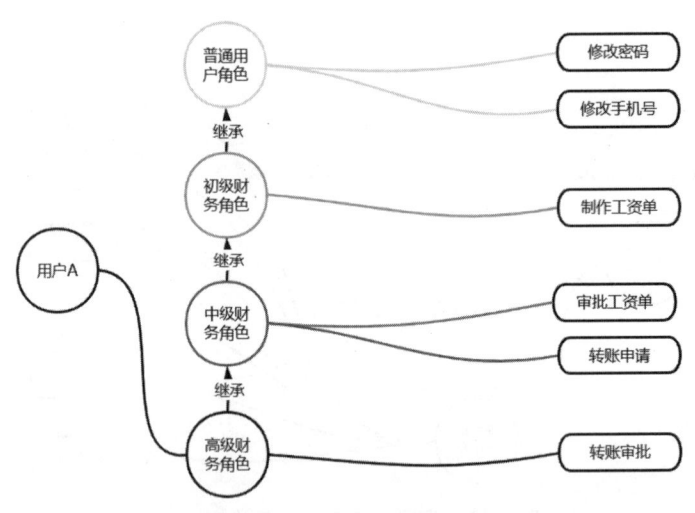

图 5-29 角色继承关系实例

继承模式需要维护角色之间的继承关系，以便于找到某个角色所具有的全部权限，从而增加了系统的实现难度。例如，要不断地找到高级财务角色的父节点，父节点的父节点，以此类推，并且将每个父节点的权限进行叠加。

这种方式固然简化了管理员的维护成本，也建立起了角色之间的关系，但是却增加了系统的复杂度。此种结构适用于公司管理组织架构简单清晰、职责交叉度较低的企业。

应该尽量避免出现多继承，以免角色关系混乱，难以控制，如图 5-30 所示。

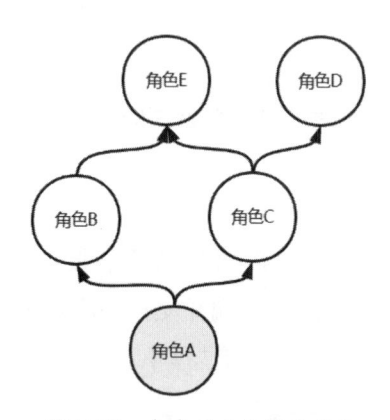

图 5-30 复杂的角色继承关系

角色 A 继承自角色 B、C，而角色 C 又继承自角色 E、D，当角色特别多时，就会出现混乱，数据关系复杂，管理员无法管理。因此，继承模型应该尽量采用单继承的模式，这适合组织架构以树结构为主的场景，最终应该形成一棵单继承树，如图 5-31 所示。

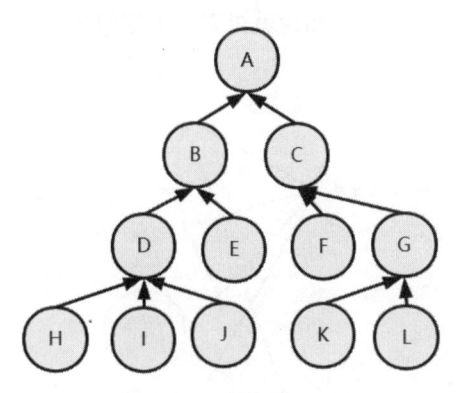

图 5-31 角色单继承

> **注意**
>
> 没有完美通用的设计，指望使用一套模型适用于所有场景是很难实现的。所以，架构设计的原则是以业务为驱动，去寻找满足业务场景的最佳设计。

关系型数据库表设计：继承模式下，只需要改变角色表的设计即可，表结构如表 5-12 所示。

表 5-12 角色表的结构

字段	说明
角色 ID	主键
父级角色 ID	被继承的角色 ID（新增字段）
角色名称	角色名称
……	……

5.7.3 RBAC 权限模型演进

对于 RBAC 权限模型还可以做一些改进，但是这些改进完全取决于公司内的用户数量和角色数量。

1. 用户组模型

图 5-32 所示的用户组模型，适用于经常要把多个角色授权给一类用户的情况，或者为同一批人增加相同角色的情况。例如，新入职的每个后端开发人员都要授予普通用户、文档管理、代码管理、后端开发和数据库管理 4 个角色，每个用户都要选择 4 个角色就很麻烦。

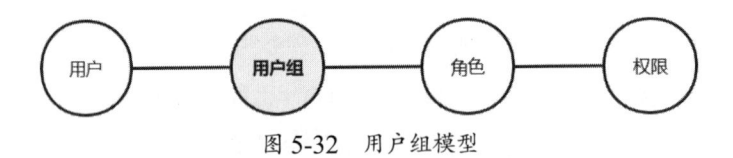

图 5-32　用户组模型

如图 5-33 所示，抽象出一层用户组，将每个前端工程师放入前端组，每个后端工程师放入后端组，让前端组、后端组分别绑定所需的角色就可以大大地简化授权复杂度。

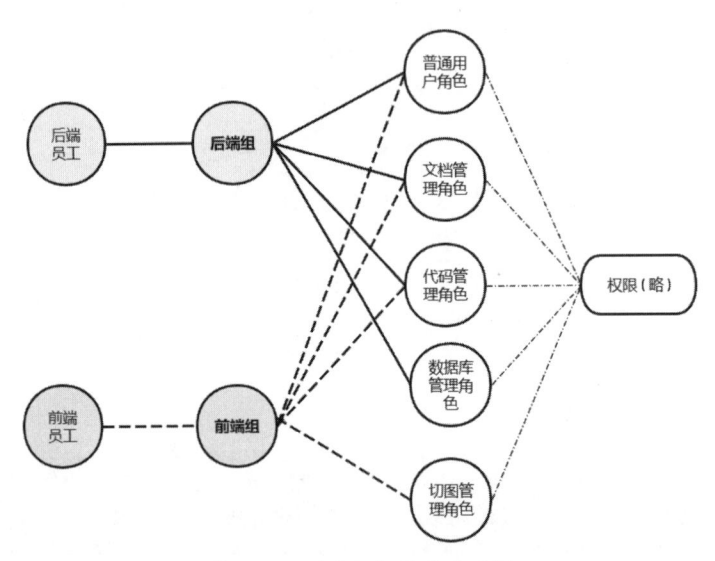

图 5-33　用户组权限关系示例

如图 5-34 所示，如果要为每个后端员工都新增一个知识库角色，允许他们去查阅和编辑知识库的信息，则只需要将新的角色设计好之后，直接赋权给后端组即可，这样所有的后端员工就都拥有了新的权限。如果没有用户组的抽象，一个公司就算只有 100 名后端员工，管理员也要操作 100 次才可以。在 Windows、macOS 等操作系统中，都具有用户组的设计理念。

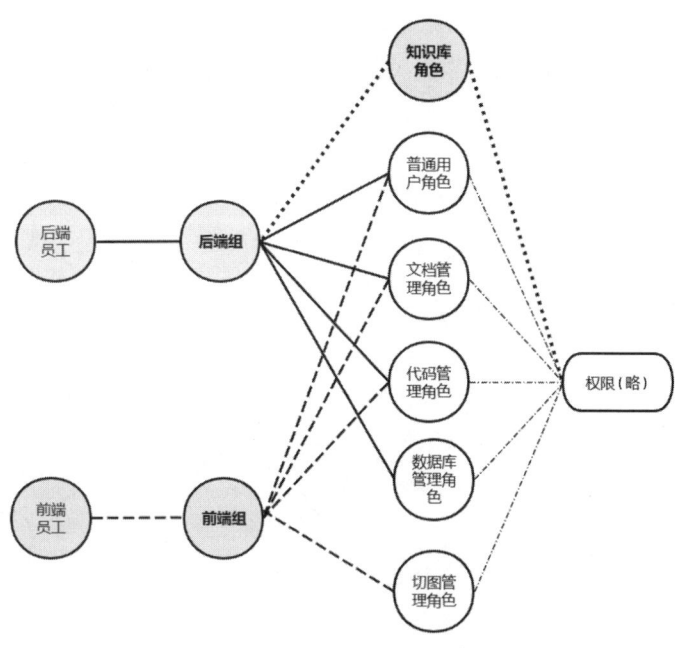

图 5-34　用户组权限增加角色示例

关系型数据库表设计：需要新增用户组定义表、用户与用户组关联表、用户组角色关联表，各表结构分别如表 5-13~ 表 5-15 所示。

表 5-13　用户组定义表的结构

字段	说明
用户组 ID	主键
用户组名称	名称

表 5-14　用户与用户组关联表的结构

字段	说明
用户组 ID	外键（联合主键）
用户 ID	外键（联合主键）

表 5-15　用户组角色关联表的结构

字段	说明
用户组 ID	外键（联合主键）
角色 ID	外键（联合主键）

2. 权限组模型

图 5-35 所示的权限组模型与用户组模型原理相同，主要是为了解决权限过多、需要反复授权的情况。因此，抽象出一层权限组，作为角色与权限之间的纽带。

图 5-35　权限组模型

权限组模型的授权关系如图 5-36 所示，由于与用户组模型原理相同，表结构设计也类似，因此也需要新增权限组定义表、角色与权限组关联表、权限定义与权限组关联表。

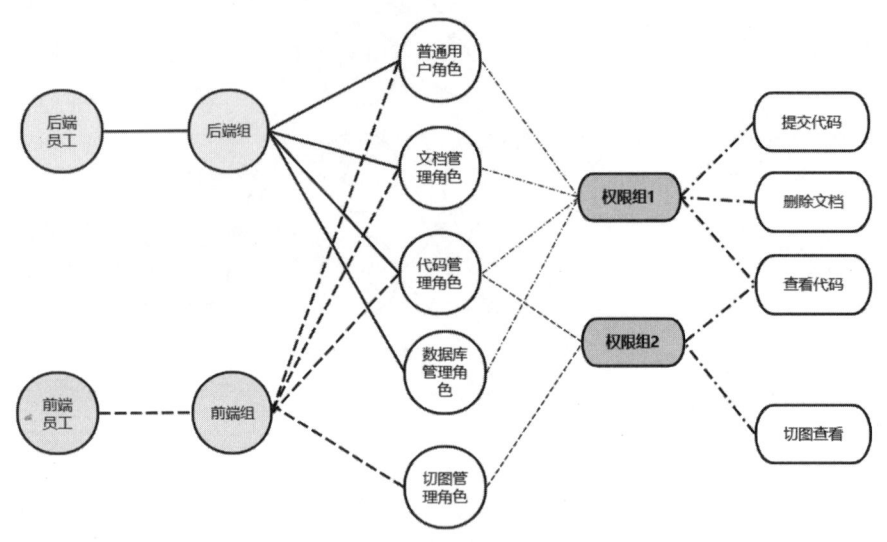

图 5-36　权限组模型的授权关系

无论采用哪种权限模型，都可以解决用户与权限之间的关联问题，并没有哪个设计是最好的，而是要根据用户数量、企业的组织架构等实际情况进行选择。不能将简单的问题复杂化，也不能将复杂的问题简单化。

5.8 互联网权限架构设计

随着分布式架构的占有率逐年攀升，无论是传统企业还是互联网企业，现在都在构建自己的分布式微服务架构体系。传统的基于 Session 的权限控制存在共享、内存占用过高等问题，因此现在普遍采用基于 Token 的轻量化解决方案，对于分布式系统具有良好的支持。

这涉及 Token 的生成、发放、有效期、刷新、延期等事件。Token 的使用根据不同的场景可以有很多种变化，包含基于 Token 的访问控制、SecretID 和 SecretKey 模式、JWT 模式等多种设计方案。

5.8.1　基于 Token 的访问控制

有状态接口设计会导致程序必须要考虑到 Session 的存储、迁移、共享问题，所以最适合弹性伸缩的设计为无状态接口设计。注意无状态接口并不是说所有接口都不需要登录就可以访问，那样系统将完全暴露在危险之中。

1. 基于 Token（令牌）的无状态接口设计

名词解释如下。

（1）认证服务：持有用户的信息，可以比对用户名和密码的服务。用于发放、验证、查询、删除和刷新 Token 的服务。

（2）资源服务：完成真正的业务处理的服务，如订单服务、支付服务等。

基于 Token 的访问控制流程如图 5-37 所示。

（1）客户端请求授权（登录），提交用户名、密码和客户端标识。客户端标识就是代表客户端身份的证明。例如，用户不可以直接发送请求去调用某银行的登录接口，必须使用银行自己的 App 才可以调用，因为客户端必须是银行服务器认可的客户端。

（2）认证授权中心校验用户名、密码、客户端身份，如果核对无误，则会生成 Token（唯一的字符串），同时将 Token 存入缓存，并设置有效期。

（3）认证服务将 Token 返回给客户端。

（4）客户端收到 Token 后，将 Token 存储到 Local Storage 中。

（5）客户端后续访问系统其他资源（API）时，携带此 Token 并放入 HTTP Header 的 Authorization 中，保证 Token 的安全性。

（6）资源服务器收到 Token 后，请求认证授权中心，验证 Token 的合法性。

（7）认证服务检查 Token 是否有效和是否过期，并将验证结果返回给资源服务器。

（8）如果 Token 无效，则拒绝访问受保护资源，有效则允许访问，完成业务处理。

（9）资源服务器返回业务处理结果。

这种思想是客户端先通过认证，获取访问令牌；然后再携带令牌访问服务器，其本质其实与 Cookie 很像，但是规避了 Cookie 的各种弊端。利用 Token 机制的协议和技术有很多，最常用的就是 OAuth 2.0 协议和 JWT 技术。

2. 架构优点

（1）集中认证和授权，便于集中化地管理 Token，系统架构更清晰，职责更单一。

（2）使用缓存服务器存储 Token，访问效率更高，可以对 Token 做主动失效处理。

（3）一旦篡改 Token，则 Token 立即无效，必须重新获取，保证了安全性。

（4）无限制水平扩展，架构弹性更好。

3. 架构缺点

（1）认证中心除了要负责制作和发放 Token，还要负责刷新、删除和验证 Token。

（2）当服务请求量巨大时，认证服务器压力会较大。

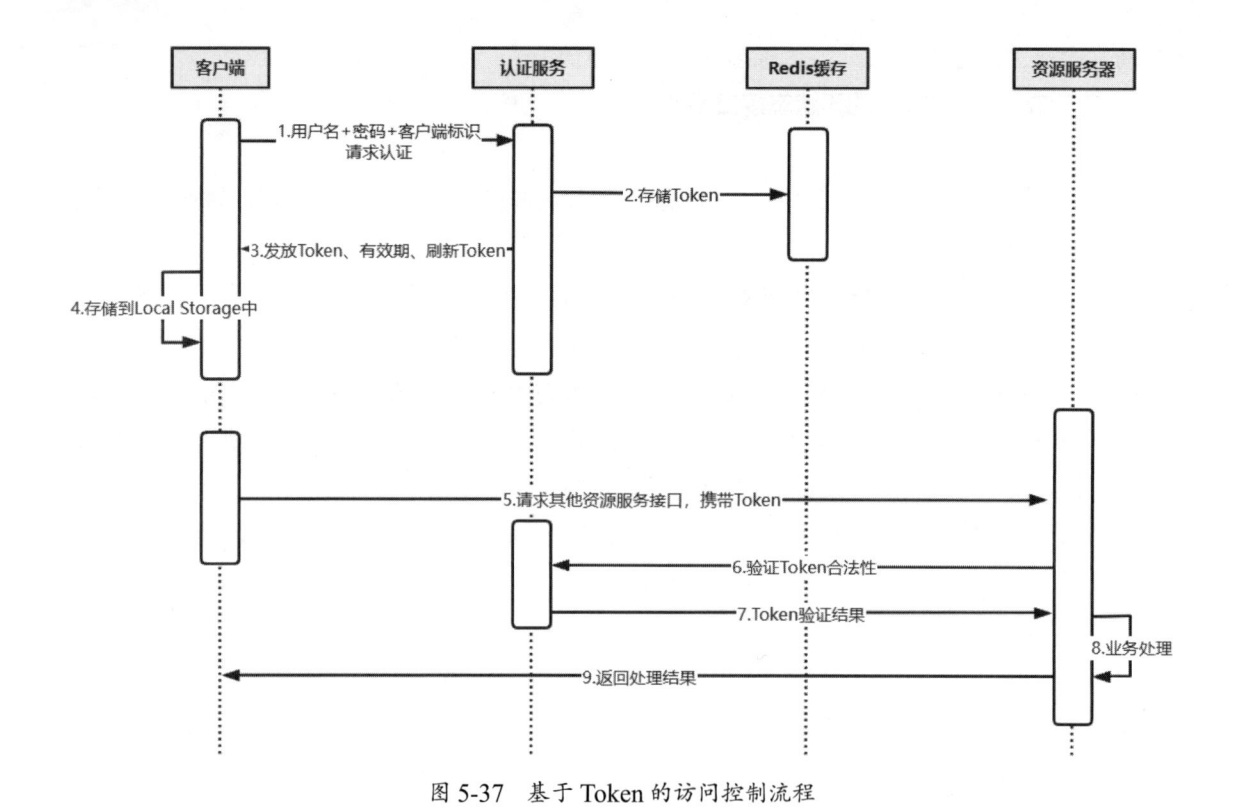

图 5-37 基于 Token 的访问控制流程

5.8.2 SecretID 和 SecretKey 模式

如果对接微信、支付宝、淘宝、阿里云等多租户的开放平台的 API 接口，就会看到 SecretID 和 SecretKey 模式设计。可以直接将 SecretID 和 SecretKey 模式理解为 OAuth 2.0 协议的密码模式，区别是这个用户名和密码不是直接给用户使用的，而是给接入方的系统使用的。

基于 SecretID 和 SecretKey 的安全控制流程如图 5-38 所示。

（1）首先会在云厂商的后台系统中新建自己的应用，平台会为应用生成 SecretID 和 SecretKey，这就是客户端标识，也可以通俗地理解为服务器的用户名和密码。此时调用方的服务器相较于第三方平台，就变为了客户端的身份。

（2）使用 SecretID 和 SecretKey 请求第三方服务器。

（3）第三方服务器验证 SecretID 和 SecretKey 的有效性，并生成 Token。

（4）第三方服务器将 Token、有效期、刷新 Token 等信息返回给客户端。

（5）客户端携带 Token 去访问第三方服务接口，如发送短信、支付等。

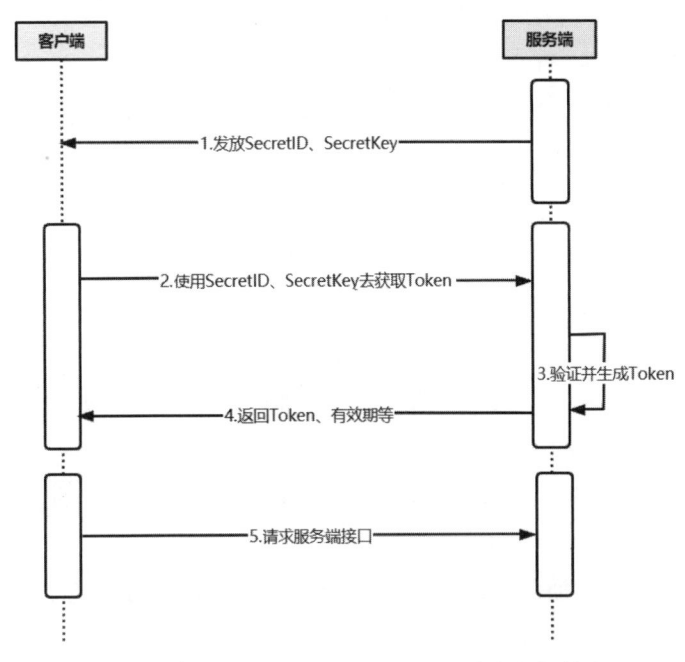

图 5-38　基于 SecretID 和 SecretKey 的安全控制流程

其实 SecretID 和 SecretKey 模式本质上就属于 Token 模式，只是 Token 模式主要集中在服务端调用。

如果是处在内网环境中的服务器之间发生相互的调用，则也可以采用此种模式做安全控制，但是这会增加系统的复杂度、降低接口调用的效率，并且内网环境相对安全，因此不推荐采用此种模式，而是推荐采用直接调用的模式，或者 OAuth 2.0 协议的客户端模式。

如果将自己系统本身的某个接口开放给外部调用，非自己系统体系，也非公司内的其他服务调用，则一定要使用 Token 模式进行控制来增加安全性，并在网络设备上增加白名单，只允许特定 IP 的服务访问。

5.8.3　JWT 模式

JWT（JSON Web Token）是一个开放的标准，定义了用于在各方之间交互的安全 JSON 对象。

1. JWT 的组成结构

JWT 本质上也是一个 Token，它由三部分构成：Header（头部）、Payload（有效负荷）和 Signature（签名），中间用符号"."分隔。例如，下面的就是一个 JWT 串。

```
5ZW15pGU5Zyo5Zyw5jMxMjM=.5paH546p5YS/546p5H5YiG55qEMw==.6Zi/5pav6aG/5MzTlj32fe7
```

（1）Header（头部）。

Header 通常由两部分组成。

① type：类型，一般为 JWT。

② alg：加密算法，通常是 HMAC SHA256 或 RSA。

例如，{"typ":"JWT", "alg":"RSA"}。

Header 信息经过 Base64UrlEncode 加密，从而得到第 1 部分的加密串。

（2）Payload（有效负荷）。

Payload 是用来携带有效信息的载体。

① Registered claims：注册声明，这是一组预定的声明，但并不强制要求。它提供了一套有用的、能共同使用的声明。主要有 iss（JWT 签发者）、exp（JWT 过期时间）、sub（JWT 面向的用户）、aud（接收 JWT 的一方）等。

② Public claims：公开声明，公开声明中可以添加任何信息，一般是用户信息或业务扩展信息等。

③ Private claims：私有声明，由 JWT 提供者和消费者共同定义的声明，既不属于注册声明，也不属于公开声明。

④ 不建议在 Payload 中添加任何敏感信息，因为 Base64 是对称加解密的，这意味着 Payload 中的内容都是可见的。

例如，{"AccountID":"19898921", "name":"Kevin", "timestamp":9878178281}。

Payload 信息经过 Base64UrlEncode 加密，从而得到第 2 部分的加密串。

（3）Signature（签名）。

Signature 用来放置签名信息，起到防篡改的作用。

① 将 Header 加密串和 Payload 加密串使用"."连接起来，然后使用 Header 中 alg 的算法，再加上密钥进行加密，从而获得 Signature 加密串。

② 算法简写：RSA(Base64UrlEncode(header)+"."+Base64UrlEncode(payload), secrt)。

最后将 3 段加密串使用"."连接在一起，就得到了最终的 JWT。

2. JWT 安全控制流程

基于 JWT 的安全控制流程如图 5-39 所示。

（1）客户端请求认证服务，需要携带自身客户端标识、用户名和密码。

（2）认证服务验证无误，则将用户信息（用户 ID、姓名等基本信息）封装在 JWT 的 Payload 部分，生成 JWT，然后使用公钥进行加密，使用私钥进行签名。

（3）将 JWT 返回给客户端。

（4）客户端将 JWT 存储到 Local Storage 中。

（5）客户端携带 JWT 访问后端其他资源（接口）。

（6）资源服务器对 JWT 进行公钥验签和私钥解密，获取用户信息和有效时长，验证 JWT 是否有效，如果有效，则继续处理业务请求。

（7）将处理结果返回给客户端。

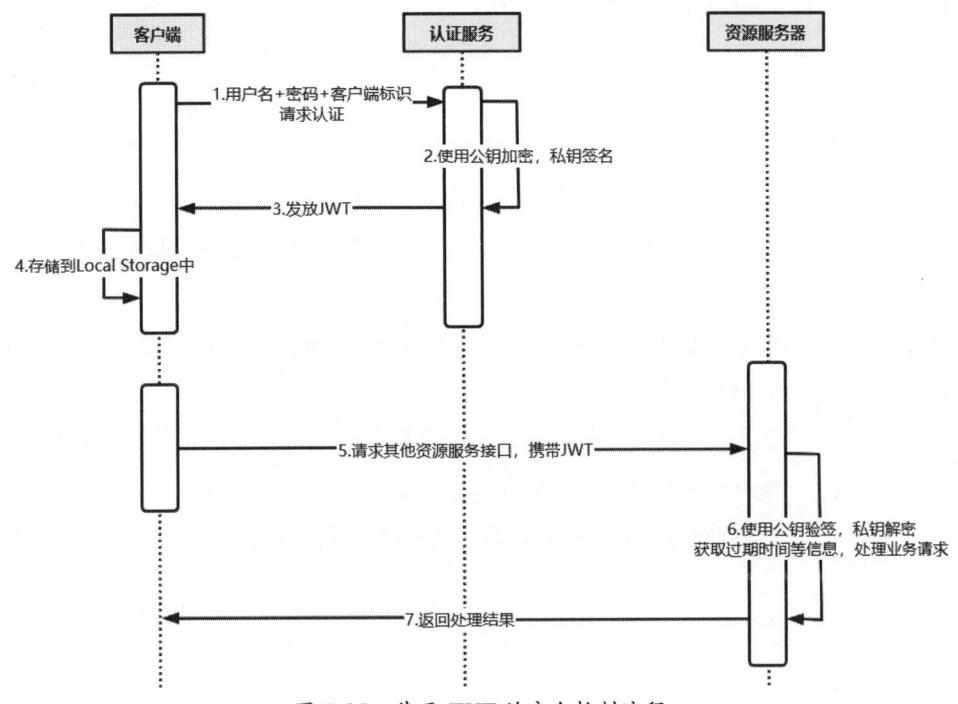

图 5-39 基于 JWT 的安全控制流程

3. 架构优点

（1）在第 2 步并没有将 JWT 串存入 Redis 等缓存中，降低了系统设计的复杂度。

（2）在第 6 步资源服务器收到业务请求后，也没有携带 JWT 去认证中心验证其有效性。只要验签通过、解密正常，则认为 JWT 是一个合法的 Token。解密后即可获取 Token 的过期时间、用户 ID 等信息，从而判断 Token 是否过期。因此，系统的压力被分散到各个资源服务器上，而不会与 Token 模式一样，压力集中在认证服务器上。

4. 架构缺点

（1）服务端的验签和解密会对服务器造成一定的压力，高并发场景下 CPU 承压增加。

（2）JWT 一旦生成有效时间被固定，则不可更改，只能更换 JWT。

（3）会话保持无法自动延长，只能由客户端自己控制，重新申请。

（4）JWT 中可以存储业务敏感信息，存在一定风险。

5.8.4 微服务模式下的 Token 权限设计

在微服务架构下，可以充分利用网关来进行统一的 Token 验证，从而不需要每个资源服务器都实现 Token 验证，极大地简化了开发模式。

1. 微服务架构下的 Token 权限设计

微服务架构下的 Token 权限设计如图 5-40 所示。

（1）客户端向网关发起 Token 申请，网关进行基础校验，校验客户端身份是否正确。

（2）网关将请求转发给认证授权中心（持有用户数据），申请新的 Token。

（3）校验用户名和密码，并生成 Token，存储到缓存中，设置有效期。

（4）认证授权中心将 Token 返回给网关。

（5）网关将 Token 返回给客户端，携带有效期和刷新码（用于刷新 Token 使用，与 Token 成对出现）。

（6）客户端将 Token 存储到 Local Storage 或 Session Storage 中，后续携带 Token 并放置在 HTTP Header 的 Authorization 中访问。

（7）当客户端需要访问资源服务器时，需要携带客户端标识和 Token 串，网关先进行客户端身份校验，如果通过，则直接从 Redis 中查询 Token 信息。

（8）如果网关可以查询到有效的 Token 数据，则通过校验并放行资源访问，否则拒绝访问。

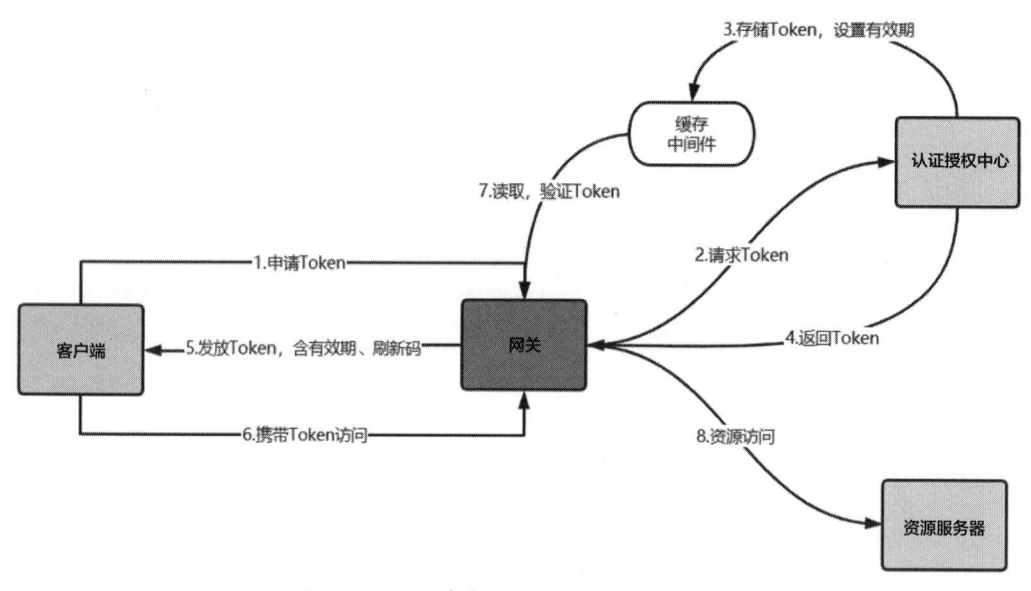

图 5-40 微服务架构下的 Token 权限设计

2. 架构优点

（1）认证授权中心统一发放、刷新和删除 Token，集中管理。

（2）网关做统一的客户端身份校验、Token 验证，避免了所有资源服务器开发。

（3）微服务网关除与认证中心搭配使用外，还可以结合 JWT 模式使用。

3. 架构缺点

（1）由于所有的认证工作均由认证授权中心完成，因此认证授权中心的实现复杂度也相应提高。

（2）同样的原因，导致认证授权中心服务压力较大，需要做好高可用设计（避免单节点故障）和缓存设计（提高查询速度和并发能力）。

5.8.5 Token 的延时与刷新

无论使用 Token 还是使用 JWT，都会面临 Token 的延时和刷新问题。例如，用户成功登录了系统 A，Token 的有效时长为 10 分钟，用户正在进行支付操作，而此时 Token 刚好过期，就会导致用户被踢出，只能再重新登录和重新支付，显然是不合理的。

这就需要 Token 具有动态延时和刷新等能力，类似 Session 的自动延时功能。首先要区分延时和刷新这两个概念。

（1）Token 延时：是指原 Token 不发生变化，只是重置 Token 的有效时长。例如，原 Token 还剩余 1 分钟过期，则延时之后 Token 有效时长恢复为 10 分钟。

（2）Token 刷新：是指重新生成新的 Token，Token 串发生了变化，同时有效期恢复为 10 分钟。

1. 自动延时设计

自动延时设计时模仿 Session 的延时效果，客户端每次携带 Token 访问服务端时，如果服务端发现该 Token 有效，则会将 Token 的有效期恢复为 10 分钟。因此，除非客户端 10 分钟内没有任何操作 Token 才会失效，超过 10 分钟后再操作 Token 才会被踢出。

自动延时有一个致命的缺陷，就是一旦 Token 丢失，攻击方就可以使用此 Token，持续与服务端保持会话，Token 相当于永久有效，所以笔者一般不建议采用此种延时设计，而是采用刷新设计。

2. Token 刷新设计

Token 刷新一般有两种方式，即客户端主动刷新和服务端定时任务刷新。

（1）客户端主动刷新。

服务端生成 Token 后，会连同 Token 的有效时长和截止失效时间返回给客户端。Web 或原生客户端在每次发起请求时都需要先判断 Token 是否即将过期，如果即将过期，则调用 Token 刷新接口重新获取 Token，再使用新的 Token 去访问系统。

也可以在每次调用接口前，都重新获取一次 Token，显然这种方式效率极低，因此不建议采用。

（2）服务端定时任务刷新。

可以在服务端定义定时任务，每隔几分钟去刷新一次 Token，从而保证 Token 得到持续的延长和更换。

Token 刷新设计流程如图 5-41 所示，包含以下 4 个步骤。

（1）客户端申请 Token。

（2）认证服务生成并返回 Token 信息，Token 一般由 Token 串和刷新 Token 串和有效时长三部分构成，例如：

{

```
    "token": "abb6719b-4804-451b-a3f9-b93d3f24d53c",
    "refreshToken": "f5ffa529-594a-49c9-8617-c77875467384",
    "effect": "1800"
}
```

（3）客户端请求刷新 Token，需要携带原 Token 串和 refreshToken 串。

（4）认证服务端需要比对原 Token 串是否有效，并且 Token 与 refreshToken 是否相互匹配，才会生成新的 Token 和 refreshToken 返回给客户端。

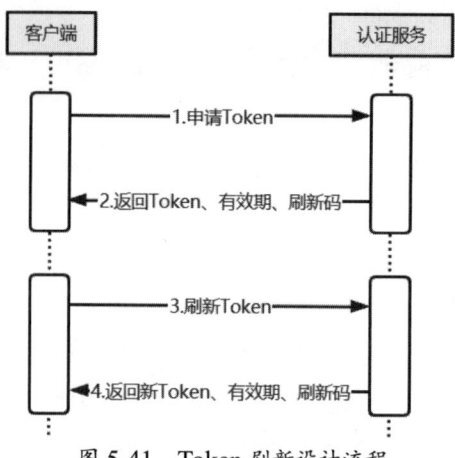

图 5-41　Token 刷新设计流程

思考：为什么一定要客户端主动刷新，而不能服务端主动延时呢？

如果由服务端进行 Token 自动延时，则 Token 不会主动更换，除非客户端主动发起刷新操作。一旦 Token 泄露，则可以无限制调用后端接口，因为 Token 始终不变，并且持续有效。Token 刷新设计的特点是必须定期更换，以保证更高的安全性。更换 Token 的方式有两种。

第一种是重新获取，那就必须提供客户端身份信息，同时提供用户信息（用户名和密码），除非所有信息均丢失，才会引发安全性问题，但是与平台无关，属于用户保存不当。

第二种是使用刷新码进行刷新，这种获取方式必须提供客户端身份信息、原 Token 和刷新码，三者全部丢失才会引发安全性问题。

5.9 章节练习

1. 简单描述短信攻击的过程是什么？

在客户端（浏览器或 App 等）截获短信发送服务的接口地址和请求数据，然后通过程序模拟请求数据（可篡改目标用户的手机号），大批量调用短信发送服务，从而导致系统发送出大批量的短信，使被攻击者蒙受经济和名誉损失。

2. 为什么 Session、Token 等用户登录的凭证信息都需要设置有效期？

如果用户登录系统后永久不过期，就会存在各种安全隐患。例如，用户登录系统后忘记了退出，其他人使用这台计算机时就可以直接进入系统，进行各种违法操作。

如果 Session 和 Token 信息被劫持，则攻击者可以随时假冒用户的身份访问系统，向服务端发送各种伪造请求，不会有任何限制，因为对于服务端来说接收到的都是合法请求。

如果设置了有效期，则即使以上两种情况发生，也能将损害程度降到最低。攻击者很快就会因为 Session 或 Token 失效，无法访问系统。

3. 简单描述主动踢出和被动踢出是如何实现的，区别是什么？

主动踢出是利用消息推送技术，由后登录的用户设备向已经登录的设备推送踢出消息，客户端接收到消息后主动退出系统。

被动踢出是利用 Session、Token 等用户登录凭证信息的有效性进行控制，后登录的用户设备将申请服务端生成新的 Session、Token 信息，那么事前已经登录的用户再访问任意后端接口时，就会因为对应的 Session、Token 不存在而被踢出。

主动踢出用户体验更好，但是消息推送的延迟性和不稳定性会导致踢出失败的概率增加。而被动踢出虽然用户体验稍差，但是实现简单，不会出现踢出失败的情况，安全性更好。

实际应用时可以将两种方式相互结合，提升用户体验的同时增强安全性。

4. 什么是上行短信，什么是下行短信？

上行短信是指用户主动给通信服务提供商发送的短信（如用户给 10086 发送的短信），下行短信是指通信服务提供商主动给用户发送的短信（如 10086 给用户发送的短信）。

5. RBAC 权限模型是什么，有几种设计方式？

RBAC 的全称是 Role Based Access Control，即基于角色的访问控制，主要有用户角色权限模型、继承模型、用户组模型、权限组模型等。

6. 怎样保证用户密码存储和传输的安全？

对用户密码进行加盐和哈希加密处理再存入数据库中，也可以经过多次加盐和多次哈希加密进一步增强安全性，防止密码被暴力解密。在网络传输中采用 HTTPS 进行传输，或者对用户的密码进行加密后再发送给后端服务。

5.10 案例设计

1. 场景设计题：短视频用户中心案例设计

用户体系的管理在任何一个系统中都是重点和难点，现有一个亿级用户体量的短视频 App 系统，希望对用户进行集中的统一管理，请设计一个用户管理中心服务，需满足如下相关要求。

（1）负责对系统中上亿个用户的全生命周期的管理（从用户的创建到注销）。

（2）用户可以使用第三方账号（如微信、微博等）登录。

（3）企业有权冻结和解冻账号，用户可以主动注销账号，企业无权注销账号。

（4）用户之间可以互相关注、取消关注、发送消息。

（5）用户可以在 PC、App、小程序等多端登录系统，观看小视频。

（6）为其他所有系统提供用户信息相关的服务。

如果您作为企业的系统架构师，会怎样进行系统设计，需要考虑哪些内容？

2. 设计思路指引

（1）进行功能分析，得出用户中心应该具有哪些能力。

① 用户中心负责用户的全生命周期管理，首先需要考虑用户从创建到销毁，系统需要包含哪些与用户相关的系统功能，包括注册、登录、退出、忘记密码、修改密码、修改个人信息和注销共 7 个主要功能模块。

② 用户可以使用第三方账号登录，所以需要具有第三方账号绑定和解绑功能。

③ 企业有权冻结和解冻账号，所以需要具有用户冻结和解冻功能。

④ 用户之间可以相互关注、取消关注，所以需要具有好友功能，负责用户关系的存储和维护。

⑤ 用户可以在 PC、App、小程序等多端登录系统，需要考虑多端多设备的登录和踢出设计。

⑥ 由于需要为其他系统提供服务，因此需要提供用户数据检索的开放接口服务。

（2）进行逐个功能的设计。

① 多端支持：支持 PC、App、小程序等多端功能，在数据存储上需要记录诸如注册来源、登录来源等与应用标识相关的信息。

② 注册和登录：支持手机验证码、用户名密码、第三方账号注册和登录等多种方式，涉及与短信系统和第三方系统的对接设计。

③ 忘记和修改密码：需要发送短信或邮件进行验证，同时需要考虑增加图片验证码来增强安全性。

④ 踢出和退出：需要设计用户的退出方式（主动和被动退出），多端多设备登录的消息提醒和踢出设计。

⑤ 修改个人信息：用户要能主动修改自己的基本信息，以及更换手机号。

⑥ 第三方账号：要能够主动解除或换绑第三方账号，涉及与第三方系统的对接。

⑦ 注销：用户状态标记，不主动清除数据（可由用户决定）。

⑧ 好友管理：记录用户之间的关系图谱。

（3）进行非功能的设计：从性能、数据量的角度考虑。

① 用户数量达到上亿规模，用户表必须采用分库分表设计，并且按照用户 ID 为主键进行拆分。

其他服务获取用户数据时强制要求通过 ID 获取，以加快检索效率。

② 其他业务数据库原则上只存储用户 ID 字段，而是通过用户中心的开放服务查询用户的完整信息。

③ 在一些特殊场景下为了加快查询速度，可以对必要的用户字段进行冗余存储。例如，短视频制作者要查看哪些用户购买了自己的产品，需要显示购买用户的昵称，如果每一笔订单都要去请求用户中心，根据 ID 查询一次用户昵称，速度就会十分缓慢。那么，就可以将用户的 ID 和昵称都存储到订单表中，从而一次性查询出来即可。

④ 冗余存储需要注意数据的一致性，如果用户更新了昵称，则用户的购买订单中冗余存储的昵称也要更新，但是并不要求那么高的实时性。

⑤ 用户服务中使用量巨大的主要是登录服务和用户信息查询服务（给其他子系统或微服务提供查询），因此对于这两个服务可以单独抽取为微服务，横向部署多个节点，以提供更好的服务性能。

第 6 章

系统日志架构设计

日志在日常的系统运维、产品运营、公司决策中具有至关重要的作用，它可以协助保护账号安全、查证系统问题、分析用户行为、刻画用户特征、辅助战略决策等。

例如，可以根据用户的登录和退出时间分析其作息时间，根据用户的位置分析其活动区域，根据用户的功能使用情况分析其兴趣和偏好等。

日志具有数据量大、结构性不强等特点，因此对于日志的收集、存储、查询、分析都会存在一定的性能问题。对于程序日志、操作日志、接口日志等不同的日志类型，要怎样采集、如何合理地存储以便于后续分析使用、如何利用这些日志扩展系统功能，这都是本章要讨论的内容。

6.1 日志的分类和用途

日志可以细分为登录日志、退出日志、操作日志、接口日志、程序日志、埋点日志等，每种日志都有其独特的用途。

（1）登录日志：用于记录用户登录的轨迹，从而可以检测用户的账号安全性，统计用户的活跃度，以及分析用户对系统的依赖程度等。

（2）退出日志：用于记录用户退出的轨迹，从而可以统计出用户的使用系统时长、作息时间等。

（3）操作日期：用于记录用户在登录系统后的操作行为，便于问题追责和工作效率的统计等。

（4）接口日志：用于记录系统的所有接口交互日志，便于跟踪分析系统调用链路关系，以及接口使用频率、接口性能等。

（5）程序日志：用于记录程序运行过程中的详细日志，便于查证业务处理逻辑及系统 bug 等。

（6）埋点日志：用于记录用户的特定行为，从而统计出对于产品运营更具有价值的分析数据。例如，用户最喜欢系统中的哪些功能，更倾向于哪种交互方式，等等。

不同种类的日志，由于产生方式、产生时间、频率、数据量、应用目的都不同，因此需要采用不同的设计方法。

6.2 3 种登录日志设计

登录日志是系统中的必要设计，不可以缺失，否则一旦发生纠纷则无法查证。例如，用户说自己并没有登录系统，而系统中却发生了一些购买、转账等行为。由于无法提供用户详细的登录行为信息，所以平台要承担管理责任。

用户的登录行为信息应该包含登录人、登录时间、登录地点、登录系统、登录方式等，从而完整记录用户在什么时间、什么地点、采用哪种方式、登录了哪个系统。例如，用户尹洪亮，在2020年12月31日22点33分44秒，于北京西城区，采用手机短信验证码的方式登录了资金管理系统。

登录日志记录表的结构如表6-1所示，可以采用关系型数据库、文档型数据库进行存储。

表6-1 登录日志记录表的结构

字段	说明
登录日志流水号	标记一次登录行为的唯一序号，作为主键
IP 地址	用户登录时设备的 IP 地址，根据 IP 地址可以获取用户的所在地区等额外信息
位置信息	如果用户开启定位，则可以获取用户的位置信息，记录用户在哪里登录系统
登录用户标识	记录用户 ID 或用户登录名等唯一标识，用于找到用户关联信息
登录方式	用户采用哪种方式登录，如用户名密码登录、手机验证码登录、扫码登录、人脸识别登录、U 盾登录等
设备信息	存储用户使用什么品牌、型号、操作系统的设备登录系统
网络信息	记录用户通过 Wi-Fi 还是 4G 等移动网络登录系统
登录时间	用户登录的具体年月日时分秒

6.2.1 利用登录日志进行安全检测

利用用户的登录日志，可以对账户的安全程度做自动检测，从而达到自动保护账号安全的目的。

通过对用户登录行为的分析，判定账户异常，从而触发账户冻结和短信通知操作。如图6-1所示，如果一个账号同一天之内在多个城市登录是违反常识的。例如，上午10点在北京登录，11点在上海登录，12点又在长春登录，经过分析就可以判定用户账号异常，从而触发账号冻结操作，将当前登录用户全部踢出，同时给用户发送短信、邮件、微信等消息通知，告知账号由于在多地登录，存在安全隐患而被冻结，以及如何申请解冻。

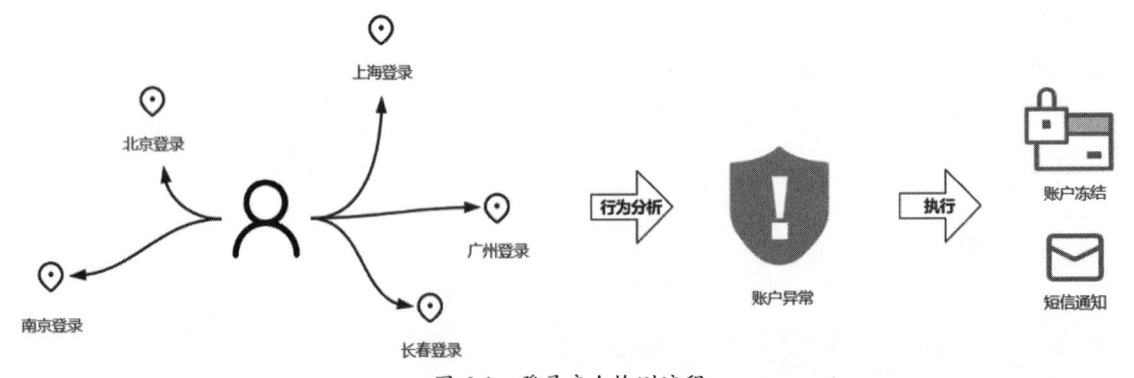

图6-1 登录安全检测流程

这个分析的过程就是安全建模的过程，如果做得再精准一些，则可以根据城市之间的距离、各种交通工具的速度来进行计算，从而计算出最合理的风险等级。如表6-2所示，就是一种简单的风险评级模型。

表 6-2 账户风险评级模型

风险等级	风险规则	执行动作
一级	同一天在同一个城市的不同区域登录	短信通知，您的账号在××区登录，如果是本人操作，则可忽略
二级	同一天在两个城市登录，并且间隔时长超过 5 小时	短信通知，您的账号在××市登录，如果是本人操作，则可忽略
三级	同一天在两个城市登录，并且间隔时长小于 1 小时	账号临时冻结 1 小时，同时发送短信、邮件、微信通知
四级	同一天在 3 个城市登录，并且间隔时长小于 3 小时	账号冻结 1 天，同时发送短信、邮件、微信通知
五级	同一天在 3 个以上城市登录	账号完全冻结，同时发送短信、邮件、微信通知

例如，用户一天之内在两个城市登录基本可判定为低风险，而在两个以上的城市登录则判定为高风险，不同的风险等级可以触发不同的执行动作。

如表 6-2 所示，在登录地点和登录间隔时长这两个维度上，就可以建立起多种规则，用来界定账号的风险等级，对于不同的风险等级就可以触发不同的行为，以保证账户安全。

除了登录地点这个维度，还可以看用户是否频繁切换登录设备，是否频繁切换登录 IP 地址，是否频繁重试登录密码，等等。用户的风险模型建立得越完善，则安全性越高。

登录风险检测流程如图 6-2 所示。整个安全检测过程共涉及业务系统、安全中心和消息中心 3 个服务，用户在登录业务系统时，第一件事就是记录登录日志。然后去安全中心查询账号的安全状态。安全中心根据用户的登录日志实时计算用户本次登录的风险等级，并反馈结果。如果风险等级较低，则允许登录，否则冻结账号。根据不同的风险等级可能会给用户发送邮件、短信、微信、个推等消息通知，整个过程异步完成。

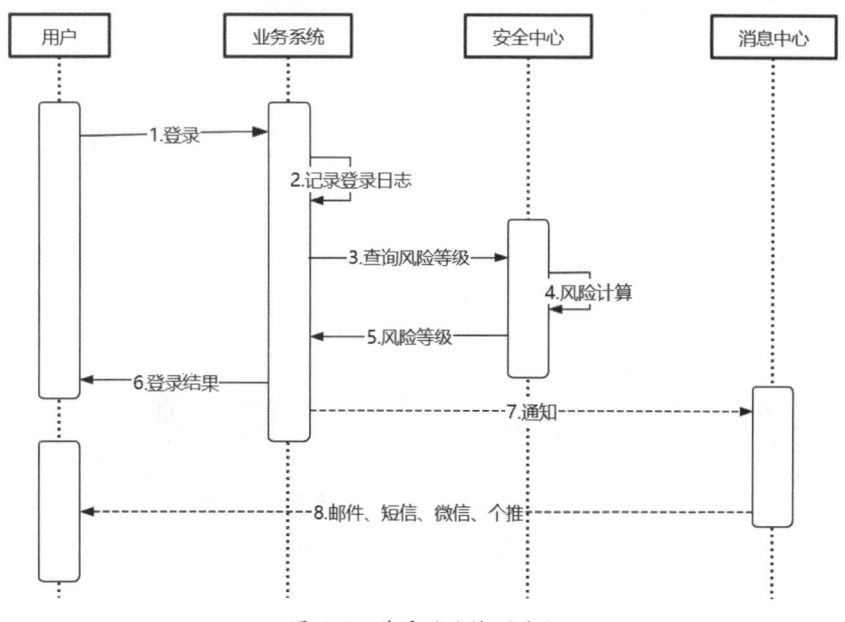

图 6-2 登录风险检测流程

6.2.2 利用登录日志刻画用户

用户的登录日志经过指标化分析，就可以分析出用户的很多特征，利于建立用户画像，俗称给用户打标签，如图 6-3 所示。

图 6-3 登录日志分析流程

如果一个人经常在晚上 8 点之后登录某业务系统，则基本可以判定他属于经常加班的人群，甚至可以根据登录系统的时间找到规律，他经常在星期几加班，是月初加班多还是月末加班多，甚至可以统计出其加班趋势图。

如果一个人每天都是上午 9 点~9 点 30 分登录系统，则基本可以判定他是 9 点上班，属于朝九晚五的工作特点。

如果一个人经常变换登录地点，则基本可以判定他属于经常出差的人群。

通过登录系统的机型甚至可以判断出一个人的基本消费能力。例如，使用什么品牌型号的手机、什么品牌型号的计算机，而这些设备的价格又分布在不同的区间内，因此可以对这个人的消费观有一个大致的判断。

通过不同的登录方式还可以分析出用户的使用习惯。例如，喜欢使用 PC 端还是移动端，喜欢扫码登录还是手机验证码登录，进而对功能优化提供数据支撑。

对于用户画像的刻画是一个长期分析的过程，除了登录日志，还可以利用操作日志、退出日志、埋点日志、业务数据等。

6.2.3 登录日志客户化

登录日志除了在安全和用户刻画方面具有重大的价值，对于用户本身也具有重要作用。对于一个相对完善和严谨的系统，一般都具有登录轨迹查看和登录情况统计分析功能。这些功能是由用户自己使用的，与系统运营方无关。

如果用户可以查看自己近 1 个月、近 3 个月、近 1 年的系统登录情况（登录日志由于数据量较大，因此一般仅需要提供近 1 个月的登录情况，最长不超过 1 年），并形成完整的时间轴轨迹，甚至可以看到自己的本年度统计信息，如总计登录系统次数、最早和最晚登录时间等，这会给用户带来一种成就感，提升用户体验。用户登录轨迹信息如图 6-4 所示。

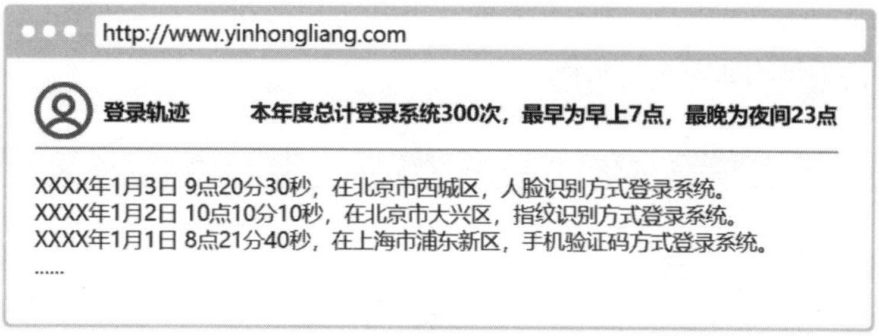

图 6-4　用户登录轨迹信息

如果用户发现有异常的、非本人操作的登录情况，则也可以主动修改密码，或者提升账号的安全级别设置。

这还可以很好地规避用户与服务提供商的责任风险，用户的账号是否为本人登录，一目了然，用户可以截图留存作为证据。服务提供商也可以清晰地解释清楚，是否由本人登录。如果是本人账号登录的情况下造成的损失，则一般由用户自己负责，相当于用户对个人的账号和密码保管不善，服务提供商无责任。

6.3 退出日志设计

退出日志与登录日志是相互对应的，如果是主动退出，则本身不具有安全性问题，退出系统本质上是对账号的一种保护行为，因此不需要考虑安全设计问题，也不需要给用户发送消息提醒。

用户的退出行为，很多时候并不需要完整的记录，用户可能直接关闭了浏览器，或者由于Session到期导致被动退出，这种情况下往往是不记录日志的。甚至有些系统设计是不保存用户退出日志的，如用户保持了登录状态，只要客户端还留存有相应的Cookie或登录令牌，则始终保持登录状态。

如果用户主动退出，则可以利用退出日志统计出用户的系统使用时长和作息时间，以及分析用户对系统的依赖程度等。

在退出日志存储时一定要注意，不要与登录日志存储在一起。很多人这样设计存储结构：日志ID、登录人、登录时间、登录地点、登录方式、登录设备、退出时间、退出地点、退出方式、使用时长。这样看似只用一条数据就完整记录了用户从登录到退出的全流程，实际上登录次数一定比退出多，而不是一一对应的。另外，需要不断地去更新登录日志，而登录日志的数量级较大，查找的性能并不高。

还有一种情况是被动退出。例如，用户正在使用系统，而这个账号又被其他人登录了，这时往往要踢出当前用户，并通知当前用户"您已经被迫下线"，同时进行短信通知提醒，让用户核实是否安全。这种情况下的退出日志是必须要记录的，这往往具有一定的安全风险。

退出日志记录表的结构如表 6-3 所示。

表 6-3 退出日志记录表的结构

字段	说明
日志 ID	唯一流水号，主键
当前用户	存储用户的唯一标识
退出时间	具体退出时的年月日时分秒
退出 IP	用户登录和退出可能不在同一个网络环境
退出地点	用户登录和退出可能不在同一地点
退出方式	记录用户退出的原因，可以分为主动退出和被动退出两大类 主动退出为用户自己关闭浏览器或自己触发了注销行为 被动退出主要是账号异地登录、多设备登录等不允许多账号登录的情况，会话过期，等等

6.4 4 种操作轨迹设计

日志的记录顺序为首先记录登录日志，然后记录操作日志，最后记录退出日志，这样才能形成完整的用户行为时间轴，如图 6-5 所示。操作日志属于数据量最大、可分析利用的空间也最大的一部分内容，经常与埋点分析相互结合使用。

图 6-5 日志的记录顺序

用户在登录进入系统后，所产生的所有行为都可以称为操作日志。例如，进入了哪个菜单、使用了哪个功能、点击了哪个按钮，甚至是操作了哪条数据、数据前后发生了什么变化。

系统、菜单、功能和页面的关系如图 6-6 所示。一个系统中包含多个菜单，每个菜单中包含多个功能，每个功能又包含多个页面。同时，一个页面可以被多个功能共用，一个功能也可以放入多个菜单中。在这样复杂的关系下，可以将操作日志分为菜单操作日志、功能操作日志、流程操作日志和业务操作日志。对于不同的操作日志，也要采用不同的设计方式。

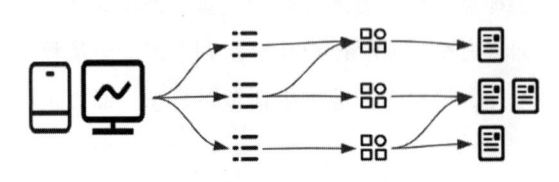

系统 ——1:N—— 菜单 ——N:N—— 功能 ——N:N—— 页面

图 6-6 系统、菜单、功能和页面的关系

6.4.1 菜单操作日志设计

菜单操作日志就是记录用户对于系统菜单（包括 PC 端系统、移动端系统）的使用轨迹，以便于进行指标分析和问题查证。要记录的内容包括当前用户在什么时候、进入了哪个菜单，停留了多长时间。菜单日志记录表的结构如表 6-4 所示。

表 6-4 菜单日志记录表的结构

字段	说明
日志 ID	流水号，主键
用户 ID	用户主键
用户姓名	起到快照的作用，防止用户变更了用户姓名。而日志的作用是要明确记录事件发生时的信息
操作时间	具体操作的年月日时分秒
菜单编码	菜单主键
菜单名称	同样起到快照的作用，防止菜单名称发生过变更
停留时长	根据下一条操作日志，记录本条数据的操作时长字段

如表 6-4 所示，用户姓名和菜单名称字段看似是冗余的，其实对于追查问题的意义很大，能够准确地还原当时的用户操作状态。

停留时长可以反映出用户使用某个功能菜单的耗时情况，当用户进行菜单切换时，使用当前的系统时间减去上一次的操作时间即可计算出停留时长。例如，当前时间为 11 点，而用户上一次切换菜单的时间为 10 点 30 分，则可以用 11 点减去 10 点 30 分，从而得到用户在上一个菜单中停留了 30 分钟。

通过菜单操作日志可以掌握用户的工作习惯和重点关注内容，以便针对用户的痛点去设计新功能和解决系统问题。

一个系统中往往包括大量的功能菜单，有些功能会经常被使用，而有些功能则很少被使用。这些经常被使用的菜单称为热点菜单，是做性能优化、提升体验的重点。有些企业投入巨大的资源在一些用户并不常用的功能上，这是典型的错误做法。

6.4.2 功能操作日志设计

功能操作日志描述了当前用户在什么时间、哪个页面、使用了哪个功能。例如，用户 A 在 2020 年 9 月 30 日 9 点 30 分 20 秒，在某宝 App 的个人余额菜单中使用了余额提现功能。用户 B 在 2020 年 10 月 30 日 9 点 30 分 20 秒，在公司财务系统的科目管理菜单中使用了新增财务科目的功能。

一个菜单中往往包含多个功能，因此功能操作日志属于菜单操作日志的下一层。PC 端和移动端的区别在于 PC 端能够承载的内容更多，所以同一个菜单中的功能也就更多。移动端由于显示限制，因此同一个菜单中的功能往往较少，甚至一个菜单项只包含一个功能。功能操作日志记录表的结构如表 6-5 所示。

表 6-5 功能操作日志记录表的结构

字段	说明
日志 ID	流水号，主键
用户 ID	用户主键
用户姓名	起到快照的作用，防止用户变更了用户姓名。而日志的作用是要明确记录事件发生时的信息
操作时间	具体操作的年月日时分秒
菜单编码	菜单主键
菜单名称	同样起到快照的作用，防止菜单名称发生过变更
功能编码	功能定义主键
功能名称	同样起到快照的作用，防止功能名称发生过变更

如表 6-5 所示，如果想要记录每个功能的操作日志，则必须要先将功能定义出来（包含功能编码、功能名称、功能描述等），这一般是在权限设计时就确定的，可参见 5.7 节。

功能与菜单为多对多关系，一个菜单中可以包含多个功能，而一个功能也同样可以在不同的菜单中使用。因此，记录功能操作日志时，必须要记录对应的菜单编码和名称，这样才可以知道，是在哪个菜单中使用了哪个功能。对于同样的功能，在哪个菜单中被使用得最为频繁。

通过功能操作日志也可以统计出用户使用菜单的情况，但是并不能很好地反映出用户进入菜单的时间、停留的时长这些系统关注的内容。所以，设计上不可以用功能操作日志替代菜单操作日志。

6.4.3 流程操作日志设计

对于一些复杂的业务场景，具有较长的操作过程，在这个过程中会包含大量的页面跳转、前进和后退的动作，以及在页面中包含了大量的功能操作。在这种极为复杂的操作环境下可能产生各种意想不到和测试无法覆盖的问题。

如果可以记录用户的完整操作过程，就可以更好地帮助系统重现用户的操作过程。例如，一次支付过程可以记录为表 6-6 所示的数据。

表 6-6 支付流程操作日志示例

操作时间	页面	行为
2020/10/01 03:04:05	支付页面	点击"支付"按钮
2020/10/01 03:05:05	绑定银行卡页面	初始化
2020/10/01 03:06:05	绑定银行卡页面	点击"保存"按钮
2020/10/01 03:07:05	支付页面	初始化
2020/10/01 03:08:05	支付页面	点击"支付"按钮
2020/10/01 03:09:05	支付成功页面	初始化

如表 6-6 所示，记录了用户一次完整的支付操作流程，可以将日志转化为流程图展示，如图 6-7 所示。用户首先进入支付页面，点击"支付"按钮，发现没有绑定银行卡，所以跳转到银行卡绑定页面，在页面中点击"保存"按钮，完成了银行卡绑定，又跳转到支付页面，在支付页面点击"支付"按钮，最后支付成功并跳转到支付成功页面。这样就可以很轻松地重现用户操作，排查系统问题了。

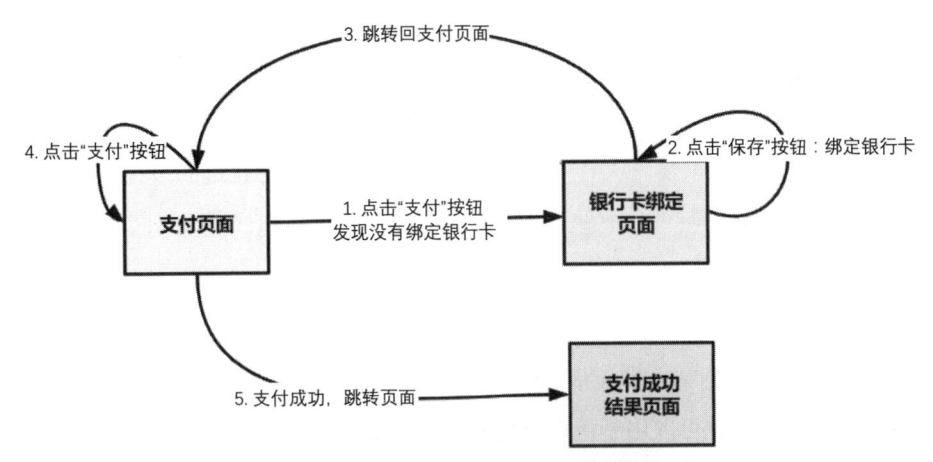

图 6-7　支付流程日志转化为流程图

流程操作日志记录表的结构如表 6-7 所示，用于记录完整的用户操作流程数据。

表 6-7　流程操作日志记录表的结构

字段	说明
日志 ID	流水号，主键
用户 ID	用户主键
用户姓名	起到快照的作用，防止用户变更了用户姓名。而日志的作用是要明确记录事件发生时的信息
操作时间	具体操作的年月日时分秒
菜单编码	菜单主键
菜单名称	同样起到快照的作用，防止菜单名称发生过变更
功能编码	功能定义主键
功能名称	同样起到快照的作用，防止功能名称发生过变更
页面编码	页面定义主键
页面名称	同样起到快照的作用，防止页面名称发生过变更
执行动作	代表在页面发生的具体操作，如果用户只是进入页面，则为初始化。点击了某个按钮、查看了某个图片、播放了某个视频都可以看作一种执行动作
停留时长	根据下一条操作日志，记录本条数据的操作时长字段

由于流程操作日志涉及大量的页面跳转及元素操作（点击按钮、滑动、点选等），如果所有的页面动作都实时地调用后端服务接口，就会造成请求量过大，不仅服务端性能无法保障，前端操作也会受到影响。

注意事项如下。

（1）区分业务重要程度，并不需要在所有页面、所有元素动作上记录日志，而只需专注于重点流程、重点业务场景，这样可以减少日志的存储量。

（2）对于重点监控内容可以采用前端实时异步上报日志的方式。对于非重点监控内容可以采用定时异步调用，先将用户的操作轨迹信息缓存在本地，再定时异步批量上报给后端服务，每次上报后清空本地缓存即可，从而减少交互次数，提高传输效率。

（3）采用人工上报日志的方式，在前端设计一个上报日志的功能，在用户登录系统后将所有的操作轨迹缓存在前端，当用户使用发生问题时，由用户主动上报操作日志供开发人员排查问题。这种方式主要用在2B系统中使用。

（4）流程操作日志的数据量巨大，可以在用户操作过程中进行轨迹的缓存，在发生异常时自动上报，而业务正常操作完毕时进行清除，无须上报，从而能够达到自动收集问题数据的目的。

6.4.4 业务操作日志设计

业务操作日志往往记录到某一类或某一笔具体业务的数据级别。例如，变更前的数据和变更后的数据，形成数据的对比，也可以用于用户数据的回滚和追查。

由于不同业务的数据结构千差万别，所以很难做到统一的系统设计，往往由某个业务功能独自设计实现。但是，设计思路可以统一为按照事件的记录方式。

任何数据的变化都是由某个事件的触发而改变的。例如，对于某个用户状态的变化可以记录为表 6-8 所示的数据。

表 6-8 用户状态的变化记录示例

时间	用户状态	触发事件
2020/10/01 03:04:05	未激活	用户注册
2020/10/02 03:05:05	有效	使用手机号激活
2020/10/03 03:06:05	冻结	账号异常
2020/10/04 03:07:05	有效	账号申诉
2020/10/05 03:08:05	注销	账号注销

一系列的事件导致了用户状态的变化，通过表 6-8 可以得到清晰的用户状态迁移图，如图 6-8 所示。

图 6-8 用户状态迁移

可以将事件的粒度控制到不同的级别，如果需要更为详细的日志粒度，则只需要把事件定义得更加详细即可。但是，这样也只是知道了事件的发生时间点、顺序对固定状态字段的影响而已，并不知道每个数据内容的变化。

可以建立对应的业务快照表，与具体的操作日志相关联，用于查找每个事件发生时的数据快照。

6.5 接口日志设计

当前系统大多采用前后端分离架构，后端采用微服务等分布式系统架构，同时与众多的第三方平台又存在大量的接口交互，如图6-9所示。当系统出现问题时，80%以上的情况需要先排查接口的请求和应答是否正常，因此对于接口日志的记录就显得至关重要。

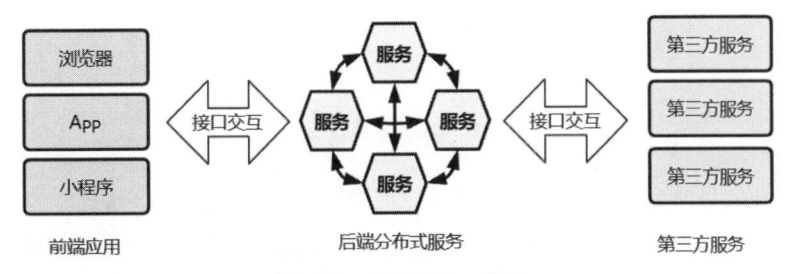

图6-9 系统间接口交互

1. 切面记录接口日志

接口日志的存储要充分利用面向切面编程（Aspect Oriented Programming，AOP）和动态代理的思想，在所有系统的交互链路上加入切面，然后在切面上进行日志存储，当接收到请求后记录请求日志，在程序应答前记录应答日志，接口日志的切面位置如图6-10所示。

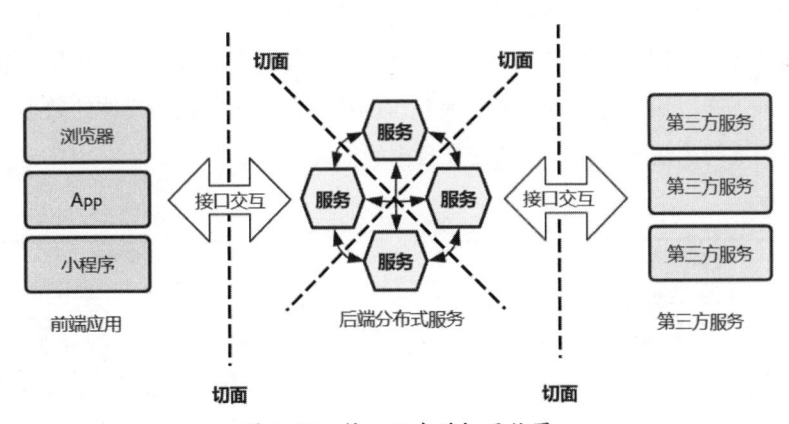

图6-10 接口日志的切面位置

以Java项目为例，对于后端应用程序，可以开发出统一的日志切面JAR包，其他项目只需要依赖该JAR包即可。但是，要求所有服务必须遵守方法的命名规则。例如，所有Controller方法必须以Handler结尾，否则无法经过日志切面记录日志。这种方式的缺点是所有项目必须与切面程序保持紧密的依赖关系，耦合性较高。

2. 网关记录接口日志

如图6-11所示，所有的前后端交互都需要通过网关再请求到后端服务，如果后端服务之间也存在接口调用，如服务 1 调用服务 2，则不可以直接调用，而是必须通过网关的代理转发，因此可以在网关上完成接口日志的记录。

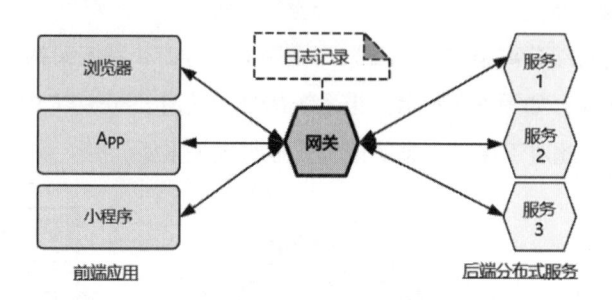

图 6-11 网关代理记录日志

这种方式的好处是所有的后端服务无须做任何类库的集成和修改，通过服务的分层，解决了耦合性过高的问题。但是，它使得一个去中心化的微服务架构变为了集中化的 ESB 架构（参见 3.3 节），使得服务端之间的接口调用必须经过网关（或 ESB）的转发，从而降低了接口响应速度。

因此，也可以将两种设计方案进行融合和取舍。对于前后端的交互通过网关记录日志，而微服务之间的调用则通过面向切面编程的方式记录日志。

3. 接口日志存储结构

接口日志存储的内容要多一些，因为除要记录接口的请求和应答报文外，还要记录它们之间的调用关系，到底是哪个系统调用了哪个系统。因此，需要分别定义应用和接口的存储结构。

应用的构成和相互调用如图 6-12 所示。一个应用包含多个接口，定义应用和接口的目的是将各个客户端、后端服务、第三方服务及它们所包含的接口全部实例化为具体的数据（如应用 A 和应用 B），用于应用之间的访问授权，以及交互日志的记录。

图 6-12 应用的构成和相互调用

最终记录的交易日志要能够明确地表达出，在什么时间、哪个系统调用了哪个系统的什么接口，在什么时间收到了应答，双方交互的耗时有多长，以及交互的内容是什么。

应用定义表的结构如表 6-9 所示。

表6-9 应用定义表的结构

字段	说明
应用/系统/服务编码	主键，唯一标识一个服务单元
应用/系统/服务全称	服务全称
应用/系统/服务简称	服务简称
服务器类型	客户端应用、后端服务、第三方服务
SecretID	身份ID，用于请求接口时携带
SecretKey	身份密钥，用户请求接口时携带

接口定义表的结构如表6-10所示。

表6-10 接口定义表的结构

字段	说明
接口编码	主键，唯一标识一个接口
接口名称	接口的功能描述
所属应用编码	代表此接口属于哪个应用，一个应用下可以定义多个接口，或者说一个应用是由多个接口组成的
接口类型	1互联网接口，2内网接口
授权方式	1开放式调用，2需验证密钥，3需要登录
交互方式	1加密交互，2明文交互

如表6-10所示，授权方式用于接口交互的安全控制，各自具有不同的用途，具体如下。

（1）开放式调用：对接口不进行任何校验和拦截，可以直接调用上游服务。这种接口一般是对外公开的，如官网的新闻资讯、公开的信息查询等。

（2）需验证密钥：这种一般为服务之间的调用，或者提供给第三方的服务接口，需要验证应用所携带的SecretID和SecretKey是否存在并且匹配。

（3）需要登录：一般为用户级别的私密接口，必须先验证登录状态，才可以调用。

接口日志表的结构如表6-11所示。

表6-11 接口日志表的结构

字段	说明
日志ID	日志流水号，主键
客户端应用编码	发起请求的客户端的应用编码（来源于应用定义表）
服务端应用编码	接收请求的服务端的应用编码（来源于应用定义表）
接口编码	客户端调用的接口编码（来源于接口定义表）
请求时间	切面或网关代理接收到客户端请求的具体时间
应答时间	切面或网关代理接收到服务端应答的具体时间
交易耗时	应答时间减去开始时间
请求报文	请求数据包内容（JSON、XML、参数、文件等）
应答报文	应答数据包内容（JSON、XML、参数、文件等）
来源IP	客户端发起请求的IP地址，可以用于设置黑白名单
交易结果	交易成功、失败、异常
结果描述	失败原因、失败描述、异常消息等

4. 接口日志的积极作用

通过接口日志，按照不同的维度进行统计分析，可以达到以下5个目的。

（1）可以清晰地观察系统的实时交易量，制作动态交易监控仪表盘，实时监控系统接口调用链路是否正常，是否存在服务节点故障，服务性能是否下降。

（2）如果某个接口突然频繁超时，则其对应的应用一定出现了问题，可以快速定位问题服务进行排查。如果某个接口的交易耗时过长，或者只有请求数据，没有应答数据，则可以断定接口或服务出现了问题。

（3）可以轻松统计出交易趋势曲线，查看系统在每天的交易高峰与低谷，以及在每周、每月、每年的交易量变化。

（4）可以清晰地判断出哪些服务被频繁调用，找到热点服务，避免其成为系统瓶颈，从而有针对性地提高其可靠性和服务性能，使资源更加有目的性地投放。

（5）可以纵观全局，看到整个系统的交易链路，哪些应用访问量高，哪些应用访问量低，哪些服务应该被整合，哪些服务应该被拆分。

接口日志是对系统进行跟踪、检测、评估的数据基础，也为架构设计的调整提供了重要的数据支撑。

6.6 程序日志设计

程序日志是最为详细的日志，最常见的方式就是输出到文件和控制台。如果通过查询接口日志无法判断问题，那么最直接的手段就是分析程序日志。然而，程序日志的数据量过于庞大，对日志的查看和分析也带来了巨大的挑战。

1. 日志级别的划分和设定

程序日志一定要设定日志级别。日志级别通常从低到高分为 8 种，分别是 ALL、TRACE、DEBUG、INFO、WARN、ERROR、FATAL 和 OFF。

（1）ALL：即所有，显示所有级别的日志。

（2）TRACE：即追踪，打印程序的运行轨迹，比 DEBUG 的粒度更细。

（3）DEBUG：即调试，程序运行的事件明细信息，是调试程序时使用最多的日志级别。

（4）INFO：即信息，较粗的粒度描述程序的运行过程，通常为开发人员主动输出的提示性信息。

（5）WARN：即警告，提示可能存在潜在危险的信息。

（6）ERROR：即错误，明确的错误信息，但是程序可以正常执行。

（7）FATAL：即致命，极其严重的错误，可能会导致程序终止或崩溃。

（8）OFF：即关闭，不显示任何日志。

不同的日志级别输出的内容范围不同，具有一定的包含关系，如表 6-12 所示。

表 6-12　日志级别的包含关系

包含	级别						
	FATAL	ERROR	WARN	INFO	DEBUG	TRACE	ALL
OFF							
FATAL	√						
ERROR	√	√					
WARN	√	√	√				
INFO	√	√	√	√			
DEBUG	√	√	√	√	√		
TRACE	√	√	√	√	√	√	
ALL	√	√	√	√	√	√	√

其中 ERROR、WARN、INFO 和 DEBUG 是最常使用的日志级别。

2. 如何有效地输出程序日志

（1）日志输出对于程序的性能是有比较严重影响的，所以在开发阶段增加的非必要性日志输出语句应该在上线前全部删除。在程序优化时，只是删除了一些无关紧要的日志输出，就可能提高十余倍的接口吞吐量，所以不要小看这个问题。

（2）在开发和测试环境中使用较低的日志级别，而在生产环境中使用较高的日志级别。例如，一般在开发和测试环境中使用 DEBUG 级别，而在生产环境中使用 WARN 或 ERROR 级别。

（3）在上线初期使用较低的日志级别，如 DEBUG 级别，避免在上线初期程序不稳定，便于快速查证问题。待程序稳定后，修改到较高的日志级别，如 ERROR 级别，减少日志的输出。

（4）对于 SQL 语句的日志输出，大多数定义在 DEBUG 级别。由于 90% 的问题都需要排查 SQL 的执行是否正确，因此除非确保程序十分稳定，一般可以不关闭 SQL 日志，以便于快速查证问题。

3. 程序日志的输出方式

程序日志的输出主要分为同步输出和异步输出两种方式。

（1）同步输出日志：可以保持日志输出顺序与程序执行、用户操作顺序一致，但是对于异步执行的程序，日志依然无法保证其顺序性。同步输出日志会占用程序运行时间，造成用户响应时间加长。

（2）异步输出日志：可以加快程序响应速度，但是日志顺序性被破坏，不便于排查问题。

4. 通用程序日志存储设计

由于程序日志量较大，如果将所有日志都写入一个文件中，就会导致文件过大，打开文件都会存在问题，查看日志就变得更加困难，因此通用日志文件存储设计如下。

（1）按照日期滚动存储。每日生成一个日志文件，保留固定的天数。这样可以保持数据只保留最近 N 天的文件。例如，只保留最近 30 天的日志，则第 31 天的日志会覆盖第 1 个日志文件，滚动存储。日志文件名通常为 xxxx.log.xxxx-xx-xx，如 xxx.log.2020-12-30、xxx.log.2020-12-31。

（2）按照文件大小滚动存储。设定单个文件的大小，如一个日志文件最大为 500MB，超过 500MB 则生成新文件，再设定最大保留的文件个数如 100 个，则第 101 个文件会覆盖最初的日志文件，滚动存储。日志文件名通常为 xxx.log.sequnce_num，如 xxx.log.1、xxxlog.2。

（3）先按照日期，再按照文件大小滚动存储。这种方式结合了以上两种方法的优势，也是设计中推荐的方式。每天按照日期生成日志文件夹，然后在文件夹下存放当天的日志文件。当单个日志文件大小超过限定时，则按照序号生成日志。最终形成的日志为 xxx.log.xxxx-xx-xx.seqnum 形式，如 xxx.log.2020-12-30.1、xxx.log.2020-12-30.2。

（4）存放实时日志。一般会在程序日志中存放一个最新的无后缀日志，用来保留当前的实时日志。日志文件名为 xxx.log。

（5）独立存放错误日志。为了更快速地排查问题，也可以将错误日志拆分出去，对于所有的程序异常单独形成日志。日志文件名为 xxx_error.log。

结合上述设计思路，可以得到一个分层滚动日志文件存储结构，清晰直观，便于查看，存储结构如图 6-13 所示。

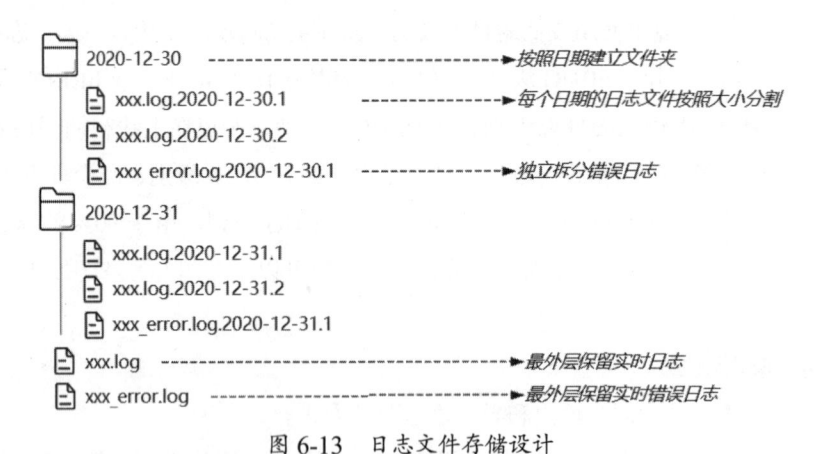

```
📁 2020-12-30  ----------------------▶ 按照日期建立文件夹
   📄 xxx.log.2020-12-30.1  -----------▶ 每个日期的日志文件按照大小分割
   📄 xxx.log.2020-12-30.2
   📄 xxx_error.log.2020-12-30.1  -----▶ 独立拆分错误日志
📁 2020-12-31
   📄 xxx.log.2020-12-31.1
   📄 xxx.log.2020-12-31.2
   📄 xxx_error.log.2020-12-31.1
📄 xxx.log  ---------------------------▶ 最外层保留实时日志
📄 xxx_error.log  ---------------------▶ 最外层保留实时错误日志
```

图 6-13　日志文件存储设计

5. 按照业务属性做个性化的日志存储

对于一些企业内部的管理系统，用户数量有限，并且人员按照组织机构、岗位进行了明确的划分，这时就可以依靠这种结构建立直达用户的日志文件结构，做到一个用户对应一个日志文件。

如图 6-14 所示，可以按照日期、分公司 / 部门 / 岗位等维度建立文件夹，然后在文件夹下按照员工的编号生成日志，这样可以保证每个员工每天生成一个独立的日志文件。当某个员工反馈系统问题时，就可以直接找到该员工的日志文件进行排查。

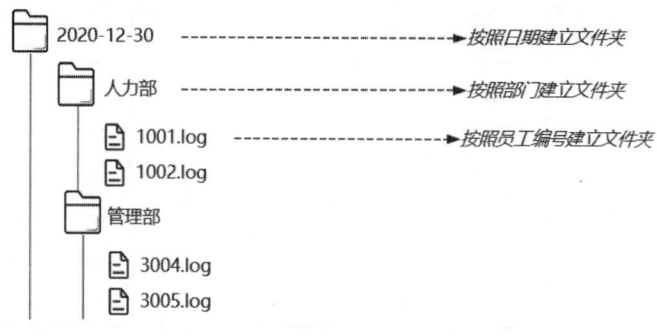

```
📁 2020-12-30  ----------→ 按照日期建立文件夹
   📁 人力部  ----------→ 按照部门建立文件夹
      📄 1001.log  ----------→ 按照员工编号建立文件夹
      📄 1002.log
   📁 管理部
      📄 3004.log
      📄 3005.log
```

图 6-14　按照组织结构人员存储日志设计

只要记住程序日志的宗旨是完整记录程序的执行过程，应当结合系统和业务特点，设计出便于查证问题的日志存储结构即可。

6. 分布式架构下的日志存储

通常将日志存放在程序运行的项目服务器上，对于独立的单体服务还是比较容易查看的，因为文件位置固定，甚至只有一个日志文件。但是，对于集群架构和分布式架构（图 6-15），可能有几个、几十个，甚至上百个服务，每个服务都输出日志到自己的服务器上，当要排查问题时，就需要登录到不同的服务器上获取文件。有时开发或运维人员并不知道哪个日志文件能够定位问题，可能要将所有的日志文件查看一遍，这是十分不方便的。

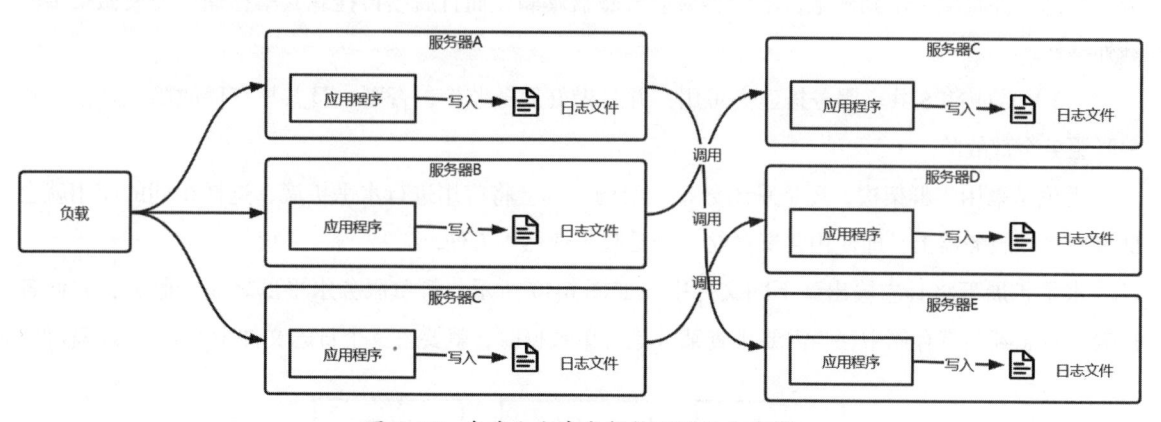

图 6-15　负载和分布式架构下的日志存储

如图 6-16 所示，可以利用 NFS 共享存储来存储日志文件。在各应用服务器上挂载相同的存储目录，各应用均将自己的日志文件写入共享目录中。不同的应用采用不同的文件名进行区分即可。

运维或开发人员登录任意一台服务器，就可以在共享目录中查看到所有服务的日志文件，可极大地提高工作效率。当磁盘空间不足时，只需要扩展共享存储的磁盘空间即可。

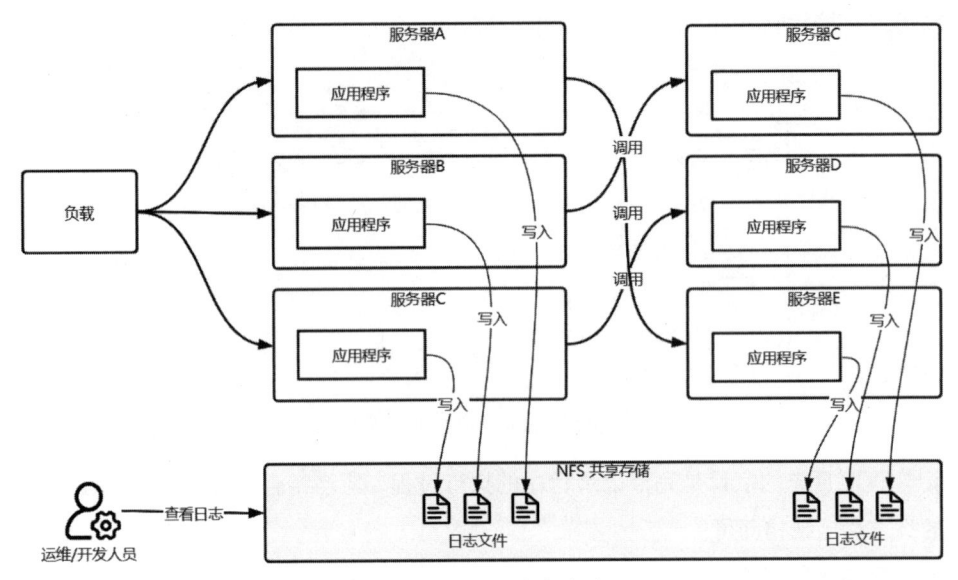

图 6-16　NFS 共享存储

任何架构设计都是有利有弊的，需要进行不同程度的权衡，因此需要注意以下事项。

（1）使用 NFS 由于涉及网络传输，因此势必对日志的写入速度造成影响，但是因为在内网中使用，所以对性能影响并不大。

（2）对于各个应用服务器一定要确保服务器重启时自动挂载共享存储，如果忘记挂载，则会造成日志文件直接输出到本地，不但容易造成磁盘爆满，而且后续再挂载共享存储时需要做很多的额外操作。

（3）要对 NFS 共享服务搭建高可用，并且做好服务监控，否则一旦共享存储故障，就会导致关联服务全部故障。

无论是采用集群架构，还是采用分布式架构，都会将应用进行水平扩展，这样相同的应用就会部署到多个服务器上，即使用共享存储，查看起来依然不方便。

水平扩展下将日志输出到不同文件中，如图 6-17 所示，订单服务水平部署 3 个服务，它们各自输出日志到共享存储中，当需要排查某一笔订单数据时，就要去 3 个日志文件中搜索，效率较低。

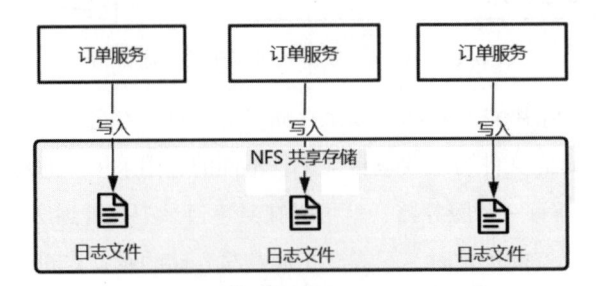

图 6-17　水平扩展下输出到不同文件

如图 6-18 所示，可以利用 NFS 共享存储，将相同应用的日志全部写入同一个文件中，此时需要排查问题时只需要查看一个文件即可。

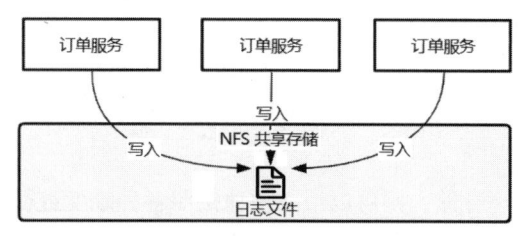

图 6-18　水平扩展下输出到同一文件

由于文件属于共享资源，多个应用写入时会进行资源加锁和释放，因此不用担心文件的内容会彼此覆盖。但是，对于同一个共享文件的写入势必会造成资源的相互争抢，对日志的写入性能会有较大影响。

不存在绝对完美的架构，有优点就会有缺点，这就是架构师应该权衡之处。

6.7　日志存储设计

日志具有格式松散、难以结构化的特点，同时日志的输出位置随机，数据量较大。因此，对于日志的存储方式要进行单独设计。

1. 采用异步化的独立事务记录日志

日志异步存储设计如图 6-19 所示，日志的记录可能穿插于不同的业务和程序流程之间。日志虽然可以帮助技术人员做很多事情，但是所有的日志记录都不应该影响到用户的正常使用。因此，日志记录必须是独立的事务。

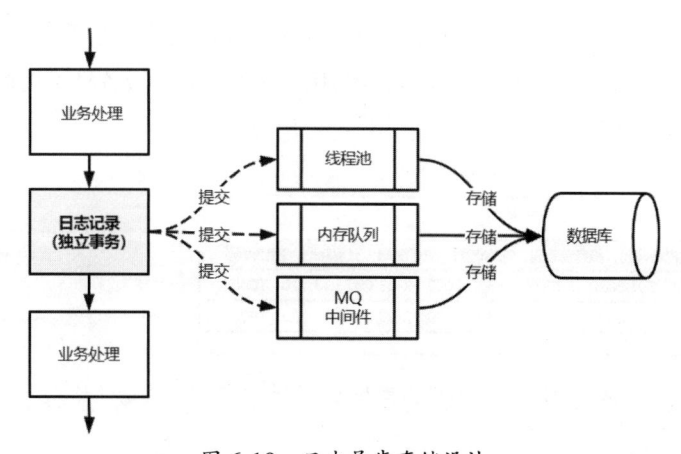

图 6-19　日志异步存储设计

推荐采用异步方式处理，提高程序的响应速度。如果是小型系统，则可以直接采用异步线程池或内存队列的方式实现。如果是大型系统，则应该借助消息中间件（Kafka、ActiveMQ 等）完成。

2. 日志的存储设计

程序日志由于输出的内容不确定，因此具有非结构化的特点，通常采用分层滚动的文件存储方式。而登录日志、退出日志、操作日志和接口日志具有明确的数据结构，可以很方便地按照不同维度进行统计分析。

如果只采用关系型数据库存储，则可以很方便地按照各种维度进行分组、排序、聚合运算。但是，对于接口日志这种请求报文、应答报文就难以存储，因为这种数据需要占用很大的存储空间，使用 CLOB 等类型的大文本字段，会导致数据查询性能急剧降低。

因此，可以采用关系型数据库和文档型数据库联合使用的方式进行存储，如图 6-20 所示。使用关系型数据库存储主交易内容，使用 MongoDB 存储请求和应答报文等大文本内容，或者使用磁盘文件存储请求和应答日志。然后将关系型数据库与文档型数据库、文件按照交易流水号进行关联即可。

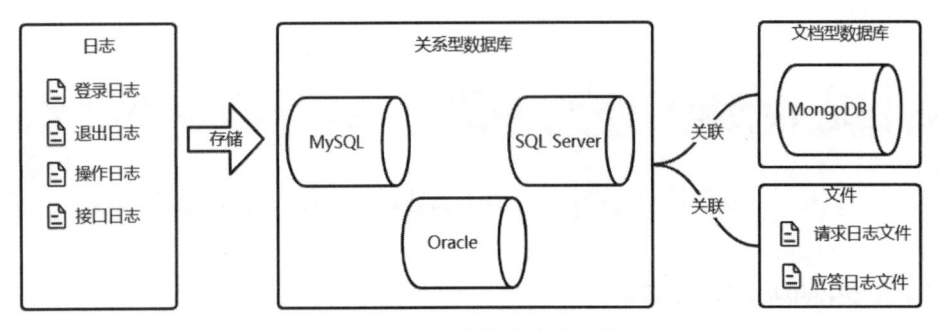

图 6-20　日志数据库存储设计

关系型数据库和文档型数据库组合存储设计如图 6-21 所示，可以使用 MySQL、Oracle 等关系型数据库记录主要的结构化数据，如日志流水 ID、客户端和服务端编码、请求和应答时间、交易耗时、接口编码信息。使用 MongoDB 等文档型数据库存储请求和应答的完整报文，MySQL 和 MongoDB 之间通过日志流水号主键进行关联。利用关系型数据库做各种维度的分组汇总，使用文档型数据库查询具体的交互报文。

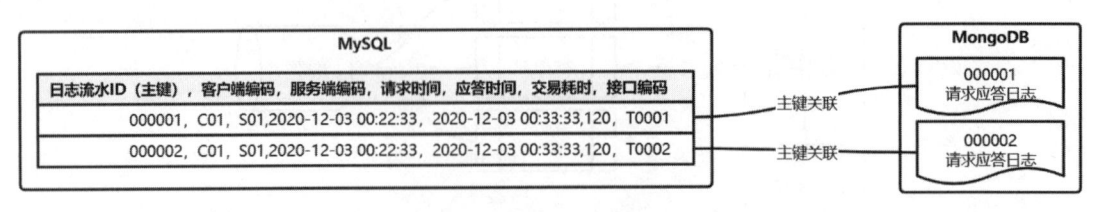

图 6-21　关系型数据库和文档型数据库组合存储设计

关系型数据库和磁盘文件组合存储设计如图 6-22 所示,可以使用磁盘文件存储请求和应答的完整日志,文件的名称使用日志流水号加后缀的形式,这样可以很方便地找到具体的交互日志。这种存储设计解决了 MongoDB 的存储空间占用过大的问题,磁盘文件也便于做定期备份的清理。

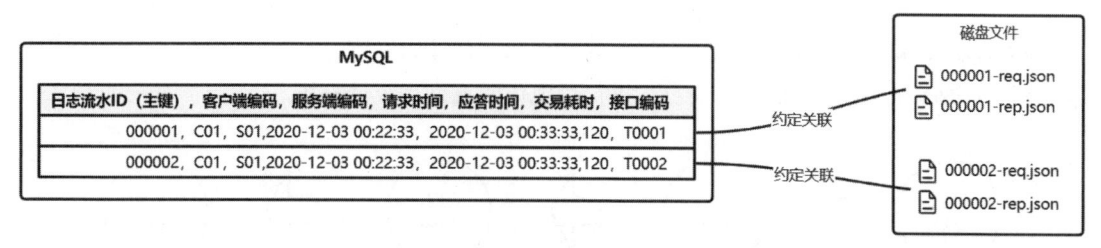

```
                    MySQL                                            磁盘文件
日志流水ID(主键),客户端编码,服务端编码,请求时间,应答时间,交易耗时,接口编码    000001-req.json
    000001, C01, S01,2020-12-03 00:22:33, 2020-12-03 00:33:33,120, T0001  —约定关联—  000001-rep.json
    000002, C01, S01,2020-12-03 00:22:33, 2020-12-03 00:33:33,120, T0002  —约定关联—  000002-req.json
                                                                     000002-rep.json
```

图 6-22　关系型数据库和磁盘文件组合存储设计

6.8　日志收集架构

将程序日志存储到文件中并不能很好地解决查看问题,尤其对于互联网应用,开发运维人员需要打开巨大的日志文件,在海量的日志中寻找他们需要的那一点点内容,犹如大海捞针。因为在日志文件中有需要关注的内容,也有大量并不需要关注的内容,怎样以可视化的方式,简单快速地查找到关注的内容,这就是日志收集设计需要解决的问题。

系统希望实现以下 4 个目标。

(1)具有海量存储能力:能够存储海量数据,并且保证数据可靠性(不丢失)和检索能力。

(2)具有全文检索能力:能够像百度一样搜索某个关键词就找到对应的内容。

(3)具有链路追踪能力:能够一次性查询到单笔交易中的所有日志。

(4)具有统计分析能力:可以根据各种指标进行汇总查询。

海量存储能力和全文检索能力很容易实现,只要选用支持海量存储,并且具有全文检索能力的数据库引擎即可,目前主流采用的就是 Elasticsearch 数据库。

链路追踪能力可以参见 3.10 节,只需要在日志中记录 TraceID 和 SpanID 就可以达到目的。

统计分析能力是最难的,因为这是关系型数据库的特长,并不是搜索引擎数据库做不到,但前提是必须先将数据结构化。下面将详细阐述日志收集的设计思路。

6.8.1　日志收集架构的设计

日志收集流程如图 6-23 所示,几乎所有的日志收集架构都可以抽象为 4 个步骤:日志采集、日志清洗、日志存储和日志分析。

（1）日志采集：可以从不同的数据源采集日志，可以是应用程序、数据库、中间件、网络、操作系统等。

（2）日志清洗：将采集到的日志进行清洗、过滤、分析，转化为结构化的数据形式。

（3）日志存储：将清洗后已经结构化的数据存储到存储引擎中。

（4）日志分析：通过存储引擎对日志进行可视化的查询和统计分析。

图 6-23　日志收集流程

日志收集架构设计如图 6-24 所示，日志采集程序要能够从不同的软件、设备、操作系统中主动采集日志，而不是由各个程序主动上送日志。例如，可以收集 MySQL、Oracle 等不同数据库的日志，Nginx、Tomcat 等不同 Web 服务器的日志，等等。

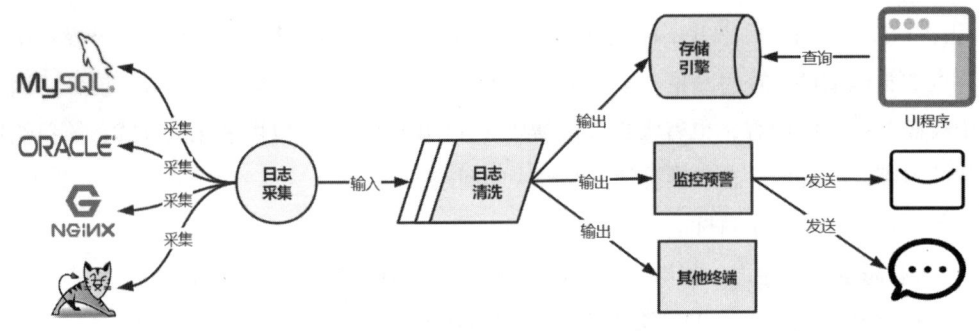

图 6-24　日志收集架构设计

由于采集的日志来源不同，因此日志输出的格式也各不相同，大多数只是纯文本内容的流式输出。因此，这些日志需要输入日志清洗程序中进行解析和转换。日志清洗程序按照过滤器进行设计，一条日志经过层层清洗和转化，最终得到便于查询和分析的结构化数据。例如，将日志转化为 JSON 结构、XML 结构等。

例如，有"name yinhongliang age 20 sex man"这样一行日志，处理过程如下。

第一层过滤先按照空格切割为长度为 6 的数组，即 [name,yinhongliang,age,20,sex,man]。

第二层过滤对数组中的元素进行两两组合，就可以将其解析为 {"name":"yinhongliang", "age":20, "birthday":"", sex:"man"} 这样一条结构化的 JSON 数据。

经过清洗后的结构化数据就可以输出到存储引擎中存储了。例如，输出到 MongoDB、MySQL、Elasticsearch 中，甚至可以输出到控制台、磁盘文件、网络监听服务等地方。其中最常用的就是输出到数据库中。这样就可以开发程序来查询数据库中的数据，从而完成对于日志的查询和统计分析能力。

由于所有的日志都会经过日志清洗程序，所以可以通过监测是否存在指定的错误日志，来达到监控预警的目的。

以下是 3 个经常使用的场景案例，如图 6-25 所示。

（1）对于 MySQL 可以监控它的慢日志（默认为 slow.log），当发现慢 SQL 时，发送邮件通知开发人员，存在 SQL 语句需要优化，不需要开发人员自己去排查问题。

（2）对于 Nginx 可以监控它的错误日志（默认为 error.log），当发现被代理的 Upstream 节点（上游节点）不通时，可以立即通知运维人员，服务可能存在宕机。

（3）对于 Tomcat 服务可以监控它的控制台日志（默认为 catalina.out），当发现 Out of memory 这样的关键词时，就发送通知给运维人员，提醒程序内存溢出。

同理，可以监控各种设备和软件，对比日志中的关键词，从而达到个性化的监控预警目的。

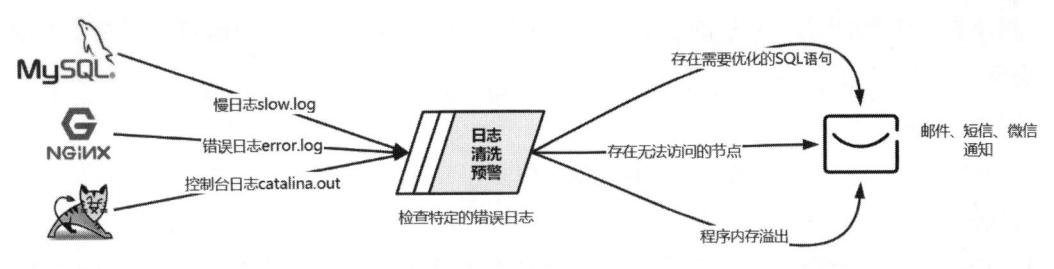

图 6-25　日志监控预警案例

6.8.2　Elastic Stack 架构组件介绍

当前主流的开源日志收集与分析架构之一就是 ELastic Stack 架构。ELastic Stack 以前称为 ELK Stack，其中 E 是指 Elasticsearch，L 是指 Logstash，K 是指 Kibana，使用这 3 个组件可以构建一套完整的日志采集、清洗、存储和分析的平台。

（1）Elasticsearch：分布式搜索和分析引擎，主要用于结构化的日志存储和查询分析。

（2）Logstash：用户日志清洗，将非结构化的流式日志转化为结构化日志。

（3）Kibana：提供可视化的日志查询和统计分析、权限管理等。

ELK Stack 日志收集架构如图 6-26 所示。Elasticsearch 的作用是进行结构化的日志存储。Logstash 的作用是日志采集和清洗，将非结构化的流式日志转化为结构化日志。Kibana 提供可视化的日志查询和统计分析。开发人员直接使用 Kibana 进行日志查询，而不再需要接触服务器日志文件，只需要分配 Kibana 的系统账号即可，从而还可以控制不同的人员可查看的日志范围。

随着 ELK 的发展，又有新成员 Beats 的加入，所以就形成了 ELastic Stack。

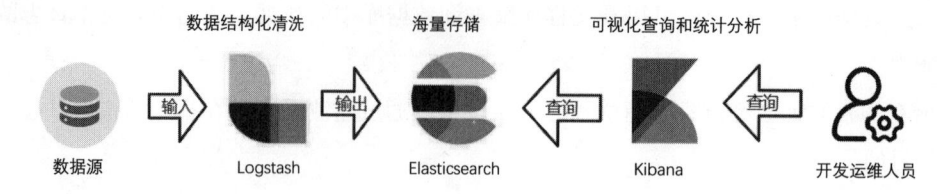

图 6-26　ELK Stack 日志收集架构

1. Elasticsearch

Elasticsearch 在日志收集中的作用是存储结构化的日志数据，用于查询和分析，以下内容引用自百度百科。

Elasticsearch 是一个基于 Lucene 的搜索服务器。它提供了一个分布式多用户能力的全文搜索引擎，基于 RESTful Web 接口。Elasticsearch 是用 Java 语言开发的，并作为 Apache 许可条款下的开放源码发布，是一种流行的企业级搜索引擎。Elasticsearch 用于云计算中，能够达到实时搜索，稳定，可靠，快速，安装使用方便。官方客户端在 Java、.NET（C#）、PHP、Python、Apache Groovy、Ruby 和许多其他语言中都是可用的。根据 DB-Engines 的排名显示，Elasticsearch 是最受欢迎的企业搜索引擎。

2. Logstash

Logstash 是一个开源实时的管道式日志收集引擎，可以动态地将不同来源的数据进行归一，并且将格式化的数据存储到所选择的位置。

Logstash 流水线原理如图 6-27 所示。Logstash 包含 3 个组件，分别是输入组件（INPUTS）、输出组件（OUTPUTS）和过滤器组件（FILTERS）。其中输入组件和输出组件是必选组件。输入组件的目的是从不同的数据源接收日志数据，经过过滤器组件进行过滤清洗和结构转换，最后经过输出组件进行输出，可以直接输出到 Elasticsearch 数据库中。如果不使用过滤器组件，则接收数据后直接输出到存储引擎中。

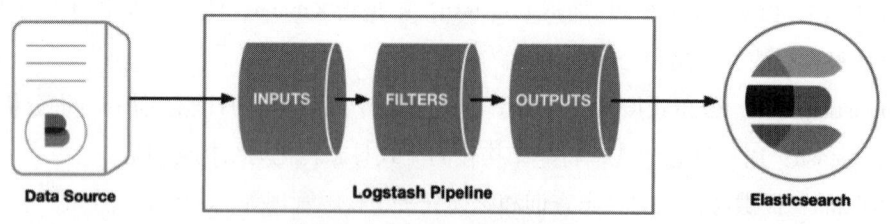

图 6-27　Logstash 流水线原理

Logstash 输入输出设计如图 6-28 所示。Logstash 提供了 50 多种输入组件、50 多种输出组件、40 多种过滤器组件，可以从诸如文件、数据库、Web 应用、操作系统、网络、防火墙、消息队列等多种数据源输入数据；也可以将数据输出到文件、数据库、控制台、操作系统、网络、消息队列等终端中，几乎涵盖了所有需要的业务场景。

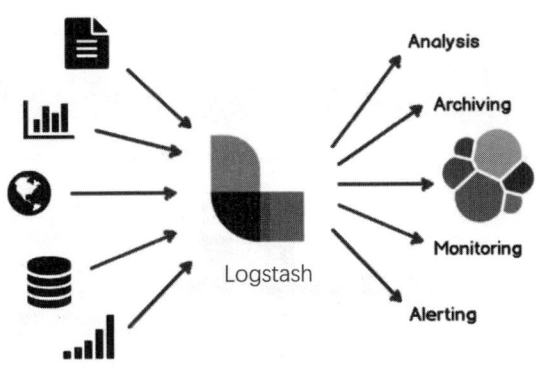

图 6-28　Logstash 输入输出设计

3. Kibana

Kibana 是一个十分强大的可视化工具，可以使用柱状图、线状图、饼图、热力图等形式按照不同维度统计日志信息，也可以自己定制化各种仪表盘，如图 6-29 所示。

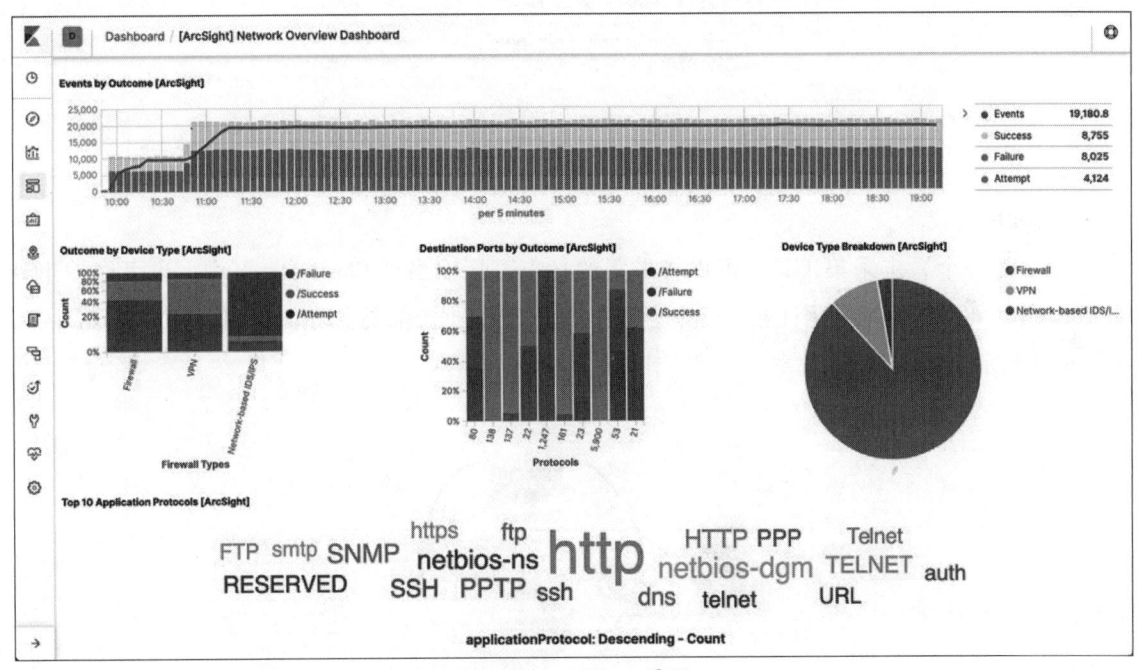

图 6-29　Kibana 界面

开发人员不需要再去各个服务器、各个文件中查看日志文件，而是直接通过 Kibana 查询 Elasticsearch 中的数据即可，可视化的界面操作，统一的权限管理，能够极大地提高开发和运维的效率，Kibana 查询界面如图 6-30 所示。

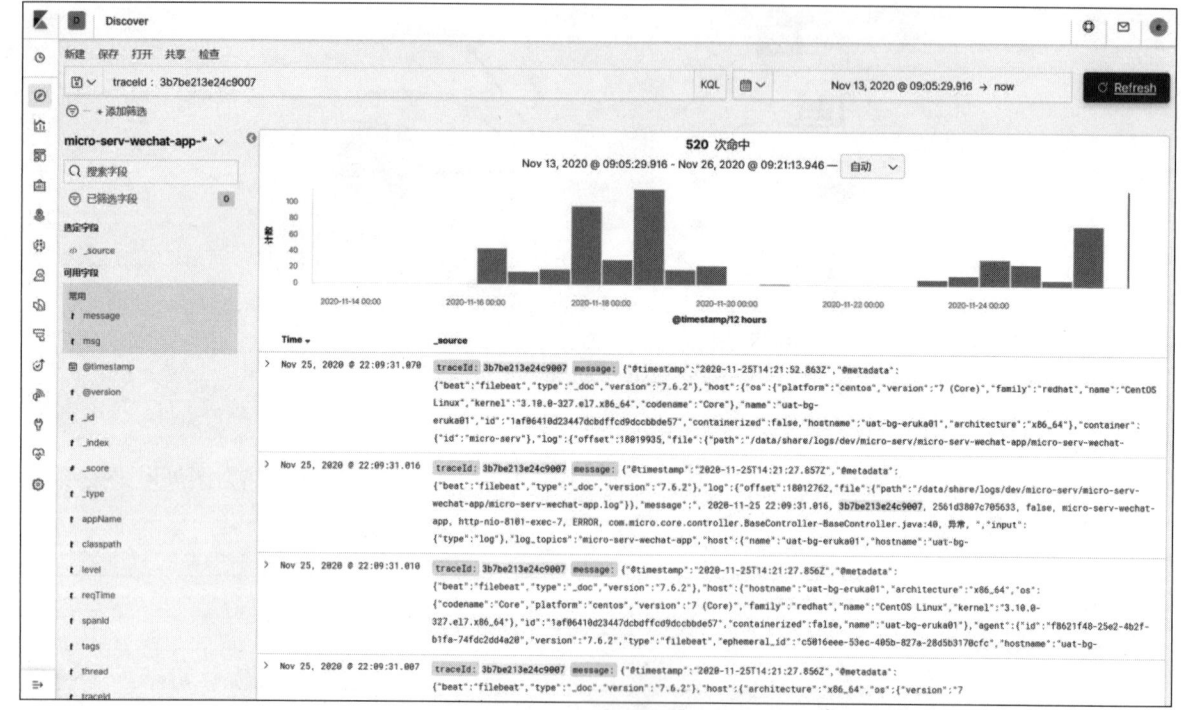

图 6-30　Kibana 查询界面

4. Beats

Beats 是一个日志采集工具，可以将采集的日志直接输出到 Elasticsearch 中，也可以输出到 Logstash 中，可以极大地简化日志采集的过程（否则每个数据源都要主动推送数据到 Logstash 中），如图 6-31 所示。

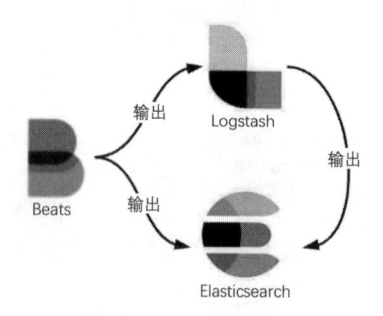

图 6-31　Beats 使用

Beats 包含 6 种工具，具体如下。

（1）Filebeat：轻量型日志采集器，可以从安全设备、云、容器、主机进行数据收集。采集的来源为文件，可以通过 tail -f 实时读取日志变化，将其输出到 Logstash 或 Elasticsearch 中。

（2）Packetbeat：轻量型网络数据采集器，可用于监测 HTTP 等网络协议，随时掌握应用程序延迟和错误、响应时间、流量、SLA 性能、用户访问量和趋势等。

（3）Metricbeat：轻量型指标采集器，用于从系统和服务中收集指标。将 Metricbeat 部署到 Linux、Windows 和 Mac 主机，Metricbeat 就能够以一种轻量型的方式输送各种统计数据，如系统级的 CPU 使用率、内存、文件系统、磁盘 I/O 和网络 I/O 统计数据等。

（4）Winlogbeat：轻量型 Windows 事件日志采集器，用于密切监控基于 Windows 的基础设施上发生的事件。可以将 Windows 事件日志流式传输至 Elasticsearch 和 Logstash。

（5）Auditbeat：轻量型审计日志采集器，可以收集 Linux 审计框架的数据，监控文件完整性。可监控用户的行为和系统进程，分析用户事件数据。Auditbeat 与 Linux 审计框架直接通信，收集与 Auditd 相同的数据，并实时发送这些事件消息到 Elastic Stack。

（6）Heartbeat：面向运行状态监测的轻量型采集器，通过主动探测来监测服务的可用性。通过给定 URL 列表，通过心跳机制询问系统是否运行正常。

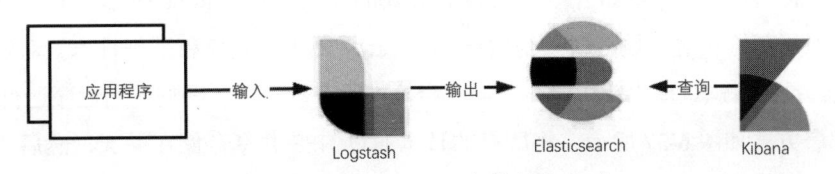

6.8.3 Elastic Stack 架构模式

对于不同的应用场景，可以采用不同的 Elastic Stack 架构模式进行日志收集。

1. 3 种无 Filebeat 架构

如图 6-32 所示，如果应用日志可以结构化为 JSON 结构，则可以直接将结构化数据存储到 Elasticsearch 中，借助 Kibana 从 Elasticsearch 中进行查询。这样的架构模式最简单，节省了 Logstash 的过滤和传输流程，可以极大地提高日志采集的性能，适用于日志量较小的小型项目。

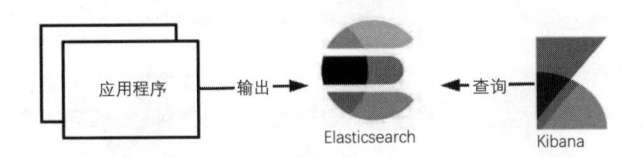

图 6-32 Elastic Stack 架构模式（1）

如图 6-33 所示，如果日志数据无法结构化，则可以将非结构化的日志直接输入 Logstash 中，在 Logstash 中进行格式化处理，形成 JSON 结构，再存储到 Elasticsearch 中，最后借助 Kibana 进行查询。这样的架构模式适用于大多数的中型项目。

图 6-33 Elastic Stack 架构模式（2）

如图 6-34 所示，为了防止 Logstash 的压力过大，可以借助 Kafka 这种高吞吐量的消息队列，将日志直接输出到 Kafka 中，再输入 Logstash 中，在 Logstash 中进行格式化处理，形成 JSON 结构，再存储到 Elasticsearch 中，最后借助 Kibana 进行查询。这样的架构模式适用于日志量较大的集群和分布式项目。

图 6-34　Elastic Stack 架构模式（3）

2. 3 种有 Filebeat 架构

以上 3 种架构对程序都具有一定的侵入性，应用程序必须主动输出日志。如果只是想上线一套日志收集系统，而不想改变任何原有程序，就可以如图 6-35 所示，使用 Filebeat 主动监控应用程序的日志文件。Filebeat 可以将日志文件中的内容直接输出到 Elasticsearch、Logstash 或 Kafka 中，因此在前 3 种架构之前加入 Filebeat，就可以形成 3 种新的架构模式。

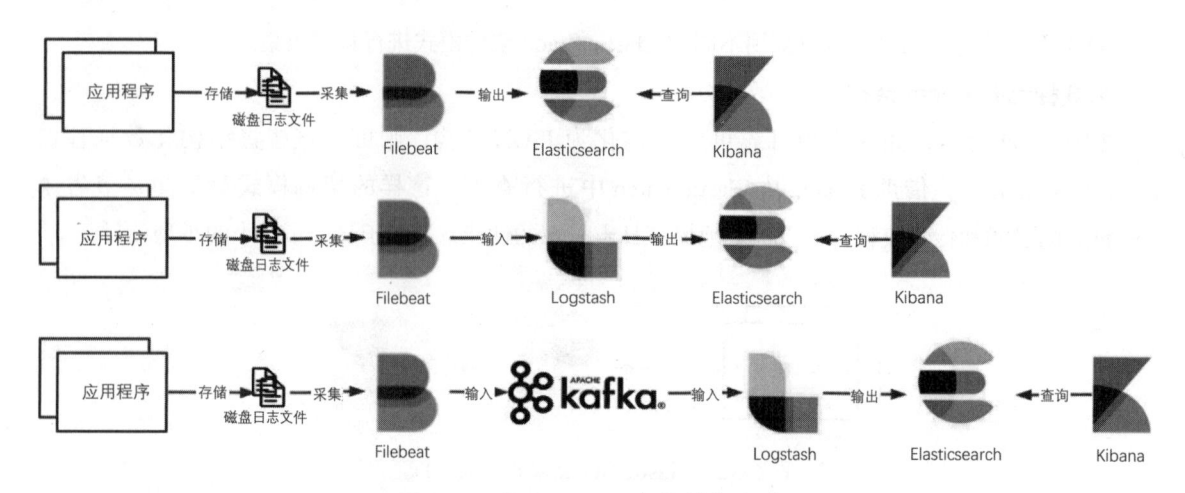

图 6-35　Elastic Stack 架构模式（4）

Filebeat 有以下两种部署方式。

第一种部署方式如图 6-36 所示，将 Filebeat 应用与每个应用部署在一起，作为一个代理服务去采集日志，然后再输出到 Logstash 中。这种部署方式的优点是多个 Filebeat 服务之间互不影响，采集性能较好，但是部署相对麻烦；缺点是由于 Filebeat 需要实时监控和采集日志，对资源也会有一定的损耗，尤其是当日志量变化较快时，这样就会抢占服务器资源，影响应用程序运行。

第二种部署方式如图 6-37 所示，将所有的日志通过 NFS 共享存储在一起，然后部署一台或多台独立的 Filebeat 服务器。这种部署方式的优点是可以独立部署 Filebeat 服务，与应用程序分离，即使 Filebeat 对资源消耗较大，也不会影响到业务应用的运行。

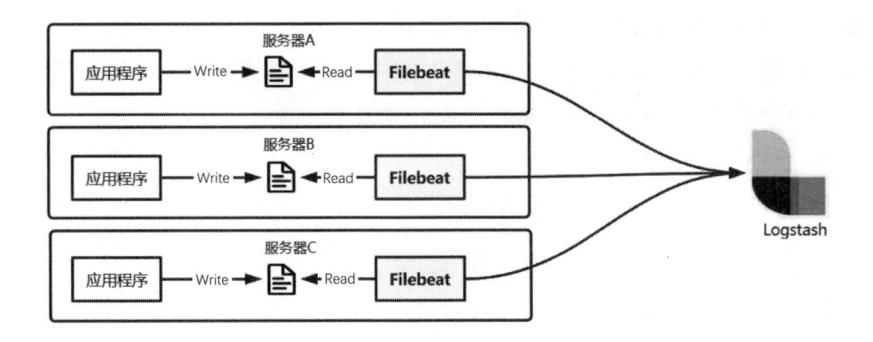

图 6-36　Filebeat 部署方式（1）

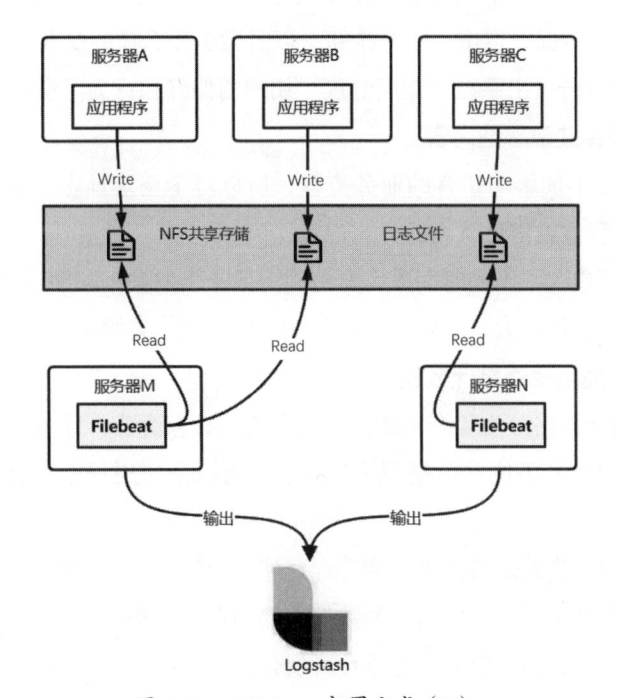

图 6-37　Filebeat 部署方式（2）

6.9 章节练习

1. 日志都有哪些类型？

登录日志、退出日志、操作日志、接口日志、程序日志、埋点日志等。其中操作日志又包括菜单操作日志、功能操作日志、流程操作日志和业务操作日志。

2. 如何利用用户登录日志来判定账户的安全程度？

（1）根据用户的登录地点判定，用户是否短时间内在多个地点登录。

（2）根据用户的登录 IP 判定，是否短时间内 IP 发生频繁变动。

（3）用户是否频繁尝试登录并且登录失败。

（4）用户是否在同一时间段内在多个设备反复登录。

以上几种情况都可以作为账户安全性的判断依据。

3. 如何详细地记录用户在系统内的行为轨迹？

可通过菜单操作日志、功能操作日志、流程操作日志和业务操作日志来记录用户的各种行为。基于这 4 种日志可以详细地描绘出用户在登录系统后的所有行为轨迹，包括点击了哪个菜单、使用了哪个功能、经过了哪些页面、点击了哪些按钮，以及做了什么样的业务。

通过这些日志还可以分析出系统功能的热度、用户的偏好和行为习惯等信息。

4. 记录各类日志需要注意哪些内容？

（1）日志记录一定不能影响正常的业务流程，所以对于登录日志、退出日志、操作日志、程序日志大多采用异步线程池或消息队列的方式记录。

（2）日志中都必须包含明确的时间戳，避免因为异步引发数据顺序混乱问题。

（3）日志的数据量往往巨大，必须做好转储或清理计划，否则必将拖累系统。

5. 日志收集架构的通用策略是什么？

日志收集架构的通用策略分为 4 个步骤：日志采集、日志清洗、日志存储和日志分析。

（1）日志采集：可以从不同的数据源采集日志，可以是应用程序、数据库、中间件、网络、操作系统等。

（2）日志清洗：将采集到的日志进行清洗、过滤、分析，转化为结构化的数据形式。

（3）日志存储：将清洗后已经结构化的数据存储到存储引擎中。

（4）日志分析：通过存储引擎对日志进行可视化的查询和统计分析。

6.10 案例设计

1. 场景设计题：用户操作轨迹回放案例设计

为了解决用户在系统使用中遇到的各种问题，希望有这样一套系统，可以对用户的操作过程进行回放，构建一个用户行为轨迹回放系统，需要满足如下需求。

（1）可以完整地还原用户从登录到退出的整个行为轨迹。

（2）用户操作了哪些页面，点击了哪些按钮，录入了哪些数据，发生了什么问题。

（3）可以快速地帮助测试人员回放整个过程，从而定位问题。

（4）不要对用户的使用造成影响，同时最大程度地减轻系统压力。

如果您作为企业的系统架构师，会怎样进行系统设计，需要考虑哪些内容？

2. 设计思路指引

（1）应主要考虑以行为日志的方式进行数据记录。以登录日志和退出日志记录用户的登录和退出行为，以操作日志记录行为轨迹，以交易日志记录用户提交的数据。

（2）为了记录用户的操作行为，经过了哪些页面，点击了哪些按钮，首先需要对页面、功能按钮、功能区域等进行字典定义，将这些内容进行编码。

（3）不应该在用户点击或跳转页面时向服务端发送日志记录的请求，这样请求会过于频繁，在高并发场景下将对系统造成巨大压力。可以考虑采用客户端先进行日志缓存，再以用户操作过程是否正常完成作为依据，决定是否上传行为日志。操作日志的上传应该进行压缩，批量上传，以提高上传的效率。

（4）只有不稳定的系统才会产生大量的异常操作轨迹数据，所以数据量不会过大。同时，轨迹日志应该具有定期清理功能，以节省存储空间，同时减轻系统压力。

（5）对日志进行分析和加载，从而形成可视化流程页面，以动态化的方式回放用户的操作流程。

（6）记录用户的操作轨迹只是第一步，同时要记录用户操作过程中提交的数据，此时需要记录的是用户操作触发的交易流水号，通过交易流水号再获取接口日志，从而获得用户提交的数据和服务端的应答结果，而不应该将所有内容都记录在操作日志中，这样会导致数据量暴增。

第 7 章

系统攻防架构设计

现在的系统攻击手段层出不穷，系统攻击过程如图 7-1 所示，特点可以总结为发现系统漏洞，再利用漏洞进行攻击，从而达到非法目的。攻击方式大都具有一个特点，就是使用机器人（程序）来模拟人类的行为进行攻击。所以，只需要能够识别出访问系统的是机器人还是人类，就可以采取相应的防御措施。

图 7-1　系统攻击过程

这就要说起图灵测试，图灵测试由艾伦·麦席森·图灵提出，目的是验证一台机器是否具有人工智能。首先将测试者与被测试者隔开，由测试者不断地提出各种问题，由被测试者来回答问题。如果在相当长时间内，测试者都无法根据这些回答判断出对方是人类还是机器人，那么就可以认为这个机器是具有人工智能的。

而对于系统的防御来说，需要做的是逆向的图灵测试，就是由计算机程序出题，考察访问者是否为机器人。如果判定访问者是机器人，则拒绝访问；如果是人类，则可以访问。

所以，这些问题必须具有一个特点，就是人类可以比较轻松地回答，但是机器人却不容易回答的问题。机器人擅长计算，不擅长抽象问题的解答，因此这类问题主要集中在图像、语音、语义、视频识别等领域。

这些问题主要以验证码的形式体现，包括字符图形验证码、点选式图片验证码、语音验证码、滑块验证码等。

7.1 系统攻击的种类和特点

系统攻击的种类很多，常见的攻击方式有恶意注册攻击、灌水攻击、刷票攻击、暴力穷举攻击、爬虫攻击、短信/邮件接口攻击、接口重放攻击、篡改攻击等，它们的特点如下。

（1）恶意注册攻击：通过机器人大量注册某系统用户，再使用这些用户去发布各种违法违规信息，或者领取新用户的注册奖励等。

（2）灌水攻击：在论坛和资讯类网站中时有发生，利用网站漏洞进行大量的发帖、留言、发广告等，损害网站名誉，占用公共资源。

（3）刷票攻击：例如，早期的 12306 网站刷票，攻击者不断地去查询某一个批次的车票，然后自动下单，购买车票。这种攻击方式，同样适用于各种商品、优惠券等购买场景。

（4）暴力穷举攻击：对系统的用户名和密码进行不断地尝试，直至匹配到用户名和密码为止，达到窃取用户信息、盗用账号的目的，或者利用设计漏洞扫描用户信息等。

（5）爬虫攻击：反复抓取其他网站的公开资讯、文章等信息，对网站造成巨大压力。或者模拟用户登录，爬取用户私密信息。

（6）短信/邮件接口攻击：利用各个网站暴露在外网的获取验证码接口，模拟短信请求，发送海量短信或邮件。

（7）接口重放攻击：截取客户端与服务端的请求数据，然后进行大规模的重复调用。

（8）篡改攻击：截取客户端与服务端的请求数据，然后对数据进行修改，以伪造的数据请求服务器。

7.2 短信/邮件防攻击设计

如果系统内涉及短信、邮件的发送业务，并且此业务暴露在外网环境下，则一定要考虑被攻击的可能性。

短信防攻击设计如图 7-2 所示。当用户点击页面上的"发送短信"按钮之后，为了防止机器人攻击，应先弹出验证码校验窗口，要求用户证明自己是人类，待验证码验证通过后，则立即禁用"发送短信"按钮，并进行倒计时，防止用户反复点击，这样看似简单的设计，却可以防止 99% 的用户的主动攻击行为。

1. 频率限制策略

为了防止短信接口的使用存在缺陷（例如，客户端并没有增加图片验证码，也没有做任何防攻击的措施），导致短信接口被恶意攻击，短信系统必须具有主动防御能力，控制短信"发送短信频率"，通常需要包含以下 5 种频率控制方式。

（1）对同一个应用，每个自然日发送短信条数不得超过 N 条。

（2）对同一个手机号，30 秒内发送短信条数不得超过 N 条。

（3）对同一个手机号，1 小时内发送短信条数不得超过 N 条。

（4）对同一个手机号，1 个自然日内发送短信条数不得超过 N 条。

（5）相同内容短信对同一个手机号，X 秒内发送短信条数不得超过 N 条。

邮件系统采用与短信系统相同的防御设计即可，增加邮件发送频率限制，能够在发生邮件接口攻击时，将损失降到最低。

2. 防劫持策略

为了防止短信/邮件发送接口的请求数据被非法截取和利用，需要将接口报文进行加密和混淆处理。由于短信与邮件接口的处理方式相同，因此这里仅以短信发送举例。例如，原短信接口的请

求报文为 {mobile:'18704483052',content:' 123456',template:'S01',time:'2021-07-07 00:22;33'}。

（1）选用 HTTPS 进行交互，防止前后端交互数据被网络抓包获取。但是，无法防止黑客在客户端获取，如浏览器的开发者模式。

（2）对请求参数进行混淆，否则攻击人员很容易猜测报文交互的具体含义。例如，将以上数据修改为 {m:'18704483052',c:' 123456',t:'S01',t:'2021-07-07 00:22:33'}，参数避免使用完整的英文，而是采用更加难以猜测的参数命名。

（3）对请求数据进行混淆，虽然参数混淆后会加大攻击者分析的难度，但是依然可以比较容易猜测出 m 代表手机号，因此可以针对手机号参数继续混淆。例如，将手机号拆分为多个部分，即 {m0:'18',m1:'70',m2:'44',m3:'83',m4:'052'}，服务端接收数据后再进行还原。这样，攻击者就很难猜测参数的具体含义了。这种方案实现难度低，但是防攻击效果却非常好，并且可以广泛推广到不同的应用场景。

（4）对请求报文做整体加密，防止攻击人员劫持利用。

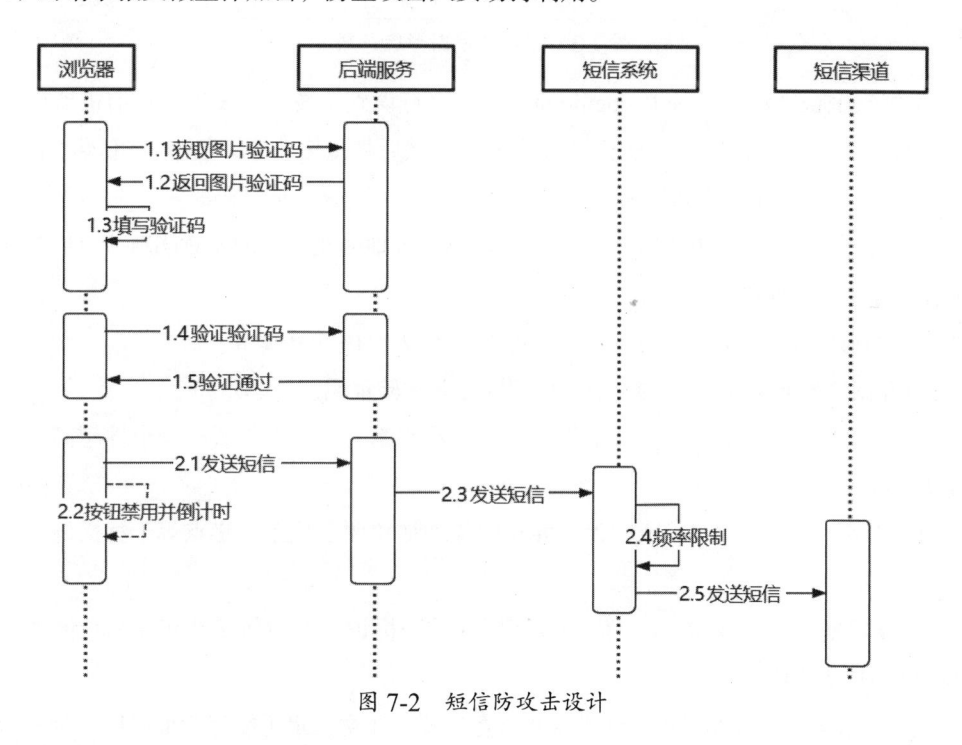

图 7-2 短信防攻击设计

7.3 两种字符图形验证码设计

验证码是防止攻击的有效手段，其中字符图形验证码由于简单易用，因此普及程度最高。它采用最古老的扭曲字符等干扰设计，增加机器识别的难度。但是，随着人工智能的发展，其安全性已经越来越低，正在逐步被取代。

字符图形验证码主要包括字母数字图形验证码和汉字图形验证码。

1. 字母数字图形验证码

字母数字图形验证码使用随机的字母和数字组合在一起，经过增加扭曲、干扰线等方式让机器难以识别。图7-3所示的验证码，是由机器使用随机的字母和数字组合在一起，生成一张图片让操作者进行识别。机器识别图片比较困难，而人类可以轻易地识别图片内容。为了增加机器识别的难度，会对这些字符进行扭曲，并在图片背景上增加随机的线条和斑点进行干扰，将图片的颜色和字符的颜色差降低。

图7-3 字母数字图形验证码

随着OCR（Optical Character Recognition，光学字符识别）技术的发展，目前机器识别率已经可以达到90%以上，原理是先将验证码图片进行抓取，然后将图片进行灰度化、二值化、降噪、倾斜矫正、文字切分等步骤就可以准确地识别出字符内容，所以字符图形验证码的安全性已经大大降低。

但是，这种验证码的使用依然十分普及，它可以有效地防止用户的恶意刷新，可以打断用户或机器人的操作流程，从而缓解服务压力。

字母数字图形验证码设计如图7-4所示，可细分为以下10个步骤。

（1）打开浏览器或App客户端，请求后端服务获取验证码。

（2）后端服务接到请求后会生成随机的字母和数字组合（长度越长，安全性越高，但是用户填写也就更加麻烦）。

（3）使用这些字母和数字生成图片，并对图片增加扭曲、线条、噪点等干扰措施，让图片难以识别。

（4）生成票据ID（TicketID），代表验证码的唯一标识，然后将TicketID和验证码字符同时存储到Session或缓存中。

（5）以Base64或直接以图片的形式返回给客户端（注意一定不能将验证码以字符的形式返回给客户端，图片必须由后端服务生成）。

（6）客户端将TicketID存储到Cookie或Session Storage等缓存中。

（7）用户在页面填写验证码信息（如果是机器人攻击，就需要在这一步采用OCR技术识别信息）。

（8）客户端携带Cookie或TicketID及用户填写的验证码请求服务端进行验证。

（9）服务端根据 TicketID 找到验证码字符，与用户提交的字符进行比对。如果比对无误，则代表验证码通过。

（10）后端服务返回验证结果。

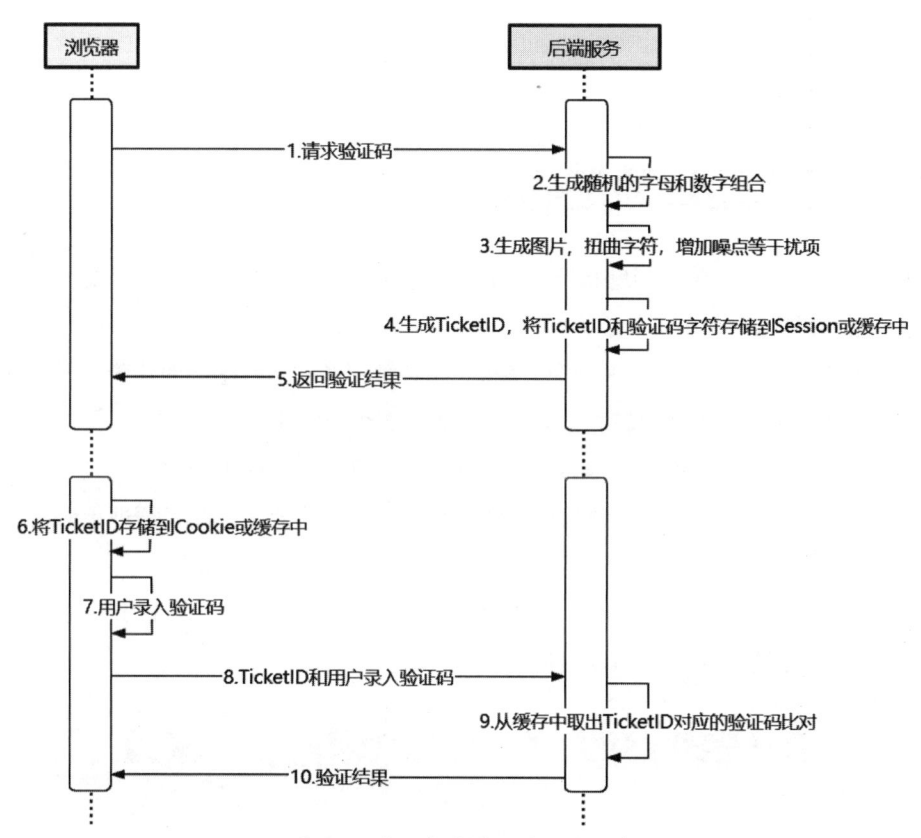

图 7-4　字母数字图形验证码设计

2. 汉字图形验证码

使用字母数字图形验证码的好处是用户比较容易识别，但是同样机器也比较容易识别，安全性降低，为了增加机器识别的难度，国内也开始使用汉字图形验证码。

图 7-5 所示的汉字图形验证码，其实现方式和原理与字母数字图形验证码完全相同，只是显示的内容更换为了汉字。因为汉字本身存在着各种笔画，又有大量的不同字体，与背景中的干扰线能够更好地融为一体，增加了机器识别的难度。

图 7-5　汉字图形验证码

使用汉字图形验证码可以做如下内容优化。

（1）随机变换字体，每次刷新验证码都使用不同的字体展示。

（2）让每个汉字的字体都不相同。

（3）改变文字的方向，可以将文字倒置、倾斜等，完全不影响人类的观察，却增加了OCR识别的难度。

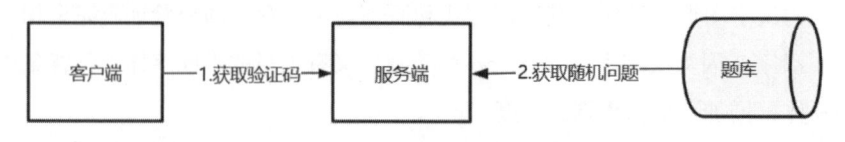

7.4 提问式图片验证码设计

可以将图片验证码与具体的问题相结合，让用户识别图片内容的同时，还需要回答指定问题，来增加机器破解的难度。

图7-6所示的提问式图片验证码，可以随机产生各种问题，然后生成图片验证码，再要求用户回答。这种验证码的破解难度相对较高，必须通过以下3个步骤才能完成破解。

（1）机器人要通过OCR技术准确地识别出图片中的汉字，提取出问题。

（2）对于机器人而言，这些问题就是一堆字符，没有具体含义，它必须进行词法分析、语义分析，再查找对应的答案。这就需要机器人具有一定的人工智能，通过大量的训练才能够完成。

（3）机器人可能会找到多种答案，逐一尝试，直到通过校验为止。所以，为了防止机器人反复重试答案，可以在回答错误之后自动更换问题。

图7-6 提问式图片验证码

提问式图片验证码的设计并无复杂之处，如图7-7所示，只需要增加一个题库，用来存储问题和答案，客户端获取验证码时，则随机从题库中抽取一道题目生成图片验证码即可。题库中的问题越多，安全性越高，防止被机器人穷举攻击（尝试所有问题和答案）。

图7-7 提问式图片验证码设计

这种验证码比较适用于专业垂直类系统，可以针对不同的专业和人群准备不同的题库。例如，医学类网站可以使用医学知识作为问题，计算机网站可以使用计算机知识作为问题。增加网站趣味性的同时，保证系统安全性。

提问式图片验证码的缺点在于增加了用户的操作成本，因为并不是所有问题用户都是知晓的，太过大众化的问题又降低了机器破解的难度。因为在人类使用时，基本和机器识别的过程相同，也需要先理解其含义，再去搜索出答案，然后再尝试。

7.5 行为交互验证码设计

行为交互验证码是当前互联网使用的新一代验证码，它利用用户的行为轨迹数据来判定操作者是否为正常用户，具有安全性高、交互简单的特点。因此，行为交互验证码的普及程度正在提升，目前阿里云、腾讯、网易、百度等众多企业也都推出了自己的验证码服务。

行为交互验证码主要分为两大类：拖曳式验证码和点选式验证码。

（1）拖曳式验证码：滑块验证码、拼图验证码。

（2）点选式验证码：文字点选验证码、语义点选验证码、图形点选验证码、空间点选验证码。

7.5.1 拖曳式验证码

图 7-8 所示的滑块验证码，是在一张完整的图片背景上，随机生成抠图（区域随机、形状随机）。由用户横向拖曳滑块，完成拼图，从而完成验证。

后端服务随机选取一张背景图片，再随机选取图形和坐标，将指定区域背景加深或减淡形成抠图效果，最终得到一张抠图之后的背景图片，以及一张抠取下来的图片，并将图片信息、坐标信息返回给前端加载。

用户在拖曳滑块的过程中会产生一系列的行为数据，如滑动速度、滑动距离等信息。人的操作具有随机性和不稳定性，不会顺利地完成拼图。所以，通过这些行为数据与服务端的行为模型进行比对，就可以判断出是否为人为操作。

滑块验证码的移动方向和位置比较单一，为了增加难度，可以将背景图片随机分割为多块，随机打乱图形，要求用户拖曳图片进行复原。分割的图片块数越多，图片打乱程度越高，用户操作难度越大，相反安全性越高，拼图验证码如图 7-9 所示。

拖曳式验证码可以有很多种实现形式，但是实现的原理都是验证用户行为数据。例如，百度就采用了滑块加图形旋转的方式，要求用户将图片旋转到指定的角度。

图 7-8　滑块验证码　　　　　　　　　图 7-9　拼图验证码

7.5.2　点选式验证码

图 7-10 所示的文字点选验证码，由后端服务在随机的图片上生成随机的汉字，这些汉字可以采用不同的字体、方向、颜色等，也可以增加一些扭曲和干扰项来提高机器识别的难度。

要求用户按照顺序依次点击指定的汉字完成验证，在点选的过程中记录用户的行为数据，如鼠标移动的轨迹、点选的速度、点选的准确性等。因为人类会有犹豫和失误，鼠标移动和点选的过程也会存在很多偏差，并不会很快完成。通过这些行为数据与服务端的行为模型进行比对，就可以判断出是否为人为操作。

为了增加文字点选的难度，可以不告知用户文字的点选顺序，而是采用一些成语、俗语来随机生成验证码，让用户按照文字语义的顺序进行点选，增强安全性，如图 7-11 所示。

图 7-10　文字点选验证码　　　　　　图 7-11　语义点选验证码

由于文字点选验证码更容易被机器识别，因此可以生成一些随机图标来增加机器识别的难度，依然要求用户依次点击，完成行为验证，如图 7-12 所示。

利用机器人对立体空间的识别难度大的特点，随机生成一些立体图形或字符，这些内容形成一个三维的立体空间结构，有大有小，有远有近，有不同的颜色、亮度，等等，然后随机产生一些问题让用户回答。例如，"请点击最左侧的立方体""请点击距离你最远的字母 K""请点击向你倾斜的字母"等，如图 7-13 所示。

图 7-12　图形点选验证码

图 7-13　空间点选验证码

7.5.3　行为交互验证码设计流程

行为交互验证码设计流程如图 7-14 所示，可以将验证码服务独立为一个安全服务，专门负责验证码的生成、验证等工作。整个验证流程可以分为 3 个步骤：（1）获取和展示验证码；（2）完成行为验证；（3）完成二次业务验证。

1. 获取和展示验证码

首先浏览器直接请求验证码服务获取行为交互验证码，服务端根据验证码类型返回抠图、拼图、汉字点选、图形点选等不同的图片、图形、坐标等数据，用于前端展示。同时，需要生成唯一的 TicketID（票据 ID）一并返回，代表本次验证的唯一标识。

2. 完成行为验证

用户在浏览器完成拖曳、点选等行为，将 TicketID 和行为数据（包括移动轨迹、速度、时间、方式、答题结果等数据）提交到验证码服务。服务端根据行为数据验证操作结果是否正确，行为数据是否符合人类的操作模型，IP 地址信息、设备信息是否可信。如果一切验证无误，则返回验证通过。

3. 完成二次业务验证

最后用户就可以提交自己的业务操作了，如下单、发送短信、登录等。提交业务操作的过程同样要携带 TicketID 和行为数据。应用服务接收到请求后，第一件事就是携带票据信息和行为数据，再次到验证码服务进行二次验证。验证码服务要确认此票据 TicketID 已经行为验证通过，并且没有作废，行为数据也可以完全匹配，则返回验证通过。业务应用就可以完成自己的后续业务流程了（如下单、发短信、登录等）。

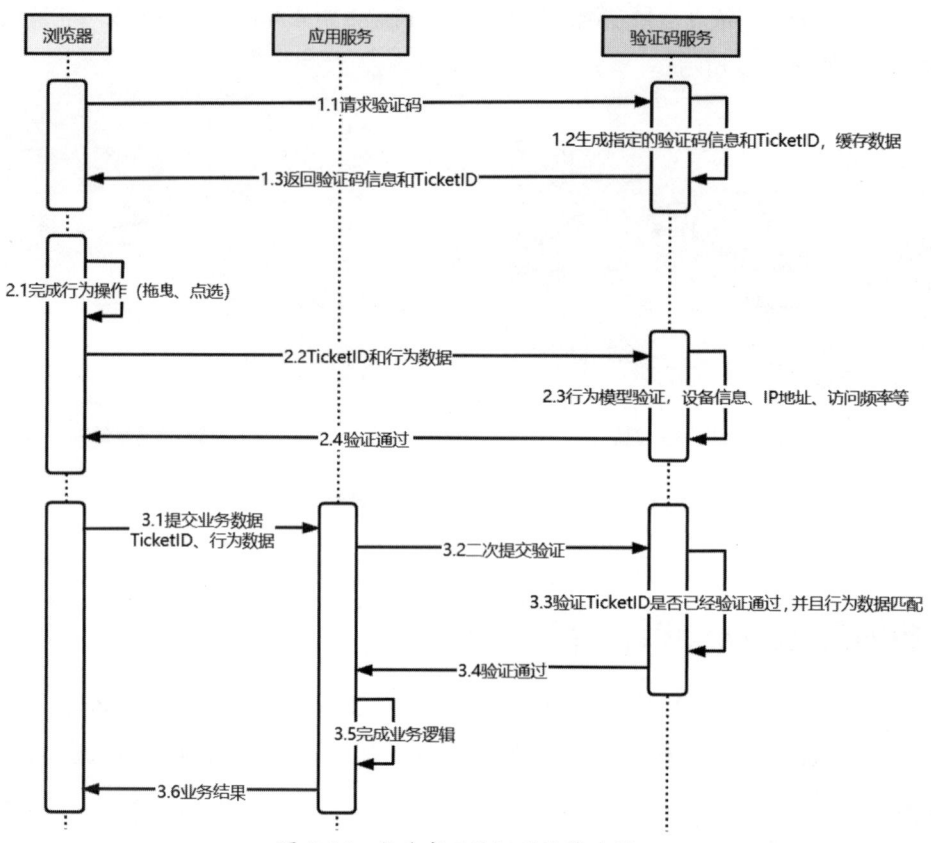

图 7-14 行为交互验证码设计流程

TicketID 在以上 3 个步骤完成后就会销毁，不可以反复验证，从而保证安全性。在这个过程中，如果遇到机器人攻击，则会记录攻击行为特征，如 IP 地址、设备、攻击频率、轨迹信息等。这些积攒的大量的行为数据就可以用于机器学习训练，让验证码识别服务更加智能。

7.6 分布式验证码设计

图片验证码必须存储在共享 Session 或共享缓存中，否则就会造成二维码无法命中的问题。这与集群和分布式系统登录的问题基本相同（参见 4.8 节）。

图 7-15 所示的分布式验证码的问题，是验证码设计中的典型错误，如果按照这个流程去存储和使用验证码，就会造成验证码验证失败。

（1）第 1~3 步：客户端获取验证码，经过负载设备，请求转发至服务 A。服务 A 将验证码存储在本地的 Session 中，然后返回验证码信息。

（2）第 4~6 步：用户完成验证，提交验证信息，经过负载设备，将请求转发至服务 B。由于服务 B 的 Session 中并没有存储验证码信息，所以验证必将失败。

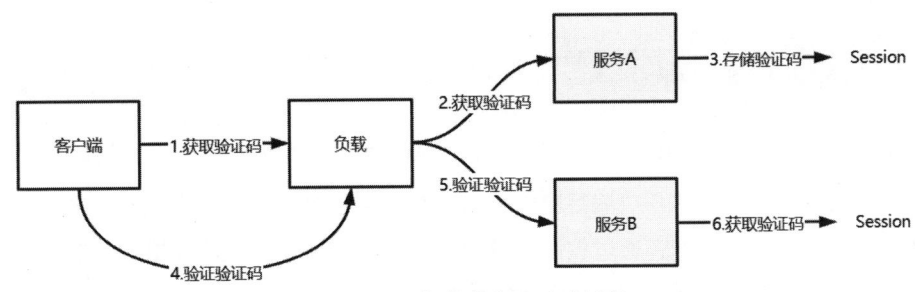

图 7-15 分布式验证码的问题

在不改变原有架构的基础上有两种方法解决问题，方案如图 7-16 所示。

（1）在负载设备上使用 iphash 等分发策略，只要确保相同的客户端的请求都能够准确地转发到同一台服务器上即可。但是，这会导致服务器的承压出现倾斜，流量不均衡，让集群负载的能力下降。

（2）实现 Session 数据同步，大家都持有相同的数据。但是，当服务器众多或请求量较大时，就会引发同步风暴，服务性能下降，系统关系变得极为复杂。

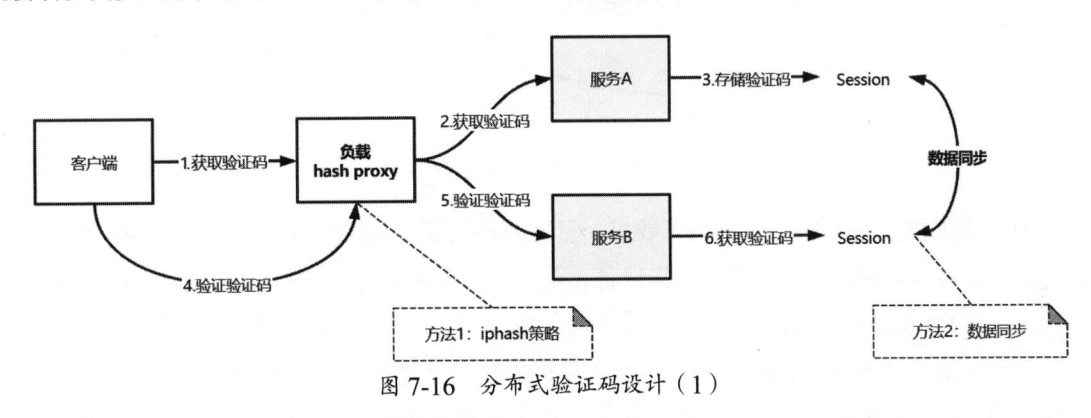

图 7-16 分布式验证码设计（1）

除了以上两种方法，还可以将验证码存储在共享缓存设备中，如图 7-17 所示。这样，验证码数据的存储和读取来源就完全一致了，并且 Redis 等缓存数据库具有更高的读写性能，同时能够控制验证码的有效期。不推荐使用 MySQL、Oracle 等关系型数据库来存储验证码数据，因为需要自己维护有效期，以及优化查询性能，还会产生大量的临时数据需要定期清理。

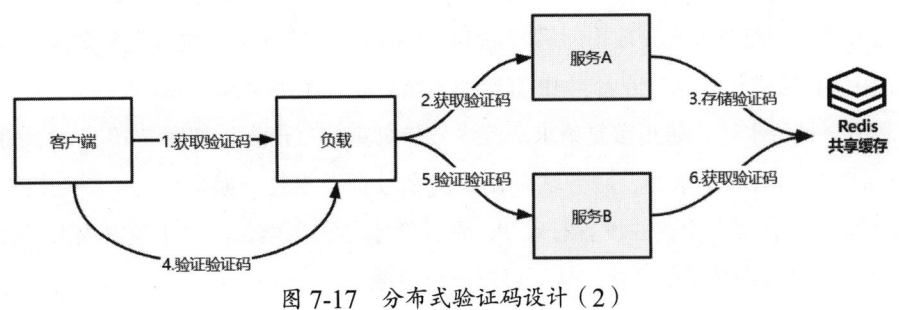

图 7-17 分布式验证码设计（2）

7.7 防接口重放攻击设计

重放攻击流程如图 7-18 所示。通过网络抓包、浏览器的开发者模式、手机的调试模式、植入木马等方式可以很容易地获取到客户端与服务端的交互数据，这种窃取行为可能发生在客户端、服务端、网络交互的链路上。攻击者通过控制大量的傀儡机，就可以用程序模拟这些接口的调用，以一种并发或循环的方式去攻击服务端接口，这就是重放攻击。

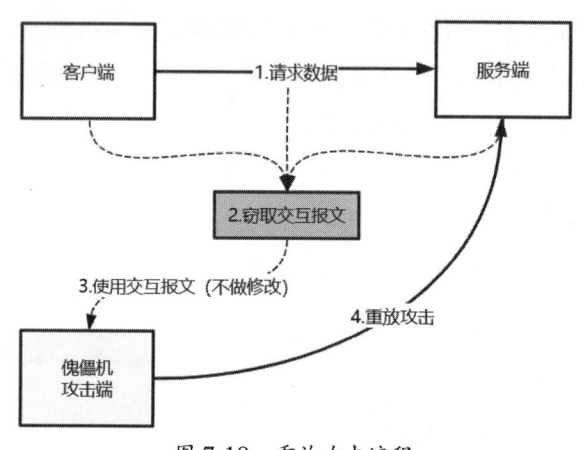

图 7-18 重放攻击流程

重放攻击的特点是不改变原有请求数据，目的是占用服务端的连接数和计算资源。由于所有的请求都是正常的客户端请求，所以网络设备和防火墙很难识别这种攻击行为，属于分布式拒绝服务（Distributed Denial of Service，DDoS）攻击的一种。

DDOS 攻击是指处于不同位置的多个攻击者同时向一个或数个目标发动攻击，或者一个攻击者控制了位于不同位置的多台机器并利用这些机器对受害者同时实施攻击。由于攻击的发出点分布在不同的地方，因此这类攻击称为分布式拒绝服务攻击，其中的攻击者可以有多个。

防御重放攻击的方式主要有以下 5 种。

（1）请求限流。请求限流的目的是保证服务可用，不超过服务的最大承载能力（参见 2.1.11 小节）。

（2）黑名单。一般非大规模攻击时客户端 IP 往往是固定的几个，数量不会太多，所以可以使用基于 IP 的限流算法进行限流。或者将 IP 直接加入黑名单，拒绝全部请求。

（3）利用交易流水号，防止重复请求。流水号防御重放攻击设计如图 7-19 所示，每个接口请求都要求携带唯一的请求流水号，服务端要校验流水号是否重复，如果重复，则直接拒绝请求。请求流水号可以存储在缓存中，并设置有效期，避免流水号无限增长。由于重放攻击不会改变原有数据，所以请求流水号不会发生变化，从而可以进行拦截。

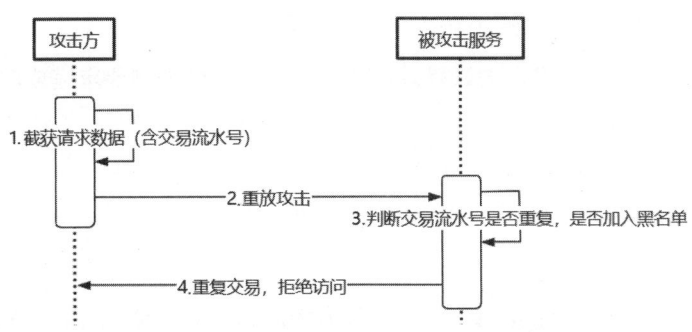

图 7-19 流水号防御重放攻击设计

（4）验证时间戳。时间戳防御重放攻击设计如图 7-20 所示。每次请求都要求客户端携带时间戳（年月日时分秒信息），服务端接收到请求后，与服务端的当前时间进行比对，如果两者相差的时间不在允许的范围内，则返回错误。例如，客户端请求的时间与服务端的时间相差 10 分钟，则直接返回错误。这样，服务受到相同数据攻击的最长时间就为 10 分钟。同样由于重放攻击不会改变原有数据，所以客户端请求时间戳始终不变，就可以基于这点进行拦截。

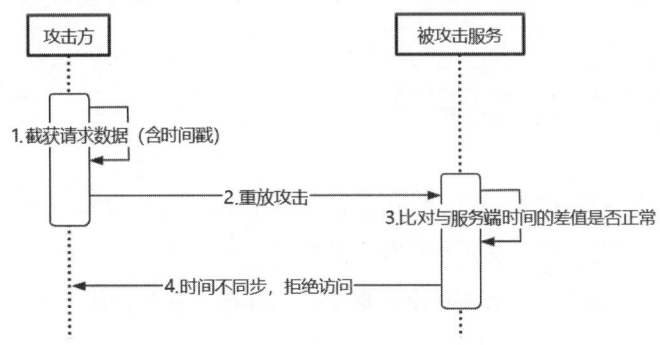

图 7-20 时间戳防御重放攻击设计

（5）请求序号。请求序号的方式与请求流水号的方式相同，区别在于服务端不需要存储所有的流水号数据，而是维护一个当前最大值序号，当用户的请求序号不连续（过大或过小）时，认为发生了重放攻击，直接返回错误。

7.8 防暴力穷举攻击设计

暴力穷举攻击主要有两类：账户密码暴力破解攻击和参数扫描攻击。

1. 账户密码暴力破解攻击

采用穷举的方式，不断地尝试用户密码，直到密码正确为止，从而获取用户密码。对于这种攻击有两种防御策略：验证码检测和账号锁定。

（1）验证码检测：当用户多次尝试登录且密码错误时，则强制要求完成验证码验证，打断攻击流程，从而阻断攻击行为。

（2）账号锁定：当用户多次尝试登录且密码错误时，则自动锁定账号一段时间，不允许登录，打断攻击流程。或者直接将账号锁定，不允许登录，保护账号安全。

2. 参数扫描攻击

例如，有一个账户查询功能，接口的传入参数为账户编码（主键），而编码是一串数字流水号，因而通过不断地增加序号或减小序号就可以查询到其他账户的信息。这就是利用了主键进行扫描攻击。

所以，在进行系统设计时，虽然数据库主键可以设计为具有顺序性的数字，但是当对外进行暴露时，则需要形成新的编码。例如，某个账户的 ID 为 1001，通过 MD5（ID+ 时间戳）的方式生成对外查询主键为 B90FCA5F4ABA4C537B002272FA1732DC。这样，攻击者就无法找到参数的规律进行破坏。

7.9 防篡改攻击设计

篡改攻击流程如图 7-21 所示。篡改攻击与重放攻击有些类似，都是通过一定的技术手段获取客户端与服务端的交互信息，然后通过程序模拟这些接口的调用，以一种并发或循环的方式去攻击服务端接口。区别在于，篡改攻击会对请求数据中的内容进行篡改，让服务端更加难以防御，具有更大的破坏力。

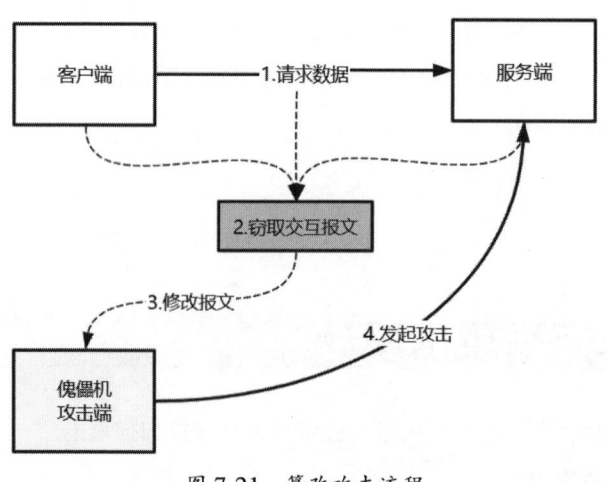

图 7-21 篡改攻击流程

例如，短信发送接口报文被截取，通过变更客户端时间戳、生成请求流水号、自动切换 IP 等措施，防止服务端对攻击行为的识别，再通过更改手机号就可以给不同的人发送短信。

篡改攻击具有更大的破坏力，对数据的影响范围更大。其防御策略主要有 3 种：交互加密策略、交互签名策略、加密和签名组合使用策略。

1. 交互加密策略

数据加密交互流程如图 7-22 所示。加密的目的是让整个报文在客户端、传输过程中、服务端都是不可以直接阅读的。不知道加密算法和密钥就无法破解，一旦数据被篡改，就会因为无法解密而被服务拒绝，加密算法可以为对称加密或非对称加密，非对称加密更加安全。

（1）第 1~2 步：客户端使用加密算法及密钥进行请求信息加密，并使用密文请求服务端。

（2）第 3~4 步：服务端一般在网关层，或者使用 AOP 技术，同时采用与客户端对等的加密算法和相对应的密钥进行解密，再将明文传递给后端服务完成业务处理。

（3）第 5~7 步：服务端以明文返回给网关或 AOP，再经过加密返回给客户端。

（4）第 8 步：客户端接收到密文后进行解密，在页面展示。

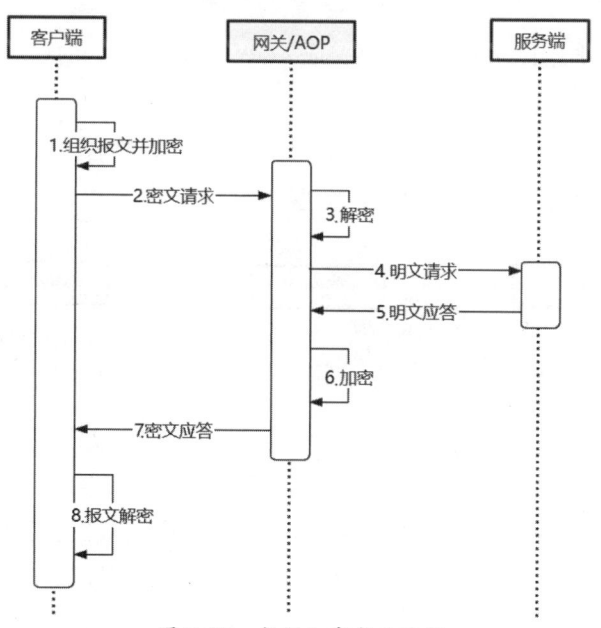

图 7-22　数据加密交互流程

交互加密策略依然存在被破解的风险，因为加密在客户端完成，密钥的使用必将在客户端中有迹可循，一旦密钥和加密算法被掌握，则攻击者可以直接解密交互报文，从而进行篡改，再进行加密，如此服务端就无法识别攻击行为了。

2. 交互签名策略

数据签名交互流程如图 7-23 所示。签名的目的是对交互报文进行哈希签名，得到签名串。接收方接收报文后对报文进行同样算法的签名，比对签名串，如果签名串相同，则代表报文没有被篡改过。

（1）第1~2步：客户端将请求报文按照指定顺序组织排序，加盐，再使用哈希算法进行签名，生成签名串。

例如，请求内容为 name=yinhongliang&age=10&birthday=20101011，首先按照参数字母顺序排序（正序或倒序），即 age=10&birthday=20101011&name=yinhonglianng。然后再拼接上一些随机数、时间戳或隐含字段，这个过程叫作加盐。加盐后可得到新字符串，如 age=10&birthday=20201011&name=yinhongliang&timestamp=20201231110011&random=89382012&slat=9899302。最后对字符串使用MD5、SHA 等哈希算法进行运算，得到 09149467D188C08F0E6AC85EA3B7779B，这就是签名串。

可以将时间戳、随机数、签名串放置在请求头，或者放在请求参数中发送出去。隐含字段 slat 是双方的一种约定，可以是固定的一串字符，也可以是一种算法，如 salt= 每天的日期 +3 天 ×30。这样就能保证每天的密钥都是自动更换的，其他人只要不了解具体算法就没有办法破解。

（2）第3~4步：服务端接收到请求后，使用完全一致的算法对请求内容计算签名，然后与客户端传递过来的签名做比对，如果匹配，则代表报文没有被篡改过，否则直接拒绝。然后将明文数据交给服务端处理。

（3）第5~7步：服务端以明文返回给网关或 AOP，再经过同样的算法对应答报文进行签名，返回给客户端。

（4）第8步：客户端接收到应答后，再以相同的算法计算签名，然后比对与服务端返回的签名是否一致，如果一致，则代表内容没有被篡改过。

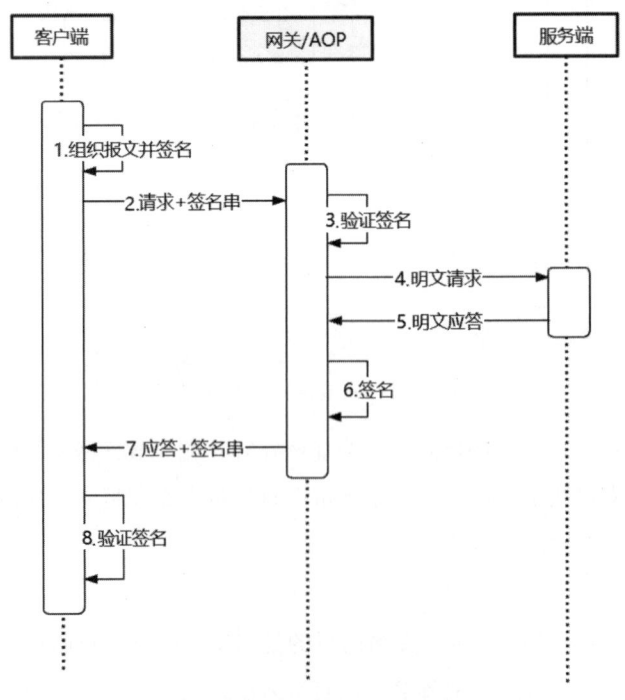

图 7-23　数据签名交互流程

3. 加密和签名组合使用策略

数据加密和签名组合交互流程如图 7-24 所示。最安全的方式就是将加密和签名结合使用，但是在使用顺序上一定要注意。当客户端发送数据及服务端返回应答数据时，都需要先对数据进行加密，再对加密后的数据进行签名。而当服务端接收请求数据及客户端接收应答数据时，都需要先对数据进行验证签名，再进行解密。

如果数据发生了篡改，则密文数据一定会发生变化，同时签名也会发生变化。所以，接收数据的第一件事是验证签名，如果签名都无法匹配，就不需要进行解密了。如果先解密、后验证签名，就可能解密后才发现签名串不匹配，从而浪费了解密的时间。

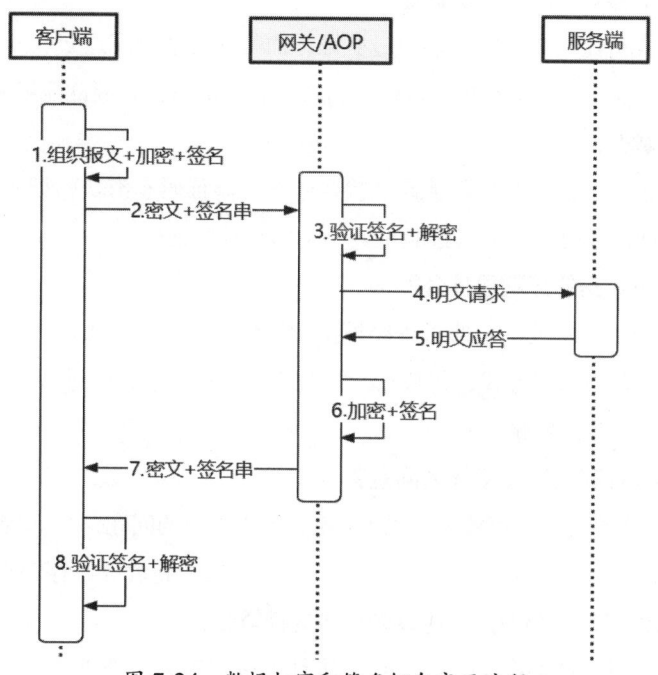

图 7-24 数据加密和签名组合交互流程

7.10 章节练习

1. 大多数系统攻击的特点是什么？

（1）漏洞攻击：探查系统漏洞，再利用漏洞进行攻击。例如，系统功能存在重大缺陷、缺失校验等。

（2）模拟攻击：非法截取客户端与服务端的交互数据，再通过程序模拟用户的操作行为进行攻击。

（3）流量攻击：通过大量的合法请求，以占用服务器资源为目的进行攻击。

2. 短信接口攻击的防御策略是什么？

（1）增加发送数量和发送频率的限制。例如，同一个人一天之内只能接收 N 条短信，同一个系统一天只能发送 N 条短信。这种方式可防止发生系统攻击时，企业损失的扩大。

（2）可以对短信的接口请求进行加密和签名处理，防止攻击者对数据进行篡改，能够更加彻底地防止攻击行为。

（3）对交互报文的参数和数据进行混淆传输，避免攻击者轻易破解交互内容的含义。

3. 验证码为什么能够有效保护系统安全？

验证码的设计方式是让人类可以轻松通过验证，而程序无法顺利通过，从而对用户是否为机器人做出判断。验证码可以有效地中断攻击行为，为攻击者增加障碍，因此能够有效地保护系统安全。

4. 验证码类别有哪些？

字母数字图形验证码、汉字图形验证码、提问式图片验证码、滑块验证码、拼图验证码、文字点选验证码、语义点选验证码、图形点选验证码、空间点选验证码。

5. 重放攻击和篡改攻击的区别是什么？

两者都可截取客户端请求数据，通过程序模拟调用服务端接口。重放攻击不会修改任何数据，只是以大量的并发或循环请求的方式进行攻击。篡改攻击会对请求数据进行篡改，然后再发起攻击，篡改攻击比重放攻击更加难以防御。

6. 分布式验证码设计时需要注意什么问题？

基于 Session 的验证码设计很可能会导致 Session 无法命中的问题，从而导致用户无论怎样输入图片验证码都无法匹配。分布式系统一定要进行 Session 共享或将验证码存储在共享缓存设备中。

7. 数据加密和数据签名，哪种方式可以防止数据被篡改？

数据加密是为了保护数据不被泄露，但依然是可以篡改的。数据签名是采用哈希算法生成摘要，相同的哈希算法对于不同的数据生成的哈希值一定是不同的。因此，当数据发生任何变动时，都会导致哈希值发生变化，所以数据签名可以有效防止数据被篡改。往往将加密和签名结合使用，是为了同时达到数据保密和防篡改的双重目的。

8. 防重放攻击的核心思想是什么？

核心思想是如何判断客户端的请求为重复请求，将每一笔请求的唯一标识都记录下来，然后进行比对，如果唯一标识已经存在，则代表请求为重复请求。

7.11 案例设计

1. 场景设计题：云验证中心系统设计

每个企业中都会有大量功能需要使用图片验证码，如登录、注册、支付等环节。现希望开发一款验证码中心服务，提供以下功能。

（1）为企业中的所有系统提供图片验证服务，各系统无须独立开发。

（2）提供快速的前后端集成能力，无须了解实现细节。

（3）使用方可选择不同的验证码类型，如图片验证码、拼图验证码、点选验证码等。

（4）服务需具有高并发、高可用的特性。

如果您作为企业的系统架构师，会怎样进行系统设计，需要考虑哪些内容？请尝试画出系统架构图和交互时序图。

2. 设计思路指引

（1）为了满足高并发、高可用的特性，验证码中心要支持集群部署、能够随意水平扩展，所以采用无状态接口开发。

（2）验证码中心应该提供前端 SDK 和后端 SDK，让其他系统的前后端能够快速集成。前端能够通过参数的选择来加载不同样式的验证码。

（3）整个交互流程如下：例如，登录流程中使用最普通的数字图形验证码。

① 前端加载验证码 SDK，初始化验证码组件。

② 验证码组件自动请求服务端，生成验证码图片和对应的 Token，两者一并返回给验证码组件，验证码组件将图片展示在登录页面上。

③ 用户填写验证码，点击"提交"按钮，将用户名、密码、填写的验证码和 Token 一并发送给用户系统，完成登录。

④ 用户系统将用户填写的验证码和 Token 一并提交给验证码中心服务，验证码中心服务验证 Token 是否有效、用户填写的验证码是否正确。

⑤ 如果验证码中心的验证通过，则用户服务才能继续验证用户名和密码的正确性。

（4）验证码中心应该具有统计分析能力，分析用户行为是否存在暴力刷新尝试破解验证码，从而对客户端进行限制，如 10 分钟内拒绝请求。

（5）针对不同的验证码类型，验证码中心服务端应该具有不同的行为分析模型，尤其对于拖曳、点选、语义识别、语序识别等验证码。

（6）验证码数据和 Token 应该采用内存型数据库存储，或者直接放在应用内存中，加快响应速度，同时对有效期进行管理。

（7）验证码和 Token 被使用后，无论验证是否正确，都应该立即作废，防止用户反复尝试破解。

第 8 章

系统消息架构设计

消息是具有驱动性和连接性的，是可以直接触达用户的一种手段，与用户形成互动，进而驱动用户行为，所以消息在系统设计中是一个十分重要的组成部分。

例如，可以直接向用户发送打折、促销活动通知，当用户对这些消息感兴趣时，就会进一步达成交易；向用户发送最新的新闻资讯，增加内容的点击量；向用户发送余额变动通知、待办事项通知、预警信息等；向用户发送注册、绑定、支付等各种验证码。

消息主要分为 4 种：短信通知、邮件通知、站内消息和 App 个推消息。每种消息都有不同的优缺点、应用场景和设计方式。

短信发送需要依赖于短信发送通道，主要分为 4 种：移动、联通、电信和服务整合商，架构方式如图 8-1 所示。由于移动、联通、电信都有各自的号段，以及不同的短信发送协议，因此其在跨运营商发送方面存在诸多问题（时效性、成功率、费用等），以及开发整合比较困难（超长短信、彩信、上下行短信等）。

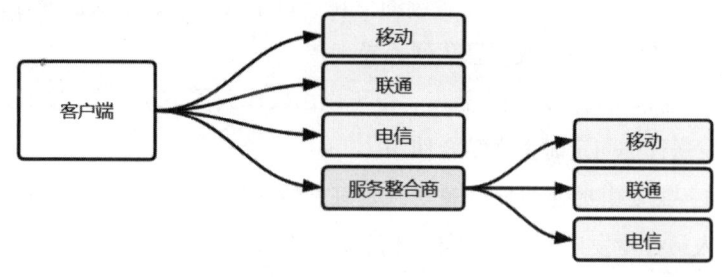

图 8-1　短信发送通道

服务整合商提供 SaaS（Software-as-a-Service，软件即服务）化的聚合服务，本质上也是与移动、联通、电信三大运营商对接。其优点是用户只需要使用一些简单的接口，配置一些短信模板即可快速地具有全网短信发送的能力，不需要考虑任何其他问题。目前阿里云、腾讯云、百度云等众多厂商均提供短信发送服务。

直连移动、联通、电信的好处是企业可以定制化发送短信的号码，更具有公信力和统一性，因此一些大的集团公司和企事业单位也会选择自己直接对接运营商。

直连方式能够更好地保护用户隐私，毕竟通过公有云服务发送的短信，这些服务平台是可以获取短信信息的，这就存在着数据泄露等问题。所以，银行、保险等金融行业，以及政府机构、企事业单位等对公有云服务的选择还是十分慎重的。

8.1　4 种短信通知设计

短信是一种使用最广的消息发送方式，它的特点是接收信息的人无须事先成为系统用户，即使用户没有注册，或者卸载了某系统的 App 也没有关系，只要有手机号就可以发送。所以，短信可以用于 App 推广、活动促销、获取新客户等场景。

日常生活中经常看到一些广告、促销活动，如领取打折券、红包之类的电商活动，一定会包含一个步骤就是填写手机号，商家的首要目的其实就是与用户建立连接通道，以便后续以各种活动短信、电话回访等方式把用户发展为真正的用户，运营的专业术语叫作"获客"（获得客户）。

短信在不同应用场景对于时效性的要求不同、触发方式不同。由于短信具有不可撤回的特点，因此它对内容投递的准确性要求也极高。

短信从发送方式上可以分为实时发送、准实时发送、批量发送和定时发送 4 种方式。

（1）实时发送：根据业务规则要求立即发送，并且发送结果会影响业务流程的继续，常见的场景为短信验证码等要求实时性极高的场景，主要以实时接口调用的方式实现。

（2）准实时发送：当某业务发生时立即发送，但是短信发送结果并不会影响程序的执行流程，只是作为通知使用，如用户状态的变化、余额的变化、订单的变化、错误预警等，主要以异步单笔发送方式实现，采用异步线程调用或消息队列等异步技术。

（3）批量发送：通常由批处理程序触发，也可以由操作人员手动触发，如临时发送会议通知、活动通知等，批量发送往往与定时发送结合使用。

（4）定时发送：主要由批处理程序触发，如每月的账单、催缴通知等具有周期性和时间点的业务。还有由业务人员批量发送的一些通知短信、活动短信等，主要以异步批量方式实现，采用中间库、文件、消息队列等方式实现。

如图 8-2 所示，短信的发送都采用模板设计。例如，发送一条生日祝福短信："尊敬的 ××× 先生，祝您生日快乐，点击 ××× 链接，领取生日祝福吧"。

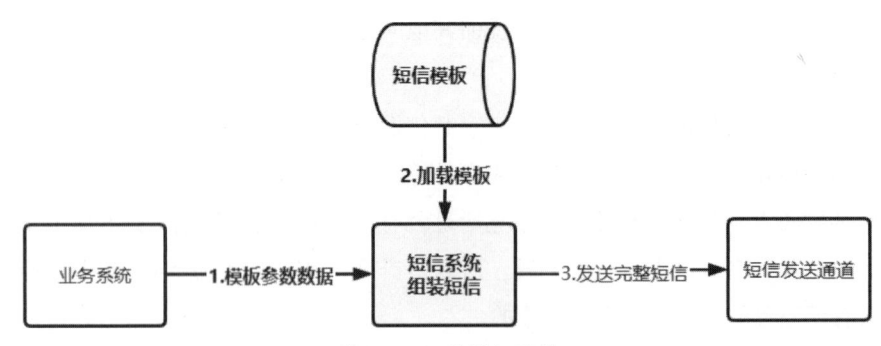

图 8-2 短信模板设计

可以将生日祝福短信定义为一个短信模板："尊敬的 ${name} ${sex}，祝您生日快乐，点击 ${url} 链接，领取生日祝福吧"。其中 name（姓名）、sex[性别（先生 / 女士）]、url（链接地址）为动态参数。业务系统发送短信时，只需要提供这些参数信息即可，而不需要提交完整短信内容。完整短信内容由短信系统负责组装，然后再发送出去。

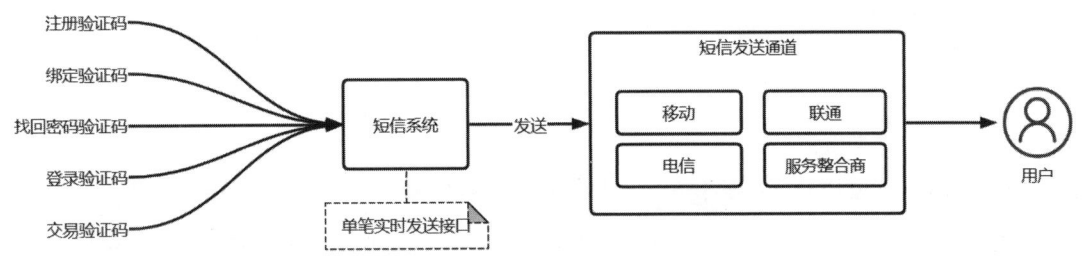

8.1.1 实时短信通知设计

实时短信通知设计如图 8-3 所示。短信系统需要接收来自各个业务系统的不同短信发送需求，如注册、绑定、找回密码、登录、交易等各个场景的验证码。这些场景的特点是用户就在系统某个流程页面中等待填写验证码，所以要求短信要尽快地到达用户的手机。

图 8-3 实时短信通知设计

短信系统需对外提供单笔短信实时发送的接口，通过此接口调用的短信，优先级都必须设置为最高。接口要充分地考虑性能问题，进行充分的业务测试。

实时短信的发送不能因为批量短信、准实时短信的发送而受到影响，必须具有极高的可用性。所以，通常需要将单笔短信发送的服务作为独立的服务集群进行部署，与其他服务隔离。非实时短信发送系统宕机不能影响实时短信发送系统的使用，如图 8-4 所示。

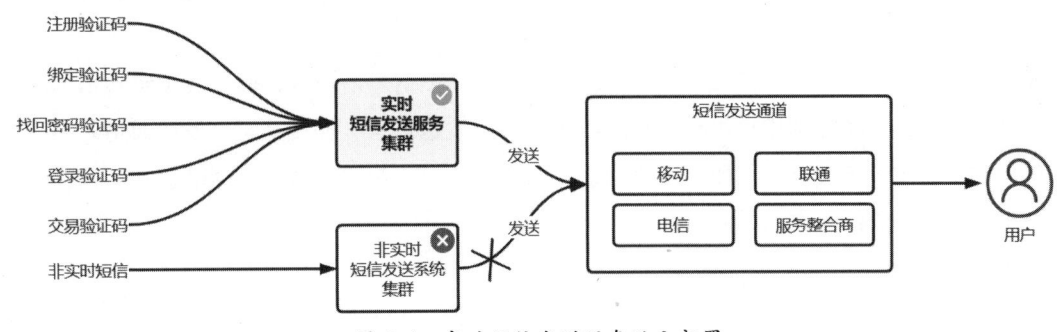

图 8-4 实时短信发送服务独立部署

8.1.2 准实时短信通知设计

准实时短信并不要求用户必须立即收到短信，但是越快越好。例如，做一些转账业务，可能业务已经做完了，过了 1 分钟左右才收到账户余额变动通知的短信。大多数的在线业务流程，在业务过程中或结束后发送的短信都属于准实时短信。

准实时短信主要采用异步线程池和消息队列的方式实现，短信发送的过程不占用业务流程的执行时间。同时，整个短信发送的过程必须处于一个独立的事务单元中，不能因为异步短信发送失败，而导致整个业务流程失败，准实时短信通知设计如图 8-5 所示。

图 8-5　准实时短信通知设计

用户接收消息通知并不是必要事件。例如，进行银行转账，最重要的是金额的变动正确，至于短信是否能够收到并不重要。如果短信发送失败，引起了转账失败，那才是最不合理的设计。所以，在设计中，对于异步通知类、异步日志记录类操作都要切记事务的独立性。

由于采用异步方式处理，因此对于发送失败、异常的短信必须进行错误记录，设计重发和重试机制。

8.1.3　批量短信通知设计

批量短信的特点是集中发送，数据量通常比较大，短信系统需要采用批量和并发的方式对外发送。

第一种批量短信通知设计如图 8-6 所示，由运营人员拟定短信内容，操作员编辑短信内容提交给短信系统。短信系统加载用户手机号，形成批量短信发送请求，提交至短信发送通道。整个过程对短信内容不会有任何改变。例如，需要对系统内的几千万个用户发送一条活动通知短信，它的特点是每个人收到的短信内容都完全相同。

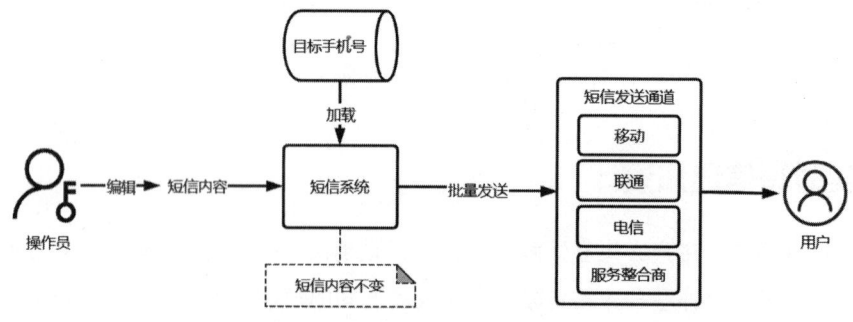

图 8-6　批量短信通知设计（1）

第二种批量短信通知设计如图 8-7 所示，由批处理业务提取业务信息（如用户姓名、性别、账户余额、缴费日期等），提交至短信系统，短信系统根据短信模板进行组装，形成不同的短信内容。

再根据要发送的目标手机号，形成批量短信发送请求，提交至短信发送通道，每条短信的内容均不相同。

> **注意**
>
> 批量短信的发送量巨大，逐条循环发送的效率过低，可能几天都发送不完。因此，必须以并发或批量提交的方式发送，提高短信的发送效率，详情可参见第 11 章。

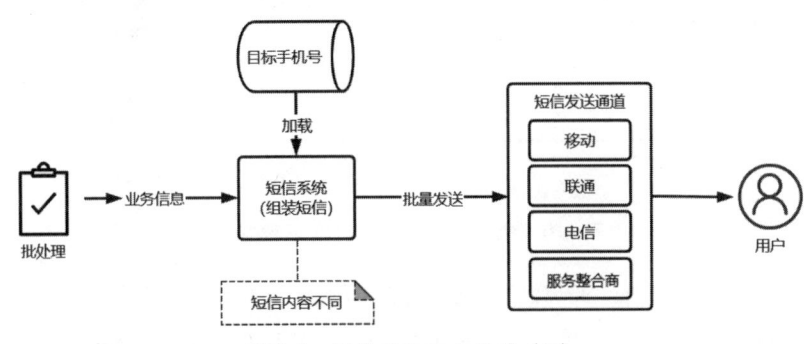

图 8-7　批量短信通知设计（2）

8.1.4　定时短信通知设计

业务批处理一般在夜间执行，但是大多数短信却需要在早上 9 点到晚上 10 点之间发送，不能影响用户的正常休息，这就需要使用到定时短信。

定时短信的发送控制权可以控制在业务系统中，也可以控制在短信系统中，还可以控制在短信发送通道中，3 种设计各有优缺点，往往需要结合使用。

业务系统掌握定时发送控制权，设计如图 8-8 所示。业务系统批处理提取出短信要素及目标手机号，存储在待发送数据表中，并标记发送时间。短信发送批处理，根据发送时间将数据发送至短信系统。短信系统根据数据组装为完整短信，并立即发送至短信发送渠道进行发送。

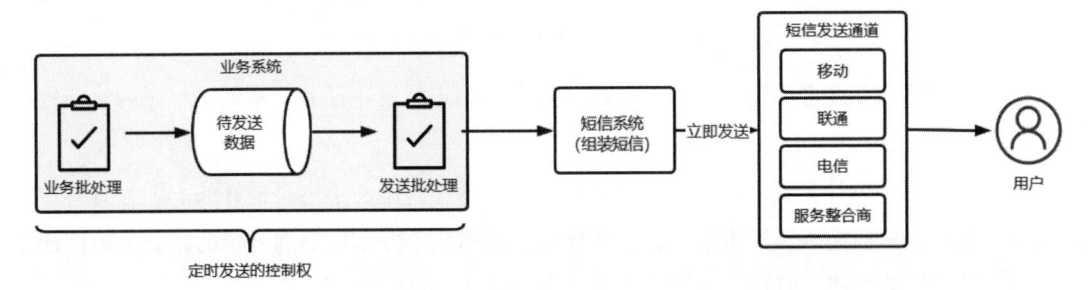

图 8-8　业务系统掌握定时发送控制权

这种设计的优点是业务系统可以自己控制短信的发送时间，发现错误时可以自主进行拦截，短信系统不介入具体业务；缺点是可能会造成大量的重复开发，每个有定时发送需求的系统均需要自已实现定时逻辑。

短信系统掌握定时发送控制权，设计如图 8-9 所示。业务系统可以在任意时间运行批处理，然后直接请求短信系统发送短信。短信系统根据要发送的短信模板类型，确定此短信是否为定时短信类型，组装完整短信，存储到待发送数据表中，短信发送批处理根据不同短信模板的发送时间发送短信。

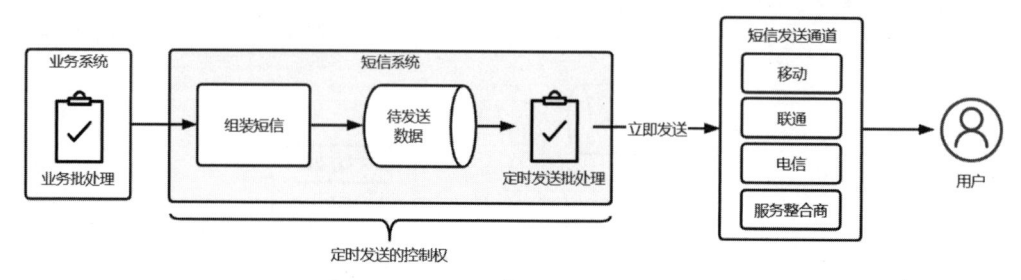

图 8-9 短信系统掌握定时发送控制权

这种设计的优点是所有短信的发送时间统一在短信系统中管理，系统开发人员可以不考虑时间问题；缺点是一旦业务系统发出短信，就失去了控制权，如果短信有误，则必须在短信系统中进行拦截（撤销、修改、删除短信）。

短信发送通道掌握定时发送控制权，设计如图 8-10 所示。业务系统批量处理之后立即将短信数据和手机号发送给短信系统，短信系统根据模板组装短信，然后立即将完整短信内容及用户需要接收短信的时间一并发送给短信发送渠道（移动、联通、电信均支持定时短信的发送）。

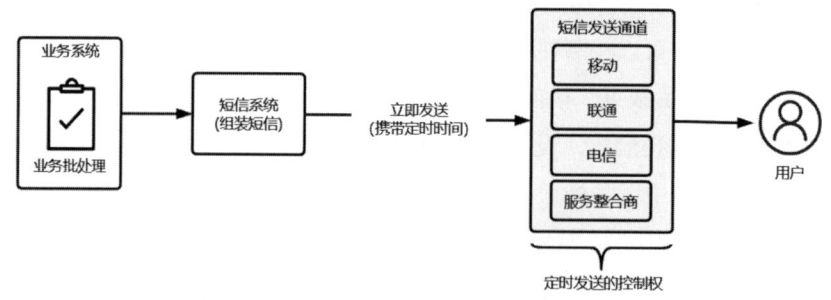

图 8-10 短信发送通道掌握定时发送控制权

这种设计的优点是业务系统、短信系统都不需要维护定时发送任务，降低了程序的复杂性；缺点是短信一旦发出就无法更改，难以纠正错误。

推荐选择前两种设计方式，将短信发送的控制权控制在自己的手中是最好的。因为有时难免会出现失误，例如，短信模板错了 1 个字，就会导致发出的几千万条短信都是错的，如果短信还未发出，则可以进行拦截处理。但是，一旦提交到短信运营商，就难以挽回了。

8.2 邮件通知设计

邮件相对于短信的优势在于能够承载更多的信息量，还能够携带文件附件，具有正式性和可追溯性（邮件可以作为一种法律依据），所以它是系统设计中不可缺少的部分。

由于国内用户的使用习惯不同，因此邮箱的普及程度和使用黏性并没有那么高。很多人的手机并不会安装邮箱软件，也不会进行绑定，这也导致邮箱无法完全取代短信，专业术语是触达率较低。因此，目前国内对于大众化的互联网产品（衣食住行类程序），还是以短信通知为主，以邮件通知为辅。

例如，某银行信用卡中心，每个月给持卡人发送账单信息，会同时发送短信和邮件通知，短信中会通知持卡人"您本月账单已发送，账单金额为××元，最低还款金额××元，请登录App或邮箱查看详细信息"，短信中只会显示简要的重要信息部分，详细的账单会在邮件中展示或携带附件。

邮件系统虽然在大众化的互联网业务中使用程度不高，但是在企业内部的管理系统，或者行业化的SaaS系统中却十分常见。邮件系统可以直接与企业员工的邮箱相连，融入不同的工作场景中，极大地提高员工的工作效率。

邮件通知的使用场景主要可分为以下5类。

（1）安全类。例如，账号注册时使用邮箱激活，使用邮箱找回或修改密码，等等。

（2）预警类。

① 接收服务器的异常预警信息。服务器运维人员管理着大量的服务器，当系统出现故障（磁盘不足、CPU过高、内存不足等）时，他们要第一时间知晓。

② 接收系统运行报告信息。各个系统的运行状况要以固定的周期形成汇总分析报告，如日报、周报、月报、年报等，放在附件中发送给相关人员。

（3）流程类。

① 接收工作流程通知。这经常与工作流程系统结合使用，如接收到待办任务、任务延期、任务办理结束等通知场景。

② 对于异步类系统操作，如业务批处理、大文件导入导出等比较耗时的业务，在业务完成时发送邮件通知。

（4）运营推广类。例如，打折、促销等运营推广活动。

（5）订阅类。用户主动订阅的内容，如技术资讯、文章、报告等。

邮件系统的设计与短信系统完全相同，也分为实时发送、准实时发送、批量发送和定时发送，也采用模板设计，这里不再赘述。

8.3 站内信设计

既然已经有了短信和邮件，为什么还需要站内信呢？主要基于以下5点考虑。

（1）短信和邮件都需要花费额外费用，而站内信不需要依赖于第三方，可以解决很大的成本问题。例如，要给几千万个用户发送一条短信，成本还是很高的。

（2）站内信可以避免用户与其他软件（短信和邮箱程序）的交互，在自己的系统内就可以直接阅读，交互路径更短。

（3）站内信可以使用网页的形式展示更多的内容，更加有利于复杂信息的展示，还能引导用户进行更深入的操作。

（4）使用短信和邮件很容易被用户屏蔽，导致一些重要的系统通知、营销消息无法送达给用户。

（5）短信通知需要依靠电信运营商或第三方平台，邮件发送需要自建邮件服务或使用第三方邮箱，而站内信完全可以由前后端开发实现。

站内信也是由事件触发的，主要分为以下 3 种。

（1）用户触发：由用户的操作行为触发，如点赞、评论、收藏、转账等。表现形式为"×××评论了您的文章×××××，去看看吧""×××向你转账×× 元"等。

（2）管理人员触发：由管理人员在后台编辑内容，对全部用户或指定人员发送的消息。例如，系统升级公告、打折促销活动等。

（3）系统自动触发：主要由批处理业务或一些关联交易产生的消息，例如，每月给用户发送消费账单，每年给用户发送结息通知、积分通知，等等。

1. 站内信功能设计

图 8-11 和图 8-12 所示的站内信原型图，PC 端和 App 端站内信的展现形式和功能大同小异，只是 PC 端由于页面较大，因此能够展示更多的信息。两者包含的功能基本相同，主要为以下 5 个。

（1）展示未读消息的数量：当有消息时，通常会增加一个小红点，红点中带有一个数字，表示未读的消息数量。

（2）消息列表的展示：包括消息的发送时间、标题、阅读状态等主要信息。

（3）已读：将单条消息或全部消息标记为已读状态，同时未读数量减少。

（4）删除：将单条已读消息删除，或者清空所有已读消息，数据为逻辑删除，而非物理删除。

（5）阅读：点击消息列表，可以查看详细的消息信息，同时未读数量减少。

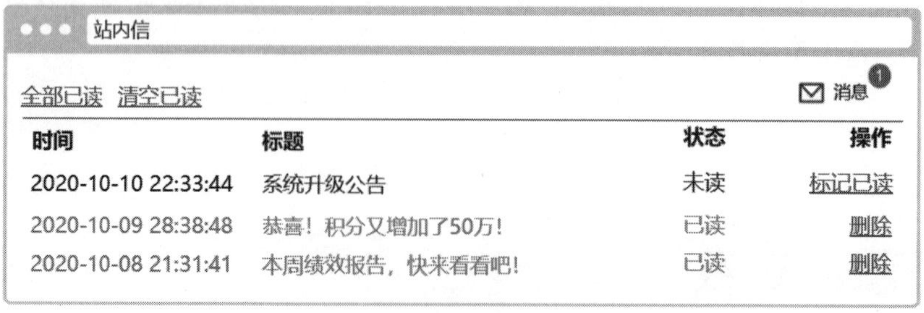

图 8-11　PC 端站内信功能设计

图 8-12　App 端站内信功能设计

2. 站内信实现流程设计

站内信流程设计如图 8-13 所示，由用户、管理员、业务系统产生消息并写入数据库中。当用户打开页面时，由客户端主动到服务端拉取消息，服务端再从数据库中查询消息，并返回给客户端展示。

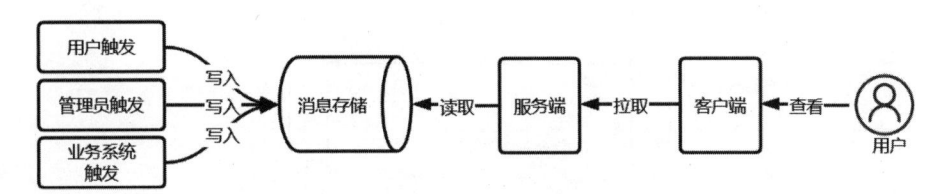

图 8-13　站内信流程设计

站内信数据的异步存储设计如图 8-14 所示。站内信同样应该借助线程池和消息队列进行消息的存储，整个过程为独立的数据库事务，不能影响程序的主要执行逻辑。

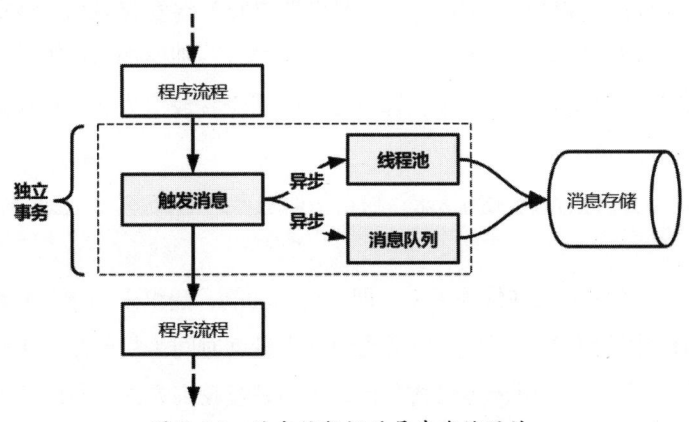

图 8-14　站内信数据的异步存储设计

3. 站内信列表拉取设计

站内信的整个流程看起来十分简单,但是却有一个致命问题,就是消息是动态变化的,用户并不知道什么时候去查询站内消息,通常采用以下 3 种方法。

(1)在用户进入个人首页时,一般会查询是否有未读消息,以及未读消息的数量。便于显示未读消息的数量和小红点,可用来提醒用户。

(2)当用户进入消息列表页面,或者用户主动刷新消息页面时,客户端向服务端发起查询,拉取最新的消息列表。

(3)在用户登录后,Web 页面或 App 端采用 HTTP 定时轮询的方式拉取未读消息数量。采用 HTTP 可以实现两种轮询方式,即短轮询和长轮询,两种方式各有优缺点。

① 短轮询。短轮询的流程如图 8-15 所示,客户端以固定的频率发起 HTTP 请求,服务端接到请求后无论是否有数据需要返回都会立即应答,并关闭连接。

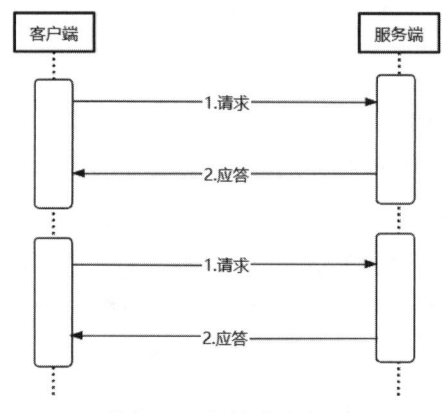

图 8-15 短轮询的流程

短轮询的优点是服务端开发简单,不会有长时间的连接不释放;缺点是交互十分频繁,大多数的请求都是无用请求,浪费网络和服务资源。

② 长轮询。长轮询的流程如图 8-16 所示,客户端向服务端发起 HTTP 请求,服务端接收到请求后判断是否有信息返回,如果有,则立即返回;如果没有,则保持连接不释放,直到有新数据返回或超过前端的应答超时时间才关闭连接。客户端接收到应答数据或超时错误之后,会立即再次发起查询,以此往复。

长轮询的优点是不会有大量的无用请求;缺点是如果客户端较多,则会长时间占用服务端连接,消耗服务端资源。

长轮询更适合做一些 Web 端的在线聊天室、即时通信功能,建议采用定时轮询的方式。由于用户普遍不会在一个页面中停留太久,因此可以适当地加大轮询时间(目的是减少轮询的次数,减轻服务端压力)。在腾讯、头条、阿里云等网站中,采用的是短轮询方式,每隔一段时间获取一次未读消息数量。配合页面的红点提醒效果,引导用户点击查看消息即可。

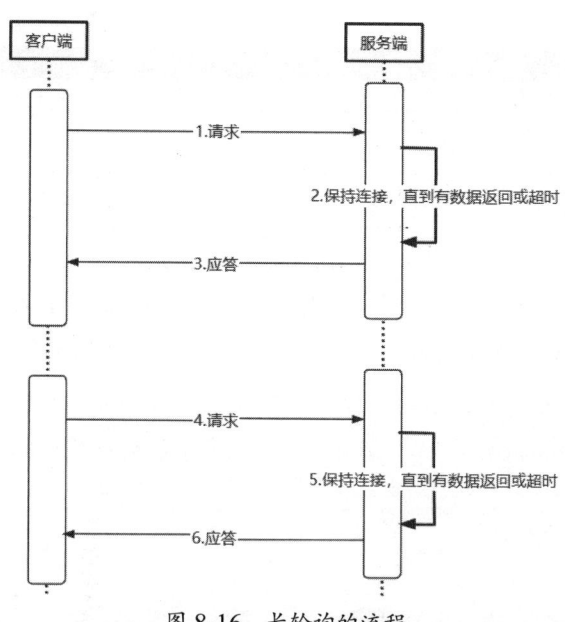

图 8-16 长轮询的流程

4. 站内信存储设计

例如，一个系统有 1000 万个用户，那么一次性要发送这么多站内消息如何存储呢？一个用户存储一条数据就是 1000 万条，这个数据量还是非常大的。

为了满足站内信的列表、已读、未读、清空等功能，需要消息定义表和用户消息表。

（1）消息定义表：定义消息的内容、类型、形式等，如表 8-1 所示。

表 8-1 消息定义表的结构

字段	说明
消息 ID	唯一主键
消息类型	1 系统通知，2 业务通知，3 营销推广，等等
消息标题	消息的主旨信息
消息内容	通常为富文本，为了展示更丰富的内容，可以由管理人员自己编辑
发送时间	消息发送的具体年月日时分秒
发送范围	哪些用户可以阅读到这个消息，是全员，还是指定的一群人
消息有效起始期	消息开始展示时间
消息有效截止期	消息结束展示时间，消息具有时效性，例如，2019 年的一条消息，用户在 2020 年基本不需要关注了
消息状态	1 有效，2 作废
展示方式	1 弹框展示，2 列表展示

（2）用户消息表：用户可以看到的消息列表内容，以及消息的状态记录，如表 8-2 所示。

当一条消息产生时，只需要将消息信息插入消息定义表中，而不需要插入用户消息表中，即使要给 1000 万人发送也只需要插入一条数据。因为并不是每个用户都是活跃状态，也不是每个人都有阅读消息的习惯。

当用户进入个人主页，查询未读消息数量时，只需要两张表结合查询就可以获取到用户未读的消息数量，进而进行展示。

表 8-2 用户消息表的结构

字段	说明
用户消息 ID	主键，流水号
用户 ID	用户主键
消息 ID	消息定义主键
阅读时间	用户阅读消息的时间
状态	1 已读，2 未读，3 删除
插入时间	数据插入时间

当用户真正进入消息列表页面，想要查看消息时，再将消息数据插入用户消息表中，并记录消息的状态为未读，以及消息数据插入的时间，从而可以极大地减少数据的存储量。

当用户点击阅读消息时，返回消息详情的同时，将用户消息表中对应数据的状态标记为已读即可。全部已读、删除、清空等操作，无非是对用户消息表中状态的更改而已。

8.4 App 消息推送设计

App 个推消息原型如图 8-17 所示。在手机的通知栏中提示的消息，以及在应用图标上显示的小红点都属于个推消息 [消息过多会造成用户反感，而以小红点提醒的新消息（也称为静默消息）可以提升用户体验]。App 个推消息是一种最直接有效激活用户的手段，可以在 App 不启动的情况下给用户提示消息。用户通过点击消息，即可激活 App，并进入指定页面，极大地提高了 App 的唤醒率和用户黏性。

图 8-17 App 个推消息原型

1. App 消息推送的原理

个推的实现原理最简单的理解就是手机 App 与消息服务保持长连接，消息直接推送给客户端即可。因此，消息监听程序必须在手机后台保持运行，与个推服务保持连接，接收个推服务下发的消息，或者上送信息给消息服务器，如图 8-18 所示。

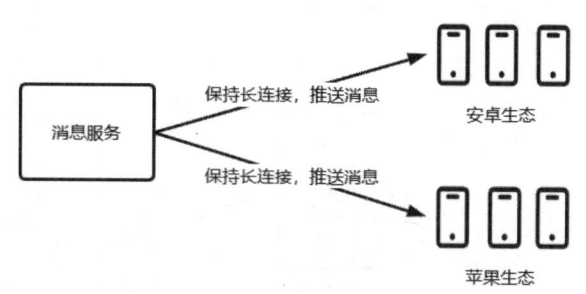

图 8-18 App 消息推送的简单原理

应用程序都是运行在手机操作系统之上，服务是否能够保持后台运行完全要看操作系统的开放程度。如果大量的应用在后台运行，则对手机的硬件资源消耗严重，降低了手机性能，增加了手机的耗电量，同时会消耗网络流量，因此各操作系统对此都持谨慎态度。

iOS 是独立生态，限制十分严格，想要让监听服务持续在后台运行是极其困难的。iOS 采用的是假后台运行方式，当 App 转入后台之后只允许运行一段时间，然后会将程序挂起，将运行时数据、线程等都进行暂存，再等待用户唤醒。

在安卓生态下，虽然 App 可以真后台的方式运行，但是各大厂商对安卓系统都进行了深度定制，对于 App 的后台进程也具有严格的限制，因此想要在所有品牌的所有机型上保证监听进程永久存活几乎是不可能的。

苹果和安卓生态消息推送流程如图 8-19 所示。无论是苹果生态还是安卓生态，各手机厂商都提供了各自的推送服务，提供了稳定的系统级长连接，而不需要 App 保持长连接，因此对于市场占有率高的手机品牌，需要适配不同的推送方式。

为什么采用这种设计方式很好理解，如果每个 App 都在后台维护一个长连接是对资源的一种极大浪费，因此系统提供统一的消息服务，当收到消息时再分发给不同的应用即可。

对于苹果生态，客户端（这里指主动发起消息推送的乙方）先将消息推送给 APNs（Apple Push Notification service，苹果推送通知服务）。而 APNs 与用户手机的消息服务保持着长连接，因此 APNs 再将消息推送至苹果手机的消息监听服务即可。

对于安卓生态，消息推送与苹果生态一致，只是服务换成了手机厂商自己的服务而已。客户端将消息推送至各个手机厂商的推送服务，厂商的推送服务也与用户手机中各自的消息服务保持着长连接，因此厂商的推送服务再将消息推送至安卓手机的消息监听服务即可。

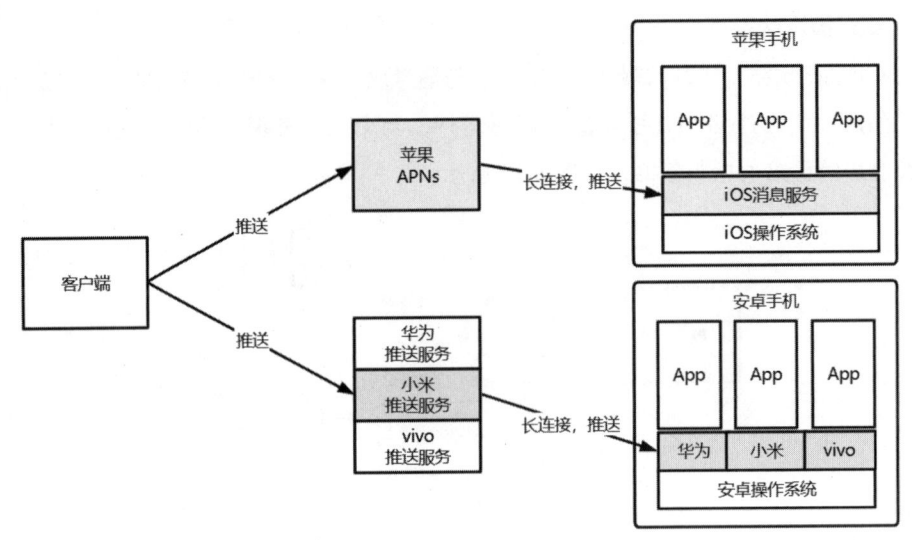

图 8-19　苹果和安卓生态消息推送流程

消息分发流程如图 8-20 所示，消息并不是直接推送至手机中运行的 App，而是先推送给系统的消息服务进程，然后再分发给手机中的不同 App，这样避免了每个 App 开启自己的监听进程，极大地节省了硬件资源。

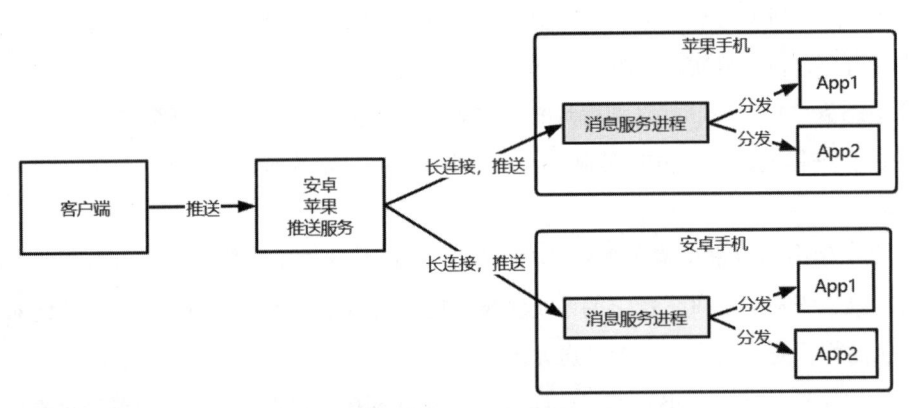

图 8-20　消息分发流程

2. 消息推送设计

苹果手机消息推送设计如图 8-21 所示。

（1）第 1.1~1.3 步：用户登录某 App，完成服务端用户验证，并返回 UID（用户标识）。

（2）第 2.1~2.2 步：携带设备的 UDID（设备的唯一标识）和应用绑定 ID（应用的唯一标识）请求 APNs，返回经过加密的唯一编码 deviceToken，这是消息推送的重要标识。

（3）第 3.1~3.2 步：将 UID 和 deviceToken 一并传递给服务端。服务端记录 UID 和 deviceToken 之间的映射关系到数据库中。

（4）第 4.1~4.4 步：当另外一个用户要给每个用户推送消息时，App 携带目标 UID 到服务端，服务端通过数据库查找到对应的 deviceToken。再将要发送的消息和 deviceToken 一并提交给 APNs，APNs 根据 deviceToken 找到具体的设备和设备上的应用，将消息推送给指定的手机上的指定应用。

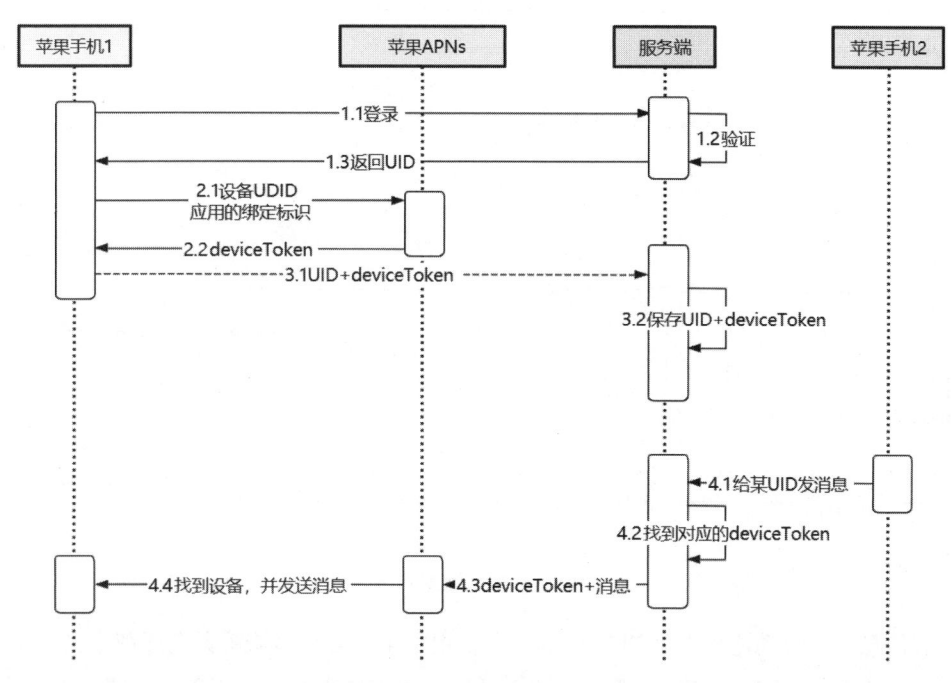

图 8-21 苹果手机消息推送设计

安卓生态的设计方式与苹果生态相同，无非是将 APNs 替换为手机厂商自己的推送服务即可，这里不再赘述。

由于安卓生态的多样性，厂商众多、机型众多，再加上苹果生态的集成复杂性，因此现在企业开发中也会采用第三方的个推服务，它具有集成简单、稳定性强、按量付费的特点。

第三方推送服务是在厂商的操作系统之上运行的，所以本质上无法摆脱平台的限制。第三方提供 SDK 集成和管理平台，让开发者经过少量的代码编写和配置，就可以完成复杂的消息推送功能。

第三方消息推送设计如图 8-22 所示，增加了 SDK 的协同步骤，屏蔽了开发的复杂性。

（1）第 1.1~1.3 步：用户登录某 App，完成服务端用户验证，并返回 UID。

（2）第 2.1~2.4 步：初始化 SDK，由 SDK 向第三方个推服务发起注册登记，第三方个推服务分配唯一的 ClientID（与苹果的 deviceToken 作用相同），经由 SDK 返回给客户端 App。

（3）第 3.1~3.2 步：将 UID 和 ClientID 一并传递给服务端。服务端记录 UID 和 ClientID 之间的映射关系到数据库中。

（4）第 4.1~4.5 步：当另外一个用户要给每个用户推送消息时，App 携带目标 UID 到服务端，服务端通过数据库查找到对应的 ClientID。再将要发送的消息和 ClientID 一并提交给个推服务，个推服务根据 ClientID 找到具体的设备和设备上的应用，将消息推送给指定的手机上的指定应用。

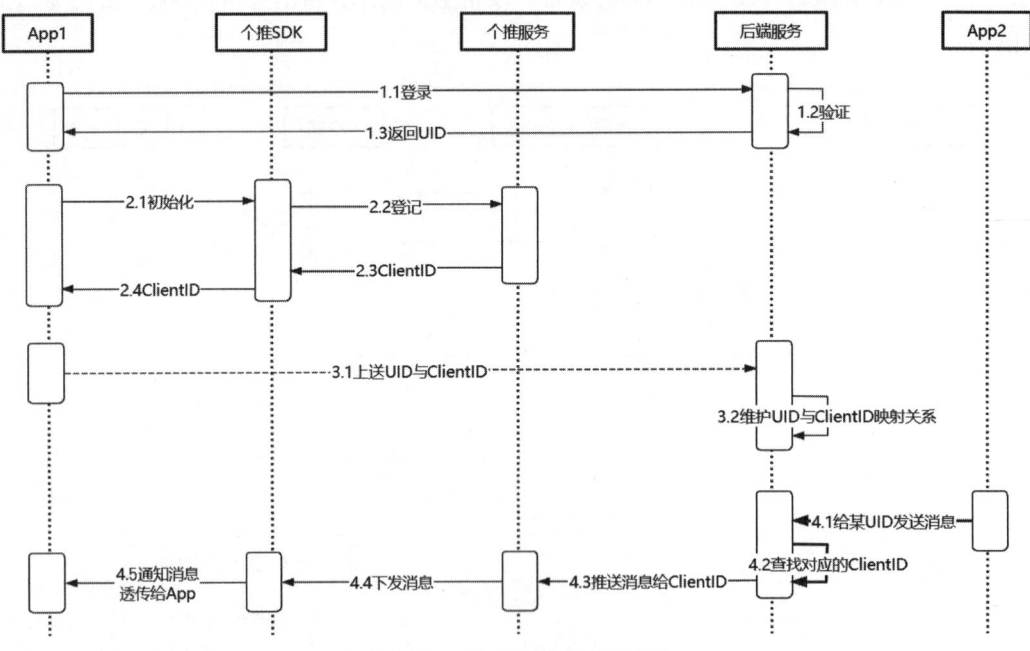

图 8-22　第三方消息推送设计

第三方消息推送自动适配设计如图 8-23 所示，由于第三方个推服务是与手机上的 SDK 保持长连接，因此就存在 SDK 不在线的情况（用户主动停止或系统强制关闭等），这样就会导致消息无法下发。

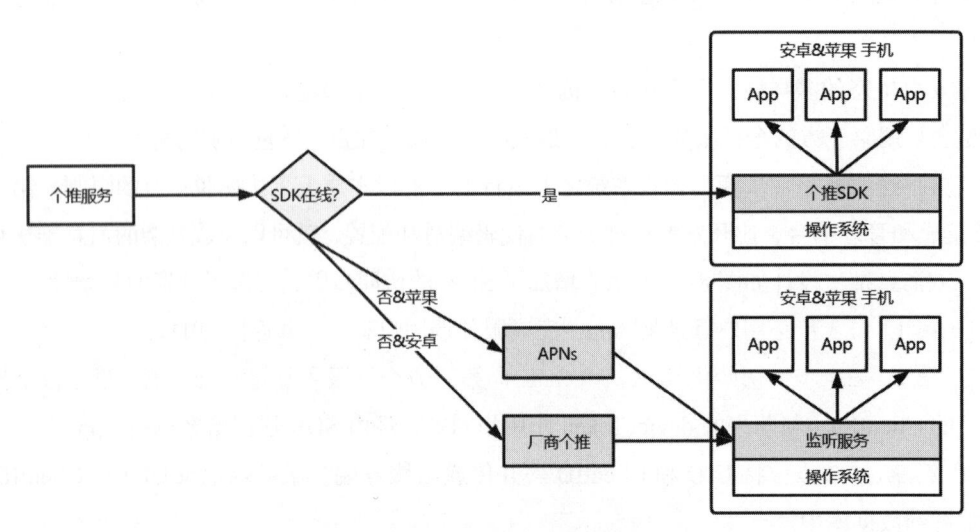

图 8-23　第三方消息推送自动适配设计

第三方个推采用了自动切换的模式,当消息下发时发现 SDK 不在线则切换为操作系统级的消息推送,如果是苹果手机,则将消息推送至 APNs;如果是安卓手机,则将消息推送至各手机厂商自己的推送服务,从而确保消息的到达率最高。

App 消息推送主要分为两种:通知消息和透传消息。

(1)通知消息:会直接在用户手机的通知栏展示一条消息,样式无法更改,与手机操作系统保持一致。其特点是无论 App 在线、后台运行还是关闭,都能收到通知(伴随着震动或铃声),部分操作系统在 App 已经打开的情况下是不展示通知消息的。

(2)透传消息:是一种自定义消息,SDK 监听或操作系统的消息监听收到消息后不做任何处理,而是直接转发给目标 App,因此叫作消息透传。客户端收到消息后,并不会自动在系统通知栏展示,如果需要展示,则需要开发人员通过代码实现。透传消息本质上是传递了一份数据,此数据怎样使用完全取决于客户端如何使用。

为了提高用户黏性,个推的应用场景要比通知消息更多一些。点击通知消息只能唤醒 App,而无法监测其点击行为和触发后续动作。而使用透传,可以自定义触发动作,跳转到指定的活动页面,或者完成指定的功能。透传消息可以发送文本、图片、JSON、富文本等内容,以更加丰富的形式展示给用户。

手机端的个推开发或第三方 SDK 选型,需要注意手机性能、耗电量、流量等方面。

(1)减少对手机性能的影响:由于 App 要保持在后端运行,以保持与服务端的连接,因此它会默默地占用手机的 CPU、RAM 等资源,从而对手机性能造成影响。因此,要尽量减少监听程序对资源的不合理占用,以及无用的程序逻辑。

(2)减少对手机耗电量的影响:日均耗电量应该控制在 50mA 以内。手机操作系统对后台服务要求越发严格,如果出现耗电量较高的情况,则会直接提示用户"存在耗电应用,是否关闭后台运行",如果情况比较恶劣,甚至会直接强制关闭后台应用。

(3)减少对手机流量的消耗:由于 App 要与服务端保持连接状态,因此它在无消息推送时的静默状态下也要采用心跳机制维持连接,检测客户端存活状态。因此,要尽量减少两者之间网络数据传输,将流量消耗降到最低。

8.5 章节练习

1. 短信、邮件、站内信、App 通知类消息推送设计的共同点是什么?

通知类消息均为非核心功能,不应该影响主流程,因此均采用异步线程池或消息队列的方式发送。就算通知类消息发送故障,也只会导致消息的延迟。例如,接收的银行账户余额变动通知短信,无论这个消息是否收到，都不会影响账户中的余额。这也是系统设计中的一个技巧，切分核心功能与非核心功能，然后区别设计。

2. 实时短信和准实时短信的场景应用有什么区别？

实时短信用在实时性要求较高的场景，对业务流程有影响。例如，短信验证码支付，用户必须立即收到短信，否则无法继续支付流程。准实时短信利用线程池、批处理、消息队列等异步方式实现，适合大批量的通知类短信发送，对实时性要求不高，如用户余额变动通知短信。

3. 为什么消息系统通常都要使用模板设计？

无论是短信、邮件、站内信还是 App 消息，其共同特点就是制式化，同一种消息的整体样式、风格、主体内容都是一致的，甚至是完全相同的，变化的只是其中的变量。例如，某网站注册成功后的邮件通知，内容是"尊敬的×××用户，您好！ 感谢您注册××网站，我们提供各种增值服务……"，变化的内容只有用户的昵称而已。

4. 站内信设计中采用了什么方法保证数据量不会暴增？

（1）因为并不是所有用户都会阅读站内信，所以采用延迟加载设计，只有用户真正要阅读消息时，才会将用户阅读记录插入具体的数据表中，可以有效防止数据量暴增。

（2）进行站内信的定期转储，将过期消息删除，保留近几个月的消息即可。

（3）为用户提供主动删除站内消息的功能。

5. App 消息推送的原理是什么？

用户手机与服务端保持长连接，服务端通过长连接将消息推送至手机的监听服务，从而完成消息的推送。监听服务属于后端运行的进程，对手机性能会有一定的损耗，由于操作系统的限制可能无法长期存活。因此，使用各个手机厂商的消息监听服务是最稳定的选择。但是，由于手机厂商众多，需要适配不同的手机操作系统，使开发集成变得更加复杂，因此可以引入专业的第三方个推平台来降低开发成本。

8.6 案例设计

1. 场景设计题：短信自动延时发送

系统发送的短信主要分为两大类，一是业务通知类短信，二是系统预警短信。对于业务通知类短信的发送原则是不可以打扰用户休息，因此对于短信系统有如下需求。

（1）系统预警短信无论何时都应该立即发送给用户，以达到及时通知的目的。

（2）业务通知类短信只能在 9 点到 21 点之间发送，其余时间段不可以发送。

（3）短信发送时间点不能由各个业务系统控制，而应该由短信系统统一管理。

（4）业务系统可在任意时间点调用短信发送服务。

如果您作为企业的系统架构师，会怎样进行系统设计，需要考虑哪些内容?

2. 设计思路指引

（1）对于每一种短信都应该进行明确的模板定义，并且标记短信类别是系统预警短信还是业务通知类短信。

（2）业务通知类短信往往都是由夜间批处理程序发送的，数据处理完毕后应该立即推送给短信系统，无须做停留和定时发送处理，否则会增加业务系统的开发难度。

（3）短信系统定义业务通知类短信的发送时间段，如果需要更精细化的管理，则可以定义每个模板的允许发送时间段。

（4）短信系统在接收到短信发送请求后，首先判断短信模板类别，如果是系统预警短信，则立即发出。

（5）如果是业务通知类短信，则先判断当前时间是否在 9 点到 21 点之间，如果是，则立即发送。如果当前时间在当日 0 点到 9 点之间，则将短信发送时间延迟到当日 9 点之后。如果当前时间在 21 点到 24 点之间，则将短信发送时间延迟到次日 9 点之后。

（6）开启短信发送批处理，将所有当日已延迟发送的短信发送出去即可。

（7）由于夜间发送的短信量可能较大，会存在大量的延迟短信需要发送，此时需要以异步线程池的方式发送短信，提高发送效率。

第 9 章

监控预警架构设计

在系统架构中要有怀疑一切的态度，因为一切运行环境都具有不确定性，没有监控设计的系统，相当于在"裸奔"。例如，服务器可能发生宕机、磁盘不足、内存不足、CPU 过高、性能下降等状况。网络可能不稳定甚至断网，延迟过高。Oracle、MySQL、MongoDB、Redis、Kafka 等一切依赖的中间件都可能发生故障。应用程序可能发生 bug，导致各种意想不到的问题。

如果不了解它们的运行状态，那么就只能在影响用户使用时才发现问题，再通过各种日志去排查问题，那将是极其被动的。

因此，需要在服务器、网络、中间件、应用等多个层面对系统进行监控，在问题发生前提前预警，在问题发生后第一时间通知，以便能够在第一时间发现问题、定位问题、解决问题。

按照监控的对象可以分为服务器监控和业务监控两大类。按照监控的实现方式可以分为程序日志监控、主动上报监控和被动扫描监控。

9.1 服务器监控设计

监控的主体是硬件服务器本身的状态、硬件资源的状态，以及运行在服务器中的服务进程的状态，这些都应该是重点关注的内容。发现问题不仅要具有预警和通知的能力，还要具有可视化查看的能力，总结为以下 5 点。

（1）服务器状态监控：监控服务器是否处于运行状态，网络是否通畅，是否已经宕机。
（2）服务器性能监控：监控 CPU、内存、磁盘、I/O、负载等各个方面的性能指标。
（3）服务器进程监控：监控服务器上运行的应用进程的状态，是否正常运行。
（4）预警通知：具有短信、邮件、微信等多种通知手段。
（5）可视化管理：管理人员要能够可视化地观察到各个服务器的历史状态和实时状态。

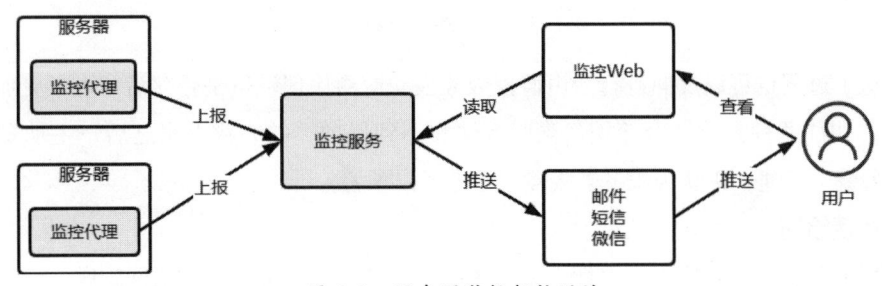

1. 服务器监控架构设计

服务器监控架构设计如图 9-1 所示。采用代理模式的设计思想，要想掌握每个服务器的信息，则应该在每个服务器上安装监控代理程序，它负责不断地收集服务器的运行状况，CPU、磁盘、网卡、I/O 等各方面信息，然后主动上报给监控服务。

图 9-1 服务器监控架构设计

监控服务收到上报信息后，根据规则进行判断，得出是否需要发送预警通知，如磁盘空间剩余小于 10%、CPU 空闲小于 10%、磁盘 I/O 过高等情况，则触发短信、邮件或微信通知，通知给相应的负责人。

除触发通知外，监控服务应该存储所有代理上报的信息并进行统计分析，绘制出相应的资源变化曲线、网络拓扑等信息，提供给用户在监控 Web 系统中查看，从而让用户对系统状况了如指掌，如图 9-2 所示（Zabbix 服务器监控仪表盘）。

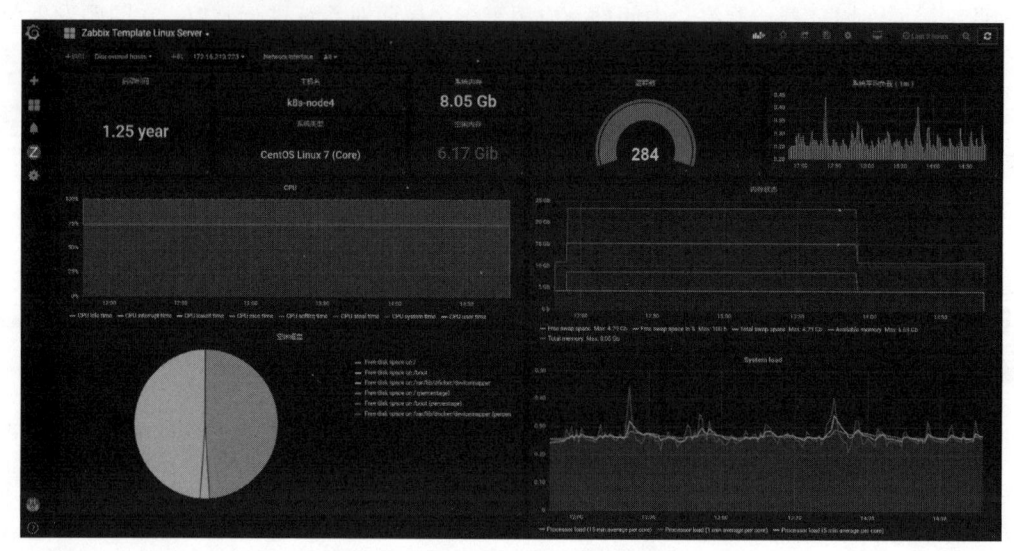

图 9-2　Zabbix 服务器监控仪表盘

2. 服务存活检测

服务存活检测流程如图 9-3 所示。在监控系统中预警优先级最高的就是存活状态检测。各个代理节点以心跳的方式与监控服务保持着连接检查，一旦在固定周期内没有收到心跳信息，就认为服务器故障。例如，5 分钟没有心跳检查就认为服务器异常，应立即发出预警信息。

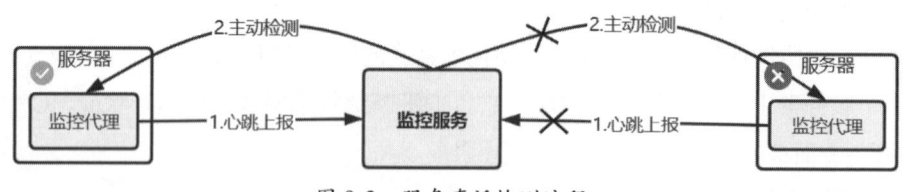

图 9-3　服务存活检测流程

当然，这个过程也可以反向进行，由监控服务主动检测代理端口是否存活。为了更加准确地判断服务状态，往往两种方式结合使用，当服务端收不到代理端的心跳上报之后，主动发起端口检测，如果服务端口不通，则认为服务器故障，立即发出预警。

3. 进程存活检测

大多数情况下服务器和网络稳定性还是很高的，轻易不会出现宕机和断网问题。出问题最多的是各种数据库、缓存中间件（Oracle、MySQL、Redis 等），以及企业开发的程序进程，因此对于这些进程存活的检测往往更加重要。

进程存活检测设计如图 9-4 所示，主要分为以下 4 个步骤。

（1）拉取监控规则：将监控规则（要监控哪些进程、哪些端口、收集哪些指标）都配置在监控代理中并不现实。如果要监控 100 个服务器，则需要在 100 个服务器中增加配置，难以维护。因此，监控规则应该配置在监控服务中，由各个监控代理拉取自己的配置即可。

（2）检查进程状态：监控代理定期检查程序进程状态。

（3）进程状态上报：如果发现进程停止，则立即将状态上报给监控服务。

（4）主动端口检测：例如，数据库、Tomcat 等具有端口的服务，可以直接通过测试端口的连通性来判断进程的存活状态。因此，可以直接从监控服务 Telnet 目标服务器的指定端口来判断进程的存活状态。

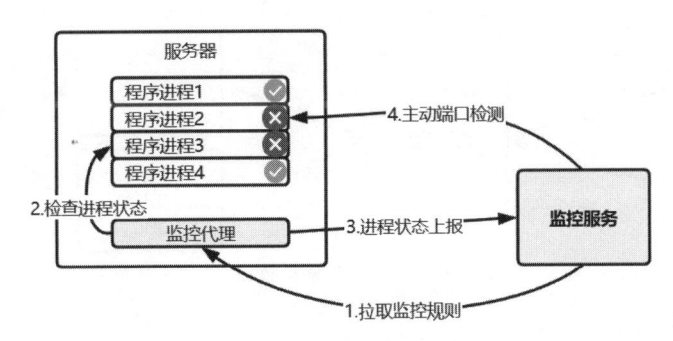

图 9-4　进程存活检测设计

4. 个人设备监控

如果在用户的个人计算机、手机上安装类似的监控软件，那么也可以收集到用户的设备运行状态。但是，如果任何软件未经用户允许，收集用户的设备运行信息，甚至个人隐私信息，那么其本质上就属于一种木马软件，属于违法行为。所以，对于 C 端软件的设计，一定要注意规避法律风险，不能随意为之。

5. 常用工具

常用的服务器监控系统有 SmokePing、Cacti、Nagios、Zabbix、Ntop 等，笔者推荐 Zabbix，它是一个开源的企业级的分布式系统和网络监控系统，部署简单，可视化功能丰富，市场占有率较高。

9.2　业务监控设计

服务器监控能够确保硬件、网络、进程的正常运行，却无法保证业务逻辑的正常运行。程序开发可能存在各种bug，也可能有任何意想不到的事情发生，怎样在程序出错时第一时间知晓问题，是十分重要的，如以下场景。

（1）支付系统的接口服务异常，造成用户所有的支付交易失败。

（2）批处理运行异常，启动失败或业务处理异常，造成上千万个账户未正常结息。

（3）缺少某个系统参数配置，导致所有人脸识别请求失败。

以上场景都会为企业带来巨大的损失，通过服务器监控是无法达到监控效果的。因为它们的程序进程运行正常，通过进程监控、端口监控都属于正常状态。出现一系列错误的原因是程序执行过程超出了预期流程。

业务监控设计如图9-5所示，设计思想与服务器监控十分类似，只是不需要代理程序上报数据，而是由应用程序本身直接上报给监控服务。对于监控数据的统计分析、消息通知过程与服务器监控依然完全一致。

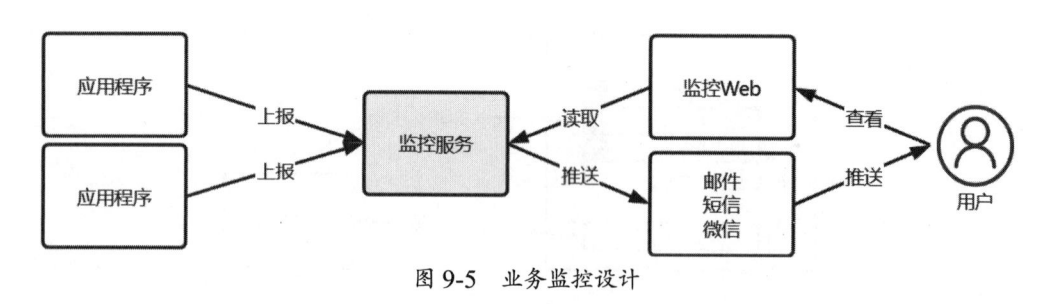

图9-5　业务监控设计

9.3 程序日志监控设计

程序日志监控设计如图9-6所示。程序执行过程中会输出大量的异常日志，通过监听异常日志文件（监听tail -f），如果发现文件中输出了指定的错误内容，则触发预警，上报给监控服务。

例如，发现日志中有"支付异常""结息批处理异常"这样的关键字，则立即触发预警。

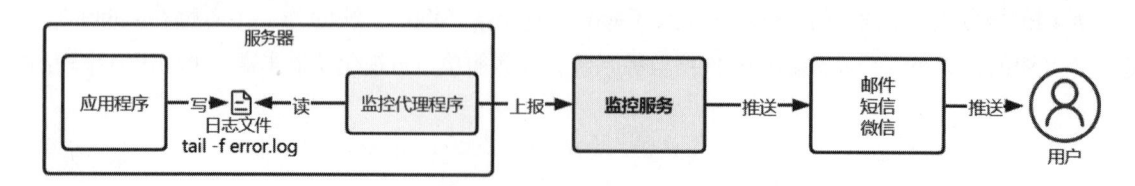

图9-6　程序日志监控设计

采用程序日志监控的方式上报异常的优点是不需要修改任何程序，对于业务代码没有侵入性。缺点是稳定性较差，性能较低，日志可能由于各种原因输出不正常，从而导致监控预警不及时；监听动态日志性能较低，存在 I/O 争抢，造成一定的延迟。

通过 Elastic Stack 日志收集（参见 6.8.3 小节）或 Zabbix 等软件均可以实现程序日志监控。

9.4 主动上报监控设计

在应用程序的业务代码执行过程中，如果发生未知的异常，或者需要上报错误、警告信息等，就可以异步地将信息上报给监控服务（不建议采用同步方式，会降低响应速度）。主动上报监控设计如图 9-7 所示。

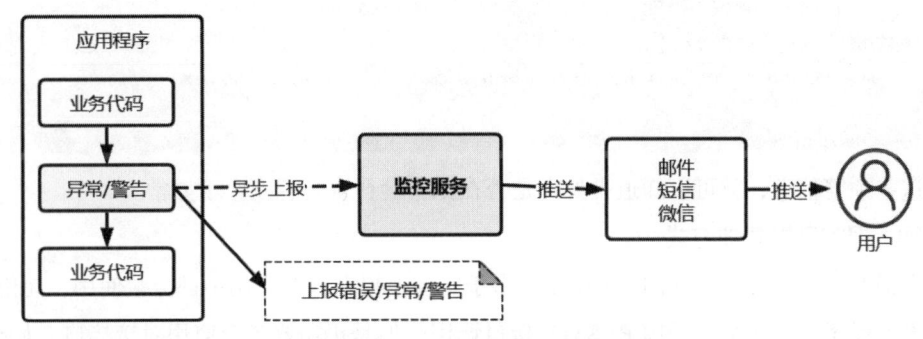

图 9-7 主动上报监控设计

主动上报的优点是具有实时性，业务处理一旦出现问题，就可以立即上报，用户会第一时间知晓哪里出现了问题，并且可以精确到具体的程序位置。甚至可以将业务信息、用户信息、堆栈信息直接携带上报，开发运维人员无须分析排查就可以定位问题。

例如，某用户在一次支付过程中发生未知异常，就可以上报如下详细信息："××× 用户，用户 ID 为 ×××，发生 ××× 异常，支付流水号为 ×××，程序位置为 ×××，异常堆栈信息为 ××××"。运维人员通过这条预警消息，可清晰直观地定位问题并解决问题。

主动上报的缺点是对业务代码具有侵入性，类似如下的代码结构。

```
try{
    monitor.info("xxx 业务预警 ",orderNo)
}catch(Exception ex){
    monitor.error("xxx 业务异常 ",ex)
}
```

1. 实时交易、异步交易和批处理交易

对于实时交易，预警能够帮助企业在用户反馈问题之前发现问题并快速解决问题，提高用户的体验度，减少用户投诉。

对于异步交易或批处理交易，预警的作用则更加突出。因为异步交易和批处理交易如果发生问题，根本就无从知晓，没有用户会主动反馈，往往是问题发生了很久才知道，这时问题已经变得更加难以排查处理了。

所以，如果易步交易发生异常，则需要第一时间上报。如果是批处理交易，则无论成功还是失败都需要上报，因为不仅要知道批处理有没有出错，还要知道批处理正常启动了。由于种种原因可能批处理程序根本没有启动，因此就没有收到通知邮件，则可以断定批处理服务不正常。

批处理程序往往要在启动、结束和异常 3 个位置发送预警信息，伪代码如下：

```
public void batch(serialNo){
    try{
        monitor.info(" 批处理启动, 流水号为 "+serialNo)
        //TODO 业务代码
        monitor.info(" 批处理结束, 流水号为 "+serialNo)
    }catch(Exception ex){
        monitor.error("xxx 批处理异常终止, 流水号为 "+serialNo,ex)
    }
}
```

通过这些预警信息，就可以知道批处理是否在正常运行，是否发生了异常。

2. 主动上报的开发集成方式

主动上报的开发集成方式如图 9-8 所示。由于监控上报在各个应用中都会被使用，无论是前端、后端还是原生程序，虽然都是采用 RESTful 接口调用，但是仍需要各个应用对接接口，如果需要升级调整，则所有程序都要调整。因此，应该将监控上报逻辑封装为 SDK/ 类库 /JAR 包等，便于各方集成。使用方只需要简单的方法调用即可，类库升级，所有客户端同时升级。

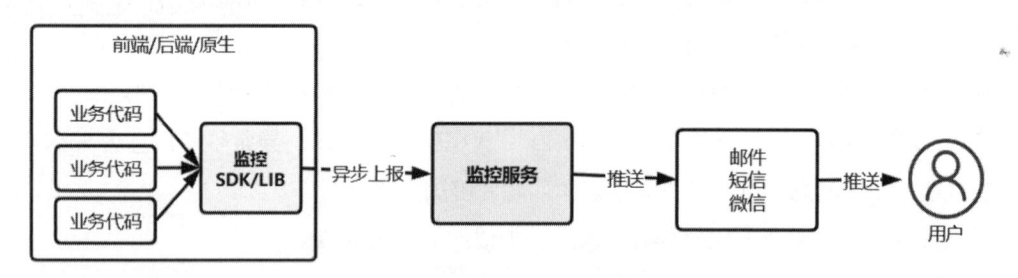

图 9-8　主动上报的开发集成方式

3. 切面监控设计

无论是通过代码编写还是 SDK 集成，都会和业务逻辑掺杂在一起，但是为了追求更高的实时性和准确性，这确实依然是最好的选择。

如果不想侵入业务代码之中，则可以从网关和切面的角度集成监控能力，虽然不是那么精准，却可以做到统一和不遗漏。

切面监控设计如图 9-9 所示。在客户端请求的公共方法上增加切面，当发生异常时直接触发预警。在网关层对于所有的错误应答均触发预警；在服务端的控制层增加切面，监控所有的异常行为，发出预警。

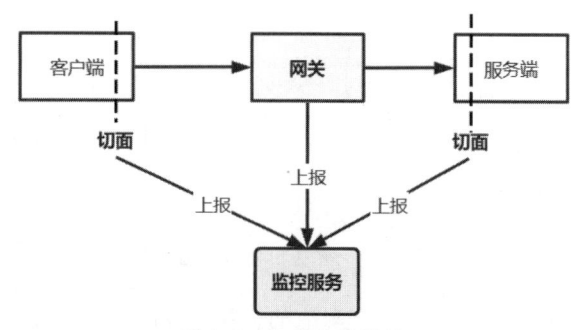

图 9-9　切面监控设计

切面监控的好处是对业务代码没有任何侵入性，但是会导致大量的正常错误也会触发预警，这是不可取的。解决这个问题有两种方案，一是对于异常的规范定义和规范使用，二是对于错误码的规范定义和规范使用。

（1）异常的规范定义和规范使用。实现自己的业务专用异常，如 BussException、ServiceException 等，分为不同的类型。当切面程序或网关捕捉到这些异常时，不触发预警，如果是其他系统级异常，则触发预警，这就要求所有开发人员严格遵守异常的使用规范。

（2）错误码的规范定义和规范使用。将错误码进行规范的定义，区别出哪些是正常的业务应答，哪些是系统异常，从而确定哪些交互需要触发预警信息，同样要求开发人员严格遵守错误码的使用规范。

9.5　被动扫描监控设计

主动上报监控会带来一定的开发量，增加代码的耦合性。除了在网关层和程序切面上做文章，还可以采用被动扫描监控设计。

被动扫描监控设计如图 9-10 所示，订单、支付和物流 3 个服务会将业务数据分别写入自己的数据中。数据写入的时间是否正确、数据内容是否准确就是被动扫描的判断依据，下面举几个例子加以理解。

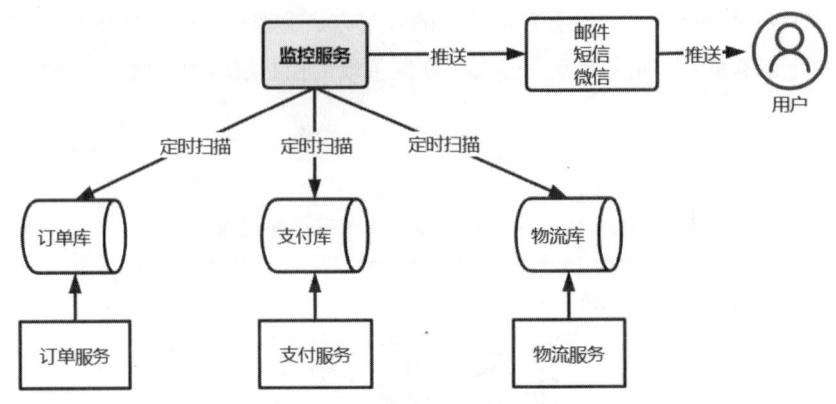

图 9-10 被动扫描监控设计

（1）每天下午 3 点前产生的成功订单，对应的货物都应该在 24 点前全部发出，物流状态应该至少为已揽件的状态。监控系统在 24 点准时扫描订单库下午 3 点之前的成功订单，比对在物流库中的发货状态，如果缺少物流数据或状态为待处理，则代表出现了异常。此时就会触发预警，告知管理人员"存在 ×× 笔订单未发货，请尽快处理"。

（2）每天产生的成功订单金额，与支付系统的支付金额应该完全匹配。监控系统在 24 点准时对当天的全部订单总金额与支付总金额做比对，如果存在差异，则触发预警，告知管理人员"今日订单金额 ××× 元，实际支付 ××× 元，差额 ××× 元，请尽快处理"。

（3）在支付系统中，支付金额必须全部大于 0，如果存在负数或 NULL，则代表异常支付数据。监控系统扫描支付记录表，如果发现存在负数或 NULL 的数据，则触发预警，告知管理人员"存在 ×× 笔异常支付记录，金额为负数或 NULL，请尽快处理"。

（4）在支付系统中，每天凌晨 1 点必须生成前一天的结息记录，如果监控程序发现在凌晨 2 点仍然没有查询到结息数据的生成，则可以触发预警。

被动扫描监控执行流程如图 9-11 所示。被动扫描监控可分为定义数据源、定义扫描脚本、定义调度、执行调度和预警 5 个步骤。例如，现在需要每天 24 点监控当天是否有支付金额为负数或 NULL 的数据，则需要如下流程。

（1）定义数据源：配置数据库的连接信息，同时支持关系型数据库和非关系型数据库。本例中需要配置与支付库的数据源。

（2）定义扫描脚本：定义数据检查的执行语句，以及触发预警的标准。本例中可配置为"select count(*) from t_pay where amount<0 or amount is null;"，查询支付表（t_pay）中金额（amount）字段小于 0 或等于 null 的数量，当 count(*) 大于 0 时，说明存在错误数据。

（3）定义调度：定义扫描任务的执行频率和时间。本例中配置为每天凌晨 24 点执行。

（4）执行调度：按照执行频率和时间点执行扫描脚本。

（5）预警：当扫描脚本执行完毕后，达到触发预警的标准，则立即触发通知。

```
定义数据源 → 定义扫描脚本 → 定义调度 → 执行调度 → 预警
```

图 9-11　被动扫描监控执行流程

被动扫描监控有如下 4 个特点。

（1）可以作为主动上报监控的补充：有很多错误在业务发生时是无法被发现的。例如，应该支付 100 元，实际支付了 10 元。支付过程中程序完全运行正常，并不会触发主动预警。但是，可以通过被动扫描比对应付金额与实付金额的差值，从而发现问题。

（2）可以进行数据一致性比对：无论是在一个系统内还是多个系统内，都可以根据不同的业务规则进行数据比对。例如，成功的订单数必须与成功的支付流水数一致。

（3）可以监控特定事件的发生时间：例如，某财务系统每天 23 点必须处于关账（停止当日记账）状态。

（4）集中配置：只需要在监控服务中配置监控规则和 SQL 脚本，以及调度频率和时间点即可，不需要在每个系统中进行开发。

9.6　章节练习

1. 一个完整的服务器监控系统应该具备哪些功能？

监控系统最核心的功能是发现系统问题，报告系统问题，通知相应的人员。因此，服务器监控系统必须具有服务器状态监控、服务器性能监控、服务器进程监控、预警通知和可视化管理的功能。

2. 服务器监控的设计原理是什么？

使用监控代理模式，将监控代理程序部署在被监控的服务器上，由这个监控代理程序去监控服务器的各种指标，如服务器的 CPU、磁盘、网络、内存等负载和容量情况。监控服务器的指定进程、网络端口是否正常。监控重要的系统文件是否发生变更等。

监控代理可以将所有监控到的内容报告给监控服务中心，由监控服务中心进行可视化的展示，以及数据的量化分析和图表展示。为了降低对服务器的性能影响，服务器状态的采集和报送的频率是可以调节的。

3. 业务监控与服务器监控的区别是什么？

业务监控是深入具体应用程序的内部，当程序发生 bug、异常数据等情况时主动发现并报告问题，它往往与系统的具体开发实现相关，甚至与具体的业务规则相关。业务监控相当于在一个封闭的盒子的内部，而服务器监控相当于在盒子的外部。服务器监控只能监控应用程序是否在正常运行，端口是否可以正常访问，进程对于资源的消耗是否异常，等等。

4. 监控系统的主动上报和被动扫描的区别是什么？

主动上报是在事情发生时上报，被动扫描是在事情发生后做审计。

主动上报监控是在业务系统发生问题时，主动将预警信息上报给监控系统，再由监控系统通知给相应的人员，比较适合实时交易、异步交易和批处理交易的监控。而被动扫描监控适合从数据角度进行监控，如比对两张表的数据量是否一致、数据内容是否合规等，往往以 SQL 脚本的方式执行。

9.7 案例设计

1. 场景设计题：服务器负载监控设计

企业中的 Linux 服务器数量众多，想要开发一款程序来监控服务器负载状况，包括 CPU、内存、进程、磁盘 I/O 等，需要实现以下需求。

（1）不要增加服务器的额外负担，不要部署任何独立的应用，尽量以最轻量化的方式实现。

（2）管理人员可以随时看到各项负载指标，并且可以图形化查看，甚至导出这些数据。

（3）默认 5 分钟刷新一次监控数据，可以随时调整执行频率。

（4）可以随时增加其他监控指标。

如果您作为企业的系统架构师，会怎样实现这个需求，需要考虑哪些内容？请尝试画出系统架构图。

2. 设计思路指引

（1）需要考虑怎样才能获取服务器的负载信息（包括 CPU、内存、进程、磁盘 I/O 等），可以使用 Linux 的 top 命令获取。

（2）不增加系统负担，为了以最轻量化的方式实现，可以利用操作系统自身的功能去实现，如 Shell 脚本。

（3）Shell 脚本中可以编写 5 分钟执行一次 top 命令，并且将结果追加到一个以日期 + 服务器 IP 命名的结果文件中。

（4）为了使执行频率可以调节，可以将 5 分钟作为一个参数，在执行 Shell 脚本时传入，也可以用操作系统的定时任务功能去设置。

（5）如果服务器众多，则会生成大量的结果文件，这些文件怎样去采集呢？可以使用 NFS 共享存储，将所有结果文件汇总到一起。

（6）编写一个监控小程序，专门每 6 分钟采集一次结果文件，并解析为结构化数据存储到数据库中，然后以各种图表的形式展现出来，导出和清除也都不存在问题了。

（7）为了方便监控 Shell 脚本的更新，增加一些其他指标，如使用 df 命令查看磁盘使用情况，使用 free 命令查看内存使用情况，也可以将 Shell 脚本放到 NFS 中再执行。

第10章

关系型大数据架构设计

从 DB-Engines 网站公布的 2013—2021 年数据库引擎的排名情况可以看出，Oracle、MySQL、Microsoft SQL Server 三种关系型数据库在 361 种数据库中始终占据前三名。虽然 MongoDB、Redis、HBase、Elasticsearch 等非关系型数据库的热度不断提升，但是关系型数据库依然是各类系统的核心存储，因此对于关系型数据库的使用依然是重中之重。数据库引擎排名变化趋势如图 10-1 所示。

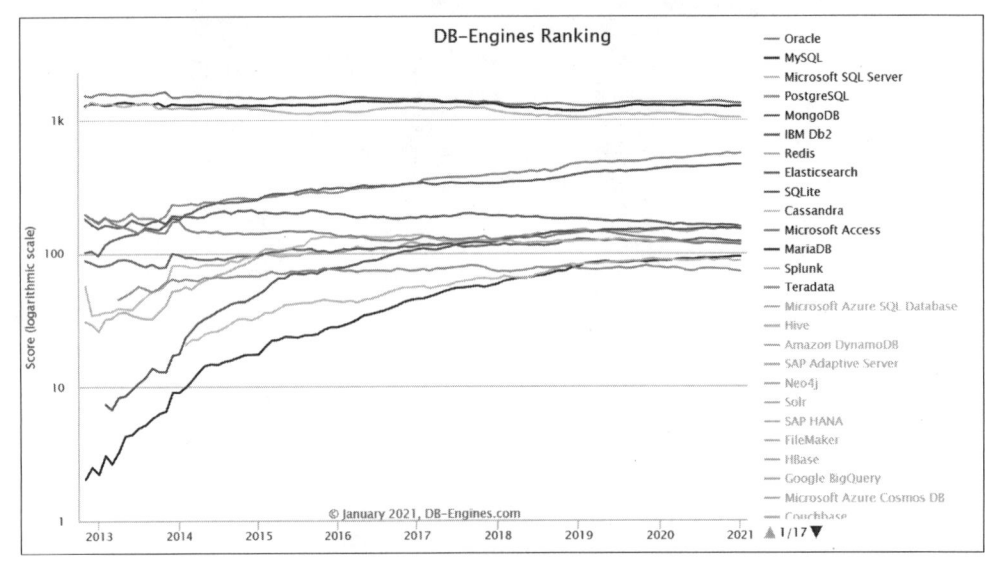

图 10-1　数据库引擎排名变化趋势

很多的系统功能在数据量较小的情况下不会存在任何问题，一旦数据量增大就会立即爆发出各种性能问题，不但查询、插入、更新各种操作变慢，还间接导致数据库连接无法释放，连接池被迅速占满。

从 1 万条数据中查询 10 条数据，与从 1000 万条数据中查询 10 条数据是有巨大差异的。在海量数据面前，单纯地从数据索引、程序开发的角度考虑往往很难解决问题，而是需要在系统架构设计时就进行充分的考量。

下面将针对关系型数据库的海量数据处理设计进行分析，包括大数据查询设计、大数据导入设计和大数据导出设计。

10.1 海量数据处理的核心思想

在系统开发中难免会遇到海量的数据处理，海量数据的插入、更新、查询、导入、导出、计算等操作的特点是十分耗时，会影响用户体验。

第 10 章
关系型大数据架构设计

海量数据处理的核心思想是分片处理（图 10-2），将海量数据拆分为多批次的小量数据处理，将单线程变为多线程处理，单进程变为多进程处理，单服务器变为多服务器处理。

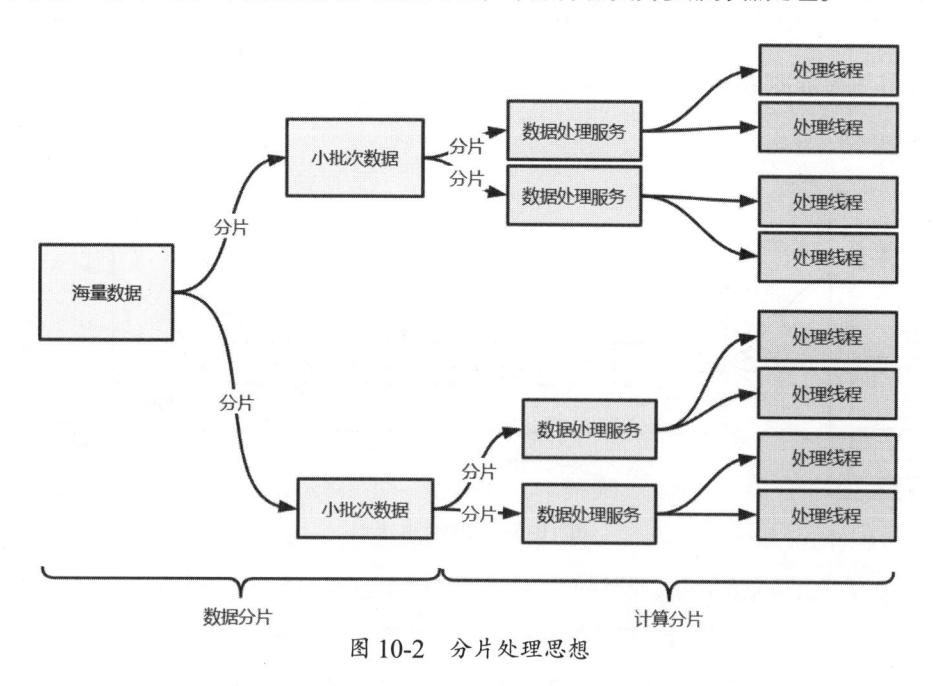

图 10-2　分片处理思想

例如，有 1000 万条数据需要处理，将其一次性加载到内存中，采用单个服务器、单线程的循环方式处理，如果每条数据处理需要耗时 2 毫秒，则总计需要约 5.6 小时才能处理完毕。如果处理得稍微慢一些，每条数据处理需要耗时 20 毫秒，则总计需要约 56 小时才能处理完毕。在海量数据下，往往需要分页查询数据，不可能将所有数据一次性加载到内存中，就算是最简单的单表查询，效率也是极低的。

采用分片处理思想，就会变为如下的处理流程。

（1）将数据进行切片。切片实际上就是数据分组的过程，将 1000 万条数据拆分为 200 万条一组，总计 5 组。

（2）每组数据再切片，分配给两个数据处理服务（可以是两台服务器或两个进程），因此每个服务处理 100 万条数据。

（3）每个服务启动 50 个线程同步处理，则每个线程只需要处理 100 万 /50=2 万条数据。

那么，1000 万条数据，实际拆分到了 10 台服务器，500 个线程中去并行处理。如果每条数据处理依然需要耗时 20 毫秒，则总计耗时 $20000 \times 20/1000/60 \approx 6.7$（分钟）即可处理完毕。对比单线程的循环运行方式，处理速度完全不在一个数量级。

分片处理的优点是数据粒度更小，处理速度更快；缺点是需要较多的服务器资源，以及并发安全的控制。

海量数据的另外一个处理思想就是实时计算，从数据产生的源头开始处理。

分片数据处理属于离线数据处理、事后处理，是将需要处理的数据集中在一起一次性处理。而实时计算属于细水长流，积少成多，能够极大地提高数据的计算速度，以准实时的方式得到处理结果。

实时计算思想如图 10-3 所示。实时计算平台就像一个管道，从一端不断地流入数据，从另一端不断地流出数据。

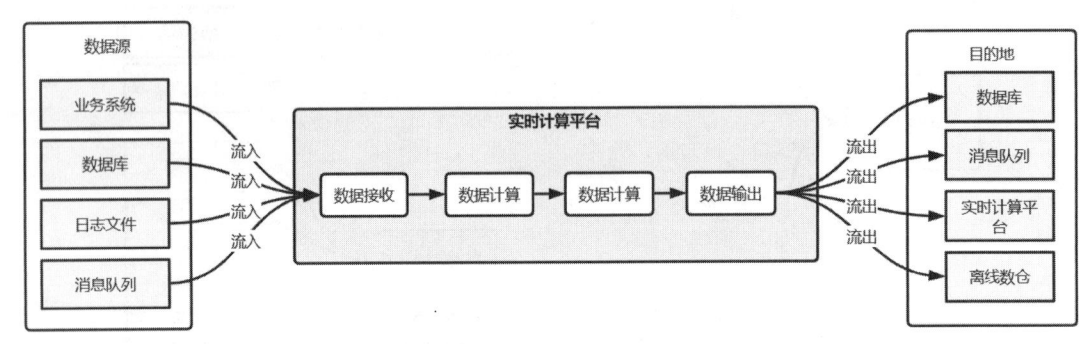

图 10-3 实时计算思想

数据的来源可以是业务系统、数据库、日志文件、消息队列等一切能够产生数据的源头。实时计算平台接收数据流，再传递给计算单元进行处理，计算单元就像过滤器一样，多个计算单元形成一个管道，数据流经管道被逐一处理。最后再传递给输出程序，输出程序将数据发往目的地。目的地可以是数据库、消息队列、离线数仓，也可以是另外一个实时计算平台等。

例如，要计算公司的当日交易情况，传统的做法是 T+1 日计算 T 日的数据汇总。管理者只能在第二天看到第一天的汇总情况，包括总订单数、总成交金额、总退款数等。而采用实时计算的方式，就可以在每笔交易发生时进行计算，管理者几乎可以实时地查看这些数据指标。

实时计算流程如图 10-4 所示，包含以下 3 个步骤。

（1）当用户下单、支付时，将对应的业务数据输入实时计算平台。

（2）实时计算平台接收到数据后，在内存中累计订单数和订单金额，再将数据输出到数据库中。

（3）用户通过报表系统查询该数据，了解实时数据变化。

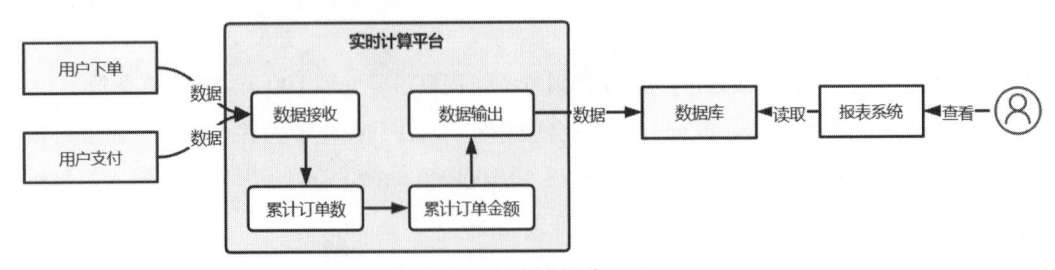

图 10-4 实时计算流程

如果数据产生的速度较快，则实时计算平台可能没有能力处理，甚至造成服务器宕机。往往需要借助 Kafka 队列的高吞吐量、消息堆积的能力来接收数据，如图 10-5 所示。其次是实时计算平台可采用窗口机制（固定窗口、滑动窗口、Session 窗口），一次性处理一个区间段内的数据，或者将数据积累到一定的数据量再进行处理，提高处理效率。

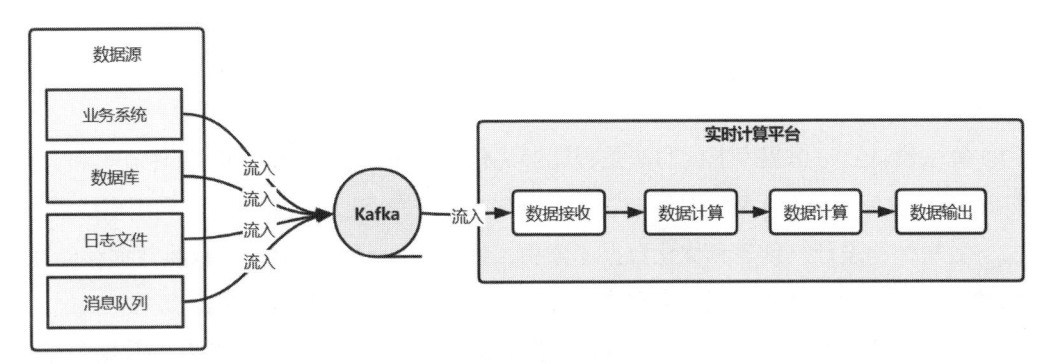

图 10-5　Kafka 数据缓冲

10.2 大数据查询设计

一旦数据量巨大就会面临查询速度慢的问题，这种情况往往有两种处理思路：从前向后处理和从后向前处理。从前向后是按产品设计、数据结构设计、算法设计的顺序进行，而从后向前则正好相反，如图 10-6 所示。

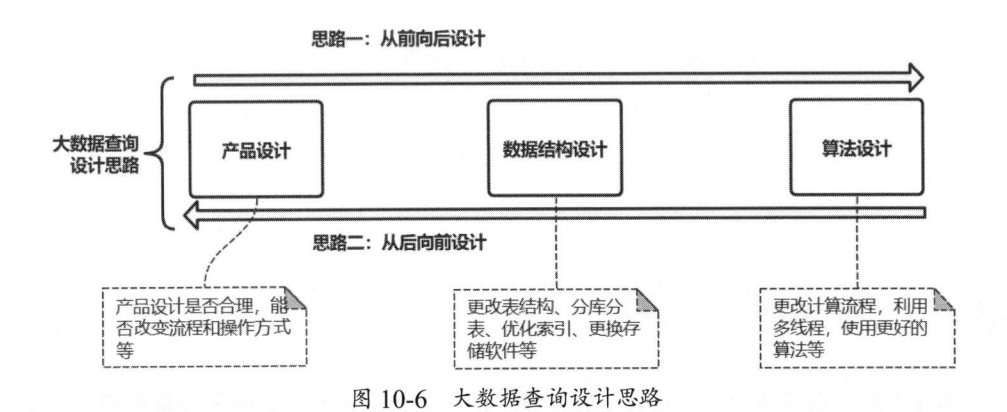

图 10-6　大数据查询设计思路

从前向后处理程序改动大、开发速度慢，但是效果最好，一劳永逸。从后向前处理方式的特点是见效快，但是并不能从根本上解决问题。

1. 从前向后的优化方案

从前向后的优化方案，首先考虑产品设计是否合理，是否可以在不丧失用户易用性的同时提高查询效率。例如，要求用户必须限定数据的查找范围、必须录入订单号等；然后再考虑数据的存储采用哪种数据库、哪种数据结构；最后考虑使用什么样的算法和执行流程。

2. 从后向前的优化方案

在系统开发初期企业往往忽略数据量的变化，导致数据越来越多，当数据积累到一定程度之后，发现已经在短时间内查询不出需要的数据了，这时才想起来进行优化，采用的正是从后向前的优化思路。

（1）算法设计：考虑程序上的写法是否能够优化，如采用更合理的程序处理流程和算法，是否能够减少与数据库的交互次数，是否能够更多地在内存中完成运算，是否可以利用多线程。

（2）数据结构设计：创建和优化数据库索引，优化 SQL 语句。是否可以将数据存储在 Redis 等内存数据中以提高查询速度，是否需要进行分库分表，是否需要修改表结构，等等。

（3）产品设计：是否可以改变用户查询数据的流程和条件，减少一些耗时的数据项显示，让产品设计尽量利用主键字段、分片字段、索引字段进行查询，减少范围查询、模糊查询和关联查询。

大数据查询优化常用的设计有如下几种。

（1）分区表优化：利用数据库自带的分区表功能进行优化，将数据分散到不同分区内存储。例如，将订单数据按照年份分区，根据用户查询的订单时间范围，精确到某个分区内查询，提高查询速度。

（2）分库分表优化：分区表无法解决连接数和单数据库实例处理性能不足的问题，因此可以采用分库分表的方式优化，可参见 2.2.2 小节。

（3）数据冗余优化：进行合理的数据冗余，减少跨库查询和跨库关联。

（4）数据转储优化：定期地将数据转入历史表，只允许用户查询近 3 个月、近 6 个月、近 1 年的数据，从而减小查询数据量。

（5）实时计算优化：对于数据的 count、sum、avg 等聚合分组运算十分耗时，可以采用提前计算的方式，在数据产生时就进行累计。

10.3 大数据导入设计

大数据导入的特点有两个：一是数据的行数多；二是数据量不大，但是每行每列的数据都需要大量的关联校验和计算。

1. 大数据导入流程

大数据导入流程如图 10-7 所示，可以抽象为以下 4 个步骤。

（1）加载数据：从数据文件中读取数据，加载到内存中，等待处理。

（2）读取数据单元：先逐行读取数据，再逐列处理数据，每个被处理的最小数据单位称为数据单元。

（3）校验数据单元：校验数据单元的合法性，如是否可为空、是否重复、是否符合关联数据校验等。

（4）插入数据库：将校验通过的数据插入数据库中，对校验不通过的数据记录错误原因。

图 10-7　大数据导入流程

2. 大数据导入优化

大数据导入优化如图 10-8 所示，可分为以下 4 个步骤。

（1）全流程异步化：对于大数据导入，如果采用实时交互的方式，则用户需要一直在页面中等待导入结果，超过 10 秒用户就已经无法忍耐了，因此这种方式是极其不现实的。采用异步导入的方式，用户上传数据文件后则立即返回成功，再提供导入进度查询功能，可以实时看到数据的导入进度、导入结果、数据校验失败的原因。

（2）分批次 / 分页加载：对于数量巨大的文件不应该一次性加载到内存中，而应按照数据量进行分批次、分页加载，避免造成内存溢出。

（3）多线程读取和校验：对于数据行的读取和校验采用多线程方式处理，避免使用双层 for 循环的方式逐条处理。

（4）多线程批量插入：避免逐条插入数据库，而是将经过校验的数据汇总成一个批次插入一次，提高插入性能。

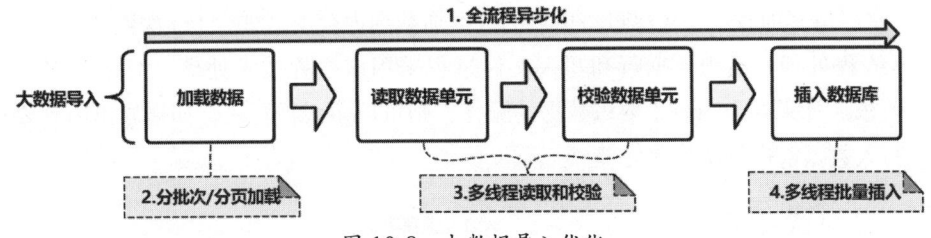

图 10-8　大数据导入优化

3. 大数据导入调优的建议

（1）尽量选用 TXT、CSV 等简单的、不带样式的文件格式，尽量避免使用 Excel，因为 Excel 具有更复杂的数据类型和单元格样式，会增加文件解析时的额外损耗。

（2）单表数据导入时最好提前将文件中的主键字段有序排列，提高数据插入速度。

（3）单表数据导入时如果提前检查数据无误，则可暂时关闭数据库的唯一性检查、外键检查、自动提交设置，提高数据插入速度。

10.4 大数据导出设计

大数据导出的特点是数据量巨大，导出速度慢，并且容易内存溢出，对 CPU 和内存消耗都比较严重。

1. 大数据导出流程

大数据导出流程如图 10-9 所示，可以抽象为以下 4 个步骤。

（1）读取数据库：根据用户的导出条件查询数据，由于要在海量数据中查找数据，因此这个部分往往是最耗时的。

（2）加载到内存：采用分页加载的方式将数据放入内存，避免内存溢出。

（3）组织行数据：按照导出格式要求组织每一行的数据，包括顺序、样式、格式等。

（4）写入文件：将数据写入磁盘文件中。

图 10-9　大数据导出流程

2. 大数据导出优化

大数据导出优化如图 10-10 所示，可分为以下 4 个步骤。

（1）全流程异步化：与大数据导入相同，用户发起导出后则立即返回成功，再提供导出进度查询功能，可以实时看到数据的导出进度、数据量、耗时、导出条件等。

（2）大数据查询：读取数据库优化，优化数据的查询速度，可参见 10.2 节。

（3）一次尽量多加载：一次尽量将更多的数据加载到内存中，减少 I/O 次数。

（4）多线程处理：组织数据行和写入文件过程采用多线程技术处理，但是一定要注意数据写入顺序的要求。如果导出内容不要求数据的顺序，则可以多线程写入。如果导出内容要求数据的顺序，则在写入数据前进行队列化处理。

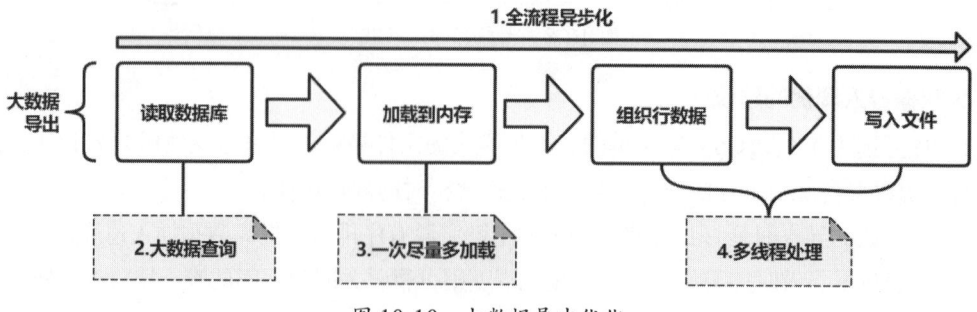

图 10-10　大数据导出优化

3. 大数据导出调优的建议

（1）尽量选用 TXT、CSV 等文件格式，避免使用 Excel，节省大量格式设置的耗时。

（2）单个文件承载数据量有限，如果单个文件过大，读写性能就会极大地降低，用户也难以查看，因此可以拆分为多个"小文件"，然后打包为压缩文件，供用户下载。

（3）尽量避免对数据进行排序，无论在数据库查询还是文件写入过程中都比较耗时。

10.5 章节练习

1. 大批量数据处理的核心思想是什么？

（1）分片处理：将海量的数据切分为多份小批量的数据进行并行处理，提高处理速度，再将这些处理结果汇总为最终结果。首先将数据按照一定的算法进行水平切分，然后由多个服务器、多个进程去处理，最后将结果进行汇总。

（2）实时计算：将数据的计算提前，在数据产生和变化过程中就进行处理，并不是等产生了海量数据之后再进行处理。所以，实时性更好，复杂度也更高。

2. 使用线程数越多，数据的处理速度越快吗？

多线程能够提高程序的并发能力，但是并不一定能够提高数据的处理速度，多个线程会轮流抢占 CPU 资源。这会带来大量的线程上下文切换开销，造成线程被频繁地挂起和唤醒，因此在单 CPU 的服务器上开启多线程处理海量数据，不一定能够带来性能的提升，反而会使性能下降。而在多 CPU 的服务器上才能更好地利用多线程的计算能力，但是也并不是开启的线程数越多越好。

3. 分库分表一定可以解决海量数据查询的性能问题吗？

这种说法是不准确的，应该说合理地使用分库分表才能够提高海量数据的查询性能。例如，分库分表后，对于跨分区查询、排序查询、分组查询都会导致性能严重下降。而如果按照分片字段进行查询，将要查询的数据集中在一个分区之内，则确实可以提高海量数据的查询性能。

4. 海量数据的导入和导出为什么建议使用 TXT、CSV 等格式的文件？

主要目的是避免在数据类型转换、展现样式这些非必要内容上增加程序负担。例如，导出 Excel 往往需要设置单元格的数据类型、字体、颜色、表格线等内容，而这些内容与数据本身的准确性并无关联，反而会浪费大量的计算时间，拖慢导入和导出速度。

5. 对于海量数据的处理完全是一个技术问题吗？

答案是否定的。海量数据的处理是一个综合性问题，关系到产品设计、需求的理解、存储方式、程序算法、物理硬件等多个方面。当遇到性能瓶颈时，首先需要思考的并不是从程序上做优化，而是先要考虑产品设计的合理性，需求理解的正确性，再考虑技术方案的可行性，避免在错误的道路上越走越远。这是技术型思维和产品型思维的重大差异,任何问题应该先从上层论证其合理性,再考虑其实施细节,这也是很多开发人员很难转变的思维方式。

10.6 案例设计

1. 场景案例题:电商订单查询优化设计

某电商系统在发展早期并没有过多考虑数据量上涨速度问题,现订单表中已有上亿条订单数据,导致用户订单查询缓慢,数据难以统计分析,对系统性能有严重影响,问题表现如下。

(1)每个用户都可以查询自己的全部订单,但是查询缓慢,经常超时。

(2)每个用户都可以查看自己的消费账单,包括消费类别(吃、穿、住、行)和对应的消费金额,按照月份进行统计,但是查询缓慢,经常超时。

如果您作为企业的系统架构师,会怎样解决这个问题,需要考虑哪些内容?

2. 设计思路指引

(1)第一种方式为不改变系统原有功能设计,而是从单纯技术角度进行优化。

① 保持单表,检查订单表的索引是否建立得合理完整,用户主键、订单日期是否已经增加索引。如果索引缺失,则需要对上亿条数据创建索引,这是十分缓慢的。这个过程会锁表,导致用户无法正常下单,还不如新建空表,创建合理索引,再进行数据迁移。

② 改为分区表,将订单表按照用户 ID 建立分区表。

③ 账单数据需要按照月份、消费类别进行分组计算,不应该以 SQL 语句汇总查询,而是应该建立专用的月份账单表,专门记录用户各月的账单数据。每产生一笔订单,则在月份和订单类别维度上进行追加。

④ 进行分库分表,将订单表和账单表按照用户 ID 维度进行拆分,从而保证一个用户的订单查询都维持在一个数据库中。

(2)第二种方式为优化系统功能设计。

① 将订单查询功能按照状态分为多个功能,如未支付订单查询、待收货订单、已收货订单、全部订单查询。

② 全部订单查询可分为近 3 个月或近 1 个月的订单查询,以及历史全部订单查询功能,缩小查询范围。

③ 数据进行定期转储,将 3 个月订单进行转储,放置在专门的查询库中。

④ 月度账单按照异步计算的方式,每产生一笔订单,增加一笔订单数量和消费金额。

第 11 章

批处理调度架构设计

批处理调度是系统架构中不可缺少的部分，大量的业务场景需要它去完成，如以下几个场景。

（1）每天上午 9 点给当天过生日的用户发送一条祝福短信。

（2）每天凌晨 1 点对前一天的账户资金往来进行清算。

（3）每月 1 号对上个月的数据进行汇总计算，并生成 PDF 报告，邮件发送给相关人员。

（4）每天 0 点对当日未支付的订单进行作废处理。

（5）每天凌晨 1 点计算用户的账户利息。

（6）每天上午 10 点给逾期还款的用户发送还款提醒短信，催促还款。

（7）每隔两分钟刷新一次用户积分排名。

批处理属于计算密集型业务，如果程序开发不合理，则很容易导致性能问题，如 CPU 负载过高、I/O 负载过高、内存溢出等问题。同样也可能导致服务器资源无法被充分利用，数据处理缓慢等问题。

11.1 批处理调度并不是简单的循环

批处理和调度是两件事。批处理是一个执行单元，负责完成具体的业务逻辑，如发送短信、计算账单等，而调度是一个控制单元，负责决定批处理什么时候执行，怎样执行，是执行一次还是多次，是串行还是并行，等等。因此，调度通常是由一个中心架构完成，而批处理可以是一个分布式架构。批处理和调度的关系如图 11-1 所示。

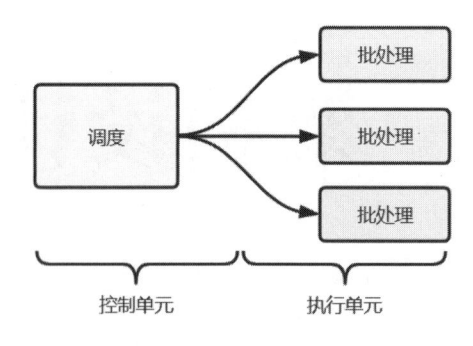

图 11-1 批处理和调度的关系

1. 批处理调度的触发方式

批处理调度的触发方式有两种：事件触发和时间触发。虽然时间也可以归纳为一种特殊的事件，但是在日常应用中时间触发的场景要更多一些，因此分为两种更加便于理解。批处理调度的触发方式如图 11-2 所示。

（1）事件触发：以用户操作或数据状态变化为触发条件。

① 用户在系统功能中触发。例如，财务人员点击"记账检查"按钮，触发账务明细检查批处理的执行。

② 根据数据状态的变化自动触发。例如，当账务明细检查合格后，自动触发财务报表生成批处理，并直接生成报表，发送给各部门负责人。

（2）时间触发：以时间为任务的触发条件，可以是固定的某个时间点，也可以是按照一定的时间频率循环。

① 执行时间精确到年月日时分秒，并且只执行一次。例如，2030 年 12 月 31 日 12 点 23 分 59 秒准时执行。

② 以固定的时间频率执行。例如，每月 1 日的 9 点至 12 点，每隔 30 分钟执行一次。再如，每天 23 点 30 分执行一次等。

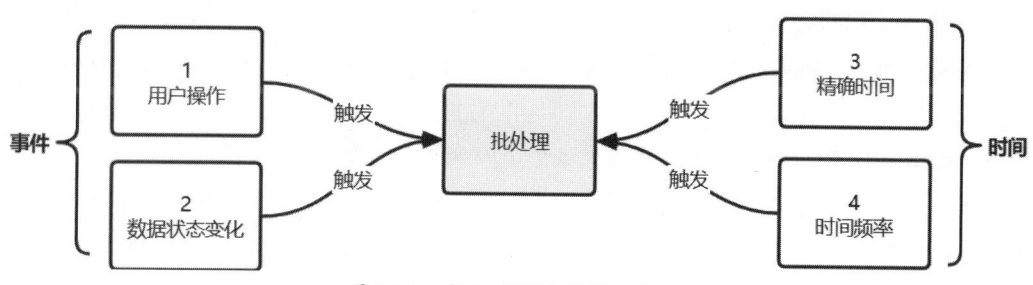

图 11-2　批处理调度的触发方式

2. 选择使用批处理调度的情形

批处理的优点是大量数据集中批量处理，因此处理效率较高，对 CPU 具有较高的利用率；缺点是实时性较差，执行时间较长。因此，对于实时性要求较高的业务最好使用实时计算框架，而不是批处理调度框架。批处理属于密集计算型程序，往往对 CPU 和内存的要求较高。

如果是大量数据需要集中处理，并且具有明确的时间点和数据状态要求，则应该采用批处理调度。

3. 批处理绝对不是简单的循环处理

很多人认为批处理就是对数据进行简单的循环处理，做法过于简单，其实还需要考虑怎么让它执行的速度更快，怎么让数据处理得更加精准，怎么避免故障，等等。这就是架构设计中需要重点关注的执行效率、处理性能和可用性问题。

假如用循环的方式分别处理 100 条、1 万条、100 万条、1000 万条、1 亿条数据，每条数据的处理逻辑都相同。如果处理一条数据耗时 10 毫秒，则需要分别耗时 1 秒、100 秒、2.78 小时、27.78 小时、277.78 小时。当处理 1000 万条数据时，需要耗时 27.78 小时，超过了一天时间，这是无法接受的。而如果处理一条数据耗时 10 秒，则处理 100 万条数据就要耗时 278 小时（约 11.6 天），这更是无法接受的。

因此，绝对不能用单纯的循环思维来做批处理。数据的处理速度是评价批处理最重要的指标之一，批处理调度的架构方式有 4 种：单机批处理、集群批处理、分布式批处理和流水线批处理，4 种方式各有优缺点和使用场景，下面就来逐一讲解。

11.2 单机批处理架构设计

单机批处理调度是调度单元和批处理单元均部署在同一台服务器上，所有任务的执行完全集中在一台服务器上，部署简单，开发方便，小型项目足以支撑。但是，它的计算能力有限，并且可用性较差，如果出现宕机或批处理进程异常停止，则将导致任务没有执行。

虽然单机批处理调度有很多缺点，但是它依然是使用最多的架构方式，集群架构和分布式架构都是单体架构的延伸，因此对于单机批处理中的调度与执行分离设计、串行与并行设计必须有比较深入的理解。

批处理的执行步骤如图 11-3 所示，可以抽象为以下 5 个步骤。

（1）开启任务：用户通过页面操作或按照时间频率定时触发批处理，同时记录开启时间、状态等任务数据。

（2）获取运行参数：可以从批处理程序外部传入，也可以从数据库、缓存中读取，也有很多情况是在程序中硬编码的固定参数。参数可以作为确定数据范围的口径，也可以用于控制数据处理的流程。

（3）提取源数据：根据参数提取目标数据，可以从数据库、文件等多种存储中获取。这些数据是程序处理的基准，决定了处理范围的准确性和处理性能。

（4）处理数据：对源数据进行加工处理，以实现最终的业务目标，有串行和并行两种实现方式。数据处理程序编写的合理性在很大程度上决定了批处理的执行效率。

（5）结束任务：记录任务的结束状态、结束时间等信息，并释放资源。

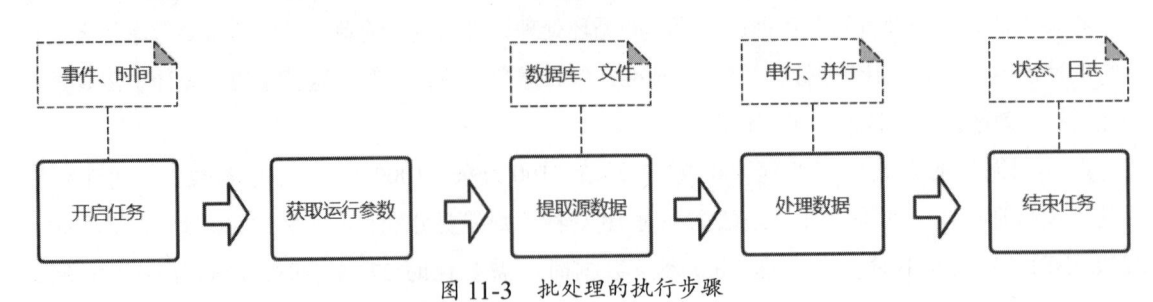

图 11-3　批处理的执行步骤

11.2.1 调度与执行分离设计

技术人员在开发时经常将调度定义与批处理程序放在一起，如将其定义在配置文件上，或者程序注解上，耦合性较大。如果需要调整批处理的运行时间、运行方式等，就需要改动代码或配置文件，甚至需要重启服务，并且需要维护每个批处理项目的配置、代码等。例如，公司内有 10 个项目，那么就可能有 10 个批处理系统，分别处理各自系统的业务。它们分布在不同的 IP 地址，都有不同的运行时间和运行参数，可能都采用了不同的批处理框架。

因此，应该将调度单元与执行单元分离，即将调度定义与批处理程序相互分离，如图 11-4 所示。整个过程分为任务定义、加载任务和执行任务 3 个步骤。将任务的配置信息存储在数据库中，任务执行前先进行任务定义的加载，再开始执行任务。

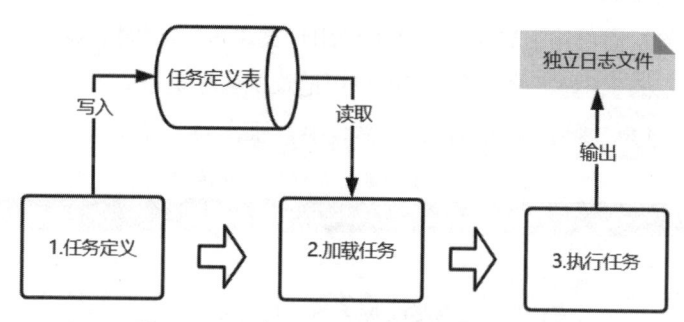

图 11-4 调度定义与批处理程序相互分离

1. 批处理调度存储设计

任务定义表、任务执行日志表、任务日志文件，三部分存储就可以构成一个比较简单的单机批处理设计。

（1）任务定义表：将批处理调度任务抽象为一条数据存储，表结构如表 11-1 所示。

表 11-1 任务定义表的结构

字段	说明
任务 ID	唯一的任务标识
任务名称	任务的描述
任务说明	任务具体作用的详细说明
任务分组	多个任务可以处于一个分组
上级任务 ID	定义任务的依赖关系
触发方式	1 事件触发，2 时间触发
时间表达式	执行时间频率的表达式
执行器表达式	批处理程序单元的入口定义。可以执行 JavaBean、Groovy、Python、Shell 等，依据具体的实现方式配置
默认执行参数	批处理执行程序所需要的入口参数
执行地址	任务执行的 IP 地址
状态	1 启用，2 停用

（2）任务执行日志表：存储任务的启动、停止、状态等信息，表结构如表 11-2 所示。

表 11-2 任务执行日志表的结构

字段	说明
日志 ID	数据主键
任务 ID	具体执行的哪一个任务
开始时间	任务启动的具体时间
执行参数	任务执行时所使用的参数
结束时间	任务结束的具体时间
任务状态	1 进行中，2 成功结束，3 异常结束，4 中断
任务状态描述	对任务状态的具体描述，例如，异常结束时记录具体的异常原因，中断执行时记录为什么中断（人为中断还是任务丢弃）

（3）任务日志文件：对于每次任务的执行，都采用一个独立的日志文件进行记录，文件的名称就是日志 ID，这样就可以直接定位批处理执行的任何问题。

2. 批处理调度示例说明

每天晚上 7 点，给所有信用卡逾期超过 2 天的用户发送短信，短信内容为"您尾号××××的信用卡账单已逾期××天未还，为了避免影响您的信用记录，请尽快还款"。

（1）对任务进行抽象，将其定义到任务定义表中，如表 11-3 所示。

表 11-3 任务定义表数据存储示例

字段	说明
任务 ID	TASK001
任务名称	逾期催缴短信任务
任务说明	给所有信用卡逾期超过 N 天的用户发送短信
任务分组	CARD_GROUP，便于分组任务的分组管理和分组运行，可以不使用
上级任务 ID	NULL，不需要依赖其他任务的执行
触发方式	2 时间触发
时间表达式	0 0 19 * * ? Cron 表达式，代表每天 19 点执行一次
执行器表达式	Batcher.overdueSms（Java 中的 Bean 方法），也可以去调度执行 Groovy、Python、Shell 等，依据具体的实现方式确定
默认执行参数	2 逾期两天的参数
执行地址	10.33.45.78，只在这个 IP 地址的服务器上执行
状态	1 启用

（2）加载任务。

在应用程序启动时首先获取本机 IP，然后从任务定义表中加载相同 IP、状态为启动的任务。这样就确保了每台服务器都加载自己职责范围内的批处理任务，从而达到了任务定义的统一管理和维护。

例如，有两条任务定义，如表 11-4 所示。

表 11-4 任务定义数据示例

任务 ID	任务名称	状态	执行地址
TASK001	逾期催缴短信任务	1 启动	10.33.45.78
TASK002	生日祝福提醒任务	1 启动	10.34.35.38

则运行在 10.33.45.78 的服务只会加载属于自己的 TASK001 任务。同理，运行在 10.34.35.38 的

服务只会加载 TASK002 任务。

（3）执行任务。

① 开启任务：按照事件频率，每天晚上 7 点启动批处理程序，记录任务的启动状态和启动时间，任务执行开始日志数据示例如表 11-5 所示。

表 11-5 任务执行开始日志数据示例

日志 ID	任务 ID	参数	开始时间	结束时间	任务状态	状态描述
2030010201	TASK001	2	2020/10/30 19:00:00	NULL	1	进行中

② 获取运行参数：传入参数逾期天数 2，如果要给逾期超过 5 天的人发送短信，则传入参数 5 即可。

③ 提取源数据：查询所有账户状态为逾期，并且逾期天数大于参数 2 的所有账户数据，得到一个数据集合。

④ 处理数据：循环处理这些逾期账户数据，获取信用卡尾号和已经逾期的天数，组装为完整短信，或者以短信模板的形式发送至短信平台发送短信，并记录每个逾期账户催缴短信的发送时间、状态等数据，用于数据追查和避免重复发送。

⑤ 任务结束：记录任务的结束状态、运行时长、结束时间等信息，任务执行结束日志数据示例如表 11-6 所示。

表 11-6 任务执行结束日志数据示例

日志 ID	任务 ID	参数	开始时间	结束时间	任务状态	状态描述
2030010201	TASK001	2	2020/10/30 19:00:00	2020/10/30 19:20:00	2	成功结束

⑥ 在磁盘上存储一个名为 2030010201.log 的批处理执行日志文件，用于问题的排查。

3. 任务调度动态调整

任务调度动态调整设计如图 11-5 所示。如果管理人员需要启动、停止任务的执行，或者修改任务的执行程序、执行 IP 等，则可以先通过调度器修改任务定义表，然后再发出通知给执行器，通知执行器重新加载任务定义配置。执行器加载最新配置后，刷新本机内存中的任务信息，按照新的任务定义执行任务。

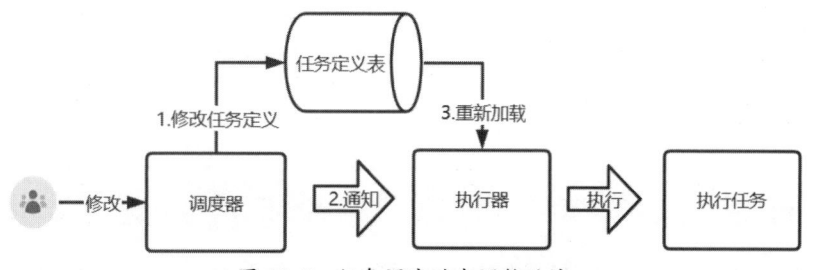

图 11-5 任务调度动态调整设计

调度器与执行器分离的这种思想可以为程序解耦，调度与执行相互分离，在集群模式和分布式模式中也需要采用此种设计。

11.2.2 串行与并行设计

对数据的处理过程是批处理的核心步骤,执行效率的高低也直接取决于此。对数据的处理方式主要有两种:串行处理和并行处理。

(1)串行处理。串行处理是对目标数据进行循环,然后进行逐条处理,其程序逻辑简单,执行时长完全取决于循环次数(n)和单条数据的处理时长(t),总耗时为 $n \cdot t$。

(2)并行处理。并行处理是对目标数据采用异步线程池的方式进行并行处理,其程序逻辑复杂,需要考虑结果汇总、线程安全等问题,执行时长取决于数据量(n)、线程的数量(m)和单条数据的处理时长(t),理想条件下的总耗时为 $n/m \cdot t$。

例如,有 100 万条数据需要处理,每条数据的处理时长为 1 秒,则串行处理需要 100 万 ×1= 100 万 (秒)。如果采用 10 个线程并行处理,则只需要 100 万 /10 × 1=10 万 (秒),速度提升了 10 倍。

但是,由于并发编程和业务的复杂性,因此并不是所有任务都可以选择并行处理,往往有时还需要先串行,再并行,再串行。那么,到底应该选用哪种方式,如何选择实现方案呢?

首先需要对业务数据量有准确的认识。根据经验,如果数据小于 5 万条,则基本都可以选择循环串行的方式处理。如果数据大于 5 万条,就需要考虑并行模式。但是,这也并不精准,最精准的是经过时间复杂度的计算,处理一条数据的时长乘总数据量,预估出串行的运行时长,如果时间太长,则进行并行优化。

根据时间复杂度的公式,串行耗时为 $n \cdot t$,并行耗时为 $n/m \cdot t$,因此想要提高批处理的执行效率,有以下 3 种选择。

(1)降低数据量:数据量由业务决定,一般是不可以减少的。

(2)增加线程数:一个服务器能够开启的线程数也是有数量限制的,而且并不是线程数量越多,性能就一定越高,当达到服务器能承受的压力临界点之后,性能就会急剧下降,这时必须提升服务器配置,即更高的 CPU、内存及更好的存储设备。所以,需要找到线程数的合理取值范围,而不是一味地增加线程数。

(3)降低单条数据的处理时长:通过优化算法、程序逻辑、索引和 SQL 语句,让每条数据的处理时长尽量缩短。

11.3 集群批处理架构设计

集群批处理调度是指任务的执行在同一时间点,只有一台服务器在工作,而不是所有批处理节点都在运行。集群批处理本质上也属于单机批处理，它的目的是提高批处理系统的可用性，以及故障转移的能力。但是，它却没有提高批处理系统的计算能力，对资源存在较大的浪费。

例如，每日计算账户利息的批处理系统因为故障宕机了，导致所有账户的利息都没有计算，这就是很严重的事故。集群架构就是为了保证批处理可用性而存在的，它加入了对于批处理服务器资源的管理。

1. 集群批处理注册和故障转移

可以利用资源唯一性来进行争抢注册，从而提高可用性。集群批处理注册流程如图 11-6 所示。批处理集群采用服务注册的思想，在服务启动时各自将自己的服务信息注册到调度中心中，包括自己的机器 IP 地址、服务名称、访问端口等。然后由调度中心选定一个节点作为 Master 节点，其他两个节点作为 Slave 节点。同一时间只有 Master 节点在执行任务，其他两个节点处于空闲状态。

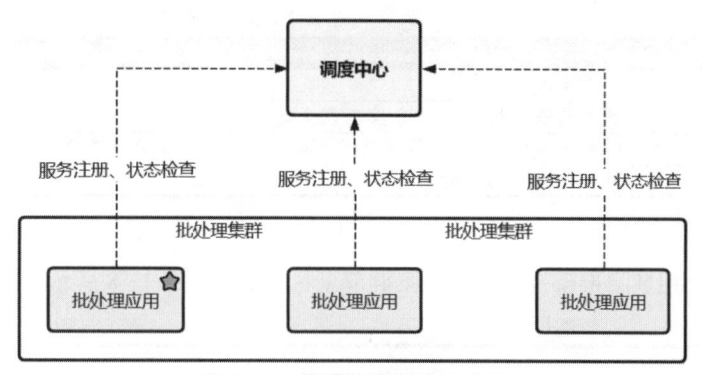

图 11-6 集群批处理注册流程

集群批处理故障转移流程如图 11-7 所示。调度中心与各个节点同时保持状态检查机制，可以采用主动或被动的心跳检查机制。当调度中心发现主节点故障时，就可以将其他节点标记为 Master 节点，从而完成故障转移，由新的 Master 节点接管任务的执行。当原 Master 节点故障恢复之后，再注册到调度中心变为从节点，从而保持了批处理集群的可用性。

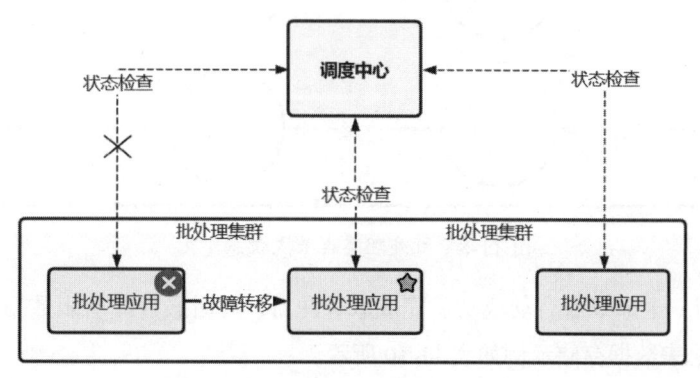

图 11-7 集群批处理故障转移流程

2. 存储结构设计

（1）服务注册表：记录集群节点的最新状态，表结构如表 11-7 所示。

表 11-7 服务注册表的结构

字段	说明
服务 ID	主键
服务名称	服务的唯一名称，相同服务可以注册多个节点
节点 IP	节点运行 IP 地址
节点端口	节点运行端口
节点状态	Master 节点、Slave 节点、Down 节点（宕机）
主节点权限获取时间	作为主节点的开始时间
最后心跳检查时间	最后一次心跳检查的发生时间
最后心跳检查状态	最后一次心跳检查的结果，成功还是失败

（2）服务状态日志表：记录服务节点的迁移轨迹，表结构如表 11-8 所示。

表 11-8 服务状态日志表的结构

字段	说明
日志 ID	日志主键
服务 ID	服务的唯一标识（服务注册表主键）
事件类型	1 注册，2 宕机，3 节点选举，4 主动下线，5 被动下线
发生时间	事件发生的具体时间

3. 示例说明

使用 3 台服务器组成集群架构，批处理集群节点状态变化如图 11-8 所示。

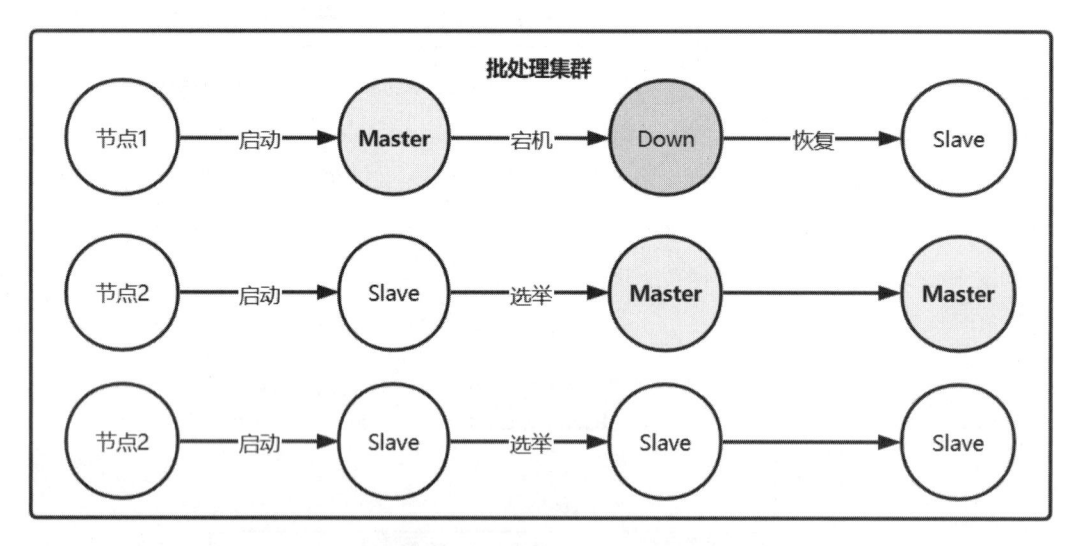

图 11-8 批处理集群节点状态变化

（1）服务注册：全部节点启动成功后完成服务注册，此时服务注册表数据存储示例如表 11-9 所示，服务状态日志表数据存储示例如表 11-10 所示。

表 11-9 服务注册表数据存储示例

服务 ID	服务名称	节点 IP	节点端口	节点状态	主节点权限获取时间	最后心跳检查时间	最后心跳检查状态
1	JOB	10.1.10.1	8009	Master	2020/10/30 10:10:01	2020/10/30 10:10:20	正常
2	JOB	10.1.10.2	8009	Slave	NULL	2020/10/30 10:10:22	正常
3	JOB	10.1.10.3	8009	Slave	NULL	2020/10/30 10:10:23	正常

表 11-10 服务状态日志表数据存储示例

日志 ID	服务 ID	事件类型	发生时间
2020103001	1	1 注册	2020/10/30 10:10:20
2020103002	2	1 注册	2020/10/30 10:10:22
2020103003	3	1 注册	2020/10/30 10:10:23

（2）心跳检查：各个服务与调度中心节点进行心跳检查，每次检查成功或失败则更新服务注册表的最后心跳检查时间和最后心跳检查状态字段。当某个节点在连续多次的心跳检查失败之后，就会被标记为 Down 节点，代表节点宕机。

例如，Master 节点经过 10 次心跳检查依然失败，则标记为 Down 节点，注册表数据变化示例如表 11-11 所示，日志表数据变化示例如表 11-12 所示。

表 11-11 注册表数据变化示例

服务 ID	服务名称	节点 IP	节点端口	节点状态	主节点权限获取时间	最后心跳检查时间	最后心跳检查状态
1	JOB	10.1.10.1	8009	Down	2020/10/30 10:10:01	2020/10/30 10:20:20	失败

表 11-12 日志表数据变化示例

日志 ID	服务 ID	事件类型	发生时间
2020103004	1	2 宕机	2020/10/30 10:20:20

（3）开始重新选举：将其中一个 Slave 节点变更为 Master 节点，并获得批处理执行权限，注册表数据变化示例如表 11-13 所示，日志表数据变化示例如表 11-14 所示。

表 11-13 注册表数据变化示例

服务 ID	服务名称	节点 IP	节点端口	节点状态	主节点权限获取时间	最后心跳检查时间	最后心跳检查状态
1	JOB	10.1.10.1	8009	Down	2020/10/30 10:10:01	2020/10/30 10:20:20	失败
2	JOB	10.1.10.2	8009	Master	2020/10/30 10:20:22	2020/10/30 10:20:22	正常
3	JOB	10.1.10.3	8009	Slave	NULL	2020/10/30 10:10:23	正常

表 11-14 日志表数据变化示例

日志 ID	服务 ID	事件类型	发生时间
2020103005	2	3 节点选举	2020/10/30 10:20:22

（4）原主节点恢复：当宕机的服务恢复之后自动发起注册，变为从节点，注册表数据变化示例如表 11-15 所示，日志表数据变化示例如表 11-16 所示。

表 11-15　注册表数据变化示例

服务 ID	服务名称	节点 IP	节点端口	节点状态	主节点权限获取时间	最后心跳检查时间	最后心跳检查状态
1	JOB	10.1.10.1	8009	Slave	2020/10/30 10:30:01	2020/10/30 10:30:20	成功
2	JOB	10.1.10.2	8009	Master	2020/10/30 10:20:22	2020/10/30 10:20:22	正常
3	JOB	10.1.10.3	8009	Slave	NULL	2020/10/30 10:10:23	正常

表 11-16　日志表数据变化示例

日志 ID	服务 ID	事件类型	发生时间
2020103006	1	1 注册	2020/10/30 10:30:22

4. 批处理运行的任务接续运行

当某个服务节点宕机之后，如果任务还没有运行，则直接由接管服务运行即可。但是，如果原节点已经处理了部分数据，剩余部分数据未处理，或者部分数据处于中间状态，那么接续运行的新 Master 节点如果不做特殊处理就容易造成重复处理。这是在处理器中需要重点考虑的问题，因此不能获取到目标数据之后就开始处理，而是先要进行状态判断，哪些可以处理，哪些不能处理需要仔细辨别。

业务要详细记录状态迁移过程。例如，前面所说的续期短信发送的批处理，一定要设计一张业务日志表，包含如下字段：用户 ID、处理时间、发送状态（0 未处理，1 处理中，2 处理完成，3 处理失败）。当发生 Master 节点迁移时，需要查找所有未处理的数据进行继续处理，而不能查询所有数据。

11.4 分布式批处理架构设计

无论是单机批处理架构还是集群批处理架构，每个节点都只能处理相同的数据。集群批处理架构虽然解决了可用性问题，但是存在大量的资源浪费，无法充分利用计算资源。因此，可以利用集群批处理架构的优势，将架构再次升级为分布式批处理调度架构。

1. 分布式批处理调度

去中心化架构，每个节点都同时在工作，可以执行相同的任务，也可以执行不同的任务。可以相互协作完成大批量数据的计算，对于系统的可用性和计算能力都有较大提升。

分布式批处理调度架构如图 11-9 所示。调度中心为唯一的控制中心，也可以部署多台服务器达到高可用的目的，主要用于服务的注册、节点选举、任务定义、任务调度。每个分片节点都只处理一部分数据，提高数据处理效率。每个分片节点与其他两个节点又组成一个集群架构，使用选举模式，保证每个节点可以故障转移。

这种架构适用于大型的业务处理，为了不浪费服务器资源，每个从节点同时又可能是其他批处理任务的主节点，从而提高了资源复用性。

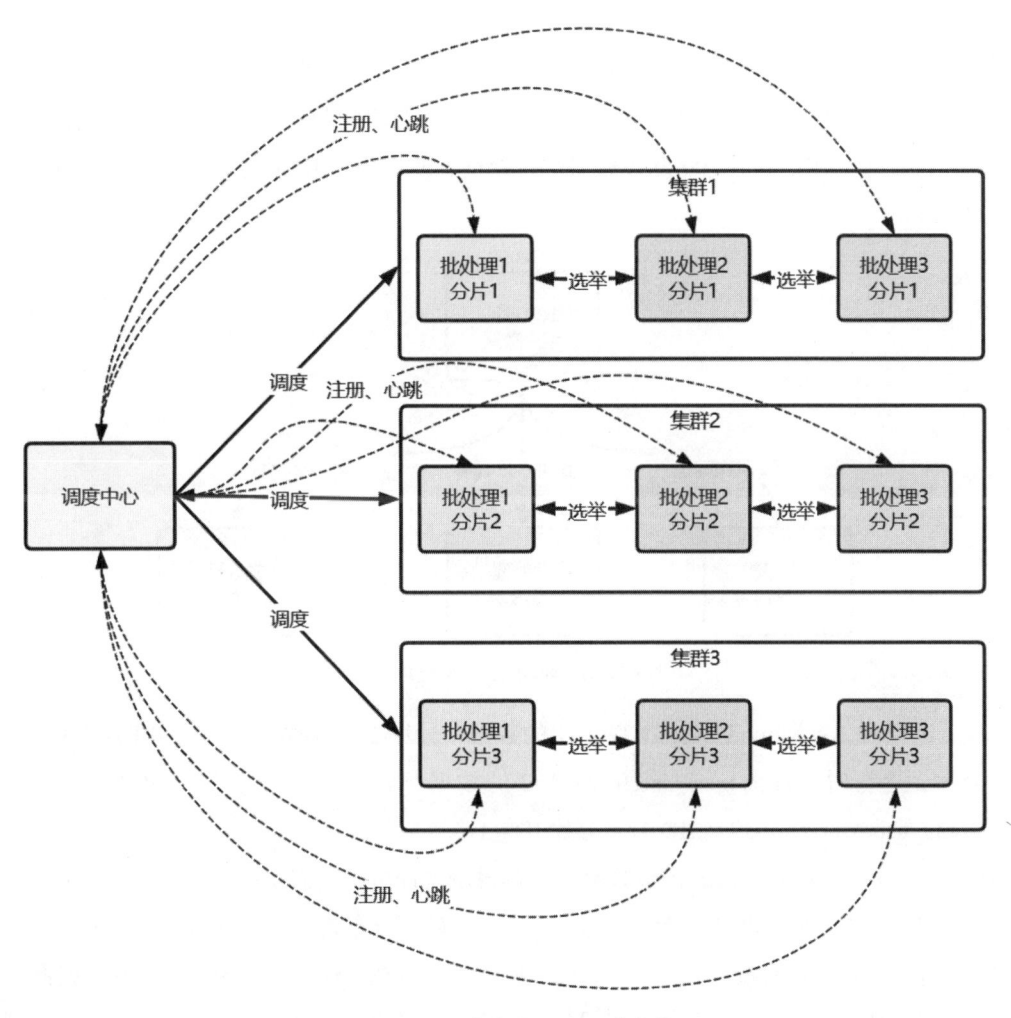

图 11-9　分布式批处理调度架构

2. 数据分片处理

无论是单机架构还是集群架构，都具有单机处理性能瓶颈问题，一台服务器跑不动就使用两台服务器跑，两台服务器跑不动就使用四台服务器跑，让批处理服务也支持无限的水平扩展能力，这就是分布式批处理调度架构的思想。

例如，一个任务需要处理 1000 万条数据，第一种方式是开启 100 个线程在一台服务器上运行。第二种方式是分配到 3 台服务器上，每台服务器上启动 100 个线程处理，那么同时就会有 300 个线程处理一个任务，执行效率自然会有较大的提升。如果计算能力不够，就可以继续增加服务节点，从而扩充计算线程数,这些服务节点就是批处理分片节点。

分片节点处理数据要保证数据不能重复处理,如果直接将集群架构的每个节点都运行起来,程序上没有任何改动,就会造成重复处理。

例如,给 100 万个用户发送生日祝福短信,为了提高效率启动了 3 个节点进行处理,每个节点都查询到 100 万条用户数据,然后并行或串行去处理,就会导致每个用户都可能收到 3 条短信。

批处理分片处理思想如图 11-10 所示,本质上与分库分表的分片思想相同,将一份海量数据分而治之地进行处理。例如,对 100 万条数据进行处理,使用用户 ID 对分片数量取余,从而得到数据处理的节点。

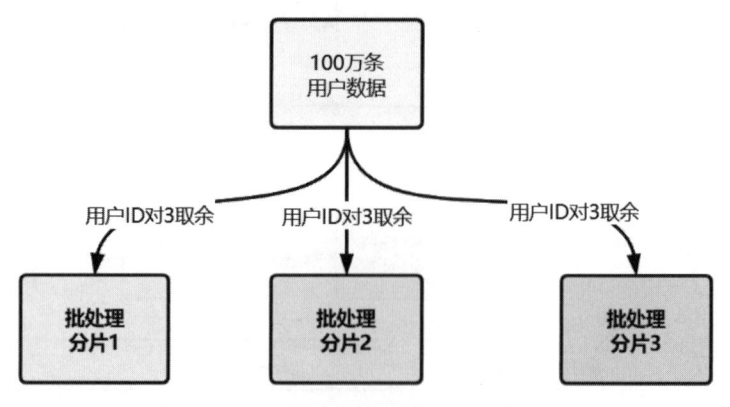

图 11-10 批处理分片处理思想

分片 1 运行时,查询 mod(UserID,3)+1=1 的数据;分片 2 运行时,查询 mod(UserID,3)+1=2 的数据;分片 3 运行时,查询 mod(UserID,3)+1=3 的数据。如果是 SQL 语句提取数据,则语句为 select * from t_user where mod(UserID,3)=(分片 ID – 1)。

如果用户 ID 不为整数,则进行整数哈希运算再取模即可,当需要扩充 1 个服务节点时,只需要对 4 取模即可,数据会自动进行流动以达到平衡。这就是分布式分片计算的核心思想。

数据分片的思想可以直接拿过来使用,除了哈希取模算法,还可以按照范围分片、按照时间分片、按照类型分片。例如,一个分片节点只处理男性用户数据,另外一个分片节点只处理女性用户数据。这些都可以在程序设计阶段进行灵活的处理。

3. 前置分片与后置分片设计

对数据进行分片的位置不同也具有不同的效果,可以分为前置分片和后置分片。

(1)前置分片。前置分片是在数据产生时就对数据进行切分,会在数据表中增加分片字段,并对该字段创建索引。分片节点运行时直接根据分片字段获取数据即可。前置分片对于分片程序的开发更为简单,处理速度也更快一些,缺点是需要维护额外的分片字段或索引表。

（2）后置分片。后置分片是数据产生时对原始数据不做任何处理，也不需要维护额外的分片字段和索引表，而是各个分片节点获取数据时再进行筛选，往往无法充分利用索引。

4. 数据切片方法

对于海量数据的处理，推荐采用前置分片的处理方式，能够带来更好的性能。前置分片主要有两种数据切片方法：分片字段数据切片和索引表数据切片。

（1）分片字段数据切片。

例如，同样是 100 万条用户数据，可以将每 10 万条用户数据分为一组，每组统一生成一个分片编码，如表 11-17 所示。

表 11-17 用户分片数据示例

用户 ID	姓名	生日	证件号	分片编码
1	张三	2020/10/1	9898199	S1
2	李四	2020/10/2	8748928	S2
3	王五	2020/10/3	7818093	S3

如表 11-17 所示，业务表需要增加分片编码字段，各批处理节点只要根据分片编码去获取自己要处理的数据即可。例如，批处理节点 1 只处理分片编码为 S1 的数据，批处理节点 2 只处理分片编码为 S2 的数据。

（2）索引表数据切片。

分片字段会改变业务表的结构，需要增加分片编码字段。还可以利用索引表的方式进行数据分片，这种方式对系统没有侵入性，目的是在业务数据和分片标志之间形成关联，更加有利于开发框架级的程序组件，索引表可以设计为表 11-18 所示的结构。

表 11-18 索引表的结构

字段	说明
目标表	需要分片的目标表
目标主键	目标表的主键数据
分片标志	分片编码
处理状态	0 未处理，1 处理中，2 处理成功，3 处理失败，4 需更新处理

同样是 100 万条用户数据，不改变原有用户表结构，采用索引表的存储方式，如表 11-19 所示。

表 11-19 索引表数据存储示例

目标表	目标主键	分片标志	处理状态
t_user	1	S1	0 未处理
t_user	2	S2	0 未处理
t_user	3	S3	0 未处理

当批处理节点进行数据处理时，只需要将索引表和原数据表进行关联筛选即可，对原数据表结构无侵入性，为了提高效率，也可以将索引表存储在内存中，或者列式存储数据库中。

5. 分布式批处理调度的问题

分布式批处理调度存在以下问题。

（1）数据一致性问题：由于每个分片集群只处理部分数据，怎样保持数据更新的一致性是一个难点问题，可能造成部分数据处理成功，部分数据处理失败的情况，这需要详细的日志记录和消息预警能力的支撑。因此，批处理调度架构需要与预警体系、日志体系、消息体系联合使用形成更加完整的系统闭环。

（2）分布式事务问题：数据在不同的分片中处理，原来的单机模式可以保证整个处理流程处于一个事务中。而现在被拆分到不同的事务中，这时就要进行取舍，保持强事务还是柔性事务。

分布式批处理调度架构闭环设计如图 11-11 所示。一个完整的分布式批处理调度架构并不是孤立存在的，而是要与监控、消息、日志等服务打通，形成整个架构闭环。

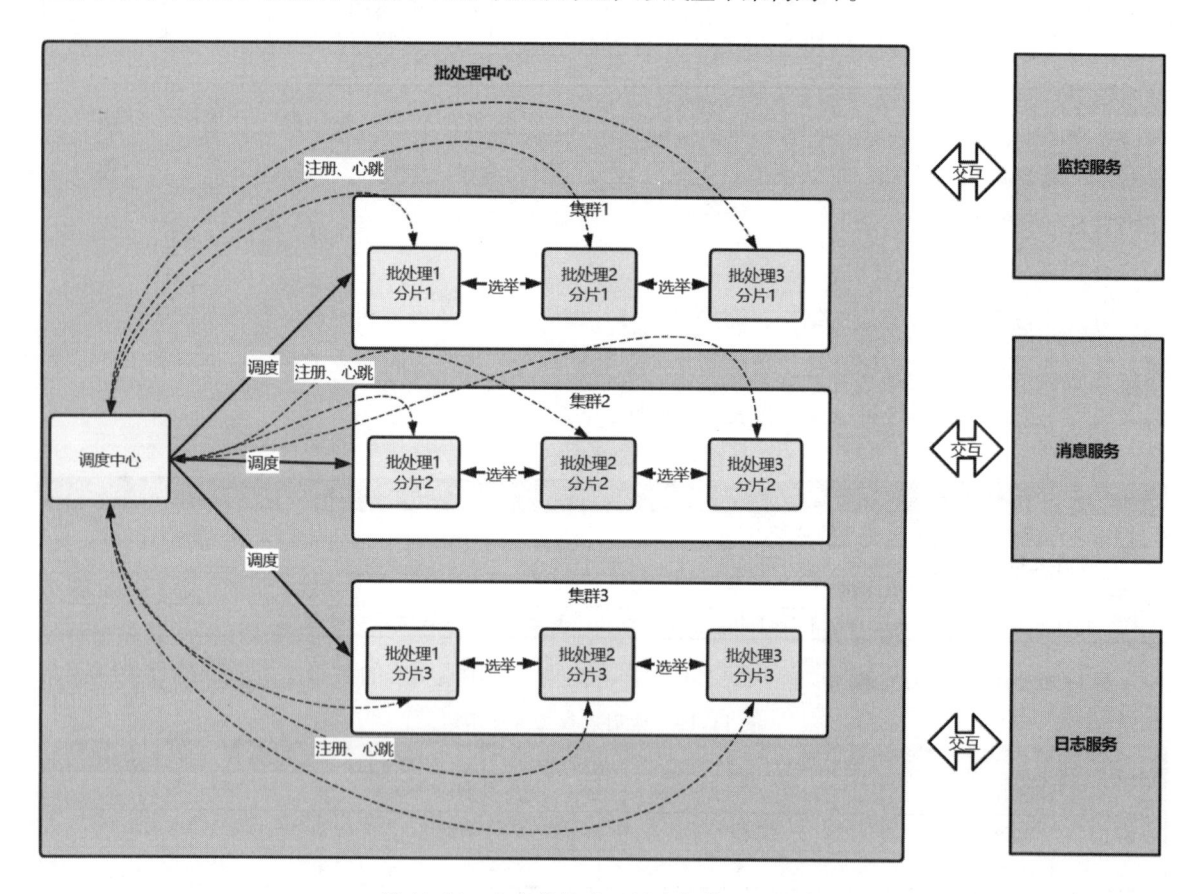

图 11-11　分布式批处理调度架构闭环设计

11.5 流水线批处理架构设计

每个批处理的运行时长都具有不确定性，有的时间长，有的时间短。技术人员经常会用时间的先后顺序去设计业务流程，把一个业务拆分为多个步骤，按照时间的先后顺序依次执行。

例如，每天 13 点给用户发送账户余额提醒短信，拆分为 3 个批处理任务执行。任务 1：每天 11 点执行目标用户信息提取和准备。任务 2：每天 12 点进行数据整合。任务 3：每天 13 点进行短信发送。

但是，如果到了 12 点，任务 1 还未运行结束，就会造成任务 1 和任务 2 相互重叠，造成任务 2 处理的数据缺失，或者运行出错。

可以使用流水线批处理架构设计来解决这些问题，当批处理业务逻辑比较复杂时，就不得不对服务流程进行拆分。类似于写代码一样，要包含很多的分支结构、依赖关系、调用关系。

批处理逻辑流程化思想如图 11-12 所示。将一个大而完整的程序拆分为多个单元，不同的执行单元之间按照流程运转，不会出现任务重叠和执行错乱的问题，有时串行，有时并行，有时判断，有时汇总。每个执行单元都可以是一个批处理任务节点，这就是流水线批处理架构的设计思想。

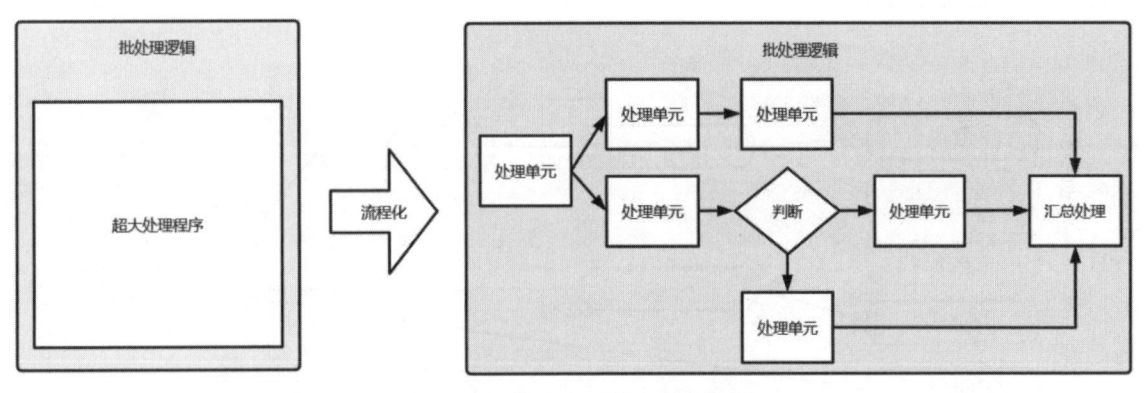

图 11-12 批处理逻辑流程化思想

流水线批处理架构的实现方式有两种：（1）构建树形依赖结构；（2）与工作流相结合。

1. 构建树形依赖结构

如表 11-1 所示，任务定义表设计了任务 ID 和上级任务 ID 字段，其作用就是为了构建树形的依赖结构。

批处理任务树如图 11-13 所示，将一个复杂的批处理任务拆分为多个子任务，相同层级的子任务可以并行执行。任务的加载顺序为从根节点到子节点，而调度顺序为从子节点到父节点。

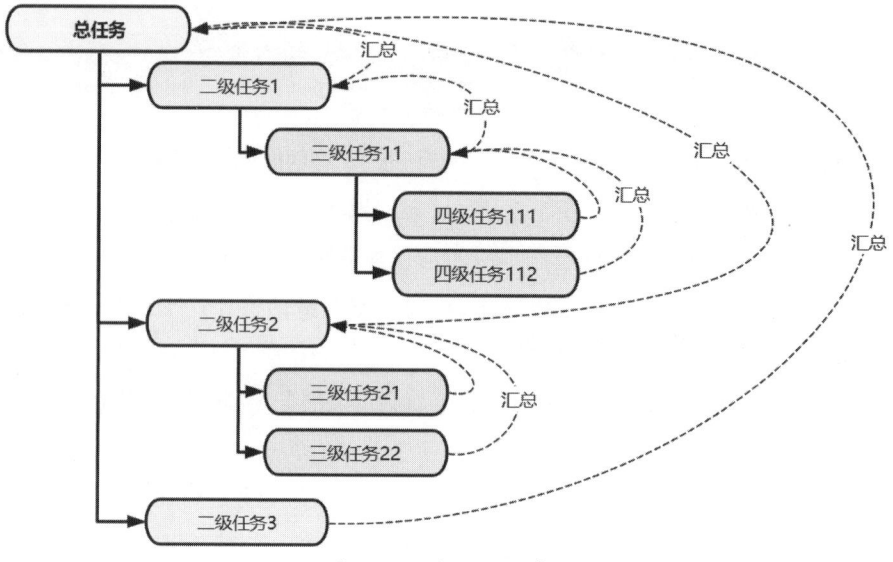

图 11-13 批处理任务树

批处理任务树执行顺序如图 11-14 所示，是从子节点开始执行，将结果汇总到父节点再执行，经过逐级汇总，直到所有任务的结果均汇总到根节点即运行结束。这种运行模式与 Master Worker 模式和 Fork Join 模式类似。

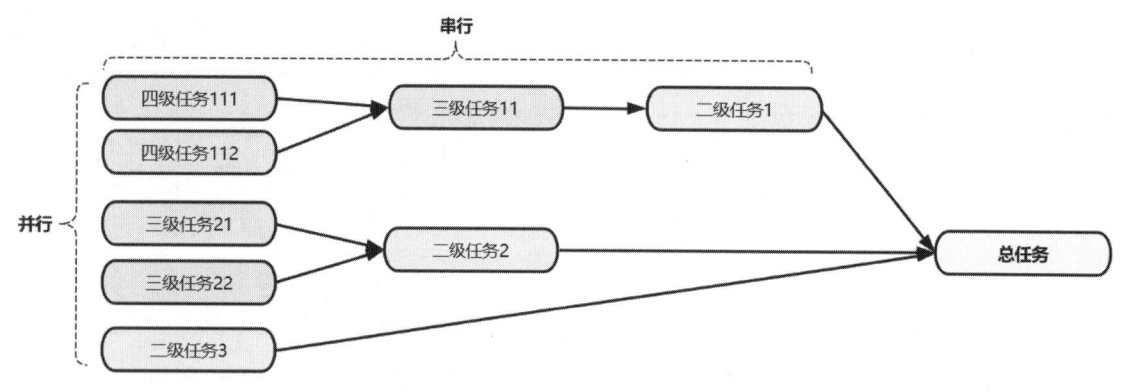

图 11-14 批处理任务树执行顺序

2. 与工作流相结合

由于工作流具有标准化的流程控制，因此可以直接借助工作流将任务流程化。批处理工作流样例如图 11-15 所示，思想是将批处理任务绘制为工作流，可以并行、串行、按照条件选择分支运行、合并结果等。利用工作流的特点可以加入人机交互的节点、消息通知的节点等，让整个流程的定义、运行都可视化。

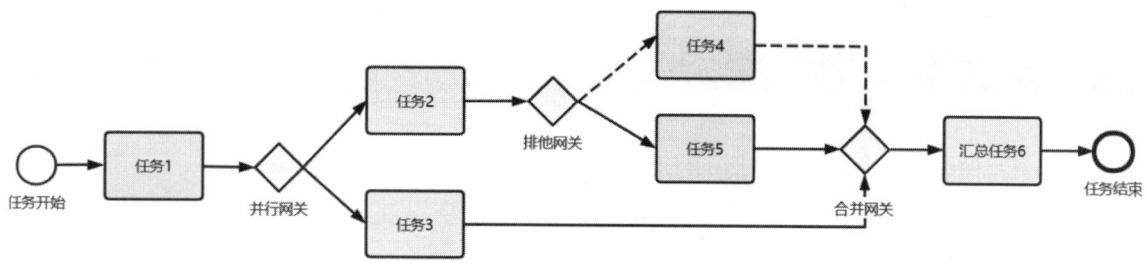

图 11-15　批处理工作流样例

无论是树形结构还是工作流，每个节点都是一个独立的程序处理单元。它们可以不断地复用，组合成不同的业务场景、不同的流程，这也是流水线批处理的一大亮点。

架构设计越复杂完整，灵活性越高，但是维护难度越大，出错概率也越大。做架构设计一定要摒弃非此即彼的思维，结合不同的场景，选择不同的架构设计才是明智之举。

11.6　章节练习

1. 批处理调度都有哪些触发方式？

（1）事件触发：由用户的操作事件触发执行或由程序事件触发执行。

（2）时间触发：在具体的时间点，以某种频率触发执行。

2. 调度框架的控制器（调度器）和执行器的作用分别是什么？

控制器进行调度的定义（执行时间、频率、触发方式、执行参数、执行方式等），任务的启动、停止、挂起、暂停等。执行器负责具体任务的执行和数据的处理，它可以采用单机、集群、分布式等多种方式部署。任务可以在一个执行器中运行，也可以分散到多个执行器中一起运行。

3. 单机批处理和集群批处理的异同点是什么？

集群批处理本质上也属于单机批处理，两者的共同点是在同一时间点，只有一台服务器在工作，而不是所有批处理节点都在运行，因此处理性能上并没有提升。集群批处理的目的是提高批处理执行节点的可用性，当有节点宕机时能够快速选举出健康的节点，接替任务的执行。而单机批处理一旦宕机，就无法继续工作，必须人为介入。

4. 分布式批处理的优缺点是什么？

分布式批处理采用的是分片并行的处理思想，每个节点处理的都是不同的数据，从而降低了每台服务器处理的数据量，加快了数据的处理速度。但是，同样引入了分布式架构的诸多问题，增加了实现的复杂性，数据一致性难以保证，引发了分布式事务问题。

11.7 案例设计

1. 场景案例题：基金公司资产情况月度账单设计

某大型基金公司系统，每个月都要给每个用户发送一封资产情况说明邮件，总用户量为 3 亿，功能需求如下。

（1）每个月的 1 月 1 日 0 点开始向每个用户发送其上个月的资产情况说明邮件。

（2）资产情况说明中包括用户的资产余额，以及上个月资金的转入、转出和收益情况。

（3）每封邮件除账户姓名、账户号、资产数据不同外，其他的样式和风格均相同。

（4）3 亿封邮件必须在 3 天之内发送完毕，否则可能会引起投诉。

如果您作为企业的系统架构师，会怎样进行系统设计，需要考虑哪些内容？

2. 设计思路指引

（1）由于每个月 1 月 1 日 0 点开始，因此需要以定时调度的方式执行。

（2）每个用户的账单都需要先进行资产余额查询、上个月资金流动情况查询，再组装成具体的邮件内容，然后进行发送。

（3）3 亿封邮件在单机批处理下发送效率较低，所以要采用分布式的调度架构。每台服务器负责发送 2000 万封邮件，则需要 15 台服务器，分别处理部分用户数据。

（4）每台服务器都按照用户 ID 的区间或哈希值获取要处理的数据，避免出现数据的重复处理。

（5）邮件发送采用模板设计，业务系统只需要发送资产余额、资金流动数据给邮件系统即可。邮件系统使用这些内容组装成完整短信，再发送出去。

（6）邮件中不可以含有附件、大的图片等，应该让内容尽量精练，这样可以极大地减少网络带宽的占用。

第 12 章

系统配置架构设计

每个系统中都会有大量的配置文件或配置参数，它们控制着程序的方方面面。一个执行程序可能从配置文件、内存中读取配置信息，也可能在程序中硬编码某些配置参数，还可能从外部的数据库、缓存、其他服务中加载了配置。配置源的多样化就导致了标准不统一，随着项目的发展逐渐变得混乱，如图 12-1 所示。

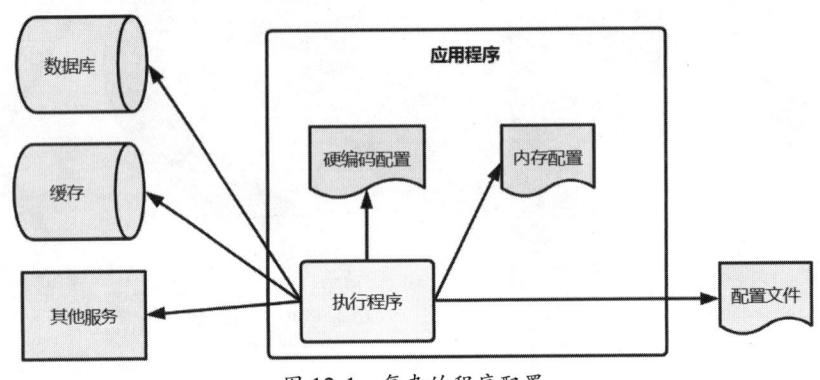

图 12-1　复杂的程序配置

技术人员经常遇到的问题就是，程序运行出了问题，不知道是少了哪个参数还是参数配置错误，也不知道这个参数到底配置到了哪里，往往需要查看源码才能确定。这往往是因为系统没有对参数配置有严格的开发要求和设计。因此，配置管理的规范化、流程化，使用方式的统一化才是至关重要的。

采用怎样的配置方式需要根据业务需求、架构方式进行设计，不能一概而论，否则系统只允许使用一种配置方式就好了。例如，将所有的配置都放在文件中，不允许从其他地方获取参数，这显然是不可行的。

12.1　配置存储和加载策略设计

配置文件按照存储方式可以分为文件参数配置、内存参数配置和数据库参数配置 3 种。将参数硬编码在程序中属于内存参数配置的一种。

参数加载过程如图 12-2 所示，无论采用哪种存储方式，都是先将参数加载到内存中，再被程序使用。

（1）将参数信息存储到数据库中，在程序运行时根据条件查询数据库配置，再执行业务逻辑。优点是当需要调整执行参数时，修改数据库配置就可以立即生效。缺点是每次都要从数据库中查询，而参数信息并不属于需要频繁改动的内容，存在一定的资源浪费。

（2）将参数存储在指定的配置文件中，在程序启动时一次性加载文件中的内容。优点是速度快，程序每次执行时都是从内存中直接加载参数内容。缺点是当要修改参数配置时往往需要重启服务，或者将文件内容重新加载到内存中，才能使配置生效。

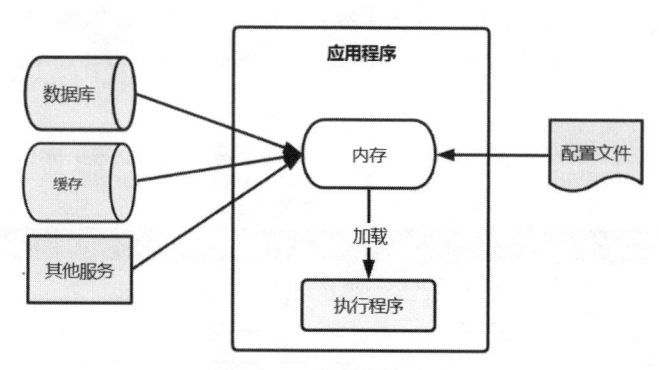

图 12-2　参数加载过程

业务参数与启动参数分离，将业务参数存储到数据库中，将程序启动依赖的参数放置在配置文件中。

独立应用和集群服务的配置对比如图 12-3 所示。如果将业务参数放置在程序的文件中，当要修改并刷新这个参数时，有以下两种方式：一是修改配置文件，然后将每个服务重启，重新加载配置文件内容；二是修改配置文件，不重启服务，而是刷新配置到内存中，避免重启。

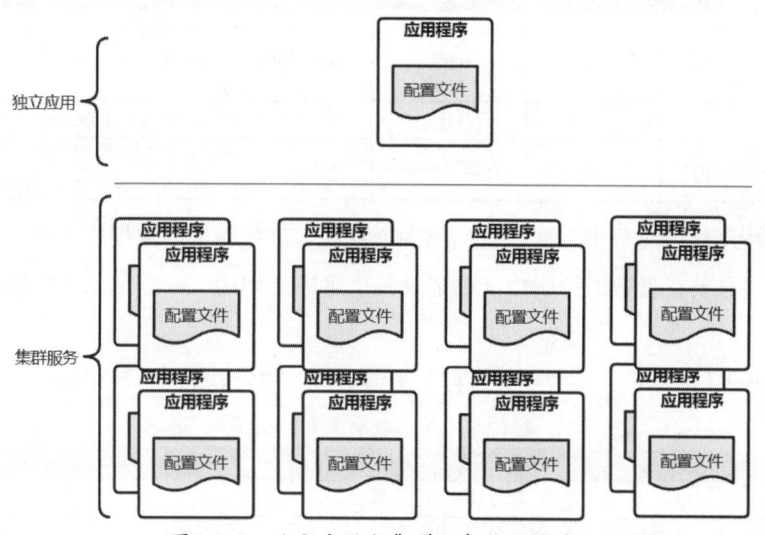

图 12-3　独立应用和集群服务的配置对比

看似第二种方式更好，其实不然。对于独立应用而言，两种方式复杂度基本相同，第二种方式不停机，业务不中断，显然更好一些。然而，对于集群服务却不是这样，图 12-3 中有 16 个服务节点，如果此时需要修改配置并重启服务，则只需要在源代码服务中修改一次，但需要重新发布 16 个服务。如果采用不停机修改配置文件的方式，则需要修改 16 个服务配置文件，然后刷新 16 个服务配置到内存中，依然很麻烦。

所以，尽量不要在配置文件中存储变化频繁的业务参数，而是将其存储到数据库中。

1. 参数存储关系表结构设计

由于参数使用的场景各不相同,因此参数个数、类型也不尽相同,怎样设计一个通用的关系型参数表结构呢?思想就是 Key-Value 存储模式,可以衍生出多参数配置设计和单参数配置设计两种表设计方法。

(1)多参数配置设计:一条数据保存多个参数值,表结构如表 12-1 所示。

表 12-1 多参数配置表的结构

字段	说明
参数 Key	唯一主键,也是参数查找的依据
参数值 1	参数值 1
参数值 2	参数值 2
参数值 3	参数值 3
参数值 4	参数值 4
参数值说明	详细地描述每个值的作用
状态	1 启用,0 停用

多参数配置的优点是一次性可以加载多个参数;缺点是容易造成混乱,需要详细的注释说明。多参数配置表数据存储示例如表 12-2 所示。

表 12-2 多参数配置表数据存储示例

参数 Key	参数值 1	参数值 2	参数值 3	参数值 4	参数值说明	状态
pay.sftp	10.1.1.2	22	user	password	支付 SFTP 服务,参数值依次为 IP、端口、用户名、密码	1 启用
test.flag	1	NULL	NULL	NULL	测试标志:1 测试,0 生产	1 启用
sms.code	SMS001	KA001	01M392SK	NULL	短信配置,参数值依次为短信编码、用户名、密码	0 停用

虽然可以在程序执行过程中一次性查询出多个参数,避免频繁的数据库交互,但是却需要准确使用各个字段,并且要在参数值说明中准确记录各个字段的作用,一旦记录不准确,后续运维将成为大问题。

(2)单参数配置设计:一条数据只保存一个参数值,表结构如表 12-3 所示。

表 12-3 单参数配置表的结构

字段	说明
参数 Key	唯一主键,也是参数查找的依据
参数分组	参数分组,多个参数可以属于同一个分组。用于一次性加载多个参数
参数值	参数值
参数值说明	详细地描述每个值的作用
状态	1 启用,0 停用

对于同样的参数存储会变为多条,使用不同的 Key 加以区分。单参数配置表数据存储示例如表 12-4 所示。

表 12-4 单参数配置表数据存储示例

参数 Key	参数分组	参数值	参数值说明	状态
pay.sftp.ip	pay.sftp	10.1.1.2	支付 SFTP IP 地址	1 启用

续表

参数 Key	参数分组	参数值	参数值说明	状态
pay.sftp.port	pay.sftp	22	支付 SFTP 端口	1 启用
pay.sftp.user	pay.sftp	user	支付 SFTP 用户名	1 启用
pay.sftp.password	pay.sftp	password	支付 SFTP 密码	1 启用
test.flag	test.flag	1	测试标志：1 测试，0 生产	0 停用

程序开发中提供统一的参数加载方法即可，可以根据 Key 精确加载某一个参数，也可以根据参数分组加载某一组参数。例如，可以通过 pay.sftp 加载所有支付 SFTP 所需的参数。

2. 参数项配置设计

参数表中存储的参数 Key 并不是可以随意编写的，而是需要先在参数项配置表中进行维护，否则很容易出现冲突及开发人员随意填写的情况，表结构如表 12-5 所示。

表 12-5 参数项配置表的结构

字段	说明
参数项 Key	主键，唯一定义一个参数，通常用英文简写分割
参数项说明	参数作用的说明
参数默认值	参数初始化时的默认值
参数约束	1 数字类型，2 字符串类型，3 日期类型，4 正整数，等等
参数状态	1 有效，0 无效

参数项配置表数据存储示例如表 12-6 所示。

表 12-6 参数项配置表数据存储示例

参数项 Key	参数项说明	参数默认值	参数约束	参数状态
pay.sftp.ip	支付 SFTP IP 地址	10.1.1.2	2 字符串	1 有效
pay.sftp.port	支付 SFTP 端口	22	4 正整数	1 有效
pay.sftp.user	支付 SFTP 用户名	user	2 字符串	1 有效
pay.sftp.password	支付 SFTP 密码	password	2 字符串	1 有效
test.flag	测试标志：1 测试，0 生产	1	1 数字类型	1 有效

3. 参数的加载方式

参数的加载方式可以分为实时加载、预加载和懒加载 3 种。

（1）实时加载：每次都从数据库或配置文件中读取一次配置，实时性最好，参数修改立即生效，但是对程序性能有一定影响，尤其是在高并发场景下对数据库的访问压力就会出现累加效应，不容忽视。

（2）预加载：在程序启动过程中一次性将所有参数加载到内存中，程序每次执行都从内存中读取参数，程序执行性能最高。但是，会加载一些无用参数，对内存空间造成一定的浪费，不过可以忽略不计。其次是当配置更新时需要刷新内存才可生效，实现上要更为复杂。

（3）懒加载：是一种介于实时加载和预加载之间的策略，只有当某一个参数被使用到时才会从数据库或文件中加载到内存中。当再次使用时无须再次加载，而是从内存中直接读取，懒加载兼顾了实时加载和预加载的优点。

这里比较推荐的加载方式是预加载，毕竟现在的硬件价格适中，并且配置数据并不会有巨大的数据量，一次性全部加载到内存中，提高程序的执行效率，是一种性价比更高的选择。

配置信息的存储主要采用 Hash 结构，如 HashMap<String, Config>，便于程序以最快的方式获取到参数，其中 Config 为配置对象。

12.2 配置信息多级缓存设计

配置信息的缓存加载设计如图 12-4 所示，为了减少与数据库的交互，需要将配置信息放置在距离执行程序更近的位置，可以加载到 Redis 等缓存中，也可以直接加载到应用服务的内存中。

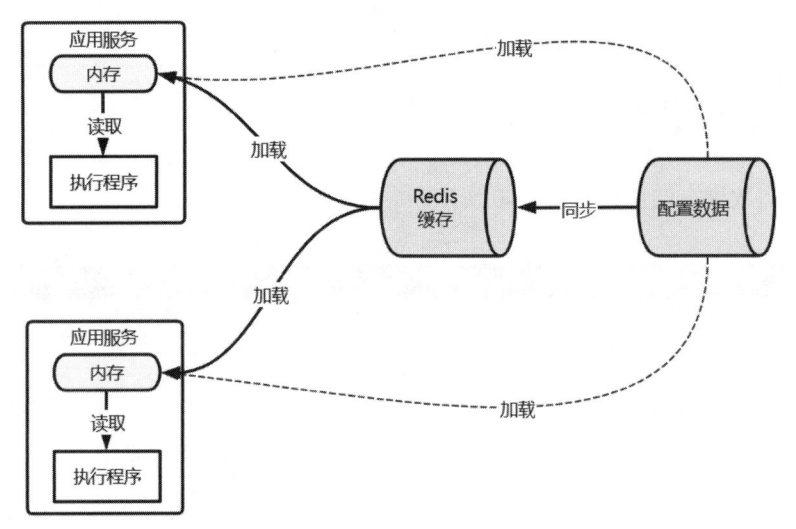

图 12-4　配置信息的缓存加载设计

1. 配置加载到 Redis 等缓存中

每次查询某个参数时，先在 Redis 等缓存中查找，如果不存在，则到数据库中查找，然后再同步到 Redis 等缓存中，这样下次使用同样的参数就不需要再查询数据库了。数据库是磁盘查找，而 Redis 等缓存是内存查找，速度自然快了一个数量级。

同时，Redis 等缓存可以进行配置共享，无论是集群还是分布式架构，只要有一个节点使用过这个参数，当其他节点再使用时，就不需要再查询数据库了。

Redis 缓存配置修改流程如图 12-5 所示。当数据库的参数修改之后，只需要将 Redis 缓存中的参数也进行修改，就可以确保集群中各个节点获取的都是修改后的参数。

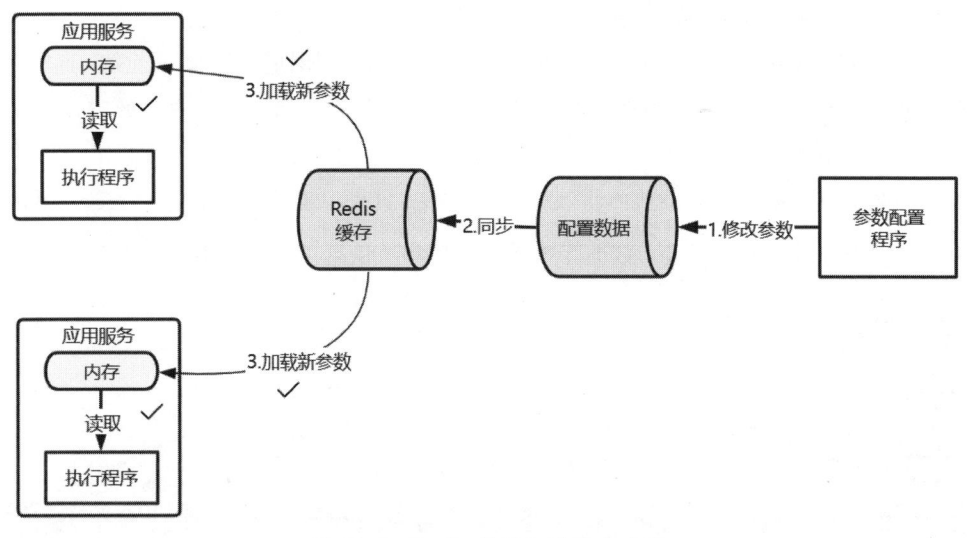

图 12-5　Redis 缓存配置修改流程

2. 配置直接加载到应用服务的内存中

在 Redis 等缓存中查找虽然加快了速度，但是依然要先建立连接，再读取参数。所以，可以进一步提高速度，就是直接将参数加载到应用服务的内存中。每次使用某个参数时，先从内存中读取（一般为 HashMap），如果找不到，则到数据库中查找，然后再同步到内存中，这样下次使用同样的参数就不需要再查询数据库了。

内存配置修改流程如图 12-6 所示。当数据库的参数修改之后，就要通知每个服务节点去覆盖最新参数信息或删除旧参数。如果节点数量较多（5 个以上），就很难保证每个节点都正常更新。如果某个节点没有正常更新，则会依然使用旧参数，导致程序执行逻辑不正确。

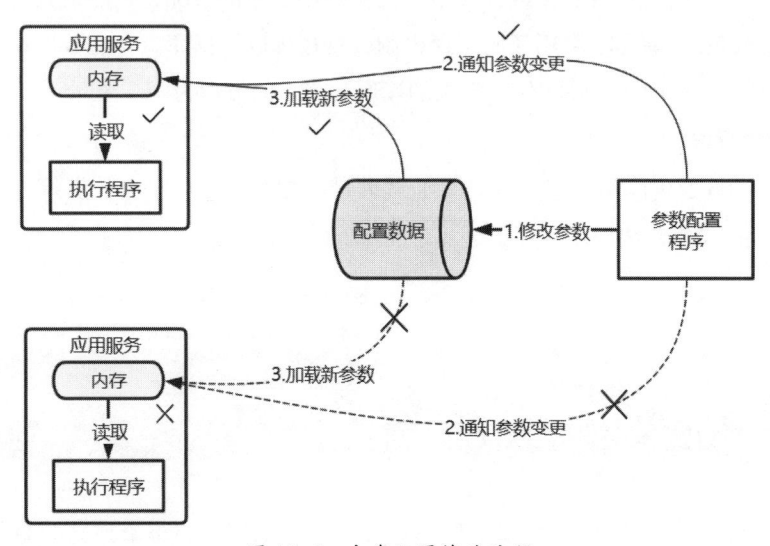

图 12-6　内存配置修改流程

3. 确保参数的一致性：重试机制和消息队列

为了确保参数的变化能够成功覆盖所有的服务节点，可以利用重试机制，当实时通知各个服务节点失败时进行自动重试，反复多次尝试失败之后，则触发消息预警，人工介入处理。

采用重试机制依然无法确保参数同步，毕竟无法永无止境地重试下去。如图 12-7 所示，可以利用消息队列的消息可靠性，将参数变化通知发送至消息队列。各个应用程序对参数变化主题进行订阅，当接收到消息后，可以直接去数据库中读取最新参数信息，再更新本地内存数据。

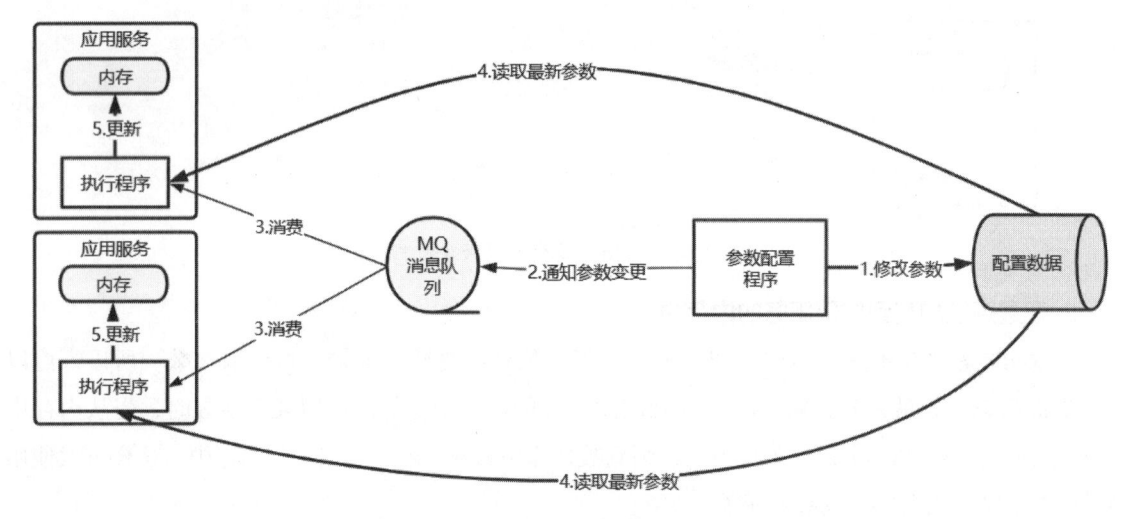

图 12-7　利用消息队列同步缓存

这个过程可以进一步简化，应用程序接收到参数更新消息后，直接将本地内存的参数删除，这样当程序再使用到这个参数时，就会自动去数据库中加载最新的参数数据。

无论哪种方式，都可能出现各个服务器节点的参数不一致的情况，只能最大程度地减少这种情况的发生，而无法避免，除非不利用任何缓存机制，直接读取数据库。一份数据在多个设备或节点中存储，就会出现一致性问题，除非保证数据的读取和写入的节点为同一个。

4. 多级参数缓存设计

对于 Web 或 App 原生应用，它们也需要加载大量的配置信息、字典数据等，可以使用多级缓存策略将参数存储的位置距离应用程序更近（参见 2.3.1 小节）。

12.3　分布式架构参数配置设计

第一种分布式配置管理架构如图 12-8 所示。在分布式架构中，每个独立的服务集群都有自己的参数缓存、参数配置数据表，数据表可以与各自的业务数据库放置在一起，无须独立。配置数据的加载、修改、同步过程与单体架构、集群架构相同。

这种架构的优点是隔离性较强，各个服务之间没有干扰，独立管理；缺点是需要耗费大量的服务器资源，配置管理比较分散，需要的运维管理人员也较多。同时，也可能造成设计和实现的不统一，订单、产品、支付服务的开发团队，都可能按照自己的意愿设计参数表结构、存储方式、加载方式，这对于系统结构的统一性并不友好。

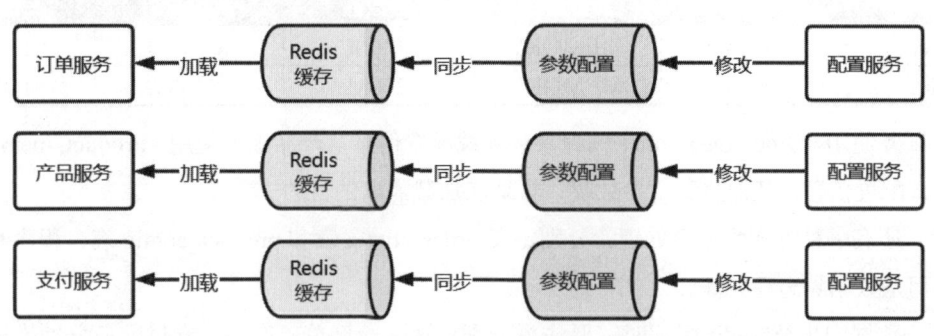

图 12-8　分布式配置管理架构（1）

第二种分布式配置管理架构如图 12-9 所示，采用集中式的配置服务、参数配置数据库。参数数据分别同步到不同的缓存中。各个服务集群分别从自己的缓存中加载配置数据。配置数据的加载、修改、同步过程与单体架构、集群架构也相同。

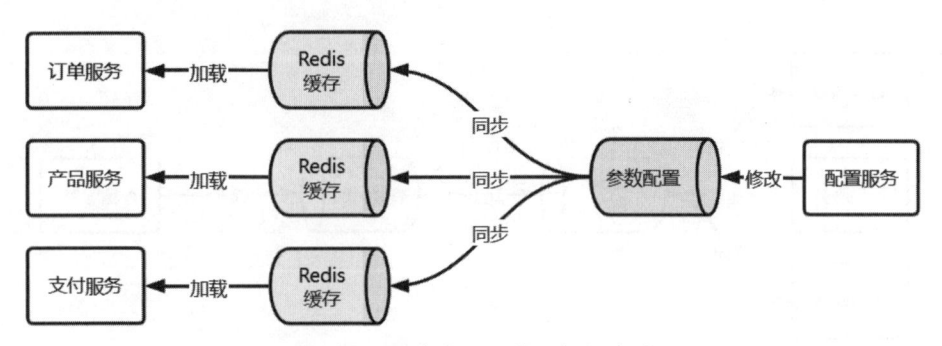

图 12-9　分布式配置管理架构（2）

这种架构的优点是参数数据集中存储、集中管理，降低了运维管理成本。同时，使用缓存服务进行数据隔离，提高了各自系统的稳定性。

需要注意的是，参数数据必须分割存储，分布式服务参数配置表的结构如表 12-7 所示。

表 12-7　分布式服务参数配置表的结构

字段	说明
所属服务	所属服务名称，如 Product 为产品服务、Order 为订单服务
参数 Key	也是参数查找的编码，与所属服务为联合主键
参数分组	参数分组，多个参数可以属于同一个分组。用于一次性加载多个参数

续表

字段	说明
参数值	参数值
参数说明	详细地描述每个值的作用
状态	1 启用，0 停用

分布式服务参数配置表数据存储示例如表 12-8 所示。

表 12-8 分布式服务参数配置表数据存储示例

所属服务	参数 Key	参数分组	参数值	参数说明	状态
Order	mem.min	MEMORY	100M	最小内存	1 启用
Product	mem.min	MEMORY	200M	最小内存	1 启用

订单服务使用 <Order, mem.min> 作为参数加载配置信息，产品服务使用 <Product, mem.min> 作为参数加载配置信息，从而达到了参数统一管理和加载隔离的目的。

当然，还有一种方式为分表处理，分别定义 order_config 表和 product_config 表，程序开发要复杂一些，但是数据隔离性更好。

配置表数据同步至 Redis 缓存时需要注意分别推送，给订单、产品、支付服务分别推送各自的配置信息。

第三种分布式配置管理架构如图 12-10 所示，采用集中式的配置服务、参数配置数据库、Redis 缓存。配置数据的加载、修改、同步过程与单体架构、集群架构也相同。这种架构的优点是参数数据集中存储、集中缓存、集中管理，最大程度地降低了服务资源的消耗，降低了运维管理成本。

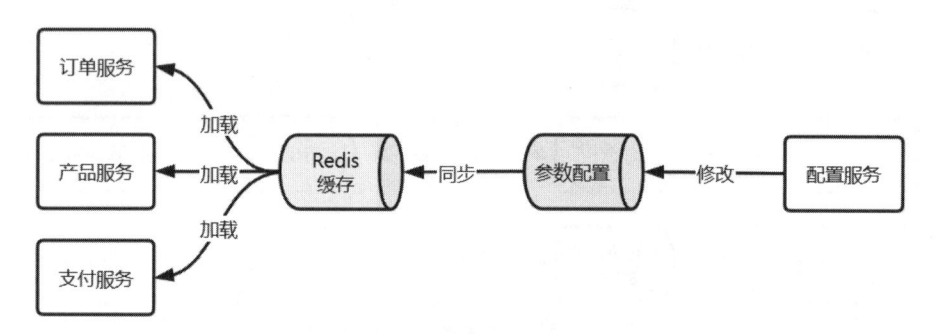

图 12-10 分布式配置管理架构（3）

相较于第二种架构方式，参数同步至 Redis 缓存的过程更加简单了，只是需要注意将服务名称和参数编码组合在一起作为参数的 Key，否则会产生冲突。例如，Order+mem.min、Product+mem.min 作为参数的 Key，起到数据隔离的作用。

微服务架构属于一种分布式架构，因此微服务配置中心本质上与分布式配置管理架构的第三种模式基本相同，只是将 Redis 缓存、参数配置、配置服务整合在了一起，对外提供统一的服务，如图 12-11 所示。例如，阿里巴巴的 Nacos 配置中心就是采用了 MySQL 作为参数的存储，而 Spring Cloud Config 配置中心就是采用了内存作为参数的存储，本质上设计理念都是相同的，微服务的配置管理可参见 3.8 节。

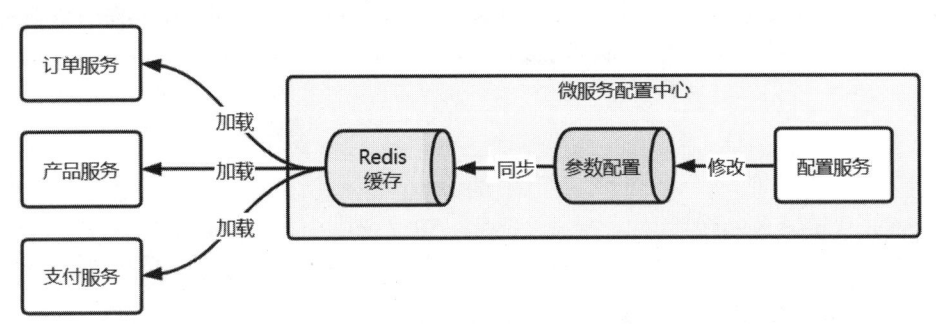

图 12-11　微服务配置中心架构

12.4 字典配置中心设计

在系统设计中有一类相对独立的参数，就是数据字典。数据字典的特点是具有比较清晰的 Key-Value 结构，便于进行结构化存储，相对来说比较固定，使用频率较高。例如，性别、证件类型、国家、民族等都属于字典参数。

数据字典在系统设计初期一定要统一管理和设计，与其他参数一样，一旦缺乏管控就会带来很大的麻烦。例如，有多个子系统，每个子系统都会对性别进行字典定义，有的系统定义为 0 女、1 男，有的系统定义为 1 女、0 男，有的系统定义为 W 女、M 男，有的系统定义为 F 女、M 男。在需要进行系统对接、系统整合、数据迁移时就会发现，必须梳理出系统中几乎所有的字典项，然后与对方系统进行逐一比对、逐一映射。如果这是一个公司的内部系统，只是由不同团队开发的而已，那就得不偿失了。

1. 利用国家标准

各个团队和系统可以维护自己的字典代码，但是对于一些公共性的字典，要遵照统一的标准。我国的国家标准化管理委员会对于各行各业的代码都具有极其全面和规整的标准化定义，企业直接使用即可。

例如，《个人基本信息分类与代码 第 1 部分：人的性别代码》（GB/T 2261.1—2003）于 2003 年 7 月 25 日发布，2003 年 12 月 1 日正式实施。其详细定义了 4 种性别代码，0 代表未知性别，1 代表男性，2 代表女性，9 代表未说明的性别。类似的标准化文件，可以在中国国家标准化管理委员会官方网站的国家标准全文公开系统中查询。

2. 分布式字典服务架构

在分布式架构、微服务架构、SOA 架构中可以建立单独的字典服务，为 Web、原生、后端各个服务提供统一而标准的字典服务。无论是页面数据加载，还是程序字典映射，都以字典服务为基准。

分布式字典服务架构如图 12-12 所示，字典服务集中化管理分布式系统中的所有字典数据，负责字典的定义和维护。同时，对外提供接口服务，各个后端服务、客户端都可以通过接口服务获取字典信息。

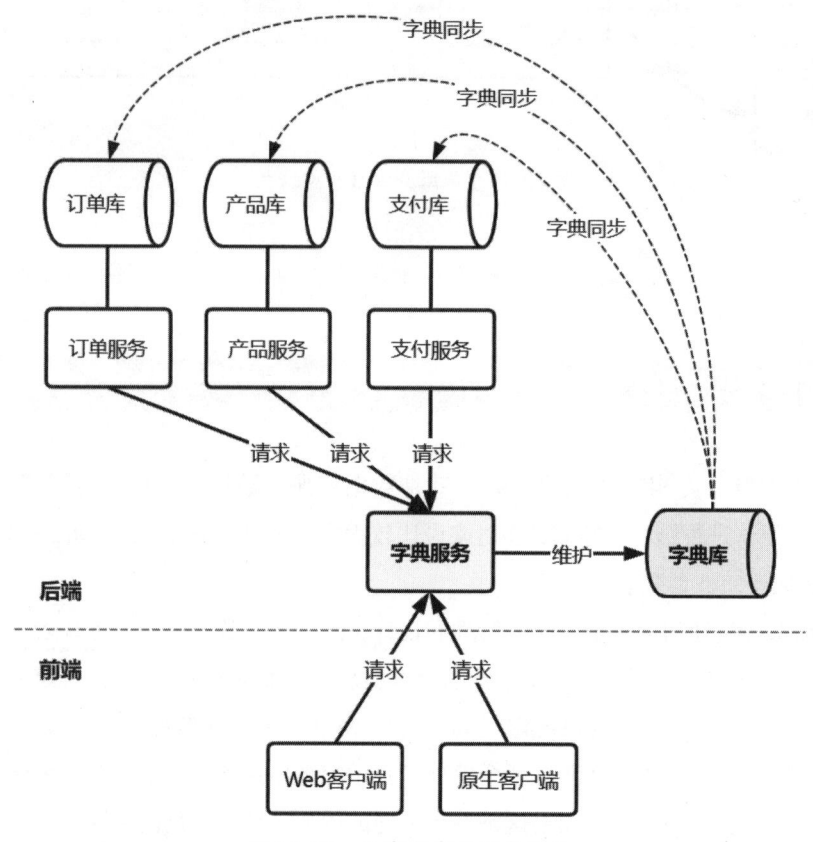

图 12-12 分布式字典服务架构

各系统会经常使用到字典转换，以前都是数据表直接关联查询，服务拆分之后，每次都要去字典服务中请求加载最新数据，这样耦合性虽然变小了，但是查询效率却降低了。为了提高效率，可以将字典数据进行冗余存储，实时同步到各个业务库中使用。

字典服务还要提供统一的 SDK，将字典表以枚举、常量的方式提供给各个系统使用，从而达到统一版本管理、统一升级的目的。为了提高客户端的加载效率，也可以通过字典服务将字典表导出为 JSON 文件，直接固化在前端项目中使用，如果字典发生升级或变化，则自动覆盖 JSON 文件即可生效。

字典服务由于要支持大量的查询服务，所以通常部署多个节点来提高可用性，同时增加 Redis 等缓存服务，或者提高服务器的内存，将数据全部缓存到应用内存中。

当然，在实际的项目开发中，字典的使用要比这复杂得多，越是复杂才越要标准化统一管理。

如果在架构设计中不加以考虑，那么在日后的开发、系统运维中就会遇到麻烦。字典标准化是一个影响范围极广的事情，例如，原来 111 代码代表身份证，而现在想要将 111 改为 112 代表身份证，这几乎是不可行的，影响的系统太多。因此，要充分考虑字典的版本控制。

3. 字典存储设计

存储设计由字典类型表和字典编码表构成，主要字段如表 12-9 和表 12-10 所示。

表 12-9 字典类型表的结构

字段	说明
字典类型编码	主键
字典类型名称	描述字典的作用
父级类型编码	关联字典类型编码，形成级联结构

表 12-10 字典编码表的结构

字段	说明
字典类型编码	类型编码，与字典代码为联合主键
字典代码	字典项 code
字典名称	字典项名称，用于显示
父级字典代码	关联字典代码，形成级联结构

4. 数据存储示例

字典类型表定义了性别、省份和市 3 种类型，其中市类型的父类型是省份，代表了一种包含关系（一个省包含多个市），字典类型表数据存储示例如表 12-11 所示。

表 12-11 字典类型表数据存储示例

字典类型编码	字典类型名称	父级类型编码
SEX	性别	NULL
PROVINCE	省份	NULL
CITY	市	PROVINCE

字典编码表定义了性别（1 为男，2 为女）、省份（5001 为吉林省）和市（500101 为长春市），并且长春市的父级节点为吉林省，字典编码表数据存储示例如表 12-12 所示。

表 12-12 字典编码表数据存储示例

字典类型编码	字典代码	字典名称	父级字典代码
SEX	1	男	NULL
SEX	2	女	NULL
PROVINCE	5001	吉林省	NULL
CITY	500101	长春市	5001

父级代码可以满足很多批量查询、数据联动的需求。

表 12-11 和表 12-12 是比较通用的字典存储格式，还可以扩展出启用 / 停用状态、版本编号、拼音、英文名称等多个维度的属性，来丰富字典服务的功能。对于一些特殊的字典数据，还需要建立独立的字典表进行维护和管理。例如，行业代码、工作代码、省市区代码等。

例如，省市区数据，除基本的编码和名称外，还需要同时存储对应的地区邮政编码、省份缩写、拼音、英文名、是否为直辖市、评定等级等其他属性。

字典服务中心的宗旨是提供标准、统一、规范的字典代码定义和管理服务、基础字典同步服务、字典查询服务、SDK 封装和升级服务。

12.5　SaaS 化多租户多应用配置化设计

SaaS 化多租户多应用系统的典型特点是，不同的租户、不同的应用既有公共的业务流程，也有个性化的功能，这些个性化的内容都要靠系统参数进行控制。

例如，某资源下载系统，租户 A 可以单次下载 500MB 的文件，租户 B 可以单次下载 1GB 的文件，其中 1001 代表租户 A 的编码，1002 代表租户 B 的编码，采用通用的参数配置如表 12-13 所示。

表 12-13　多租户参数配置表数据存储示例

参数 Key	参数分组	参数值	参数值说明	状态
1001.maxsize	download.size	500MB	租户 A 下载限制	1 启用
1002.maxsize	download.size	1GB	租户 B 下载限制	1 启用

例如，某资源下载平台，在 PC 端可以单次下载 1GB 的文件，在 App 端可以单次下载 100MB 的文件。其中 A01 代表 PC 端应用，A02 代表 App 端应用，采用通用的参数配置如表 12-14 所示。

表 12-14　多应用参数配置表数据存储示例

参数 Key	参数分组	参数值	参数值说明	状态
A01.maxsize	download.size	1GB	PC 端下载限制	1 启用
A02.maxsize	download.size	100MB	App 端下载限制	1 启用

以上两种配置要求参数配置和查询时必须以商户 ID 或应用 ID 作为参数 Key 的拼接条件，很难维护，而且容易混淆。因此，在 SaaS 化系统中，一般采用分级配置表、商户级配置表和应用级配置表，只是在通用配置表上新增了商户和应用字段加以区分。

商户级配置表数据存储示例如表 12-15 所示，应用级配置表数据存储示例如表 12-16 所示。

表 12-15　商户级配置表数据存储示例

商户 ID	参数 Key	参数分组	参数值	参数值说明	状态
1001	maxsize	download.size	500MB	租户 A 下载限制	1 启用
1002	maxsize	download.size	1GB	租户 B 下载限制	1 启用

表 12-16　应用级配置表数据存储示例

应用 ID	参数 Key	参数分组	参数值	参数值说明	状态
A01	maxsize	download.size	1GB	PC 端下载限制	1 启用
A02	maxsize	download.size	100MB	App 端下载限制	1 启用

12.6 章节练习

1. 对于相对固定不变和经常变化的参数应该如何存储？

对于相对固定不变的参数应该放置在程序常量或程序配置文件中，加载速度最快。而对于经常变化的参数则适合放置在数据库中，并且配合 Redis 等缓存来加快查询速度。

2. 使用缓存数据库存储系统参数需要注意哪些问题？

需要注意参数修改的刷新问题，避免配置不一致和缓存击穿问题。一般先在数据库中修改，再清除对应的参数缓存即可。如果系统并发量较高，为了避免缓存击穿问题，则可先更新数据库，再更新缓存，而不能直接清空缓存。

3. 系统参数的加载时机有哪几种方式？

（1）实时加载：每次只有在使用到这个参数时才去查询，每次都获取最新参数配置。

（2）预加载：在系统启动的同时加载参数配置，并放入缓存中。

（3）懒加载：只有当系统使用到这个参数时，才同时放入缓存中。

4. 怎样理解参数加载的多级缓存策略？

程序使用某个参数时先从本地内存中查找，如果查找不到，则到本地程序配置文件中查找，再到缓存中查找，最后到数据库中查找。从近到远的加载策略，更加有利于提高程序的执行效率。

5. 多租户的参数配置设计要点是什么？

将参数配置分为商户级别参数和应用级别参数两级设计，无论是在缓存还是在数据库中，都以商户标识和应用标识作为数据隔离的条件，让多个租户和应用之间的参数彼此独立。

12.7 案例设计

1. 场景案例题：银行存款收益计算参数设计

某银行的存款产品，用户的收益需要每个月按照利率参数进行计算，即用户的当月收益 = 当月账户余额 × 当月存款利率，而利率参数会根据投资情况每个月进行重新计算调整。当用户查询年度账单时，发现每个月的收益与实际收益不符，因为每个月的收益金额都是用当月的月末余额 × 当前利率参数计算的。

银行进行年末汇总对账时，发现各个系统功能均存在此问题，已经无法跟踪用户月末余额的变化利率。

如果您作为企业的系统架构师，会怎样进行系统设计，需要考虑哪些内容？

2. 设计思路指引

问题产生的原因是系统参数并没有进行版本化管理，只保留了当前的最新参数。因此，无论查询什么时候的收益数据，都是采用最新利率参数计算的结果。

第一种方法：当计算用户收益时，将当时用于计算的利率值也记录在收益数据中，这样可以随时查询当时的计算依据，但是如果一次计算需要用到多个参数，就会造成大量的数据冗余。

第二种方法：利率参数表增加版本号字段，详细记录每次利率的变化情况。当计算用户收益时，将用于记录的参数版本号记录下来。这样，无论什么时候查询，都可以找到当初所有的计算依据。一旦发生错误，也便于程序的回滚处理。

第13章

企业级核心架构设计实战

本章会用一些大型系统的架构设计作为案例，让读者从全局视角体会大型分布式系统的架构设计过程。每个案例都会涉及功能架构、部署架构、技术架构、存储设计、核心实现等多个方面的内容。由于无法对系统中的每个细节进行描述，所以精心挑选了每个系统最核心、最本质的内容进行讲解。在案例实战的过程中，加深读者对各方面知识的体会。

13.1 阿里云/腾讯云消息系统核心设计实战

消息系统是一个大型的基础服务，包含多个独立的子服务平台，可以为企业中各个系统提供邮件、短信、个推、站内信、微信消息、支付宝消息、公众号消息等通知服务。它以 SaaS 化多租户平台方式运行，每个服务都可以独立构建一个产品，阿里云与腾讯云也采用这种产品设计方式，该系统应该具有以下核心功能。

（1）邮件服务：商户管理、应用管理、邮件发送、模板定义、通道定义、模板授权、统计分析、通讯录、黑名单、服务预警、集成 SDK。

（2）短信服务：商户管理、应用管理、短信发送、模板定义、模板授权、统计分析、通讯录、黑名单、服务预警、集成 SDK。

（3）个推服务：商户管理、应用管理、模板定义、模板授权、消息推送、集成 SDK。

（4）站内信服务：商户管理、应用管理、消息类型、消息发布、统计分析、通讯录、黑名单、集成 SDK。

系统的使用对象为商户运营管理人员、系统开发人员。

1. 系统功能架构

消息系统功能架构如图 13-1 所示。系统功能架构的关注点是系统功能的划分与组织，并不涉及具体的技术细节。系统功能架构是需求分析和技术架构设计之间的一道桥梁，让需求人员、业务人员形成系统思维，理解架构师的设计意图。

系统功能架构图具有承上启下的作用，是给企业上层管理者汇报讲解的重要工具。因此，不要掺杂任何明显的技术思维，尽量简单明了，易于理解。系统功能架构图通常包括三部分：本系统功能架构、接入方和渠道方。

（1）本系统功能架构：位于系统功能架构图的中间核心区域，面积最大，它是系统功能架构图的重点内容，描述整个系统的功能构成、子系统与核心模块的划分，以及功能的组织情况。

系统功能架构图一般采用自底向上的表述方式，底层是上层的基础。所以，系统功能架构的底层往往是公共服务组件和功能组件，主要为上层提供基础服务。最顶层一般为系统的管理界面及对外开放的接口服务。

绘制系统架构图时不要有太多形式上的束缚，采用一种适合自己的方式进行表述，能够清晰表达自己的设计理念是最重要的。架构设计往往需要经过多次的调整和优化，才能得出比较理想的系统结构，不需要一蹴而就。

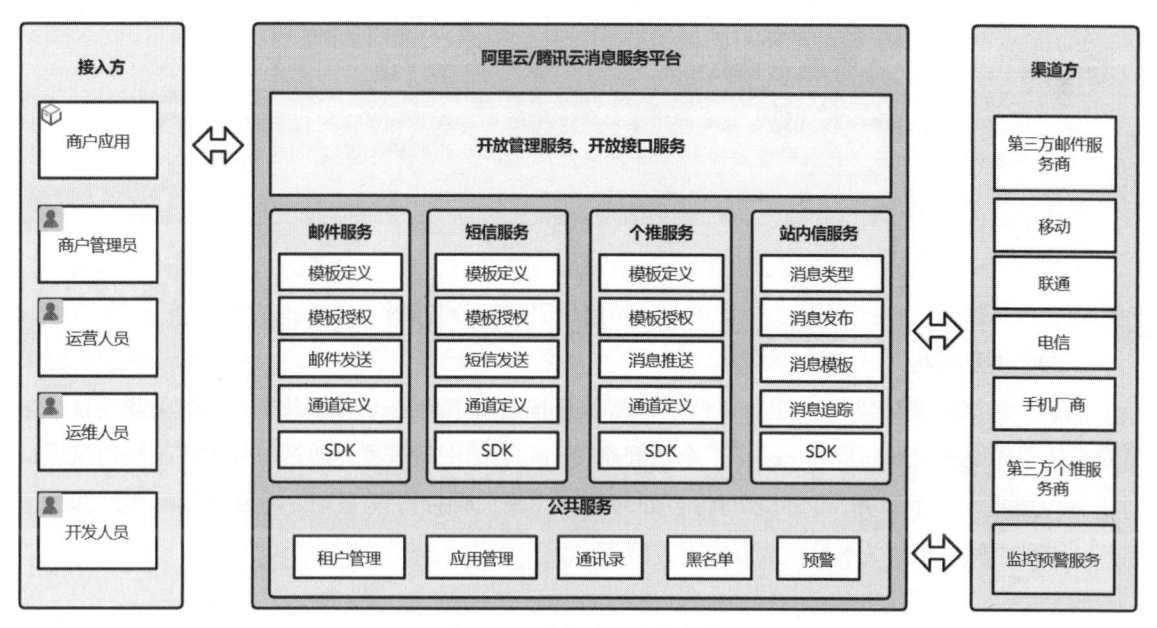

图 13-1 消息系统功能架构

在本案例中，最底层为公共服务，包含各系统中可以抽象出来的相同功能，如租户管理、应用管理、通讯录、黑名单、预警。这里所指的具有相同功能是指具有相同的实现方式、相近的数据结构和相同的使用方法。

虽然每个子服务中都有模板定义功能（短信模板、邮件模板、个推模板），但是由于不同类型的模板的元素差异较大，因此不应该抽取到公共层。例如，短信模板的内容很少，不存在样式和风格的设置，而邮件模板承载的内容较多，还涉及展示样式及邮件附件等多方面的设置。

虽然系统功能架构图的表述尽量不包含任何技术细节，但是架构师应该清楚哪些是可以抽象为公共服务的，哪些是具有相同实现方式的，这往往需要大量经验的积累和系统敏感性。

在公共层之上构建了服务层，包括邮件服务、短信服务、个推服务和站内信服务 4 个独立服务，它们各自包含了自己的核心功能，如模板定义、模板授权、邮件发送、通道定义等，服务层是整个系统架构的功能核心。

在服务层之上构建了开放层，职责包含两个方面：① 将服务层提供的管理功能进行整合；② 对服务层提供的接口进行定义、开放、权限管控等。开放层是用户看得见、摸得着的部分，因此开放层也可以称为接入层或客户层。

（2）接入方：位于系统功能架构图的左侧，代表使用系统的人或应用。在本案例中，使用系统的有商户管理员、运营人员、运维人员、开发人员，也包含商户自己的应用系统。

（3）渠道方：位于系统功能架构图的右侧，代表系统与哪些外围系统会产生交互，它们可能是本公司的系统，也可能是第三方系统。在本案例中，邮件系统可能会借助第三方邮件服务商发送邮件，对接移动、联通、电信系统去发送短信，对接手机厂商或第三方个推服务商，对接本公司的监控预警服务。

> **注意**
>
> 系统功能架构图中的双向箭头代表交互，箭头的位置与系统功能架构的分层有关。在本案例中，接入方只与开放层会产生交互（开放管理服务和开放接口服务）。渠道方与公共层、服务层均会产生交互，而与开放层不会产生交互。

系统功能架构图清晰地表达了架构设计的目标，系统包括 3 层（公共层、服务层、开放层）、5 个服务（邮件服务、短信服务、个推服务、站内信服务、公共服务），还包括接入方和渠道方。

2. 服务关系架构

消息系统服务关系架构如图 13-2 所示，从服务视角清晰地描述了各服务之间的关联关系，它是对系统功能架构的进一步细化，是一个从静态转向动态的中间过程。通过服务关系架构的梳理，对于具体要建设几个服务，它们之间将会如何协作，采用哪种协议交互，需要对接哪些外部渠道系统，彼此之间的依赖关系是什么就会十分清晰。

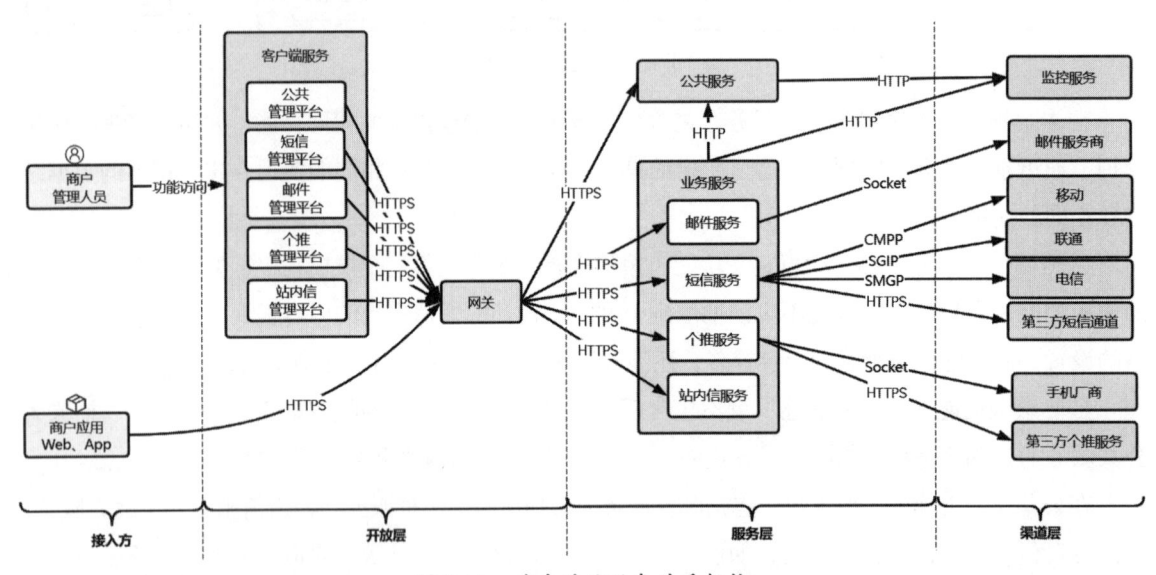

图 13-2　消息系统服务关系架构

从图 13-2 中可以清晰地看到，开放层与服务层是需要实现的功能区域。

（1）开放层抽象为客户端服务和网关服务。

客户端服务：包含公共管理平台、短信管理平台、邮件管理平台、个推管理平台和站内信管理平台，总计 5 个前端管理服务。采用前后端分离架构，客户端服务只部署前端代码。

网关服务：作为服务层的接口代理，一方面开放给商户应用进行接口对接（提供短信发送、邮件发送接口等）；另一方面开放给客户端服务，提供管理系统接口开放。

（2）服务层抽象为公共服务和业务服务。

公共服务：提供商户管理、应用管理、监控等公共服务能力，需要与监控系统对接。

业务服务：包含邮件服务、短信服务、个推服务和站内信服务4个服务。

① 业务服务都需要使用公共服务的接口（获取商户、应用信息、通讯录、黑名单数据等）。

② 业务服务同样需要与监控系统对接，当系统异常时发送提醒。

③ 邮件服务调用第三方邮件服务商，支持用户配置发件邮箱和发送方式等。

④ 短信系统与三大运营商或第三方短信通道对接，提供短信发送能力。

⑤ 个推服务与手机厂商和第三方个推平台对接，提供移动端消息推送能力。

> **注意**
> 与电信运营商对接分别要使用 CMPP、SGIP、SMGP 协议，一般服务之间的调用方式如果全部为 HTTP 或 RPC 则不需要进行标记，而只对特殊协议进行标记。当然，最好的方式是将全部的交互协议都标记在架构图上，这样更加清晰直观。

3. 系统技术架构

前面的系统功能架构、服务关系架构都不代表具体落地的服务（不是最终要开发的系统），而是一种高级的服务抽象。并不代表只开发短信系统、邮件系统、个推系统、站内信系统、网关系统这几个独立的子系统就可以了，每个子系统又是一个独立的领域。例如，针对短信系统还可以重复进行以上的架构分析，对其进行深层次的分解。

由于本案例中涉及的系统十分庞大，并且具有一定的相似性，因此挑选其中的短信子系统进行进一步的架构设计。

针对短信服务进行进一步的分析，设计出它的技术架构图，如图13-3所示。在此设计中的每个服务节点，都是最终要运行的实例节点，也是需要开发的内容。

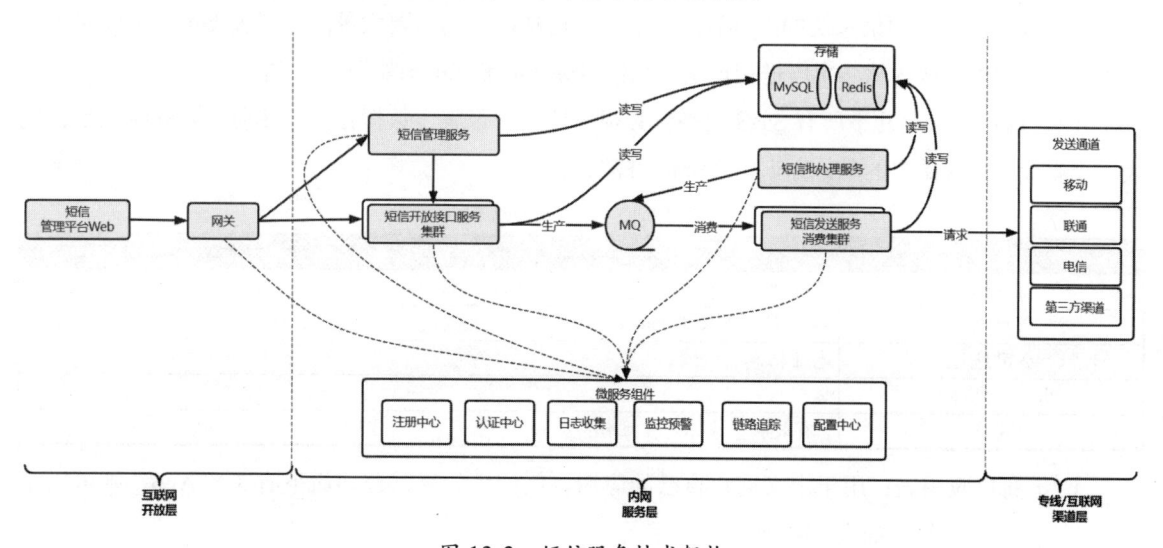

图 13-3 短信服务技术架构

整个短信服务分为以下 3 层。

（1）开放层：为前端 Web 项目，以及网关服务（提供接口代理服务）。因为要实现的是一个 SaaS 化的互联网平台，所以需要将它们暴露在互联网环境中。

（2）服务层：按照微服务架构建设，整体部署在内网环境中。将短信服务拆分为 4 个微服务，分别是短信管理服务（为前端 Web 项目提供管理系统相关接口）、短信开放接口服务（为其他内部系统或第三方客户端提供短信发送接口）、短信批处理服务（进行批量定时短信的发送、数据清理备份、统计分析计算等）和短信发送服务（负责与移动、联通、电信等发送渠道对接）。

服务拆分之后，每个微服务都可以按需扩容。例如，如果短信开放接口服务的访问量较大，则可以采用集群部署方式；如果短信发送服务的消息处理压力较大，则也可以进行集群部署，增加消费者的数量，提升消费能力；而对于短信管理服务的访问不会那么频繁，因此不需要投入过多资源。

所有微服务均共用一套存储，关系型数据库采用 MySQL（短信模板定义、模板授权等功能需要结构化关系定义）、缓存采用 Redis（模板定义、发送通道等数据需缓存加速）。

短信管理服务、短信开放接口服务、短信批处理服务都可能发送短信，例如，用户在管理平台上发送通知短信，第三方应用调用短信开放接口服务发送短信，第三方应用调用短信批处理服务发送批量短信。如果每个微服务都直接与三大运营商交互，则系统的耦合性会急剧升高。

加入 MQ 实现了系统之间的解耦，同时增加了消息的可靠性。发送短信只保留一种方式，只要将消息放入消息队列中即可，避免了各种发送方式的混乱。短信发送服务作为 MQ 的消费者，可以随时扩容，多部署几个发送节点，就可以让消费能力提升几倍。

（3）渠道层：通常是系统的关联方，与服务层紧密联系，如移动、联通和电信三大运营商，是为企业系统提供短信发送能力的渠道，只需要按照对方的规范进行系统对接即可。

4. 数据存储设计

如果要完成整个短信系统的全部管理功能、发送功能，则需要大量的数据表支撑。下面对短信服务中主要的表结构的核心字段进行说明。短信服务核心表 ER 图如图 13-4 所示。

（1）商户表：是几乎所有 SaaS 化平台必须设计的一张表，数据在商户注册或入驻时产生，代表一个企业或个人用户的唯一标识，表结构如表 13-1 所示。

表 13-1 商户表的结构

字段	说明
商户编码	商户的唯一标识，主键
商户名称	公司名、个人名
公司地址	地址信息
其他信息字段	略
状态	1 有效，2 冻结，3 注销

（2）商户应用表：用于定义商户自己的应用。例如，如果某公司旗下有 3 款 App，则可以定义为 3 个应用，表结构如表 13-2 所示。

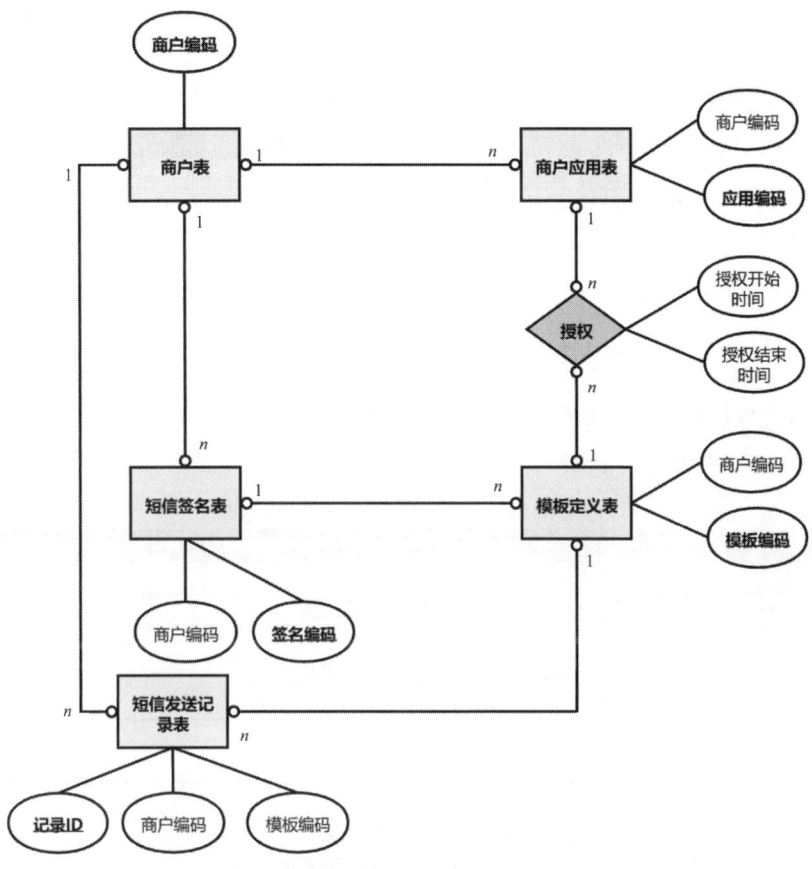

图 13-4 短信服务核心表 ER 图

表 13-2 商户应用表的结构

字段	说明
商户编码	商户的唯一标识，关联商户表
应用编码	应用的唯一标识，主键
应用名称	应用的名称
SecretID	身份 ID，用于服务接口调用时传递
SecretKey	身份密码，用于服务接口调用时传递
其他信息字段	略
状态	1 待审核，2 生效，3 审核拒绝，4 作废

（3）短信签名表：目前企业给个人发送短信是不允许随意发送的，必须携带具体的签名。例如，【×××公司】、【×××系统】，签名需要经过审核才可以使用。一个企业可以申请多个短信签名，必须与公司或公司的产品相关，表结构如表 13-3 所示。

表 13-3 短信签名表的结构

字段	说明
商户编码	商户的唯一标识，关联商户表
签名编码	签名的唯一标识，主键
签名内容	具体的签名信息
状态	1 待审核，2 生效，3 审核拒绝，4 作废

（4）模板定义表：定义每条短信的组成结构和内容，一个商户可以申请多个模板，都需要经过审批，表结构如表 13-4 所示。

表 13-4 模板定义表的结构

字段	说明
商户编码	商户的唯一标识，关联商户表
模板编码	模板的唯一标识，主键
模板名称	短信用户简述
签名编码	与短信签名表关联，代表此模板使用的签名
模板内容	短信内容表达式，一般使用序号替代变量部分
其他信息字段	略
状态	1 待审核，2 生效，3 审核拒绝，4 作废

（5）短信模板授权表：将短信模板授权给哪个应用使用，在授权时间段内有效状态的配置才可以发送短信，表结构如表 13-5 所示。

表 13-5 短信模板授权表的结构

字段	说明
商户编码	商户的唯一标识，关联商户表
模板编码	模板的唯一标识，关联模板定义表
应用编码	应用的唯一标识，关联商户应用表
授权开始时间	应用可以在什么时间段开始使用此模板
授权结束时间	应用可以在什么时间段结束使用此模板
其他信息字段	略
状态	1 有效，0 无效

（6）短信发送记录表：保存每条短信的发送记录，表结构如表 13-6 所示。

表 13-6 短信发送记录表的结构

字段	说明
商户编码	商户的唯一标识，关联商户表
记录 ID	每条短信发送记录的唯一 ID，通常返回给客户端查询使用
模板编码	模板的唯一标识，主键
短信参数	短信内容参数，"|" 字符分割
短信类型	1 实时短信，2 定时短信
定时时间	如果是定时短信，则设置需要发送的时间
手机号	接收短信的手机号
请求接收时间	接收到发送请求的时间
短信发送时间	短信成功发送的时间
其他信息字段	略
状态	0 待发送，1 发送中，2 成功，3 失败，4 异常

5. 数据存储示例

示例说明：×× 公司旗下的账单系统采用短信验证码的方式登录，短信内容为 "【×× 公司】您正在登录账单系统，登录验证码为 9879，请妥善保管"，数据存储情况如下。

（1）商户表：存储公司入驻信息，如表 13-7 所示。

表 13-7 商户表数据存储示例

商户编码	商户名称	公司地址	状态
1001	×× 公司	北京市	1 有效

(2)商户应用表：存储公司旗下的系统应用，如表13-8所示。

表13-8 商户应用表数据存储示例

商户编码	应用编码	应用名称	SecretID	SecretKey	状态
1001	A01	账单系统	1XSD321F	03ldf3FDsf	2 有效

(3)短信签名表：公司短信签名，如表13-9所示。

表13-9 短信签名表数据存储示例

商户编码	签名编码	签名内容	状态
1001	C01	×× 公司	2 生效

(4)模板定义表：验证码短信模板的结构定义，如表13-10所示。

表13-10 模板定义表数据存储示例

商户编码	模板编码	模板名称	签名编码	模板内容	状态
1001	T01	验证码	C01	您正在登录账单系统，登录验证码为[1]，请妥善保管	2 生效

模板内容中 [1] 代表第一个可替代变量，可以设置多个变量。最终发送的短信为"【×× 公司】您正在登录账单系统，登录验证码为 123456，请妥善保管"。

(5)短信模板授权表：授权给公司旗下的某产品使用，如表13-11所示。

表13-11 短信模板授权表数据存储示例

商户编码	模板编码	应用编码	授权开始时间	授权结束时间	状态
1001	T01	A01	2020-01-01	2030-01-01	1 有效

以上这条数据代表，×× 公司的账单系统应用，可以在 2020 年 1 月 1 日至 2030 年 1 月 1 日之间，使用 T01 验证码模板进行短信发送。

(6)短信发送记录表：短信发送的过程和结果记录，如表13-12所示。

表13-12 短信发送记录表数据存储示例

商户编码	记录ID	模板编码	短信参数	短信类型	定时时间	手机号	请求接收时间	短信发送时间	状态
1001	1	T01	9879	1	NULL	1****3	2020/12/30 12:00:00	2020/12/30 12:00:00	2 成功

以上这条数据记录了，在 2020 年 12 月 30 日 12 点整，给 1****3 手机号成功发送了一条验证码短信，使用了 T01 模板，短信内容为"【×× 公司】您正在登录账单系统，登录验证码为 9879，请妥善保管"。

6. 注意事项

(1)隐私问题：SaaS 服务最重要的问题是隐私问题，每个用户的短信数据如果都留存在系统中，那么 SaaS 平台可以轻松获取这些数据，泄露用户数据就会是一个严重的问题。所以，商户是否允许数据留存是一个可选择的内容。如果用户不允许留存数据，则无须记短信发送记录。

(2)数据量问题：SaaS 系统会有海量的短信发送数据，如果要留存这些数据，就需要做好压缩归档机制。永远不做归档和清理，单表存储是不现实的。

(3)请求量问题：开放式的互联网服务，对服务的高并发能力要经过充分的测试，因此对于服务集群的动态扩容，可用性是平台的基本能力，不允许单节点部署是基本要求。

13.2 支付宝/微信支付系统核心设计实战

对于资金收付类系统，首先需要了解有无支付业务许可证（也叫作支付牌照）到底有什么区别，都有哪些资金收付模式。例如，支付宝支付和微信支付都具有支付牌照，属于独立品牌，提供了在线支付、转账、充值、提现、收款等多种资金服务。它们都属于第三方支付公司，是非金融机构，只是具有相关的业务许可，所以才可以开展支付业务。

截至 2020 年底，全国累计核发了 230 多张支付牌照，并且逐年收紧，基本是只减少不增加的趋势，这也导致具有支付牌照的企业极具价值，很多互联网公司为了获得支付牌照，不惜重金并购具有支付牌照的企业。

但是，依然可以看到很多企业没有支付牌照，但它们也依然有自己的网上商城，具有自己的在线支付系统，用户也可以完成在线付款、定期扣款的功能，那么有支付牌照和没有支付牌照貌似也没有那么大的差别。

例如，网上购物支付流程如图 13-5 所示，买家在淘宝上购买了一台价值 1 万元的笔记本电脑，使用支付宝进行支付，买家银行卡中的钱直接被扣除了，而笔记本电脑的卖家并没有收到买家这 1 万元。这笔钱直接留存在支付宝的账户中，直到买家确认收货后，这笔钱才从支付宝的账户中划转给卖家，这种模式称为担保交易。

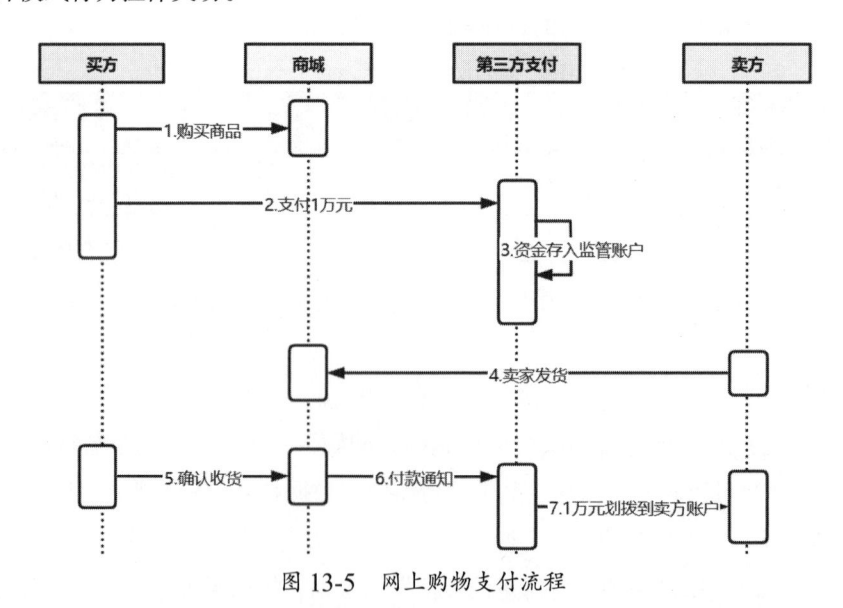

图 13-5 网上购物支付流程

担保交易产生了一个资金留存在第三方公司的问题，买卖双方必须对这个平台具有足够的信任，并且这家公司必须在国家的监管范围之内，只有具有支付牌照的公司才可以留存用户资金。第三方支付公司的账户资金必须存放在银行监管的备付金账户中，不可以做其他用途，因此具有较高的安全性。

如果一个没有支付牌照的企业也开展同样的业务，就会有大量买卖双方的资金留存在平台账户上，该企业可以肆无忌惮地利用这些留存资金获利，甚至卷款潜逃。因此，国家对于这方面的监管越发严格，2017年央行就下发了《关于进一步加强无证经营支付业务整治工作的通知》，个人和企业的资金安全得到了进一步的保证。

绝大多数企业都是没有支付牌照的，难道只能接入支付宝、微信这样的具有支付牌照的第三方支付公司吗？显然不是，企业可以开发自己的支付系统，整合支付宝、微信、网银、银联快捷支付等支付通道，这种模式称为聚合支付，如图13-6所示。

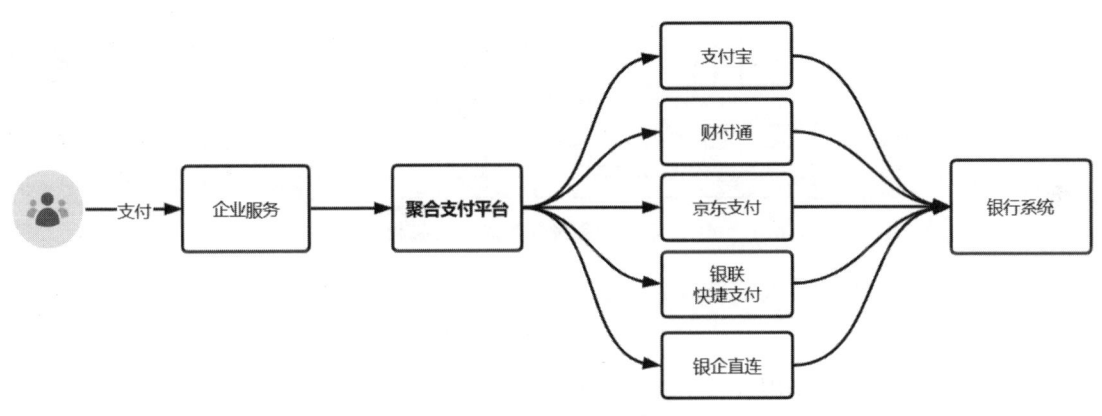

图 13-6 聚合支付系统

聚合支付的缺点是无法留存过程数据，所有支付数据都留存在第三方支付平台上。企业也可以直接与银行签约，通过专线交互的方式进行资金结算，这种模式称为银企直连模式，如图13-7所示，但是与银行合作的门槛较高，对于企业的业务体量、风控能力、技术能力均有较高的要求。

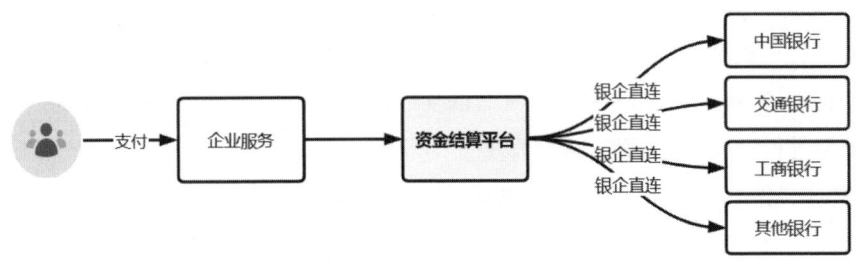

图 13-7 银企直连模式

没有支付牌照只可以用于企业自身的业务（集团内部的资金划拨、销售自家产品收款），而不可以代其他企业进行代扣代缴，不可以有资金留存。不可以有类似账户、钱包、充值、提现等功能，不可以进行类似支付宝的担保交易，这都涉及了资金非法留存（严重点就叫作非法揽储）。

1. 系统功能架构

资金收付系统功能架构如图13-8所示，从功能角度分析系统建设方案，整体分为接入方、核心功能和渠道方 3 个区域。

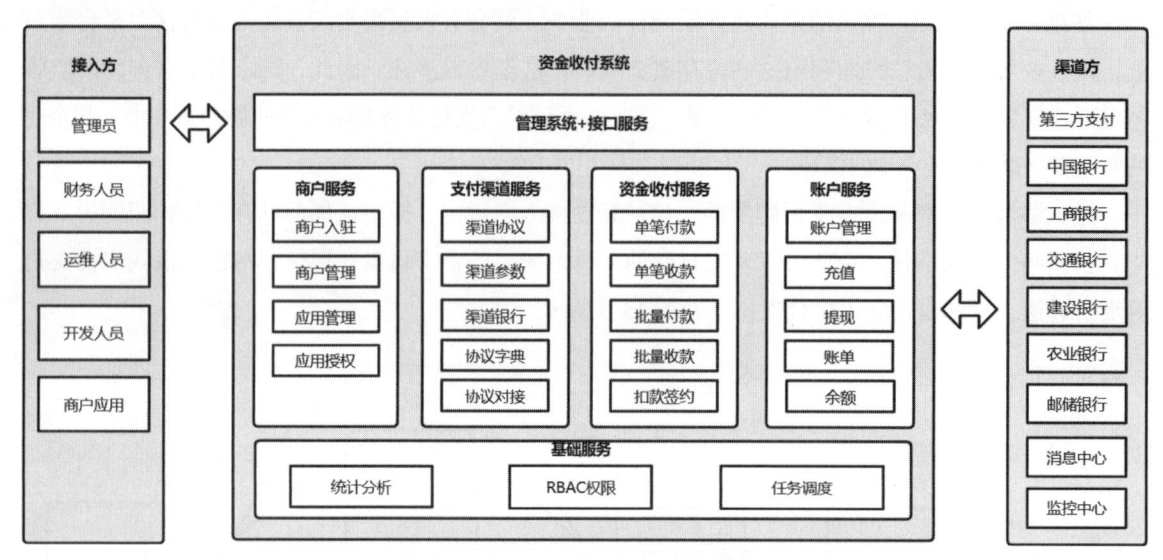

图 13-8　资金收付系统功能架构

（1）接入方：系统的接入方分别是企业商户的管理员、财务人员、运维人员、开发人员（他们主要使用系统的管理功能），以及需要进行线上资金收付的商户应用系统。

（2）核心功能：包括基础服务、商户服务、支付渠道服务、资金收付服务、账户服务、管理系统和接口服务。

① 基础服务。

a. 统计分析：对系统中的各种数据进行汇总分析，如收付费笔数、金额统计，资金日报、月报、年报，资金流动趋势，等等。

b. RBAC 权限：为系统提供基于角色的访问控制。

c. 任务调度：对批量收款、付款、签约、对账、结果查询等业务提供技术支撑。

② 商户服务：这是每个 SaaS 系统都具有的功能区域，负责商户的入驻、注销、变更等，以及对商户下的应用进行管理，属于底层基础服务。

③ 支付渠道服务：这是资金系统的核心模块，系统可以与第三方渠道（银行、第三方支付）对接，都是以企业协议为基础。协议签订后，银行或第三方支付会给企业开通对应的账号和密码、接口地址等，如果是银企直连，则通常企业还需要与银行开通网络专线。

a. 渠道协议：维护企业与渠道之间签订的支付协议。

b. 渠道参数：维护企业与渠道之间的账号、密码、证书、密钥、手续费率等参数信息。

c. 渠道银行：如果是第三方支付或清算机构，则它们支持的收付费银行都是不同的（取决于它们对接了多少家银行），因此需要进行维护管理；同时不同的银行对于单笔支付、批量支付的限额也是不同的，也需要进行管理。

d. 协议字典：协议对接过程中会涉及大量的字典，如银行编码、卡类型（借记卡、贷记卡、存折）、证件类型等，以及大量的错误码，这些都需要进行定义和映射管理。

e. 协议对接：不同的支付渠道，交互方式都是各不相同的，这就涉及具体的交互方式、协议转换等。

④ 资金收付服务：系统提供的核心资金服务主要包括单笔付款、单笔收款、批量付款、批量收款、单笔签约、批量签约、余额查询、账单查询等服务。

⑤ 账户服务：对于支付宝、微信（财付通）等持有支付牌照的企业，符合监管要求，才可以提供账户服务。账户服务的功能与银行基本相同，也可以存入、取出、消费等，因此监管部门需要严格控制其风险。

a. 账户管理：与银行账户相同，具有唯一的账户号、户名，可以进行冻结、注销等。

b. 充值：可以将银行卡中的钱转入账户中进行消费。

c. 提现：可以将账户中的钱提取到银行卡中。

d. 账单：每个账户都会有自己的账单流水，供用户查询。

e. 余额：与银行账户相同，每个账户都有自己的余额、冻结金额、可提现金额。

⑥ 管理系统和接口服务：是整个系统的视图层，负责对接入方人员提供可视化的管理页面，以及对其他商户应用提供资金收付的接口服务。

（3）渠道方：是支付系统的服务提供方，最终的资金收付业务都是在渠道方落地完成的，渠道方包括第三方（支付宝、财付通、广银联等），以及各个银行，如中国银行、建设银行、邮储银行等。

2. 服务关系架构

系统服务关系架构如图 13-9 所示，对各个服务之间的协作关系进行分析，对每个服务在整个系统中的位置进行表述，以及它们之间的相互调用关系和调用方式，这些服务并不是最终落地的系统，而只是系统实现的上层抽象。从左到右依次划分为接入方、接入层、服务层、渠道方。

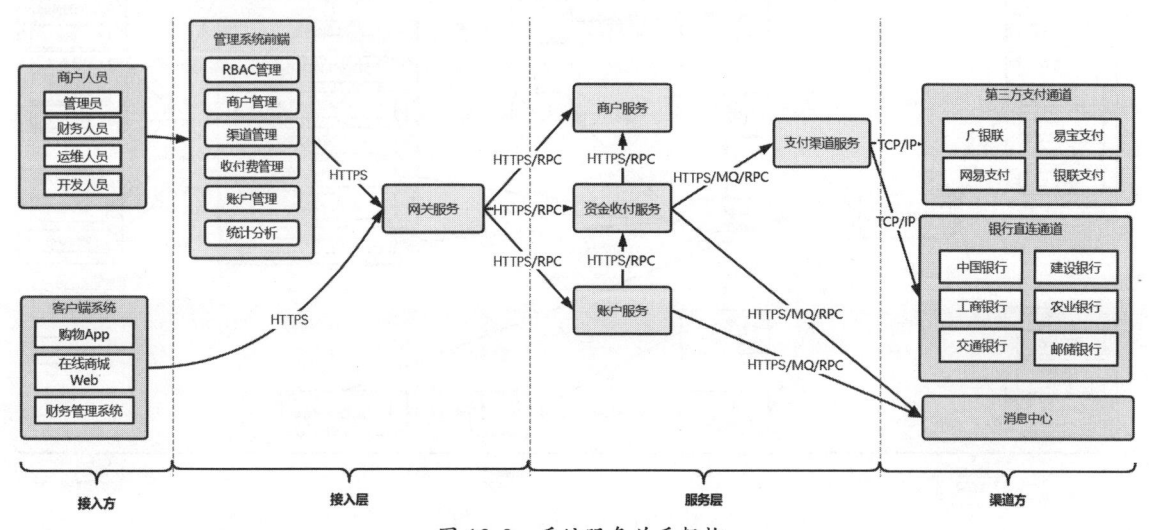

图 13-9 系统服务关系架构

（1）接入方：是指直接使用该系统的人员（如使用该系统的管理员、财务人员、运维人员、开发人员等），或者借助该系统的能力，完善自身功能的其他系统（如购物App、在线商城Web、财务管理系统等，都属于借助了资金收付系统的能力，完善了自己的收付款功能）。

（2）接入层：一般由两种交互方式组成，即界面交互和接口交互。商户人员通过管理系统前端界面与整个服务层交互；而客户端系统（购物App、在线商城Web、财务管理系统等）则通过网关服务，与整个服务层进行接口交互。

网关服务作为整个后端服务的接入点，屏蔽服务端的实现细节，只暴露需要的接口到外面。同时，可以实现服务的熔断、降级、限流，对系统的稳定性和高并发提供支撑。

（3）服务层：是系统业务逻辑实现的核心部分，由商户服务、资金收付服务、账户服务和支付渠道服务组成，它们之间通过HTTPS、HTTP、RPC等方式进行通信，形成一个分布式服务架构。

支付渠道服务负责与银行、第三方支付系统进行适配对接，目的是对系统解耦。如果资金收付系统、账户系统等都直接与银行交互，会使得系统实现与银行接口之间过度耦合。例如，银行的某个接口变更，就需要在各个对接系统中做相同的变更，影响范围扩大，风险也随之增加。

这种设计方式更加符合单一职责原则。例如，账户服务的充值、提现功能不可以直接与银行对接，而是必须通过资金收付服务实现；而资金收付服务调用支付渠道服务完成收款和付款。每个服务都只负责自己责任范围内的业务，避免职责交叉。

（4）渠道方：一个资金收付系统是否具有商业价值，完全取决于它实现了与多少个支付渠道对接。支持的渠道越多、银行越多、限额越大、支付方式越全面，则商业价值越高。

3. 系统技术架构

系统技术架构如图13-10所示，将整个系统服务进行完整的细化，架构图中的每个服务都是一个要开发实现、部署的落地节点。

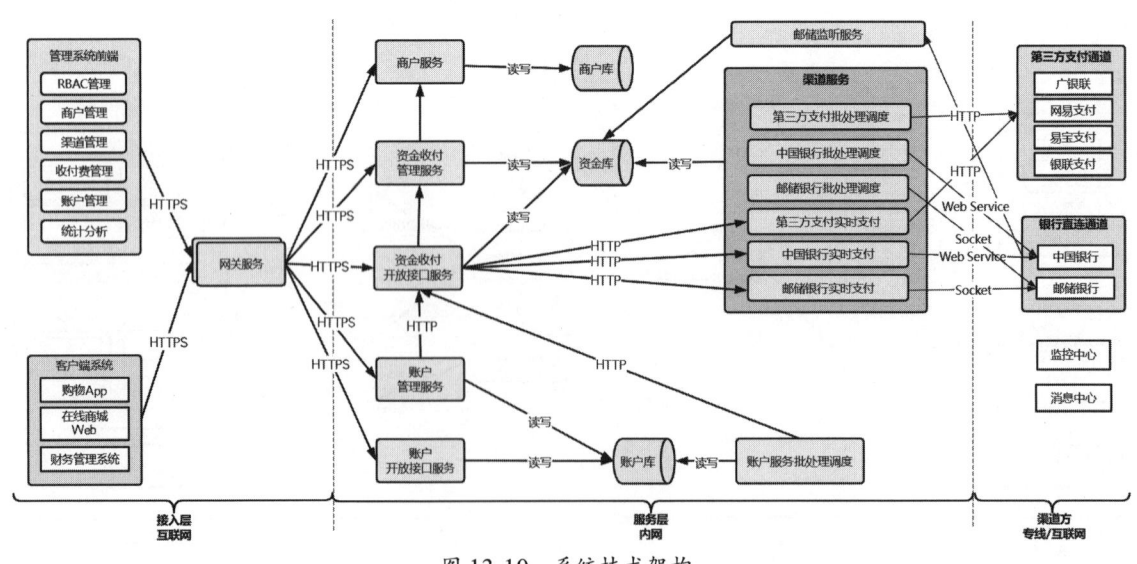

图13-10 系统技术架构

（1）管理系统前端：前后端分离架构，Web 前端独立开发、独立部署。

（2）网关服务：为前端页面及客户端系统提供开放接口服务。如果系统开放互联网访问，则将网关放入外网区；如果为企业内网系统所用，则将网关放入内网区。

（3）商户服务：负责管理整个系统的商户入驻和应用管理。

（4）资金收付管理服务：为管理系统前端页面提供资金收付相关接口服务。

（5）资金收付开放接口服务：提供资金收付开放接口服务，往往需要具有较高的可用性和并发性。

（6）账户管理服务：为管理系统前端页面提供账户相关接口服务。

（7）账户开放接口服务：为客户端提供充值、提现等功能，同样需要具有较高的可用性和并发性。

（8）账户服务批处理调度：负责账户的批量提现、充值、支付结果查询等业务。

（9）渠道服务：每个支付渠道往往分为两个服务，一个是实时服务，另一个是批处理调度服务。实时服务负责实时的单笔资金收付费。批处理调度服务负责批量收付费、资金对账、结果查询等业务。每个支付渠道的接入方式都有所不同，有的是 HTTP+JSON，有的是 Socket+XML，有的是 Web Service，各不相同。有一些银行还需要提供专门的 FTP 服务器用于交换批量文件。

为什么不把渠道服务合并为一个服务，并由这个服务统一与各个银行进行交互呢？这样部署方便，扩展也并不麻烦。

原因是保证足够的可用性和按需扩容能力。如果将所有银行服务合并在一起，一旦某个渠道出现问题导致宕机，那么所有支付渠道就都瘫痪了，整个系统也就失去了核心价值。同样的原因，不能将批量服务与单笔实时服务合并在一起。例如，某个支付渠道单笔支付故障导致宕机，就会同时导致批量收付费业务系统也瘫痪，对企业的影响是巨大的。

当支付渠道很多时，就会出现流量的偏差。例如，使用支付宝、微信支付渠道的用户比使用其他第三方支付渠道的用户多，使用国有四大银行支付的用户比使用其他地方性银行支付的用户多。系统就需要根据流量情况分配资源，对流量大的渠道服务进行横向扩容，提高可用性和高并发能力。

4. 邮储银行实现设计

邮储银行渠道部署架构如图 13-11 所示。如果只有一个邮储银行渠道，则至少需要部署网关服务、资金收付开放接口服务、邮储银行实时交易、邮储银行批处理调度和邮储银行监听服务 5 个应用节点，以及 1 个资金收付数据库节点（使用 MySQL 或 Oracle 等关系型数据库）。其中网关服务、资金收付开放接口服务、邮储银行实时交易服务负责完成单笔收付费交易。邮储银行批处理调度负责完成批量签约、批量收款、批量付款交易。邮储银行监听服务负责接收银行的支付结果通知。为了保证系统的可用性，每个节点均采用多节点的部署方式即可。

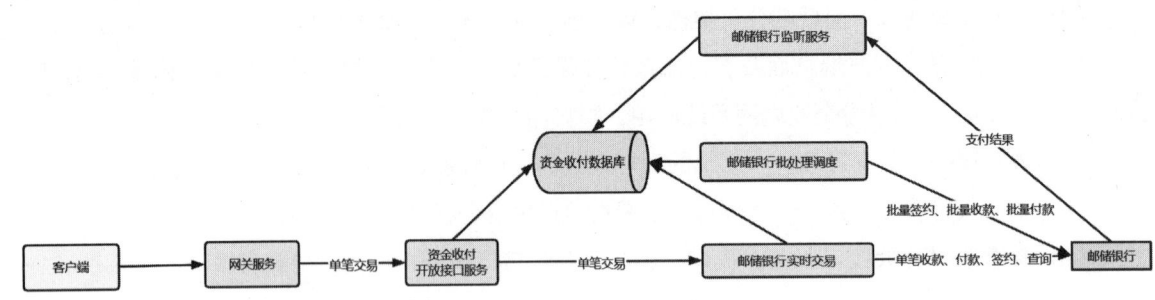

图 13-11　邮储银行渠道部署架构

邮储银行单笔支付的流程如图 13-12 所示。

（1）第 1.1~1.11 步：客户端提交支付请求，携带上用户的姓名、卡号、身份证号、支付金额等信息。网关对用户的身份、支付权限进行安全性检查，同时根据系统当时的压力情况进行限流控制，然后将支付请求传递给资金开放接口服务。资金开放接口服务对交易进行并发控制、防重复支付校验、风险控制（判断是否为风险支付，是否可以交易，涉及风险模型的建立），然后将支付请求传递给邮储银行实时交易服务。邮储银行实时交易服务负责组织交易报文，映射交易字典，然后将请求发送至邮储银行。邮储银行完成付款后，再将支付结果逐级返回，直至将交易结果反馈给客户端。

（2）第 2.1~2.2 步：有时银行并不能实时地返回支付结果，尤其对于跨行交易，因此会返回支付中的状态给客户端。这时就需要开启监听服务，在邮储银行处理完毕后，会主动通知支付结果。

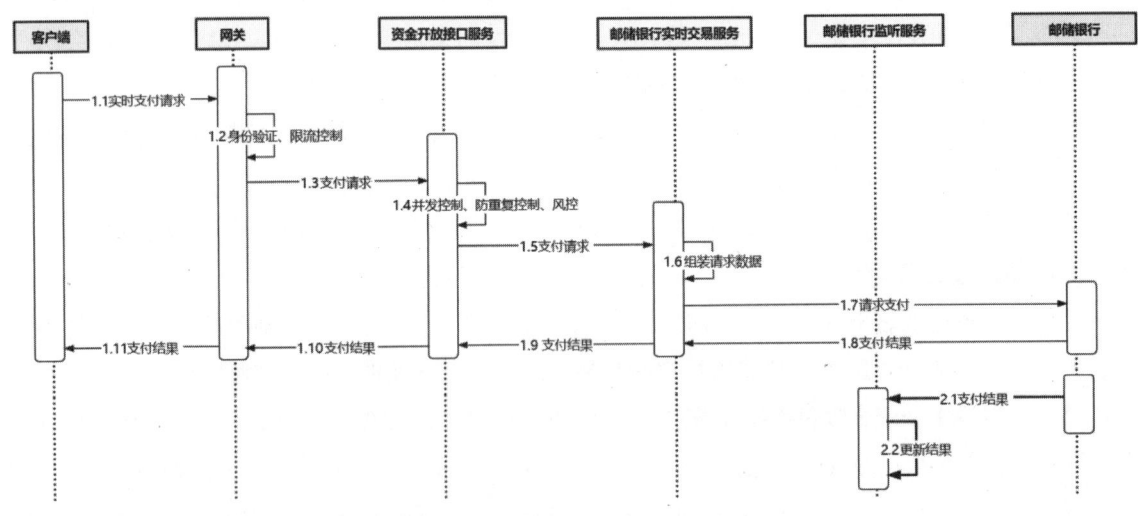

图 13-12　邮储银行单笔支付的流程

5. 银行"支付中状态"处理

对于支付中的交易数据，由于没有明确的结果，交易始终没有完结。为了获取最终的支付结果有两种设计方式：资金收付系统主动向银行系统查询支付结果；由银行系统主动回调资金收付系统，告知支付结果。

两种"支付中状态"交易的处理流程如图 13-13 所示。

（1）第 1.1~1.4 步：由渠道批处理调度查询出某银行全部状态为支付中的数据，然后以逐笔循环的方式，或者批量的方式发送至银行，获取支付结果，然后将最终结果更新到资金数据库中。如果依然没有得到明确的支付结果，则再次发起查询，直至获得最终的支付状态。

（2）第 2.1~2.3 步：银行通过 Socket 端口监听主动推送支付结果，或者通过 HTTP 接口回调通知支付结果，监听服务收到通知后，记录支付状态，并立即给银行系统应答，避免银行系统的反复通知。

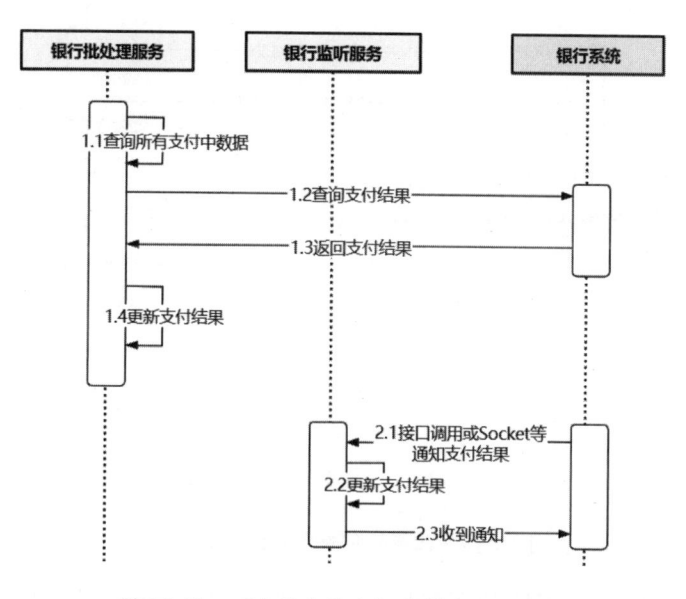

图 13-13 "支付中状态"交易的处理流程

第二种监听回调的方式能够避免大量的无用交互，因为并不是每次查询都可以获得最终的支付结果。但是，如果由于企业方的监听服务故障或双方的网络原因，导致支付结果没有通知到，就依然需要使用第一种轮询的方式进行补充。

6. 批量收付费

在企业资金收付系统中批量收付费业务占比很高，主要采用两种方式实现：实时接口交互和实时接口与文件相结合。

批量收付费实时接口交互流程如图 13-14 所示。实时接口交互的方式主要分为两个阶段：支付数据提交阶段和支付结果获取阶段。

（1）第 1.1~1.3 步：为支付数据提交阶段，由银行批处理服务查询出某银行所有待支付的数据，组装为批量交易报文（大多数银行为 XML 格式）。然后将报文提交至银行，银行系统接收后会进行一些基础性校验，并立即应答接收结果。

（2）第 2.1~2.4 步：为支付结果获取阶段，根据银行的时间要求，查询出所有已支付但待结果查询的批量交易数据，使用交易批次号（支付时提交，代表一次批量交易）向银行发起查询。获得整个批次数据的支付结果，然后更新本批次中每笔交易的支付结果到数据库中。

有些银行会在批量交易提交时返回一个查询码，后续需要使用查询码去查询这个批次交易的结果。无论方式如何，本质都是相同的。

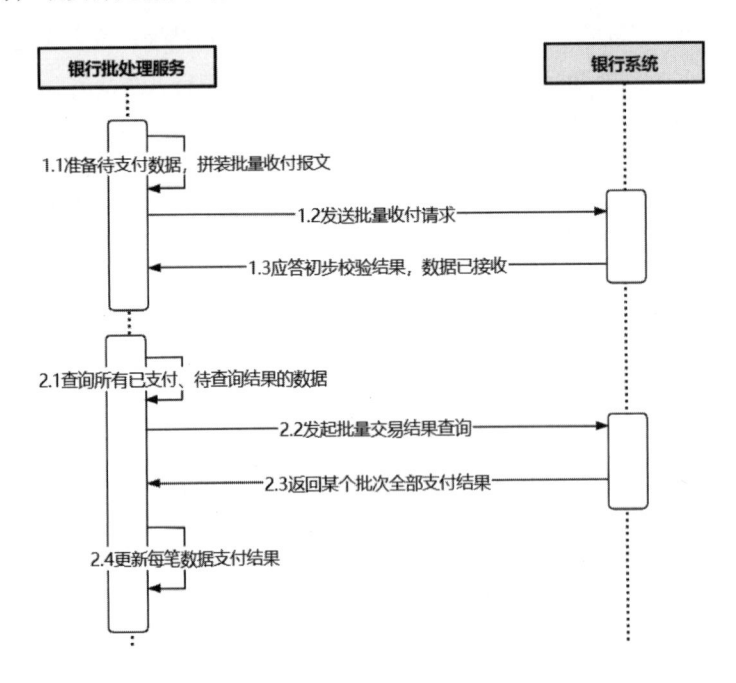

图 13-14 批量收付费实时接口交互流程

大多数银行使用的方式并不是实时接口交互的方式，而是采用接口与文件相结合的方式，提高大批量数据的交互效率。如图 13-15 所示，交易过程也分为两个阶段，即支付数据文件传递阶段和支付结果文件传递阶段。

（1）第 1.1~1.5 步：为支付数据文件传递阶段，查找某银行所有待支付的交易数据，按照银行要求的格式写入文件中（一般是 TXT 文件），然后上传至文件服务器的指定目录下。上传成功后，再通知银行系统去获取文件。银行接到通知后，从文件服务器上下载指定的数据文件，开始处理。

（2）第 2.1~2.4 步：为支付结果文件传递阶段，银行系统处理完毕后，会将最终的支付结果按照约定格式生成文件，也上传至文件服务器的指定目录下，然后通知对方的监听服务去下载结果文件。对方系统收到通知后，从文件服务器上下载指定文件，然后更新每条数据的交易结果。

7. 扣款签约

根据国家监管要求，银行机构对于扣款业务必须具有严格限制，否则任何具有资金收付系统的公司都能根据用户的姓名、银行账号进行扣款，将具有极大的安全风险。

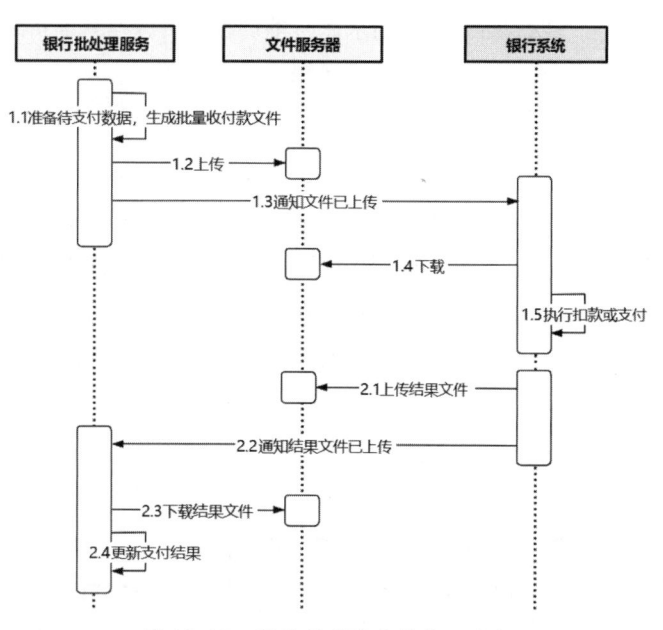

图 13-15　批量收付费文件交互流程

所有扣款行为都必须经过被扣款人的同意，这个过程就叫作签约，签订的内容就是用户账户与扣款账户之间的扣款协议。签约交易一般分为两类：实时签约和批量签约。

实时签约流程如图 13-16 所示。用户在发起支付时，资金收付系统首先要到银行查询用户账号的签约情况，如果已经签约，则继续进行扣款；如果没有签约，则发起签约请求。签约请求的内容也并不复杂，包括用户的姓名、卡号、身份证号、企业的名称、对公账号、扣款金额、扣款次数等（各银行要求不同）。银行收到签约请求后会给用户的银行预留手机号发送签约验证码短信，用户填写验证码后提交，完成确认签约，签约后即可进行正常的扣款业务。

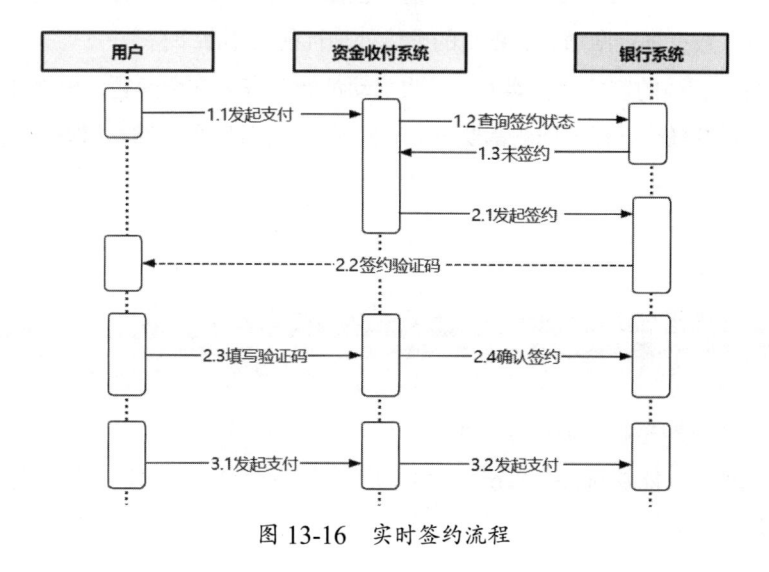

图 13-16　实时签约流程

对于批量扣款业务，可以发起批量签约请求，与批量收付费流程基本相同，分为批量报文签约和批量文件签约。

8. 对账业务

为了保证银行与企业之间每天发生的资金交易正确无误，往往需要每日对账交易，目的就是比对双方发生的交易笔数、交易金额、交易明细是否匹配，避免出现不一致。

对账交易都是采用批量交易的方式进行，通过批量报文或批量文件进行比对。

批量对账流程如图13-17所示。银行每天晚上会将前一天发生的所有交易汇总成文件，分为付款对账文件和收款对账文件。文件内容包括总交易笔数、总交易金额、成功笔数、成功金额、失败笔数、失败金额，以及每笔交易的明细数据。将这些数据按照约定格式写入指定文件，并上传至文件服务器。

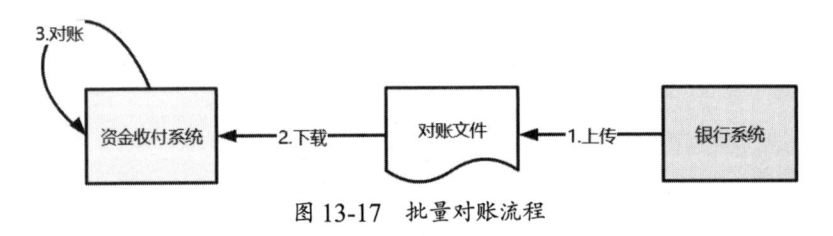

图 13-17　批量对账流程

企业资金收付系统下载对账文件，然后与自己系统中的交易数据进行逐一比对，从而确认是否存在问题，对账过程中如果存在差异，则一般以银行收付费情况为准。但是，银行系统也存在出错的可能，最好先与银行进行核对，再确定该笔资金的最终结果。

9. 注意事项

系统运行过程中要严格控制并发状态下的线程安全问题，资金系统最不能容忍出现的问题就是重复交易问题，发生重复收付费将是致命的。

资金系统每天都会产生大量的交易数据，这些数据要设计合理的转储机制或分片存储机制，否则随着时间的积累，数据量逐渐增大，系统的整体处理性能会不断下降。

资金系统要具有较强的监控预警能力，风吹草动都涉及资金安全问题，敏感性极高。因此，资金系统必须与监控系统联合，任何问题都要第一时间预警，保证可以及时处理故障。

13.3　鹰眼业务监控系统整体设计实战

业务监控系统的目的是收集来自各个业务系统的错误和警告，从而可以第一时间通知到相关的运维开发人员进行处理，能够对每个系统发生的问题进行量化分析，判断系统的健康程度，促进系统的不断完善，场景举例如下。

(1)资金收付系统由于参数配置错误导致所有支付失败,这时需要第一时间以短信和邮件的方式通知给系统管理员。

(2)调用第三方人脸识别接口不通,有大量业务无法顺利进行,这时需要第一时间创建运维工单,并通知责任人尽快处理。

(3)系统刚刚上线不稳定,有大量的未捕获异常,这时需要在发生异常时第一时间将详细的报错信息通知给开发人员,进行系统 bug 修复。

下面详细介绍系统的架构设计过程。

1. 系统功能架构

监控功能抽象设计如图 13-18 所示。当各业务系统在运行过程中发现问题时,需要把这些问题上报给监控系统。监控系统负责收集这些问题,并把这些问题按照一定的规则分发下去。可能是创建一个工单、一个工作流,也可能仅仅是发送一个短信或邮件通知。

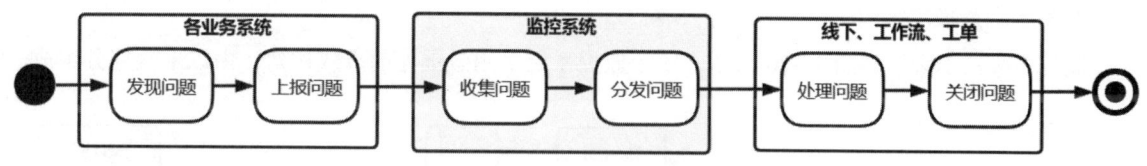

图 13-18 监控功能抽象设计

如果是短信和邮件通知,则问题处理属于线下问题处理,没有系统可以追溯问题的处理过程。如果是工单或工作流,则问题处理属于线上问题处理,更有利于问题的追踪、处理方法的积累及员工绩效的计算。

监控系统功能架构如图 13-19 所示,描述了业务监控系统的核心功能,主要包括商户管理、业务监控管理和业务监控大盘三部分功能。

图 13-19 监控系统功能架构

系统整体功能包括为管理员、运维人员、开发人员提供统一的管理系统页面,为其他业务系统提供开放接口服务，收集预警信息。监控系统与短信、邮件、微信、个推等系统对接实现预警推送能力，与工作流平台或工单平台对接实现问题的跟踪处理能力。

（1）商户管理：是整个系统的基础功能，也是 SaaS 化系统的基本要求。它为系统提供可视化的商户入驻和参数初始化功能，为商户下的应用提供增删改查的能力，同时能够对应用的权限范围进行管控。

（2）业务监控管理：是整个系统的核心功能区域，当需要知道每个系统具体发生了什么样的错误，需要将这个错误以怎样的形式通知给处理人员时，就需要将这个错误进行抽象的定义。只有将每个错误、预警进行抽象的定义之后，才可能对其进行不同的处理，以及对产生的数据进行量化分析。

（3）业务监控大盘：是在业务监控管理之上构建的功能，对于每类问题进行汇总分析，描述每个问题的发生次数、占比和趋势。可以用仪表盘的形式将各种内容汇集在一起，管理员可以随时观察系统的健康状况。

2. 系统服务技术架构

监控系统技术架构如图 13-20 所示，整个监控系统采用微服务的方式构建，由以下六部分组成。

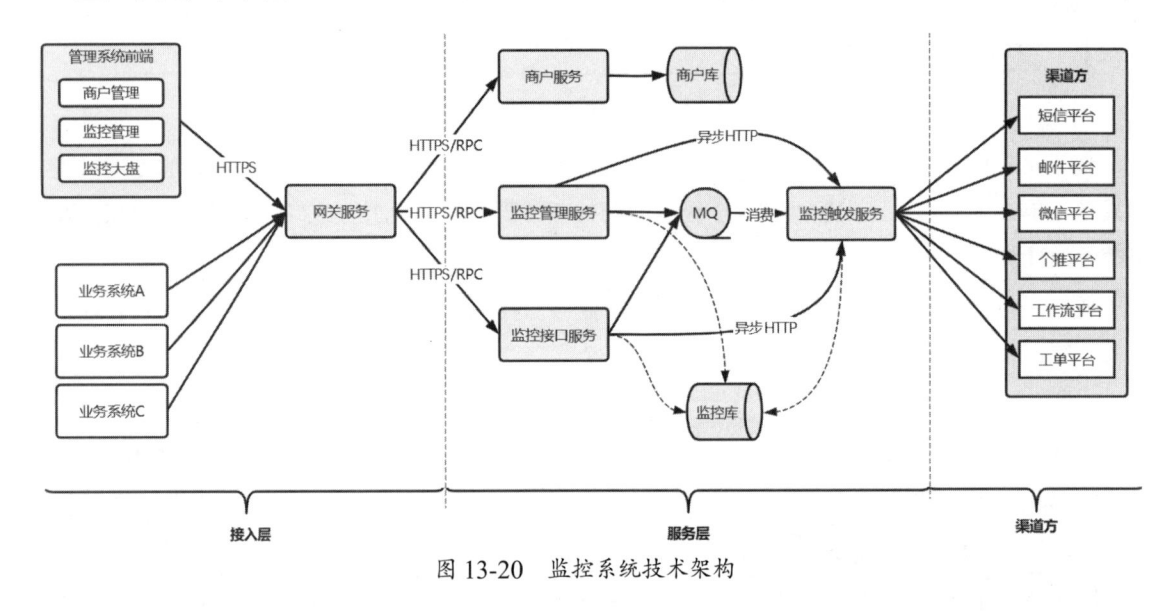

图 13-20　监控系统技术架构

（1）管理系统前端：采用前后端分离架构，管理系统提供商户管理、监控管理、监控大盘等可视化管理功能。

（2）网关服务：作为微服务的前置代理，提供熔断、降级、限流、安全控制、日志记录、接口开放的职责。

（3）商户服务：负责商户的入驻、注销、应用的维护等基础功能。

（4）监控管理服务：负责给管理系统前端页面提供接口服务。

（5）监控接口服务：提供开放的错误信息上报、预警信息上报接口，各业务系统发生错误或需要预警时，均调用此接口将具体问题上报给监控系统。监控接口服务收到请求后，以 MQ 或异步 HTTP 的方式，将请求发送至监控触发服务。

（6）监控触发服务：专门负责根据不同的监控内容，将预警信息分发至不同的系统，通知到相应的负责人员。所以，监控触发服务会与短信平台、邮件平台、工作流平台等众多系统进行对接。

3. 业务监控处理流程

业务系统发生异常需要预警时的处理流程如图 13-21 所示。

（1）第 1.1~1.4 步：当业务系统发生重要异常，或者某些标志性问题，需要及时通知到相关人员处理时，调用监控系统接口服务，将监控点信息进行上报（包括监控点编码、摘要信息、详细信息等），其中监控点编码定义由监控系统预先定义。

监控系统接口服务收到请求后，立即将预警数据记录到数据库中，生成对应的监控事件 ID，并将此 ID 返回给业务系统，业务系统以后可以使用此 ID 查看详细的预警信息。

（2）第 2.1~2.3 步：监控系统接口服务收到请求后，以 MQ 或异步 HTTP 的方式，将信息传递给监控触发服务。监控触发服务根据监控点编码查询到监控定义信息（包括监控的名称、类别、触发方式、接收人员等），然后继续以异步的方式通知消息系统，消息系统将预警信息发送给指定的监控人员。

在这个过程中，第 1.1~1.4 步是同步过程，第 2.1~2.3 步是异步过程。

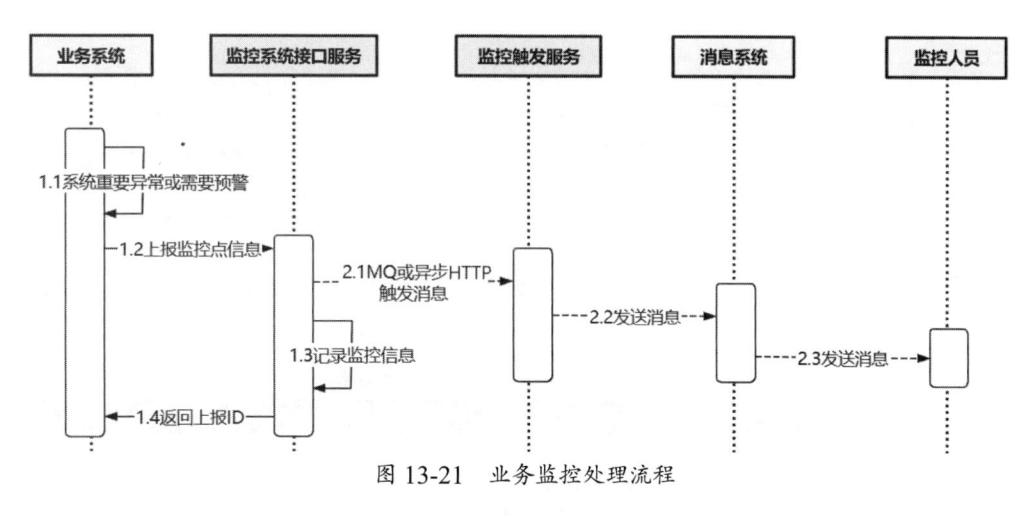

图 13-21　业务监控处理流程

4. 系统存储设计

对于商户、应用相关表这里不再重复说明，可参见 13.1 节，下面对一些主要的表和字段进行说明。

（1）监控定义表：将错误、预警等事件进行抽象，用于业务系统调用和数据的统计分析，表结构如表 13-13 所示。

表 13-13 监控定义表的结构

字段	说明
监控编码	主键，代表唯一的监控点
商户编码	商户的唯一标识
监控名称	含义描述
类型	1 系统错误，2 警告
严重等级	1 一般，2 中等，3 致命
状态	1 有效，0 无效

（2）监控分组表：一个预警消息往往需要多人接收、多人处理，分组有利于配置管理，表结构如表 13-14 所示。

表 13-14 监控分组表的结构

字段	说明
组编码	主键，代表唯一的分组定义
商户编码	商户的唯一标识
组名称	分组名称描述
状态	1 有效，0 无效

（3）监控人员表：负责接收监控预警消息的人员管理，表结构如表 13-15 所示。

表 13-15 监控人员表的结构

字段	说明
人员编码	主键，代表唯一的监控人员
商户编码	商户的唯一标识
人员姓名	姓名
人员类型	1 系统内，2 系统外 如果是系统内人员，则可以直接触发工作流、工单系统，或者自动带出人员的邮箱、电话等信息
人员 ID	如果是系统内人员，则填写人员主键 ID
人员邮箱	邮箱地址
人员电话	电话号码
状态	1 有效，0 无效

（4）监控分组人员关系表：绑定人员和分组的关系，一个分组包含多个监控人员，如表 13-16 所示。

表 13-16 监控分组人员关系表的结构

字段	说明
商户编码	商户的唯一标识
组编码	监控分组表主键，与人员编码为联合主键
人员编码	监控人员表主键，与组编码为联合主键

（5）监控触发方式定义表：定义每个监控点，以哪种方式触发，如表 13-17 所示。

表 13-17 监控触发方式定义表的结构

字段	说明
配置 ID	主键
商户编码	商户的唯一标识
监控编码	对应监控定义表主键
监控组编码	对应监控分组表主键，用于确定消息通知的范围，或者工作流、工单的处理人

续表

字段	说明
触发方式	1邮件，2短信，3微信消息，4个推消息，5工作流，6工单系统
状态	1有效，0无效

（6）监控事件表：详细记录业务系统上报的错误和预警消息，如表13-18所示。

表13-18 监控事件表的结构

字段	说明
事件ID	主键
商户编码	商户的唯一标识
监控编码	对应监控定义表主键
监控组编码	对应监控分组表主键
上报时间	业务系统上报监控事件的时间
上报来源	来源系统的服务名称或编码，例如，1财务系统，2人力系统，等等
问题摘要	对问题的简单描述，可使用摘要信息作为邮件标题或预警短信内容
问题详情	详细的错误描述或错误堆栈信息
处理状态	1未触发通知，2已通知成功，3通知失败，4问题已关闭

5. 数据存储示例

（1）示例说明：某公司的支付系统与各银行系统对接，进行实时的收付费交易。某日与邮储银行之间的网络专线发生故障，导致所有交易超时。系统自动触发预警，以邮件和短信的形式，迅速通知相关人员处理。数据存储情况如表13-19~表13-21所示。

表13-19 监控定义表数据存储示例

监控编码	商户编码	监控名称	类型	严重等级	状态
YC001	10001	邮储实时收付异常监控	1错误	3致命	1有效
YC002	10002	对公支付错误监控	1错误	2中等	1有效

表13-20 监控分组表数据存储示例

组编码	商户编码	组名称	状态
G001	10001	资金问题处理组	1有效
G002	10001	对公业务处理组	1有效

表13-21 监控人员表数据存储示例

人员编码	商户编码	人员姓名	人员类型	人员ID	人员邮箱	人员电话	状态
P01	10001	尹洪亮	1系统内	989301	NULL	NULL	1有效
P02	10001	Kevin.Yin	2系统外	NULL	**@***com	18***1	1有效

（2）监控分组人员关系表：资金问题处理组有两名监控人员，如表13-22所示。

表13-22 监控分组人员关系表数据存储示例

商户编码	组编码	人员编码
10001	G001 资金问题处理组	P01 尹洪亮
10001	G001 资金问题处理组	P02 Kevin.Yin

（3）监控触发方式定义表：邮储实时收付异常监控事件发生时，会同时触发邮件和短信两种

通知，将消息推送给 G001 资金问题处理组内的人员，如表 13-23 所示。

表 13-23　监控触发方式定义表数据存储示例

配置 ID	商户编码	监控编码	监控组编码	触发方式	状态
1	10001	YC001	G001	1 邮件	1 有效
2	10001	YC001	G001	2 短信	1 有效

（4）监控事件表：详细记录了一次邮储渠道因网络专线故障引起的交互超时预警信息，以此信息为基础再发送邮件和短信信息给监控人员，如表 13-24 所示。

表 13-24　监控事件表数据存储示例

字段	数据
事件 ID	1
商户编码	10001
监控编码	YC001
监控组编码	G001
上报时间	2021-3-4 23:11:21
上报来源	1 财务系统
问题摘要	邮储银行实时交易超时错误
问题详情	SocketException: read time out at java.net.PlainSocketImpl.socketConnect(Native Method) at java.net.PlainSocketImpl.doConnect(Unknown Source) at java.net.PlainSocketImpl.connectToAddress(Unknown Source)
处理状态	1 未触发通知

开发人员接收到这样一封具有详细错误日志的邮件，就可以迅速定位问题，从而解决问题。

6. 注意事项

监控信息的数据量可能巨大，可以考虑使用文档型数据库存储信息，并且进行合理的转储设计，避免数据量暴增。

基于监控事件记录表可以按照业务系统、监控点、发生时间、监控类型、监控等级等各个维度的统计制作监控大盘。

应该采用实时计算的方式汇总各种指标，避免由于数据量过大导致无法汇总的问题。

13.4　监管批量信息报送系统核心设计实战

各行各业都有对应的监管机构和管理部门。例如，各家银行、保险公司、证券公司都受到国家银保监会的监管，它们都需要按照要求上报自己的业务、财务等数据。银保监会合理利用这些数据监管各个公司的运营状况，是否存在违规经营，是否存在经营风险，从而最大程度地管控风险，让整个行业健康有序地发展。同样对于社保、医疗、税务、住房、教育等各行各业都有类似的监管要求。

例如，全国各保险公司的系统都是自己采购或自行研发的，它们的数据处理和存储方式也各不相同。根据银保监会的要求，各家保险公司需要将本公司的全部业务数据，包括产品数据、保单数据、客户数据、资金收付费数据、保全数据、理赔数据等都报送给银保监会系统，而且要每日报送前一天发生的业务，如果有漏报、错报，则还要进行补报和修改。银保监会通过对这些业务数据进行检查，可发现违规作业的保险公司，并实施处罚。

除了国家各个部门的行业监管，很多大型集团也采用总分管理结构（一个总公司多个分公司）。各地方的分公司都是自建系统，各自开展业务。那么，各个分公司就需要按照集团要求的标准，每天报送它们的业务数据，由总公司进行监管。

1. 系统功能架构设计

数据报送流程如图 13-22 所示，对数据报送类系统进行抽象分析，可以分析出数据报送的流程分为数据采集、数据加工、数据校验、数据报送和结果回执 5 个步骤，根据回执结果判断是否需要重新报送，如果数据内容不合规，则需要重新进行数据加工。如果数据范围不合规（多数据或少数据），则需要重新进行数据采集。

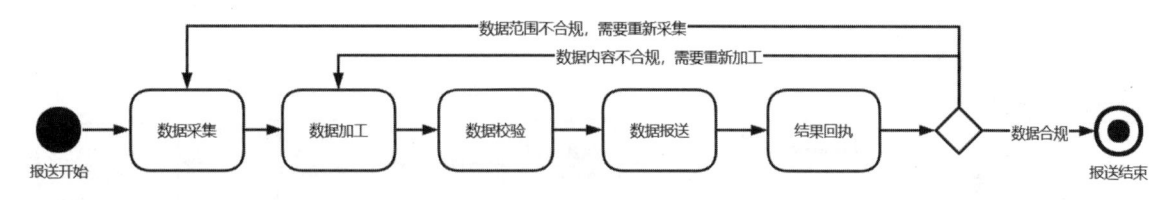

图 13-22　数据报送流程

例如，保险公司向银保监会报送自己的业务数据，首先需要从各个业务系统中收集不同的业务数据（从财务系统收集财务数据、从报销系统收集报销数据、从核心系统收集业务数据等），然后经过数据加工，得到符合监管要求的数据项。再对这些数据项进行校验，判断其是否符合数据规则，然后将数据打包为文件或报文，报送至监管系统，等待监管系统反馈报送结果。如果监管系统反馈数据不符合要求，则需要重复以上的过程，直到数据可以正确报送。

数据报送系统功能架构如图 13-23 所示。数据报送平台的核心功能为数据采集、数据加工、数据校验、数据报送和数据回执。数据报送平台一般为企业内部系统，几乎没有互联网 SaaS 化产品，因为就算在同一个行业，经营着相同的业务，但是不同的公司所采用的技术是完全不同的，数据的存储方式和组织方式也是完全不同的，因此对于数据报送类系统往往需要专业的数据团队或数据公司定制化开发建设。

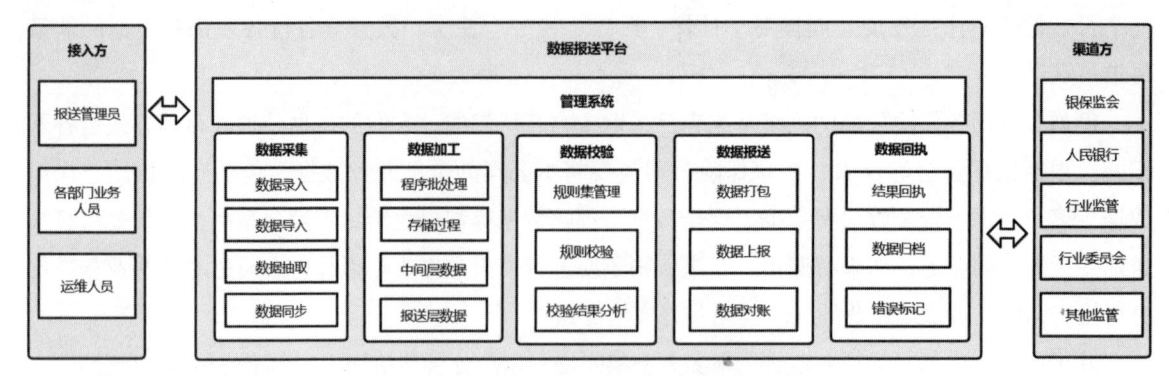

图 13-23　数据报送系统功能架构

2. 报送数据加工设计

对于数据报送系统，数据采集和数据加工是重中之重，数据需要经过多次加工得到最终符合监管规则的数据进行报送。如图 13-24 所示，数据采集主要通过用户从页面录入数据，使用文件导入数据，以及从各个业务系统的数据库同步获得。这些数据的特点是未经过任何的加工和修改，结构和格式与源系统完全相同，因此称之为同源层数据。

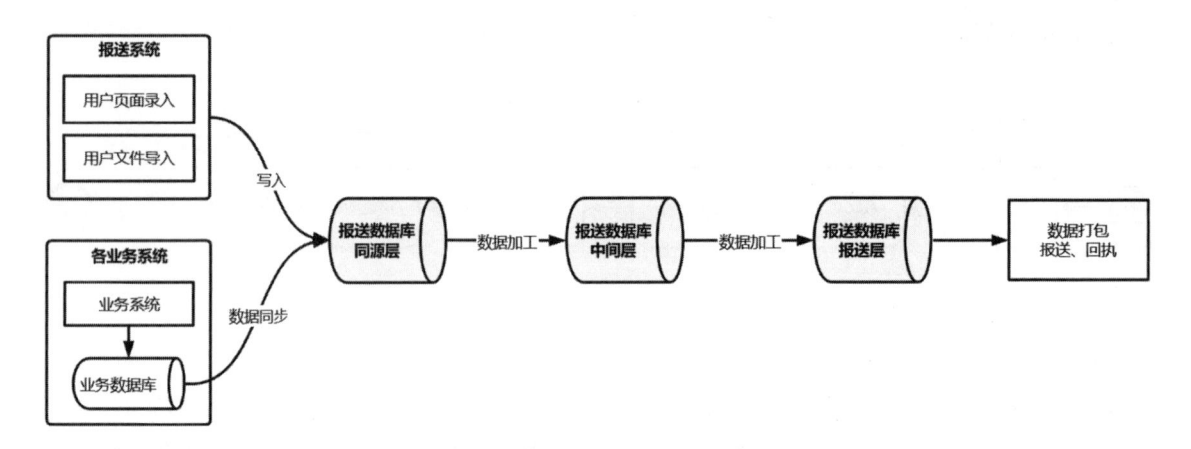

图 13-24　数据报送系统设计

同源层数据经过一系列的加工，可以输出一些半成品数据（或称之为临时数据），但是不能作为最终的数据报送，因此称之为中间层数据。

对中间层数据进行进一步的加工和校验，得到最终符合监管规则的数据，可以用于最终的数据打包和报送，因此称之为报送层数据。

数据加工流程如图 13-25 所示，同源层的数据同步主要采用数据同步技术完成，常用的有 Kettle、Ogg、Cancal 等。同源层到中间层，以及中间层到报送层需要使用存储过程或后端程序加工获得，它们都是通过页面或定时调度触发的。

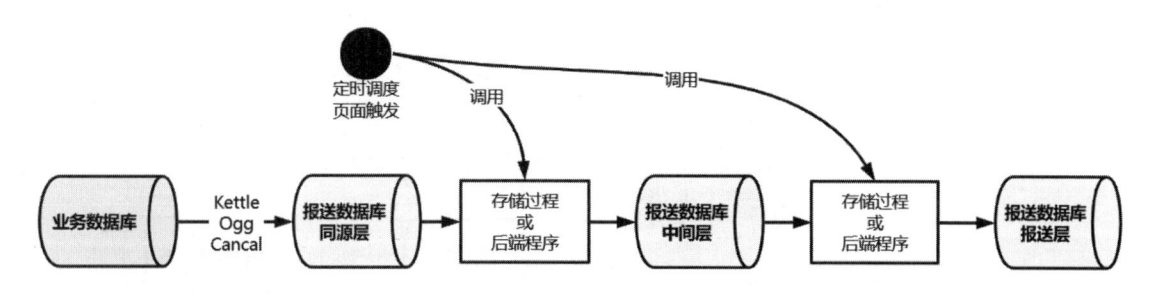

图 13-25　数据加工流程

多数据报送系统设计如图 13-26 所示，一个企业（尤其是金融行业）往往要向多个监管部门报送数据，如需要向银保监会、人民银行、各省市的行业监管委员会进行报送，而麻烦的是每个部门的要求各不相同，不仅需要的数据范围、数据项不同，而且技术交互方案也不相同，有的部门需要使用 FTP 文件方式报送，有的部门需要 XML 文件报送，有的部门是 JSON 报文实时报送。

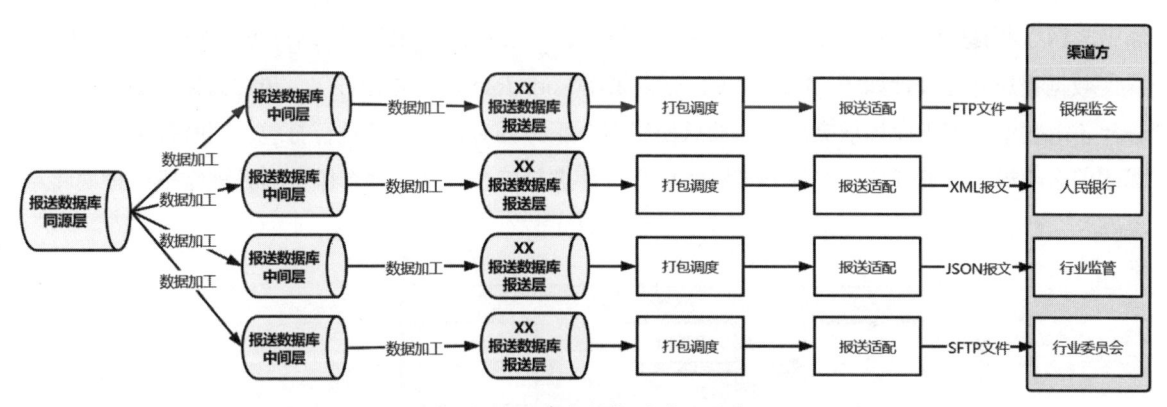

图 13-26　多数据报送系统设计

虽然这些系统的报送流程大同小异，都可以抽象为数据采集、数据加工、数据校验、数据报送和数据回执这几个步骤，但是却无法整合为一套系统，因为除同源层数据可以共用外，中间层和报送层数据都是个性化需求，无法共用。各个系统整合在一起，反而增加了系统的复杂性。

报送系统主题层 / 模型层设计如图 13-27 所示。为了最大程度地降低各个数据报送系统开发的复杂度，可以在同源层之上构建一层主题层，也叫作模型层。它的作用是对同源层原始和杂乱的数据进一步加工处理，变为一层更加具体、按照主题划分更加清晰直观的数据。

可以将这个过程想象为创建数据库视图，使用人员可以不用关心视图背后到底使用了多少张表，具有多么复杂的关联关系，而只专注于对视图中数据的使用即可。

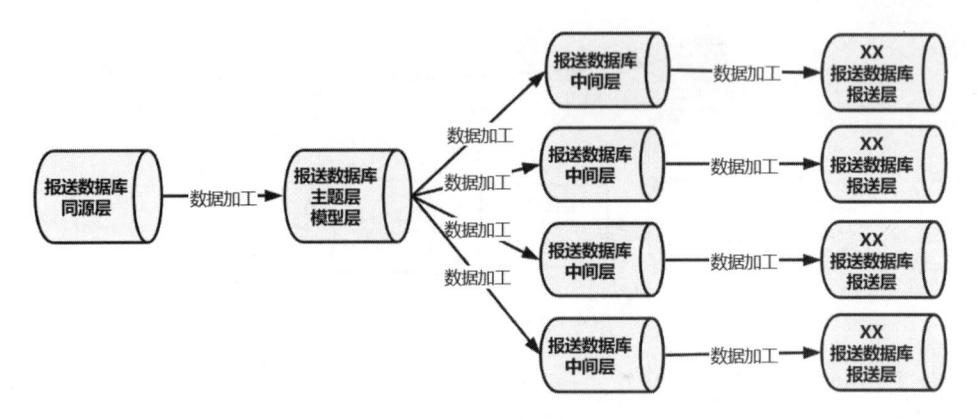

图 13-27 报送系统主题层/模型层设计

3. 数据报送设计

数据报送系统往往面对的是海量数据的处理，百万、千万级数据是十分常见的。数据经过多层加工之后，需要打包压缩为文件上传至监管部门的文件服务器。因此，数据打包的性能也十分重要。

数据报送并行设计如图 13-28 所示，可以采用 Fork Join 模式并行打包，报送数据需要提前进行分片（由数据加工程序提前完成）。然后使用多台服务器对分片数据进行打包，同时每个服务器内部使用多线程并行处理。多线程处理完毕后将文件进行汇总合并，多个服务器处理完毕后再次将结果合并，然后完成最终的报送。技术细节可参考 11.4 节。

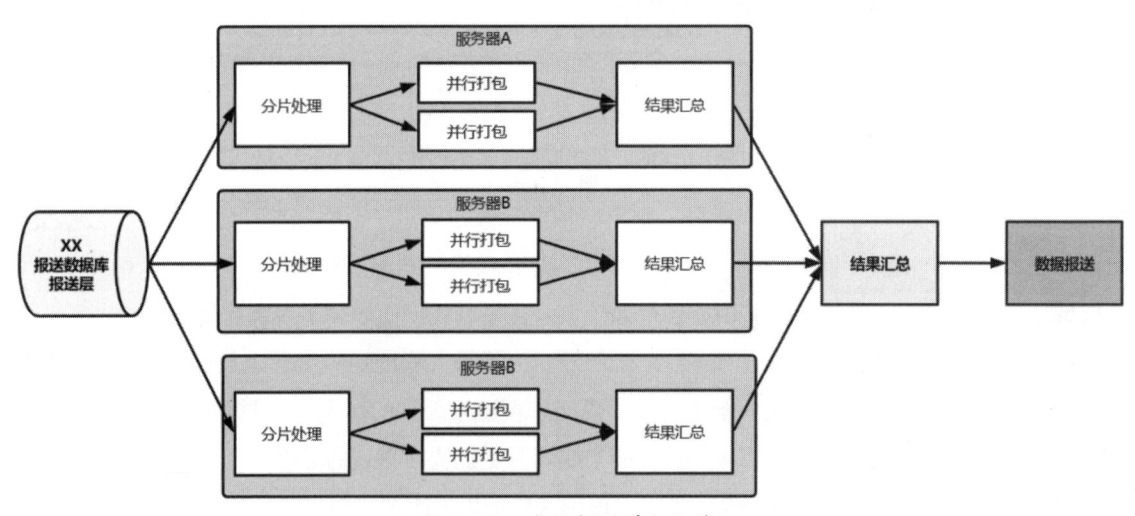

图 13-28 数据报送并行设计